LA PLURALITÉ
DES EXISTENCES
DE L'AME

2491 — PARIS. — IMPRIMERIE POUPART-DAVYL ET Cⁱᵉ, 30, RUE DU BAC.

LA PLURALITÉ
DES EXISTENCES
DE L'AME

CONFORME A LA DOCTRINE DE LA PLURALITÉ DES MONDES

OPINIONS DES PHILOSOPHES ANCIENS ET MODERNES
SACRÉS ET PROFANES, DEPUIS LES ORIGINES DE LA PHILOSOPHIE JUSQU'A NOS JOURS

PAR

ANDRÉ PEZZANI

AVOCAT A LA COUR IMPÉRIALE DE LYON

Auteur de l'ouvrage intitulé : LES PRINCIPES SUPÉRIEURS DE MORALE, *couronné par l'Académie des sciences morales et politiques.*

« Je ne punirai pas éternellement, et mes rigueurs ne dureront pas toujours, parce que les Esprits sont sortis de moi et que j'ai créé les âmes. »
(ISAÏE, cap. LVII, v. d'après *la Vulgate*.)

—
DEUXIÈME ÉDITION
—

PARIS
LIBRAIRIE ACADÉMIQUE
DIDIER ET Cie, LIBRAIRES-ÉDITEURS
35, QUAI DES GRANDS-AUGUSTINS, 35
—
1865
TOUS DROITS RÉSERVÉS

PRÉFACE

Jean Reynaud dans son remarquable ouvrage *Terre et ciel* a fait comprendre, la liaison intime et la solidarité qui existent entre la pluralité des mondes, vérité matérielle qui devait être démontrée par l'astronomie, et la pluralité des existences, vérité morale qui peut seule nous expliquer les problèmes de l'origine et de la destinée. Nous ferons voir qu'en effet ces deux vérités se tiennent et qu'elles ont toujours marché ensemble, soit dans les Mystères, théologie secrète de l'antiquité profane, soit dans la tradition orale mise en écrit pour partie dans le Zohar, théologie secrète de l'antiquité sacrée.

C'est en entrant dans ce point de vue, qu'un astronome, partisan de la doctrine philosophique préconisée par Jean Reynaud, et à qui ses études spéciales et ses connaissances scientifiques donnent une autorité méritée, M. Camille Flammarion, vient de publier le livre important de la *Pluralité des mondes habités*, que nous analyserons au chapitre IXe de notre troisième livre, intitulé *Jean Reynaud, Henri Martin, Flammarion*.

C'est aussi afin de compléter ce remarquable écrit, ou, pour mieux dire, afin d'y faire suite que nous avons composé ce volume *Pluralité des existences*. Expliquons à notre tour quelle raison nous avons eue de traiter ce sujet capital.

Depuis que nous écrivons (1838), nous avons toujours soutenu, sans tergiversation et sans défaillance, comme formes de l'immortalité, les vies successives, la préexistence, la pluralité des épreuves, ce que quelques contemporains ont appelé la loi des réincarnations. Nous avons dans tous nos ouvrages parlé le plus souvent au point de vue historique, c'est-à-dire que notre constante préoccupation a été de retrouver, soit dans l'antiquité, soit dans les temps modernes, la filiation de notre système sur la vie future ; mais nous n'avons pu accomplir que très-imparfaitement cette tâche dans des opuscules ou des livres qui ne présentent pas assez de développements et où se trouvent seulement des aperçus fragmentaires. De là la nécessité du présent traité. Nous y suivons dans chaque pays et dans chaque civilisation la marche successive de cette grande idée, la *pluralité des existences* de l'âme. Quels documents nous fournissent à cet égard l'Orient, la Grèce, Alexandrie, la Gaule, tous les peuples, en un mot, compris sous la dénomination de *Gentils?* Que nous enseignent la théologie juive vulgaire et la théologie secrète de la même nation? Que disent la théologie chrétienne et les pères de l'Église?

Arrivons aux temps modernes : Giordano Bruno, Van-Helmont, Delormel, Charles Bonnet, Dupont de Nemours, Lessing, Fichte, Ballanche, Constant Savy, Kératry, Jean Reynaud, une multitude d'autres penseurs plus ou moins célèbres se réunissent dans cette commune affirmation de la pluralité des épreuves et dans la négation du dogme controuvé de la damnation éternelle.

Pierre Leroux et Charles Fourier, malgré leurs erreurs, ont aussi préconisé l'idée palingénésique. La doctrine nouvelle du spiritisme, dont un des principes fondamentaux est la pluralité des existences qu'elle désigne sous le nom de *Loi de la réincarnation*, appuie sa croyance, on le sait, sur la révélation des Esprits. Nous n'avons point à discuter ici cette origine ; une opinion est toujours respectable quand elle est sincère. Notre but est de démontrer que, sans sortir de l'humanité, on arrive au même résultat; ou, pour mieux dire, que l'humanité a, depuis longtemps, présenté cette grande loi de la nature, par l'organe des plus illustres penseurs de tous les siècles et de tous les pays. Leurs écrits fournissent des arguments décisifs à l'appui de notre thèse, en les jugeant au point de vue exclusivement rationnel et philosophique.

Nous nous attacherons à établir les propositions suivantes :

1° Les anciens n'ont jamais cru à l'éternité de leur enfer, mais toujours ils ont soutenu la renaissance sur la terre ou dans d'autres mondes, après un temps plus ou moins long ;

2° La croyance aux vies futures a subi dans sa marche progressive des transformations s'approchant de plus en plus de la vérité. D'abord conçue au sens grossier et vulgaire d'une dégradation possible de l'âme jusqu'aux plantes et aux animaux, elle s'est peu à peu relevée, en traversant les siècles, à une renaissance exclusivement humaine, donnant tout exercice à l'intelligence et à la moralité, pour aboutir de nos jours avec Ballanche, Jean Reynaud et les contemporains à sa véritable formule.

L'importance philosophique de ces études ne saurait donc être niée, pas plus que leur à-propos.

Le premier livre traitera de l'antiquité profane ; le deuxième de l'antiquité sacrée ; le troisième livre comprendra les modernes et les contemporains ; le quatrième livre enfin sera un résumé de nos opinions avec des raisons décisives qui, à notre avis, tranchent définitivement la question.

Le tout est précédé d'une courte introduction contenant le sommaire des preuves de l'immortalité de la personne humaine.

Une fois cette immortalité reconnue, quelles sont les diverses hypothèses entre lesquelles on a le choix et quelle a été la solution donnée par tous les âges?

Deux courants opposés se manifestent : l'un signifie immobilité dans le châtiment et dans la récompense; l'autre se résume par deux mots : réhabilitation et progression.

Nous ferons voir l'impossibilité du premier, et la haute certitude du second, à la fois historiquement et dogmatiquement.

En un mot, substituer aux notions vagues du purgatoire et aux croyances primitivement sauvages de l'enfer éternel, le dogme des vies successives, — stationnaires, expiatrices, ou ascensionnelles, selon les cas,—aussi vrai moralement que l'est matériellement le dogme de la pluralité des mondes habités dans l'univers de Dieu : tel est notre but, telle est notre profession de foi que nous faisons dès l'abord et qui se confirmera par toutes les pages de notre livre.

A. PEZZANI.

Lyon, octobre 1864.

INTRODUCTION

Exposé de la question. — Spinosa. — Hégel. — Channing. — Strauss. — Michelet, de Berlin. — Réfutation. — Jules Simon. — Preuves. — Damiron. — Preuve ontologique. — Pelletan. — Autres preuves. — Porphyre.

Beaucoup de philosophes reconnaissent l'immortalité du principe pensant, mais ils nient que l'identité se conserve; que la conscience, la mémoire du passé relie le nouvel être à l'ancien : tels sont, par exemple, Spinosa et Pierre Leroux. D'autres philosophes distinguent entre la perpétuité de l'âme qui leur semble pouvoir être ontologiquement démontrée, et la perpétuité de la pensée avec conscience, qui leur semble seulement une probabilité sublime. Il est sans aucun intérêt pour notre esprit de savoir s'il est en nous un principe qui résiste à la mort. Si ce n'est plus le même être, si aucun souvenir ne le rattache au passé, si notre personne, en un mot, ne survit point au trépas, encore une fois que nous importe? C'est l'être avec conscience, avec mémoire que nous désirons sauver, le reste nous est de peu. La question a donc toujours été mal posée, et par conséquent mal résolue. Se demander si l'âme est immortelle, en vérité c'est une pure niaiserie. Et quand donc avez-vous vu quelque chose périr? Rien ne meurt ici-bas, pas même le corps qui se dissout et va former de nouveaux composés : tout est mutation perpétuelle dans la nature; la destruction n'a pas prise dans ce monde, c'est une rénovation, un changement de tous les jours. A présent que ce que nous appellerons la mort du corps ne puisse pas s'appliquer à l'âme, c'est ce qui est mis hors de doute par une analyse psychologique qui nous révèle son unité et sa simplicité. Mais, répétons-le, ce n'est pas là le problème, et il n'y a pas même de problème là où on l'a vu jusqu'à présent; le problème ne commence que lorsqu'on demande s'il y a continuité d'être, de pensée, de personne : là est la question et pas ailleurs. Ceci posé, et on ne nous le contestera pas, nous pouvons dire quelles sont les philosophies qui ont nié l'immortalité de la personne. Ce sont celles dont les principes tendaient à abolir la personnalité dans l'avenir. D'abord les matérialistes; puisque d'après eux l'homme n'est formé que d'un corps; une fois le corps dissous, il retourne aux éléments d'où il a été pris, il n'y a plus de personne, l'homme disparaît sans retour. Dans le panthéisme naturaliste, le même raisonnement est applicable. Dans le panthéisme abstrait, il n'y a d'éternel, d'absolu, que l'idée qui se développe et devient dans une multitude d'êtres qui s'évanouissent pour faire place à d'autres. Il est évident que l'immortalité de la personne ne peut être admise dans ce système que par inconséquence. Dans le panthéisme mystique, où l'homme n'est rien, où Dieu est tout, il est clair que le plus grand terme de bonheur est la destruction de la personnalité par l'absorption en

Dieu. Qu'est-ce que la personne sans liberté? La liberté, et la liberté méritante, est un attribut distinctif de la personne, on ne saurait la lui ravir sans l'anéantir à son tour. Aux yeux de la logique, il n'y a pas de distinction à faire entre les opinions dont nous venons de parler; les erreurs sont de même sorte, car elles tendent toutes à nier la personnalité humaine après le trépas.

Il serait trop long et trop fastidieux d'énumérer tous les philosophes qui ont enseigné l'immortalité de l'âme; nous en parlerons en général en les divisant en trois classes spéciales : 1° Ceux qui ont admis la clôture de l'épreuve après la vie de la terre; 2° ceux qui ont admis une métempsycose terrestre; 3° ceux qui se sont prononcés pour une série de vies successives. Nous allons présentement, dans cette Introduction, nous occuper spécialement des philosophes qui ont regardé la vie future comme une chimère, et de ceux qui, tout en reconnaissant l'immortalité de l'âme, ont nié ou tout au moins laissé dans le doute la persistance de la personnalité.

Spinosa dit (Proposition XXIIIe de la 3e partie) que l'âme humaine ne peut entièrement périr, qu'il reste quelque chose d'elle, quelque chose d'éternel, et voici sa démonstration : Il y a nécessairement en Dieu une conception, une idée qui exprime l'essence de l'âme; or, ce qui est conçu par Dieu avec une éternelle nécessité est quelque chose; ce quelque chose, qui se rapporte à l'essence de l'âme, est éternel. On croirait par ce passage que Spinosa ne sauve la mort à l'âme qu'en tant qu'elle est une conception divine. Mais dans sa proposition XXXIIIe de la même partie, il enseigne formellement que l'âme a une partie mortelle et une partie éternelle, à la condition expresse que le corps auquel cette âme appartient soit

a.

propre à un grand nombre de fonctions, parce qu'alors l'âme possède à un haut degré la conscience de soi, de Dieu et des choses. C'est la première fois peut-être que Spinosa n'est pas logicien, et la raison en est facile à comprendre. Forcé, en quelque sorte, de se ranger à l'opinion du genre humain, il a payé sa dette aux croyances communes, et il est sorti de son système; ayant perdu tout enchaînement logique, il ne pouvait moins faire que de tomber dans des contradictions. Toujours est-il qu'on peut affirmer que Spinosa n'a pas entendu l'immortalité de l'âme au sens que nous lui donnons; lui qui n'admet point d'individus, point de personnes, puisqu'il ne reconnaît pas la liberté, puisqu'il dit que toutes les actions sont fatales, lui qui a outré le principe du cartésianisme sur la passivité absolue des substances en les transformant en simples modes de la substance unique, lui qui anéantissait presque la personnalité dans cette vie, n'allait pas la confesser dans la vie future. De tels démentis, surtout pour un logicien pareil, sont radicalement impossibles.

Hégel lui-même n'a jamais exprimé sa pensée ouvertement sur le problème que nous agitons. Il nous paraît, quant à nous, que sa doctrine repousse la survivance personnelle. Dans l'école hégélienne surgit bientôt, après la mort du maître, une vive dispute à ce sujet. Richter révéla le sens ésotérique de la philosophie hégélienne sur ce point avec une audace inattendue, et fut chef de la gauche de l'école. Il combattit avec d'amers sarcasmes la foi à l'immortalité, et proclama avec enthousiasme le nouvel évangile de la mort éternelle et du néant dont il s'était constitué l'apôtre. Le centre hégélien n'a émis sur la question présente aucune opinion précise et certaine. Mais Goschel, un des plus renommés des disciples d'Hégel, et le représentant du côté droit, théiste et orthodoxe, a tenté vainement de prouver que le véritable système hégélien n'était pas opposé à l'immortalité individuelle. Il a péniblement essayé d'établir que la notion identique à l'être est douée en elle-même d'une force vitale, invincible, qui nous garantit la persistance éternelle de l'individu. Veisse a émis l'idée que, parmi les hommes, les uns seraient mortels, les autres immortels. Selon lui, les hommes vulgaires, chancelants, ceux qui flottent indécis entre le bien et le mal, seront inévitablement la proie du néant. Il n'y aura d'espérance d'une immortelle vie que pour ceux qui sont régénérés et retrempés par la foi chrétienne, fussent-ils, après leur conversion momentanée, retournés à l'impiété. Fichte le jeune professe une opinion à peu près pareille, en soutenant que celui qui n'a pas obtenu la régénération vivra après la mort encore quelque temps comme un songe, comme une ombre, mais qu'il ne pourra pas se promettre l'éternité. Sur quoi toute cette théorie est-elle fondée? C'est, nous répond Veisse avec un grand sérieux, c'est que, dans l'antiquité la plus reculée, les fils des dieux s'unirent aux filles des hommes. L'humanité, telle qu'elle se comporte aujourd'hui, étant le résultat de cette alliance, il est manifeste que nous devons être mortels par rapport aux corps, capables d'immortalité par rapport à l'esprit.

On comprend de reste que nous ne voulons pas faire à de semblables idées l'honneur d'une discussion; ce qui achève de nous montrer que Hégel n'a pas enseigné l'immortalité, c'est le passage suivant d'une de ses lettres à un de ses amis le plus intime. Cet ami venant de perdre son fils, il lui écrit pour le consoler de sa mort, et c'est dans de pareilles occasions que les pensées les plus secrètes se manifestent. Voici ce fragment :

« Je ne vous ferai qu'une question, celle que j'ai faite
« à ma femme lorsque nous perdîmes notre premier en-
« fant, alors unique. Je lui demandai lequel des deux
« elle préférerait, d'avoir eu un enfant comme le nôtre,
« dans son plus bel âge, et de se résigner maintenant à
« sa perte, ou bien de n'avoir jamais eu ce bonheur.
« Votre cœur, mon ami, préférera le premier cas. C'est
« celui dans lequel vous vous trouvez. Tout est passé;
« mais il vous reste encore aujourd'hui le sentiment de
« votre jouissance d'autrefois, le souvenir de votre en-
« fant bien-aimé, de ses joies, de son sourire, de son
« amour pour vous et sa mère, de sa bonté envers tous.
« Ne soyez pas ingrat pour ce bonheur et ce contente-
« ment dont vous avez joui. Gardez-en la mémoire tou-
« jours vive et présente dans votre cœur, et votre fils
« ainsi que la joie que vous avez ressentie quand vous le
« possédiez vous resteront toujours. »

Quoi! on viendrait soutenir que Hégel a conçu l'immortalité en son sens véritable, et lorsqu'il s'agit de consoler son ami, lorsqu'on doit chercher toutes les raisons pour atténuer une si cruelle affliction, Hégel ne dit rien dans cette froide lettre de l'espérance d'une vie future. Il en dirait quelque chose que ce ne serait pas à nos yeux une preuve de ses fermes convictions à cet égard, car il devait, pour calmer le chagrin d'un ami, mettre en œuvre jusqu'à des motifs dont il aurait douté; mais puisqu'il n'en parle pas, ne sommes-nous pas autorisé à conclure que sa doctrine excluait formellement l'immortalité? Un souvenir, c'est tout ce qui reste des êtres chéris que nous avons perdus! N'y a-t-il rien dans notre conscience qui s'élève contre cette désolante affirmation? N'y a-t-il pas en nous une voix qui nous crie : Non, la vérité n'est pas là? Nous aimons à opposer à Hégel une lettre de Channing, écrite à un ami dans les mêmes circonstances, seulement c'est la perte de son propre enfant dont parle cet homme distingué : « Je souffre, lui dit-il, mais je n'ai « jamais oublié que mon fils appartenait à un père meil- « leur que moi, et qu'il était destiné à un monde plus « heureux. Je sais qu'il est entre les mains de Dieu dans « la mort comme dans la vie; je ne puis croire que *le « progrès d'une âme immortelle soit limité à cette terre.* « Non, la mort ne rompt pas les liens qui unissent le « père et l'enfant. Quand je songe à ce cher petit, à sa « beauté, à la douceur, à la tendresse qu'il éveillait en « nous, à l'âme que Dieu lui avait donnée et qui com- « mençait à s'ouvrir, je ne puis douter que Dieu ne l'ait « en sa garde[1]. »

Quelle opposition entre Channing et Hégel! Nous n'avons pas besoin d'exprimer auquel des deux nos préférences appartiennent.

Strauss est peut-être celui des disciples de Hégel qui a combattu le plus carrément le dogme de l'immortalité. Aussi avons-nous choisi ce penseur pour analyser ses arguments et les réfuter. C'est dans sa *Dogmatique* que nous puiserons.

Strauss adresse d'abord le reproche à la philosophie antérieure de chercher au dehors dans une vie future, tout-à-fait imaginaire, l'infini qui se trouve dans l'esprit humain. Il commence par montrer qu'il est ridicule de soutenir que si avec la mort tout était fini, il vaudrait

---

[1]. *Channing, sa vie et ses œuvres*, Paris, 1857, in-8°, p. 91.

mieux vivre comme la brute sur cette terre. Il tâche de faire comprendre la valeur intrinsèque d'une vie rationnelle ; puis il s'attaque aux tirades fades et sentimentales de ceux qui ne parlent que du bonheur qu'on aura dans l'autre monde en retrouvant ses enfants, sa femme, ses parents et ses amis.

Après avoir esquissé en quelques traits l'histoire de l'idée de l'immortalité dans la philosophie moderne, Strauss passe à l'histoire détaillée et surtout à la critique des preuves qu'on présente d'ordinaire en faveur de l'immortalité. Nous allons le suivre dans cet examen.

« La preuve tirée de la rémunération, celle à laquelle
« l'école de Wolf a attaché la plus grande importance,
« peut être formulée ainsi :

« Puisque souvent l'homme de bien n'est pas heureux
« dans ce monde, et que le méchant y reste souvent im-
« puni, il faut qu'il y ait un autre monde dans lequel ils
« reçoivent, l'un la récompense, l'autre le châtiment
« qu'ils méritent.

« En supposant que cet argument ait quelque valeur,
« il peut prouver tout au plus qu'il y aura une prolon-
« gation plus ou moins grande de la vie humaine après
« la mort. Car une fois que les âmes seraient convena-
« blement récompensées ou punies, rien n'empêcherait
« qu'elles retombassent dans le néant. Mais si l'on y re-
« garde de plus près, cet argument est sans aucun fond
« et d'une nullité complète. En effet, la vertu ne porte-
« t-elle pas en elle-même sa récompense, le vice sa puni-
« tion? Ne serait-il pas digne de l'homme de placer la
« piété, la grandeur d'âme, au-dessus de tout, même s'il
« était convaincu que son âme n'est pas immortelle?
« N'est-ce pas précisément ce qui constitue la vertu que

« de nous porter à agir, nous ne dirons pas sans égard à
« aucun bien, c'est impossible, mais sans égard à au-
« cune récompense autre que celle que donne nécessai-
« rement l'exercice même de la vertu? Ce ne sont que les
« ignorants et les méchants qui croient que la véritable
« liberté consiste à pouvoir s'abandonner à ses passions,
« et qui regardent la vie rationnelle et morale comme un
« esclavage pénible, l'obéissance aux lois divines comme
« un joug pesant dont une rétribution future doit com-
« penser les douleurs. Aux yeux du sage, il n'est aucun
« d'entre les hommes nobles et vraiment grands qui ne
« soit déjà sur terre plus heureux et plus digne d'envie
« que le plus puissant d'entre les méchants. »

Nous sommes d'accord avec Strauss sur un point. L'âme a son côté divin qui tend à la perfection, et il n'y a de perfection pour elle qu'à l'accomplissement du devoir, parce que c'est le devoir. Substituer à ces tendances qui constituent réellement la grandeur de l'homme, l'appât des récompenses futures, c'est retomber dans la doctrine de l'intérêt bien entendu : la vertu ne serait plus alors qu'un habile calcul.

Cependant nous pensons que si en théorie et pour l'intelligence il faut maintenir ce principe du devoir pour le devoir, une pareille austérité est à peu près impossible en pratique. Si, à la rigueur, l'argumentation de Strauss vaut quelque chose à cet égard, elle est sans influence sur le véritable motif de la preuve morale de notre immortalité. Ce motif, en effet, se tire de la justice du législateur suprême, qui n'a pas dû laisser sans aucune sanction la loi qu'il a promulguée. Or, on a vu par ce qui précède que Strauss ne dit pas un mot là-dessus, et il n'a pas dû le dire, puisqu'il n'admet point de Dieu personnel au sens transcendant de cette expression ; la critique de Strauss, très-logique dans sa doctrine, est donc sans valeur contre la nôtre, et la preuve morale subsiste pour nous dans toute sa force.

Nous abandonnons à Strauss la preuve métaphysique, nous en dirons très-brièvement la raison. Cet argument se formule ainsi :

« L'âme est immatérielle et simple, donc elle ne peut « se décomposer en parties, donc elle est immortelle. » Il est vrai que nous ne croyons pas avec Strauss que la fausseté de la distinction ordinaire entre l'âme et le corps soit démontrée. Nous ne pensons pas non plus que les individualités humaines ne soient que des formes passagères d'une seule et même substance, l'absolu. Ce qui nous empêche d'accorder une grande valeur à cette preuve, c'est qu'elle établit bien la persistance du principe pensant en nous, mais non celle de la conscience et de l'identité personnelle; de ce que l'âme est indissoluble on peut conclure parfaitement sa survivance au corps mortel; mais qui nous répond qu'elle conserve le souvenir de ses modifications terrestres, et que l'homme dans la vie future soit le même être, et garde en un mot son individualité? Or, c'est ce qui est nécessaire à la sanction de la loi morale. Celui-là, en effet, n'est pas puni ou récompensé qui à un point quelconque, même retardé par les nécessités de l'épreuve, dans la suite de ses transmigrations, ne sait pas pourquoi il est puni ou récompensé. Toutefois, nous retenons quelque chose de cet argument que nous réputons vrai, c'est qu'il prouve à nos yeux la possibilité de l'immortalité personnelle.

Pour donner une idée de la pensée véritable de Strauss sur la question, nous allons citer un passage de sa *Dog-*

matique, remarquable du moins par la netteté et la franchise, qualités assez rares chez un disciple de Hégel :

« Il n'y a, dit-il, comme l'a prouvé la spéculation mo-
« derne, qu'une seule et unique substance : l'absolu. Les
« individus n'en sont que des formes périssables et chan-
« geantes. Ils naissent, ils meurent, et toujours d'autres
« individus viennent remplacer ceux qui ne sont plus.
« C'est ce mouvement qui fait la vie de l'absolu. Les
« forces, les talents de l'individu sont bornés et finis ; ces
« limites sont précisément ce qui constitue l'individua-
« lité. Les facultés de l'espèce, de la race, ou mieux en-
« core celles de l'univers, sont seules impérissables. Quand,
« après avoir dépassé l'apogée de la vie, nous inclinons
« vers la vieillesse et ses infirmités, l'âme décline avec le
« corps, dont elle n'est que la vie, le centre ou l'idée (*En-*
« *téléchie* d'Aristote). Les individus dont la vie est usée
« sont remplacés par des formes nouvelles de la vie ab-
« solue, qui, si elles ne sont pas parfaites, sont du moins
« toujours plus vives et plus fraîches. La véritable im-
« mortalité ne consiste donc pas dans un progrès éternel
« vers un but qui ne peut être obtenu. Ce serait en vain
« que nous chercherions l'infini hors de nous ; il faut le
« saisir en nous-mêmes. Il faut changer la ligne droite
« d'un développement sans limites et sans résultats en
« une circonférence parfaite en elle-même. L'immortalité
« ne doit pas être placée dans l'avenir ; c'est une qualité
« présente de l'esprit, c'est la puissance qu'il a de s'élever
« au-dessus de tout ce qui est fini, et d'atteindre à l'idée.
« Ils s'expriment donc mal, quoiqu'ils soient d'ailleurs
« dans la bonne voie, ceux qui semblent faire consister
« l'immortalité dans la gloire et dans les bonnes œuvres
« qui nous survivent, dans la reproduction de nous-

« mêmes par la famille, dans le mouvement éternel de
« l'absolu d'où jaillissent toujours des individualités nou-
« velles. L'éternité, qui consiste dans la gloire et dans la
« continuation d'une influence salutaire, n'est qu'une
« ombre de cette jouissance de l'infini que procure à un
« homme éminent, pendant sa vie, son activité dirigée
« vers le bien suprême et la vérité éternelle. De même la
« durée de la race n'est qu'une ombre de la jouissance
« qu'avait donnée à l'homme durant sa vie l'amour de la
« famille. Enfin, la métamorphose continue de l'univers
« n'est identique à l'immortalité qu'en tant qu'elle est
« reconnue, de sorte que l'immortalité se trouve toujours
« transportée de l'avenir dans le présent, du dehors en
« nous-mêmes. Devenir, au milieu de tout ce qui est
« borné, un avec l'infini, être éternel dans chaque mo-
« ment, voilà la véritable immortalité. L'affirmation ab-
« solue du bien, voilà la béatitude éternelle. »

Ainsi, c'est bien entendu, une vague immortalité qui ne mérite pas ce nom, voilà ce qui nous attend tous dans l'avenir; c'est dans le présent qu'elle doit se réaliser.

M. Michelet, de Berlin, émet une opinion à peu près identique sur la question qui nous occupe.

Il écrit, en effet, ce qui suit dans sa critique de l'excellent ouvrage de M. Bartholmess sur les doctrines religieuses, *Revue philosophique et religieuse* (1er mars 1856).

« L'individu s'efforçant à travailler pour sa part à la
« réalisation de l'intelligence éternelle, est d'autant plus
« éternel lui-même qu'il s'identifie avec cette substance
« absolue de l'univers, et qu'il vit dans le tout. Nous
« vivons dans les bonnes actions que nous avons faites
« et qui ont contribué à faire avancer l'humanité, à la
« rendre meilleure. Nous vivons dans les vérités que

« nous avons hautement proclamées sans la crainte des
« hommes; que nous avons conquises pour les races
« futures qui ont mission de les traduire en actes. Les
« idées d'Aristote et les œuvres de Raphaël vivent encore
« et ressuscitent continuellement dans celles des indivi-
« dus qui les imitent, et que leur exemple a formés. La
« véritable immortalité est la grande migration des âmes,
« la vie éternelle de l'esprit absolu. »

Pour réfuter cette désespérante doctrine, partons de la conscience humaine, en cela nous serons fidèles à notre méthode. Résumons les arguments par lesquels un auteur moderne a utilement combattu, à notre avis, cette partie de la dogmatique de Strauss [1]. Ce qui constitue la nature humaine, n'est-ce pas la tendance vers l'absolu, vers l'infini? Chacun ne trouve-t-il pas dans ses affections, dans ses désirs, dans ses efforts les plus intimes, la démonstration de cette vérité? Et quel en est le résultat immédiat et incontestable par rapport à l'idée de l'immortalité? Comment un être fini de sa nature peut-il atteindre son but, l'infini? Cette identification est contraire à notre nature d'être finis. Nos désirs ne peuvent donc être remplis que dans un progrès sans terme, qui nous rapproche sans cesse du but auquel nous aspirons. Un être fini qui aspire à l'infini ne peut avoir qu'une vie éternelle.

Malgré les doutes que le fait mystérieux de la mort engendre tous les jours, il y a quelque chose en nous qui nous promet la continuation de cette vie dans l'avenir le plus lointain, et nous la représente de plus en plus

---

[1]. *Essai sur les opinions de Strauss* dans la *Revue européenne*, par Charles Buob, *passim*.

belle et resplendissante. Nous croyons que notre activité pour le beau, le vrai et le bien, est aussi perpétuelle que nos désirs sont vastes et profonds. Précisément parce qu'il nous est impossible de réaliser jamais complétement l'infini dans un moment donné, et que néanmoins nous en avons le désir naturel, il ne nous reste plus, pour répondre à ce désir autant que notre nature le comporte, qu'à nous approcher éternellement de l'infini, et à le réaliser ainsi dans l'ensemble d'une carrière sans bornes. M. Jules Simon, dans son beau livre *du Devoir*, à écrit de magnifiques pages que nous citons en les abrégeant, et qui répondent d'une manière victorieuse aux sophismes du philosophe allemand.

« Qui osera dire que l'absolu, que la perfection ne soit
« pas, ou que le monde lui-même soit la perfection
« exacte, nous qui la connaissons, nous devons lui appar-
« tenir. Quand les vers s'empareront de notre corps,
« notre âme s'élancera vers ce Dieu qu'elle a entrevu,
« qu'elle a rêvé, dont elle a démontré l'existence, par
« lequel elle a pensé, par lequel elle a aimé; vers ce Dieu
« qui remplit notre vie de lui-même, et qui ne nous a
« pas donné la pensée et l'amour pour que nous rendions
« ces trésors à la pourriture et au néant. O Pascal ! l'uni-
« vers ne peut m'écraser. Qu'il broie mon corps, mais
« mon âme lui échappe.

« Il faut sonder la bonté de Dieu pour un moment ; il
« faut s'y perdre. Se peut-il que Dieu soit, et que le mal-
« heur et l'injustice soient. Si je dois finir avec mon corps
« pourquoi Dieu m'a-t-il fait libre? Pourquoi s'est-il ré-
« vélé à moi dans ma raison? Pourquoi m'a-t-il donné
« un cœur que nul amour humain ne peut assouvir?
« Cette puissance, cette pensée, ce cœur, m'ont-ils été

« donnés pour mon désespoir? Hélas! qu'est-ce donc
« que cette vie? une suite de déceptions amères, des
« amours purs qu'on trahit, des enthousiasmes dont nous
« rions le lendemain, des luttes qui nous épuisent, des
« désespoirs qui nous tordent le cœur, des séparations
« qui nous frappent dans nos sentiments les plus chers
« et les plus sacrés. Voilà la vie, si nous devons périr, et
« voilà la Providence!

« Périr! eh quoi! n'avez-vous jamais vu la justice avoir
« le dessous dans ce monde? Le crime n'a-t-il jamais
« triomphé? N'y a-t-il pas des criminels qui sont morts
« au milieu de leurs succès, dans l'enivrement de leurs
« voluptés impies? Socrate n'a-t-il pas bu la ciguë?
« L'histoire elle-même est-elle imparfaite? La postérité,
« cette ombre que le juste invoque, entendra-t-elle son
« dernier cri? Qui soutiendra la pensée qu'un innocent
« puisse mourir dans l'opprobre et dans les supplices, et
« que cette pauvre âme ne soit pas reçue dans le sein de
« Dieu.

« O dernier mot de la science humaine, ô sainte
« croyance, ô douce espérance! pourrait-on, sans vous,
« le supporter. Une chaîne indissoluble unit ensemble la
« liberté, la loi morale, l'immortalité de l'âme et la Pro-
« vidence de Dieu. Pas un de ces dogmes qui puisse périr
« sans entraîner la ruine de tous les autres. Nous les em-
« brassons tous dans notre foi et dans notre amour. Il n'y
« a plus de place au doute dans une âme honnête pro-
« fondément convaincue de son immortalité. La douleur
« et la mort perdent leur aiguillon, quand nous fixons
« les yeux sur cet avenir sans nuage. Jouons notre rôle
« de bonne grâce et n'accusons pas la Providence pour
« des infortunes prétendues que nous déposerons avec le

« masque. Est-ce donc notre âme qui souffre et qui meurt?
« Non, non, c'est l'homme extérieur, le personnage. Notre
« vie à nous est avec Dieu. Il n'y a de pensée réelle, sub-
« stantielle, que dans l'Éternel. Il n'y a d'action vérita-
« ble que l'accomplissement du devoir. Le devoir seul
« est vrai; le mal n'est rien. Homme, de quoi te plains-
« tu? De la lutte? c'est la condition de la victoire. D'une
« injustice? Qu'est cela pour un immortel. De la mort?
« c'est la délivrance. »

Nous avons déjà cité l'opinion des philosophes qui pensent qu'on peut bien démontrer la survivance de l'âme, mais qui relèguent celle de la personne au rang des probabilités. Nous avons fait voir que le problème ainsi posé était un non-sens ou une vérité digne tout au plus de M. de La Palisse; que l'âme soit immortelle, c'est ce que nul ne nie d'entre les philosophes qui admettent l'existence de l'âme. L'essentiel, l'important à savoir, c'est si l'être persiste dans la vie future, si l'individualité est conservée. La sanction de la loi morale est à ce prix et l'exige impérieusement. On a coutume de diviser en trois catégories les preuves de notre immortalité :

1° La preuve métaphysique tirée de l'unité, de la simplicité de l'âme. Nous avons dit plus haut pourquoi nous rejetons cette preuve; c'est qu'elle ne s'applique pas à la seule difficulté du problème qui est le salut de la personne; nous n'en tenons donc absolument aucun compte, et nous n'en parlerons plus. Nous ne retenons de cette preuve, qui nous paraît vraie, que la possibilité de la survivance personnelle ;

2° La preuve psychologique tirée des facultés de l'âme qui semblent, pour la plupart, ne pas avoir de destination ici-bas ;

3° La preuve morale tirée de la nécessité d'une sanction de la bonté et de la justice divines.

Nous accordons une grande valeur à ces dernières preuves.

Comment se ferait-il, en effet, que tandis que toutes les créatures ont reçu ici-bas des instincts conformes à leur destination, et ne dépassant jamais la limite de la position assignée à chacun dans l'harmonie du monde, l'homme seul, dans l'univers, aurait des désirs et des instincts qui ne seraient en aucun temps satisfaits? Pourquoi cette anomalie à l'égard de l'être le plus noble ici-bas, et à qui l'empire de la terre a été départi? Le but de la création est le progrès de chacun, la liberté doit tendre de plus en plus vers les perfections du type divin. Ce qu'il y a de plus clair et de mieux en ce genre pour le développement de la preuve morale, ce sont les pages écrites par M. Damiron, dans son *Histoire de la philosophie du dix-neuvième siècle*, dont nous allons présenter quelques extraits[1].

M. Damiron parle d'un homme vertueux se sacrifiant obscurément ou se dévouant avec éclat. D'un dernier acte de sa liberté, il aura donné sa vie pour sa famille, son pays ou l'humanité, et au delà il n'y aurait rien, il aurait perdu tout sentiment, toute moralité, tout moyen de continuer à se rendre meilleur! il n'aurait avancé que pour tomber, tomber dans le néant, lui qui avait encore devant les yeux une telle perspective de perfectionnement, et ainsi il lui serait refusé de poursuivre un plus grand bien; il serait arrêté dans son élan et forcé d'en finir, de par le Dieu qui ne voudrait pas le voir devenir plus parfait :

---

1. Voyez t. II, p. 308-316, *passim*.

impitoyable jalousie d'un Dieu qui commanderait et empêcherait l'obéissance ; qui imposerait une loi et en arrêterait l'accomplissement. Et quelle serait donc l'idée du Créateur pour s'opposer à ce que sa créature se fît la meilleure qu'elle pourrait, et travaillât sans fin à sa plus grande pureté? Ou niez Dieu, et avec Dieu l'ordre, la raison et la justice, ou admettez que l'âme humaine n'a pas pour destinée de cesser d'exister au moment même où elle a le plus fait, où elle se dispose à le plus faire pour relever sa nature.

Que si l'homme, au contraire, méconnaissant sa loi, infidèle au devoir qu'il a compris, mais oublié et violé librement, a eu une vie mauvaise et coupable jusqu'à la fin, est mort sans repentir, peut-être même dans un redoublement de vice et de corruption, vieux pécheur endurci, tout est-il achevé pour lui, dès qu'il a le pied dans la tombe? et ne lui faudrait-il qu'avoir touché au terme de ses crimes et de sa carrière pour échapper à toute justice, à toute légitime expiation? Où seraient là l'ordre moral, l'harmonie naturelle que nous concevons entre le démérite et la peine, entre le mérite et la récompense? On s'explique comment sur la terre cette harmonie manque quelquefois ; la sagesse des hommes est faible, elle est sujette à faiblir ; elle n'a pas toujours la volonté ou le pouvoir de cette équité consciencieuse et clairvoyante, qui est l'attribut d'un être parfait. Mais la Providence céleste, mais le principe de tout ordre, l'idéal de tout bien, supposer qu'il pèche au point de laisser impuni le mal, c'est lui tout accorder pour lui tout refuser; c'est en faire un Dieu qui ne vaut pas plus que nous; car, il importe de le remarquer, punir, bien punir, c'est-à-dire faire souffrir, non par colère et ressentiment, mais par raison et par amour, dans le but de ramener au bien et non de tourmenter, est un acte de haute piété, une vertu vraiment divine. Au contraire, l'impunité à tout jamais, le délaissement du coupable dans sa funeste impénitence, l'absence de tout soin pour le tirer du mal, seraient une marque d'abandon et de monstrueuse indifférence ; ce serait le perdre dans le néant, au lieu de lui ouvrir par l'expiation un avenir de bien et de bonheur.

La vie humaine est une épreuve. Quand cette épreuve n'a pas été satisfaisante, quelle conséquence doit-elle avoir ?

Voilà une créature qui avait son œuvre à faire ; par sa faute elle ne l'a pas ou l'a mal faite ; lequel vaut le mieux, dans l'ordre des choses, pour la beauté de cette vie et la perfection de la puissance qui préside à l'univers, que cette créature dégradée s'éteigne sans rémission, et s'évanouisse au sein de l'Être toute souillée de ses péchés, ou que, gardant le sentiment, et persistant dans sa personne, elle ait, après cette vie, une vie nouvelle destinée à la réparation et à l'expiation ? Lequel vaut le mieux raisonnablement, de ne la soumettre qu'à une épreuve qui peut bien être mal prise, comme dans le cas que nous examinons, ou de lui en ménager plusieurs parmi lesquelles une, enfin acceptée comme elle doit l'être, sauvera une âme qui, sans cela, était perdue sans retour ? Serait-ce donc au moment où, après des jours pleins de fautes, elle aurait si grand besoin de retrouver du temps devant elle pour revenir ou en avoir la chance, que la chance lui manquerait et que l'éternité ne lui serait de rien ? Où serait pour Dieu la gloire, où serait la sagesse à frapper de néant, après quelques années, un être qu'il n'a sans doute pas fait pour finir en méchant? Ce serait désespérer de son ouvrage, et il ne doit pas désespérer. Désespérer est faiblesse, et Dieu est souverainement fort. Il ne renonce jamais au mieux, car il a la toute-puissance. Or, ici le mieux est certainement qu'il mette à même de se relever l'homme qui est mort en état de vice, et, par conséquent, qu'il l'appelle à des rapports qui, succédant à ceux qu'il a eus ici-bas, lui permettent de commencer un nouvel exercice de moralité.

Ces raisons sont plus que suffisantes pour faire admettre l'immortalité en son sens véritable. Nous aurions pu, à notre tour, faire des phrases sur cette question, nous avons préféré nous servir du lumineux écrit de M. Damiron, et lui emprunter ces pages bien senties, simples à la fois et vraies. Remarquez que l'argument le plus fort en faveur de l'immortalité, est tiré de la nécessité de nouvelles épreuves pour le redressement de l'homme.

Je ne sais au juste quelle cause a produit cette foule de matérialistes dans toutes les classes de la société; interrogez-les secrètement, ils ne peuvent pas s'imaginer que la personne survive à la dissolution du corps.

« Voyez, nous disent-ils, les plantes et les animaux,
« ils naissent d'un germe mystérieux; s'accroissent, puis
« dépérissent, et quand vient le terme marqué par la
« nature, ils disparaissent pour faire place à d'autres.
« Les générations nouvelles poussent au trépas les vieilles
« générations; pourquoi en serait-il différemment de
« l'homme? La mort est la seule souveraine d'ici-bas;
« les enfers, les élysées de toutes les religions sont des
« chimères auxquelles ne croient pas ceux qui les ont
« inventées. »

Le mal est plus profond et plus incurable qu'on ne

croit; nous avons trouvé de ces âmes sceptiques à toutes les hauteurs comme à tous les bas-fonds de la société. Pauvres âmes! bien à plaindre en effet; elles sont altérées de la vérité et ne rencontrent que le doute; nos beaux raisonnements sont sans effet sur elles.

Pour nous, heureusement, nous n'avons pas l'ombre d'un doute. Nous serons, parce que nous sommes. Que sommes-nous? des personnes; nous serons donc perpétuellement des personnes. Nous nous sentons pourvus d'une certaine part de causalité, de substantialité; nous garderons, en la développant, cette causalité et cette substantialité. Dieu était souverainement libre de nous créer ou de ne pas nous créer; une fois qu'il a décidé, dans les conseils de sa suprême sagesse, de nous appeler à l'existence, il ne saurait nous anéantir, car ce serait montrer de l'inconstance, pour nous servir d'une belle expression de Malebranche, et Dieu est immuable. S'il nous a donné la vie, c'est qu'il l'a voulu, et sa volonté est toute parfaite et toute sainte. Irait-il se repentir de ses œuvres et nous retirer l'être qu'il nous a accordé? Le croire serait concevoir Dieu à notre image, serait faire un grossier anthropomorphisme. L'homme est immortel parce qu'il est; la matière même ne périt pas; elle se dissout pour former de nouveaux composés. La personne survit tout entière parce qu'elle est simple et une. Cet argument, que nous préférons aux autres, nous le nommerons preuve ontologique. Descartes a dit : Je pense, donc je suis; nous dirons : Je suis, donc je suis immortel.

Divers auteurs ont rapporté des preuves de l'immortalité de l'âme qui, pour n'avoir pas la même valeur philosophique que les précédentes, ne sont pas tout à fait à dédaigner.

M. Eugène Pelletan, dans ses *Heures de travail*, raisonne ainsi :

« L'homme est un être religieux ; je dis plus, il est religieux par esssence. L'animal vit et meurt, mais il ne sait pas qu'il vit ni qu'il doit mourir. L'homme sait, au contraire, qu'il porte une existence et qu'il doit la déposer à la fin de sa journée. N'aurait-il que la notion de la mort, que cette notion lui constituerait une grandeur à part dans la création. Car pourquoi serait-il dans la confidence de sa propre fin, si le tombeau était le dernier mot de sa destinée? Dieu ne lui en aurait donné la connaissance que pour en faire une longue mort par anticipation. Le plus beau don de sa magnificence serait alors un bourreau intime, destiné à nous relire sans cesse notre arrêt jusqu'au jour de l'exécution, pour nous en verser lentement, goutte à goutte, toute l'horreur. Il nous aurait accordé davantage, et, par je ne sais quelle ironie, il nous punirait davantage à l'aide même de son bienfait. L'esprit, à ce compte, reflet vivant de sa divinité, serait uniquement un raffinement de supplice. Cela n'est pas, ou plutôt cela n'est qu'un blasphème. Dieu a mis la mort devant nous comme une vigie sévère, pour nous rappeler chaque jour à notre destinée. Si l'homme n'avait la prescience de la mort, il glisserait sur le temps et fuirait dispersé à chaque souffle du hasard sans travailler un instant à faire provision d'éternité. Mais la fosse est là, toujours béante sous son regard. L'homme la voit, et l'homme ne veut pas mourir, ne peut pas, en vertu de sa nature, consentir à mourir. Il songe alors que sa vie est quelque chose de plus que la mort, quelque chose au delà. Il fait effort pour échapper à la dispersion et rentrer dans la vérité de sa destinée.

« Donc, de ce que l'homme, seul de tous les êtres terrestres, a l'idée de la mort, sait qu'il doit mourir, il est immortel.

« Un juste va mourir, il est le plus humble peut-être de sa vallée, il a toujours vécu parmi les petits, il ne possède d'autres richesses qu'une journée de sa charrue. Le vent n'a jamais porté son nom plus loin que le son de la cloche de son village, mais il a modestement pratiqué à l'écart la loi du devoir. Il a fait le bien en silence, sans même dire à la main gauche l'œuvre de la main droite; mais rien de ce qu'il faisait n'était perdu; la moindre de ses pensées, au contraire, était recueillie par les anges du Seigneur. Maintenant, couché sur son lit d'agonie, il attend l'explication dernière, et, à ce moment suprême, Dieu incliné du fond de l'infini sur la face du mourant, avec tous ses soleils et tous ses siècles rangés autour de lui dans un formidable respect, reçoit cet esprit désormais divin, et le pose devant lui comme un monde nouveau, vêtu de plus d'éclat dans sa vertu que l'étoile de l'espace et le lis de la vallée. » (*Heures de travail.*)

« Et aussitôt ce corps, tombé dans la mort, devient quelque chose de sacré, comme si le doigt de Dieu l'avait touché. On dirait l'autel désormais éteint du sacrifice dont la flamme est remontée au céleste parvis. Pourquoi ce respect pour le moule brisé de l'homme, si l'homme ne devait être au dénoûment de la vie qu'un peu de fumier? Ce respect est involontaire, impérieux, de tous les temps, de toutes les nations. Il fait partie de l'âme humaine, il est né avec elle comme un élément constitutif de son essence. S'il est une erreur, l'âme est une erreur aussi. Il faut donc choisir : ou le néant ou l'homme est un

b.

mensonge. La question ainsi posée est résolue : l'immortalité est prouvée[1]. »

Cette dernière argumentation, tirée du respect que l'âme humaine a pour les morts, a été développée par M. Guizot, dans les *Méditations morales* [2], et par M. Ronzier-Joly [3].

Nous acceptons toutes ces preuves. Quand une proposition est vraie, tout s'accorde à l'établir, et il n'est pas un fait qui, bien interprété, ne puisse lui venir en aide et la mettre en plus vive lumière. .

Quelle est la fin de l'homme, si ce n'est la perfectibilité? Eh bien! la perfectibilité est fille du labeur. Le progrès atteint est le prix du combat. Sans cesse l'homme désire et il désire le bonheur. Se fixera-t-il dans sa marche progressive et continue à un point de l'espace? Non, car au delà il y a le mieux, et c'est le mieux vers lequel il porte ses regards. Il y tend de toutes ses facultés, de toutes les énergies de son âme, de toutes les aspirations de son cœur, et il va vers Dieu le souverain bien, le bien par excellence, et aussi la félicité suprême!

Une croyance en l'autre vie ; une croyance pour toutes les infortunes, pour tous les cœurs aimants, pour toutes les vertus, pour tous les dévouements ignorés, pour toutes les affections incomprises ou malheureuses, pour tous les espoirs déçus; une croyance en l'autre vie, afin que toutes les conditions de bonheur et d'amour puissent se réaliser, afin que tout mérite ait sa rémunération, tout labeur son salaire; afin que les aspirations de ceux qui aiment, pleurent, prient, ne restent pas sans satis-

---

1. Même auteur, *Profession de foi au dix-neuvième siècle.*
2. *Deuxième méditation sur l'immortalité.*
3. *Horizons du ciel*, douzième soirée.

faction; afin que le sacrifice, quel qu'il soit, fait à bonne intention, trouve sa récompense [1].

La providence de Dieu, l'immortalité de l'âme s'impliquent mutuellement, se confondent dans une même pensée, sont l'irréfutable preuve l'une de l'autre. Elles rendent compte du besoin incessant de bonheur qui nous agite et nous anime; elles répondent à ces mouvements intimes, profonds qui portent vers la patrie inconnue les élans de nos désirs; car tout nous dit que ce monde que nous traversons n'est qu'une halte d'un jour, et nos cœurs, pleins d'espérance, volent au delà des horizons pour atteindre cette félicité durable que nous cherchons vainement ici-bas.

La justice est un attribut de Dieu, et cette justice, dont nous ne voyons sur la terre que de pâles reflets, suffit pour nous garantir la persistance après le trépas.

Un raisonnement tiré de la nature et de l'essence de l'âme, qui, par sa partie intellectuelle, est faite à l'image de Dieu et reproduit sa ressemblance, fait le fonds de la démonstration de Porphyre dans son *Traité de l'âme*, dont les fragments nous ont été conservés par Eusèbe. Citons un beau passage tiré du livre XI, chapitre XXVIII de la *Préparation évangélique*. Voici les propres expressions du philosophe néoplatonicien.

« Il faut discuter longuement pour démontrer que
« l'âme est immortelle et à l'abri de la destruction [2].
« Mais il n'est pas besoin d'une savante discussion pour
« établir que, de tout ce que nous possédons, l'âme est

1. Même auteur, lieu cité.
2. Porphyre fait ici allusion à l'argument des contraires, qui a excité dans l'antiquité une si vive et si longue controverse. (Voyez M. Cousin, *Fragments de philosophie ancienne*, p. 410.)

« ce qui a le plus d'analogie avec Dieu, non-seulement
« à raison de l'activité constante et infatigable qu'elle
« nous communique, mais encore à cause de l'intelli-
« gence dont elle est douée. C'est cette remarque qui
« a fait dire au physicien de Crotone (Pythagore) que
« l'âme étant immortelle, l'inertie est contraire à sa na-
« ture comme elle l'est à celle des corps divins (des
« astres). Que l'on songe une bonne fois à l'essence de
« notre âme, à l'intelligence qui préside en nous, qui
« provoque souvent des réflexions et des désirs d'une
« nature si relevée, et l'on sera persuadé de la ressem-
« blance qu'a notre âme avec Dieu. Si l'on fait voir
« clairement que l'âme est de toutes choses celle qui a
« le plus de ressemblance avec Dieu, qu'est-il besoin
« d'avoir recours aux autres arguments pour démontrer
« son immortalité? Ne suffit-il pas de mettre en avant
« cette preuve, qui a une valeur toute particulière, pour
« convaincre les gens de bonne foi que l'âme ne parti-
« ciperait pas aux actes qui conviennent à la divinité, si
« elle n'avait pas elle-même une nature divine? Contem-
« plez l'âme, en effet : elle est enfouie dans un corps
« périssable, dissoluble, dépourvu par lui-même d'intel-
« ligence, qui n'est qu'un cadavre par lui-même, qui
« sans cesse tend à se corrompre, à se diviser et à périr;
« cependant elle le façonne, l'informe, et elle en tient
« les parties liées ensemble; elle fait preuve d'une essence
« divine, quoiqu'elle soit gênée et entravée par cette
« carapace mortelle; que serait-ce donc si, par la pensée,
« on séparait cet or de la terre qui le couvre? L'âme ne
« montrerait-elle pas alors clairement que son essence
« ne ressemble qu'à celle de Dieu? Par ce fait que, même
« dans son existence terrestre, elle participe à la nature

« de la divinité, qu'elle continue de l'imiter par ses
« actes, qu'elle n'est pas dissoute par l'enveloppe mor-
« telle dans laquelle elle se trouve emprisonnée, ne fait-
« elle pas voir qu'elle est à l'abri de la destruction?

« L'âme paraît divine par la ressemblance qu'elle a
« avec l'être qui est indivisible, et mortelle par ses points
« de contact avec la nature périssable. Selon qu'elle
« descend ou qu'elle remonte, elle a l'air d'être mortelle
« ou immortelle. D'un côté, il y a l'homme qui n'a
« d'autre occupation que la bonne chère, comme les
« brutes. D'un autre côté, il y a l'homme qui, par son
« talent, sauve le navire dans la tempête, ou rend la
« santé à ses semblables, ou pénètre la vérité, ou dé-
« couvre la méthode qui convient à chaque science, ou
« invente des signaux de feu, ou tire des horoscopes,
« ou, par des machines, imite les œuvres du Créateur.
« L'homme n'a-t-il pas en effet imaginé de représenter
« ici-bas le cours des sept planètes en imitant, par des
« mouvements mécaniques, les phénomènes célestes[1]?
« Que n'a pas inventé l'homme en manifestant l'intelli-
« gence divine qu'il renferme en lui-même? Certes,
« celle-ci prouve bien par ses conceptions hardies qu'elle
« est véritablement olympienne, divine, et tout à fait
« étrangère à la condition mortelle; cependant, par suite
« de son attachement pour les choses terrestres, attache-
« ment qui le rend incapable de reconnaître cette intel-
« ligence, le vulgaire, prononçant d'après les apparences
« extérieures, s'est persuadé qu'elle est mortelle. Les
« gens de cette espèce n'ont, en effet, qu'un moyen de

---

1. Porphire fait ici allusion à la sphère d'Archimède.
2. Eusèbe, *Préparation évangélique*, XIV, 10.

« se consoler de leur abrutissement, c'est de se fonder
« sur les apparences extérieures et grossières pour attri-
« buer aux autres la même bassesse, et de se persuader
« ainsi que tous les hommes sont semblables à l'inté-
« rieur comme à l'extérieur. Les preuves tirées soit des
« conceptions intellectuelles, soit de l'histoire, démon-
« trent incontestablement que l'âme est immortelle. »

Qu'aurait dit Porphyre, s'il avait vécu de nos jours, des merveilleuses inventions qui témoignent plus que jamais de la divinité de l'esprit humain par sa ressemblance avec Dieu? Qu'aurait-il dit, par contre, du matérialisme abject et du culte ignoble des voluptés dorées qui sont le fléau de notre époque? Nous laissons nos lecteurs libres de faire toutes les additions possibles au texte de Porphyre, d'après leurs fantaisies, fondées toutefois sur d'incontestables réalités.

On voit que Porphyre ajoute aux preuves de l'origine divine de l'âme celle qui est tirée, en faveur de son immortalité, du consentement universel de tous les peuples. Dans un ouvrage historique tel que celui-ci, il convient d'y insister : c'est ce que nous allons faire.

LA PLURALITÉ

DES

EXISTENCES DE L'AME

LA PLURALITÉ DES EXISTENCES DE L'AME

LIVRE PREMIER

ANTIQUITÉ PROFANE

CHAPITRE I

THÉOLOGIE PAIENNE

L'immortalité selon l'histoire. — Position du problème. — La métempsycose chez les Hindous. — Les Védas. — Les Bhagavad Gita. — Les livres Zends. — Zoroastre. — Les Égyptiens. — Les Grecs. — Les Latins.

Lord Bolingbroke, qui poussa plus loin qu'aucun autre comme on sait, au dix-huitième siècle, l'esprit d'incrédulité, critique et philosophique, reconnaît lui-même que la doctrine de l'immortalité de l'âme et d'un état futur de récompenses et de châtiments, paraît se perdre dans les ténèbres de l'antiquité : elle précède tout ce que nous savons de certain. Dès que nous commençons à débrouiller le chaos de l'histoire ancienne, nous trouvons cette croyance établie de la manière la plus solide dans l'esprit des premières nations que nous connaissions[1]. Elle se trouve également chez les barbares et chez les peuples les plus policés. Les Scythes, les Indiens, les Gaulois, les Germains et les Bretons, aussi bien que les Grecs et les Romains, croyaient que les âmes étaient immortelles, et que les hommes passaient de cette vie à une autre, quoique leurs idées sur la vie future manquassent peut-être de précision [2]. Lorsque les voyageurs européens ont découvert l'Amérique, à peine ont-ils trouvé quelque nation qui n'eût pas une idée d'un état à venir.

L'auteur de la *Divine légation de Moïse*, observe que les anciens poëtes grecs, qui parlent des mœurs de leur nation et des autres peuples, représentent cette doctrine comme une croyance populaire reçue partout [3]. Timée, le pythagoricien, loue beaucoup Homère d'avoir conservé dans ses poëmes l'ancienne tradition des châtiments de l'autre vie [4]. Si c'était une ancienne tradition du temps d'Homère, elle doit être de la plus haute antiquité. Dans les dialogues de Platon, Socrate s'attache à prouver l'immortalité de l'âme par la voie du raisonnement; mais il ne prétendait pas être l'inventeur de cette doctrine. Il en parle non comme d'une vérité qu'il a découverte par ses profondes méditations, mais comme d'une tradition ancienne et respectable. Il dit dans le *Phédon :* « J'espère qu'il y « aura encore quelque chose après la mort; et que, comme « on le dit depuis longtemps, la vie future sera meilleure « pour les hommes vertueux que pour les méchants [5]. » Platon était du même sentiment que son maître. Il dit expressément que l'on doit croire aux opinions anciennes

---

1. *Works*, vol. V, p. 237. Édit. in-4°. — 2. Grotius, *De veritat. relig. christ.*, lib. I, p. 22. — 3. *Works*, vol. II, l. II, § 1, p. 90. Édit. in-4°. — 4. *Traité de l'âme du monde*, à la fin. — 5. *Oper.*, p. 387. A, édit. Lugd.

et sacrées qui enseignent que l'âme est immortelle, et qu'après cette vie elle sera jugée et punie sévèrement si elle n'a pas vécu comme il convient à un être raisonnable [1]. Cette expression, les opinions anciennes et sacrées, ne peut désigner que des traditions de la plus haute antiquité et d'une origine divine. Platon conclut du dogme de l'immortalité, qu'il vaut mieux souffrir l'injustice que d'en être l'auteur. Aristote, cité par Plutarque, parle du bonheur des hommes après cette vie comme d'une opinion de la plus ancienne date, dont personne ne peut assigner l'origine ni l'auteur, et qui vient d'une tradition qui se perd dans l'obscurité des âges les plus reculés [2]. Cicéron dit que l'immortalité de l'âme a été soutenue par des savants de la plus grande autorité, ce qui est d'un grand poids en quelque cause que ce soit; que c'est une opinion commune à tous les anciens, à ceux qui, approchant de plus près des dieux, par l'ancienneté de leur origine, en étaient d'autant plus en état de connaître la vérité. *Auctoribus quidem ad istam sententiam uti optimis possumus, quod in omnibus causis et debet et solet valere plurimum, et primum quidem omni antiquitate, quæ quo propius aberat ab ortu et divina progenie, hoc melius ea fortasse quæ erant vera cernebat* [3]. Il ajoute que « les anciens admirent cette opinion avant la naissance de la philosophie, qui ne commença à être cultivée que plusieurs années après; et qu'ils en étaient persuadés par une espèce d'inspiration naturelle, sans en avoir étudié les raisons. » *Qui nondum ea quæ multis post annis tractari cœpissent physica didicissent, tantum sibi persuaserant, quantum*

---

1. Epist. VII, *oper.*, p. 716. A. — 2. Plutarch., *In consol. ad Apollon.*, oper. tome II, p. 115. C. édit. Xyl. — 3. *Tuscul. quæst.* I, 1, N. 12.

natura admonente cognoverant, rationes et causas rerum non tenebant [1]. Enfin l'orateur philosophe allègue le consentement universel de toutes les nations, comme une excellente preuve de l'immortalité de l'âme [2]. Sénèque paraît faire aussi beaucoup de cas de la même preuve.

Plutarque, qui rapporte le passage d'Aristote cité ci-dessus, au sujet de la grande antiquité de cette tradition, ne manque pas de l'approuver et de faire voir que les philosophes et les poëtes les plus anciens ont enseigné unanimement, que les hommes vertueux et les héros seraient honorés après cette vie, et qu'il y aurait un certain séjour fortuné où leurs âmes résideraient [3]. Le même philosophe écrivant à sa femme pour la consoler de la mort d'un de leurs enfants mort en bas âge, suppose que les âmes des enfants mêmes passent de cette vie à un état meilleur et plus divin, conjecture autorisée par les lois et les anciennes coutumes de leurs ancêtres [4].

Ces témoignages suffisent pour faire voir que la doctrine de l'immortalité de l'âme fut généralement reçue par les hommes dès les anciens temps.

Une fois l'immortalité de l'âme reconnue, tout n'est pas fini pour la pensée philosophique. Quelles sont les formes de la vie future? Après cette vie terrestre, tout est-il terminé pour l'épreuve? Sommes-nous irrévocablement jugés sur ce que nous avons fait ici-bas? Le châtiment comme la récompense sont-ils immobiles? Les peines sont-elles purificatrices ou constituent-elles une stupide et irrémédiable vengeance? L'expiation est-elle sans limites et se continue-t-elle durant l'éternité des siècles? La récompense est-elle obtenue de prime saut et la béatitude est-elle invariable?

---

1. Plutarch., *ubi sup.*, p. 120. B. — 2. *Oper.*, t. II, p. 612. — 3. *Ibid.*, N. 13. — 4. *Ibid.*, N. 16.

Ce sont là les fausses idées que repoussent à la fois toutes les traditions, toutes les aspirations de nos cœurs; elles sont contraires à la nature de Dieu comme à celle de l'homme. Outrage à l'égard de la divinité; quant à l'humanité, c'est un non-sens. Nous démontrerons que personne n'y a cru chez les anciens, que chez les chrétiens seuls ces opinions ont été reçues quelque temps comme menaces, mais jamais sérieusement.

Nous établirons la foi du genre humain, c'est-à-dire la croyance à autant d'épreuves qu'il est nécessaire pour la guérison de l'âme.

La négation de l'enfer éternel.

La préexistence.

Les vies successives.

Le progrès dans la béatitude.

Le mouvement initiateur et perpétuel de la création sous la direction de Dieu.

Tels sont les articles principaux des croyances de l'humanité.

Recueillons sur tous ces points la réponse de l'antiquité et d'abord de la théologie païenne.

Le système de la métempsycose qui, à cause de son antiquité, de sa diffusion et de son influence, a mérité le nom qualificatif de dogme, a pris naissance dans l'Inde. Son origine se perd dans la nuit des temps. Après avoir passé de l'Inde en Perse et en Égypte, il fut enseigné par plusieurs philosophes de la Grèce, pour se retrouver plus tard dans le dogme catholique du purgatoire. La religion des Hindous, qui pour expliquer l'œuvre génésiaque, avait adopté la théorie de l'émanation, indiquait comme but suprême, terme de tous les désirs et de toutes les aspirations de l'homme, l'absorption en Dieu, la rentrée au port, le retour au point de départ. Mais, pour se confondre avec le grand Tout, il fallait être pur et avoir pratiqué les bonnes œuvres sans en rechercher le fruit, il fallait avoir eu la science de la vie active, ou surtout de la vie contemplative.

« La récompense due aux œuvres bonnes ou mauvaises, « est comme les flots de la mer; nul ne peut y mettre obs- « tacle; elle est comme un cordage qui lie l'auteur des « œuvres et qu'on ne peut rompre[1]. » Ceux qui n'avaient pas pratiqué les bonnes œuvres allaient dans les lieux inférieurs (notamment le monde de la lune, destiné principalement à ceux qui avaient cherché le prix des œuvres), ou revenaient sur la terre pour revêtir des corps de vers, de papillons, de chiens, de couleuvres et d'autres animaux[2]. Il y avait aussi des lieux intermédiaires entre la terre et le monde du créateur pour ceux qui, sans être arrivés au but, n'avaient pas cependant tout à fait démérité.

Remarquons, en passant, une preuve nouvelle que Pierre Leroux, dans son livre *de l'Humanité*, a eu tort de rattacher constamment à la terre l'antique tradition de la métempsycose.

Plusieurs passages des Védas pourraient être cités :

« Si l'homme a fait des œuvres qui conduisent au monde « du soleil, l'âme se rend au monde du soleil; si elle a fait « des œuvres qui conduisent au monde du créateur, elle va « dans le monde du créateur. Ainsi l'âme va dans le monde « auquel appartiennent ses œuvres. » Et plus loin : « A quoi « donc sert d'avoir ici-bas des désirs et d'y chercher les « plaisirs sensuels? Livrez-vous à vos désirs, abandonnez- « vous sans pudeur à toutes les voluptés, vous ne faites que « vous astreindre à contracter en mourant de nouveaux

---

1. *La religion des Hindous selon les Védas*, par Lanjuinais, p. 286, passage traduit du Véda. — 2. *Ibid.*

« liens avec d'autres corps et avec d'autres mondes. Il n'y a
« source de paix et de salut que dans la connaissance du
« Créateur [1]. » Ces deux passages sont très-remarquables
et très-vrais. Pourquoi faut-il qu'ils soient si rares dans
les Védas et mêlés à tant d'erreurs, notamment à la supposition, radicalement fausse, du passage de l'âme humaine
dans le corps des bêtes.

« Tous les animaux selon le degré de science et d'intelligence
qu'ils ont eu dans ce monde, vont en d'autres mondes... L'homme
qui avait pour but la récompense de ses bonnes œuvres, étant
mort, va au monde de la lune. Là, il est au service des préposés
de la moitié de la lune dans son croissant. Ceux-ci l'accueillent
avec joie; pour lui il n'est pas tranquille, il n'est pas heureux :
toute sa récompense est d'être parvenu pour un temps au monde
de la lune. Ce temps écoulé, le serviteur des préposés de la lune
en son croissant redescend dans l'enfer; il y renaît ver, papillon,
lion, poisson, chien ou sous une autre forme (même sous une
forme humaine).

« Aux derniers degrés de sa descente, si on lui demande : Qui
êtes-vous ? Il répond : Je viens du monde de la lune, prix des
œuvres faites en vue de la récompense. Me voilà de nouveau
revêtu d'un corps; j'ai souffert dans le ventre de ma mère, et
lorsque j'en sortais; j'espère enfin acquérir la connaissance de
celui qui est tout, entrer dans la voie droite du culte et de la
méditation sans vue de la récompense.

« Le monde de la lune est celui où l'on reçoit la récompense
des bonnes œuvres faites sans avoir renoncé à leur fruit, à leurs
mérites; mais cette récompense n'a qu'un temps fixé, après
lequel on renaît dans un monde inférieur, un monde mauvais,
un monde la récompense du mal.

« Au contraire, par la renonciation à tout plaisir et à la récompense des œuvres, cherchant Dieu avec une foi ferme, on parvient

1. *La religion des Hindous selon les Védas*, p. 285 et 287.

à ce soleil qui est sans fin, qui est le grand monde, et d'où l'on ne retourne point dans un monde la récompense du mal.

« Il y a le bien de ce monde et celui du monde futur : l'homme est susceptible de l'un et de l'autre. »

Tous ces passages sont traduits des Védas [1].

On voit que non-seulement l'homme peut devenir animal, mais que l'animal lui-même *a le droit* d'aspirer à la renaissance dans d'autres mondes.

Le Bhagavad-Gita, section XVI, le Shastah-Badha et le code de Manou renferment la même doctrine.

Donnons ici des extraits du Bhagavad-Gita ; voici comment le bienheureux parle à un guerrier :

« Tu pleures sur des hommes qu'il ne faut pas pleurer, quoique tes paroles soient celles de la sagesse. Les sages ne pleurent ni les vivants ni les morts.

« Car jamais ne m'a manqué l'existence, ni à toi non plus, ni à ces princes ; et jamais nous ne cesserons d'être, nous tous, dans l'avenir.

« Comme dans ce corps mortel sont tour à tour l'enfance, la jeunesse et la vieillesse ; de même, après, l'âme acquiert un autre corps ; et le sage ici ne se trouble pas.

« Les rencontres des éléments qui causent le froid et le chaud, le plaisir et la douleur, ont des retours et ne sont point éternelles. Supportez-les, fils de Kunti.

« L'homme qu'elles ne troublent pas, l'homme ferme dans les plaisirs et dans les douleurs, devient, ô Bhârata, participant de l'immortalité.

« Et ces corps qui finissent procèdent d'une âme éternelle, indestructible, immuable. Combats donc, ô Bhârata.

« Celui qui croit qu'elle tue ou qu'on la tue, se trompe, elle ne tue pas, elle n'est pas tuée.

---

1. *Religion des Hindous, selon les Védas*, p. 324 et 325.

« Elle ne naît, elle ne meurt jamais; elle n'est pas née jadis, elle ne doit pas renaître, sans naissance, sans fin, éternelle, antique, elle n'est pas tuée quand on tue le corps.

« Comment celui qui la sait impérissable, éternelle, sans naissance et sans fin, pourrait-il tuer quelqu'un ou le faire tuer?

« Comme l'on quitte des vêtements usés pour en prendre des nouveaux, ainsi l'âme quitte les corps usés pour revêtir de nouveaux corps.

« Ni les flèches ne la percent, ni les flammes ne la brûlent, ni les eaux ne l'humectent, ni les vents ne la dessèchent.

« Inaccessible aux coups et aux brûlures, à l'humidité et à la sécheresse, éternelle, répandue en tous lieux, immobile, inébranlable.

« Invisible, ineffable, immuable, voilà ses attributs : puisque tu la sais telle, ne pleure donc pas. »

Le bienheureux révèle ce qu'il en est du missionnaire divin qui sait toutes ses incarnations et de l'homme ordinaire arrivé ici-bas par suite de ses existences antérieures.

« J'ai eu bien des naissances, et toi-même aussi, Arjuna, je les sais toutes, mais toi, héros, tu ne les connais pas.

« Quand la justice languit, Bhârata, quand l'injustice se relève, alors je me fais moi-même créature, et je nais d'âge en âge,

« Pour la défense des bons, pour la ruine des méchants, pour le rétablissement de la justice.

« Celui qui connaît selon la vérité ma naissance et mon œuvre divine, quittant son corps ne retourne pas *à une naissance nouvelle*, il vient à moi, Arjuna.

« Dégagés du désir, de la crainte et de la passion, devenus mes dévots et mes croyants, beaucoup d'hommes, purifiés par les austérités de la science, se sont unis à ma substance.

« Car, selon que les hommes s'inclinent devant moi, de même aussi je les honore. Tous les hommes suivent ma voie, fils de Prithâ.

« Mais ceux qui désirent le prix de leurs œuvres sacrifient ici-bas aux divinités; et bientôt dans ce monde mortel, le prix de leurs œuvres leur échoit.

« Les œuvres ne me souillent pas, car elles n'ont pour moi aucun fruit; et celui qui me sait tel, n'est point retenu par le lien des œuvres.

« Sachant donc que d'antiques sages, désireux de la délivrance, ont accompli leur œuvre, toi aussi accomplis l'œuvre que ces sages ont accomplie autrefois. »

Or, écoutez ce que dit le poëme sacré de l'homme de bien, de ses destinées.

« Fils de Prithâ, ni ici-bas, ni là-bas cet homme ne peut s'anéantir : un homme de bien, mon ami, n'entre jamais dans la voie malheureuse.

« Il se rend à la demeure des purs, *il y habite un grand nombre d'années;* puis il *renaît dans une famille de purs et de bienheureux,*

« *Ou même de sages pratiquant l'union mystique :* or il est bien difficile d'obtenir en ce monde une telle origine.

« Alors il *reprend* le pieux exercice qu'il avait pratiqué dans sa vie antérieure, et il s'efforce davantage vers la perfection, ô fils de Runti.

« Car *sa précédente éducation* l'entraîne sans qu'il le veuille, lors même que dans son désir d'arriver à l'union, il transgresse la doctrine brahmanique.

« Comme il a dompté son esprit par l'effort, le yogi purifié de ses souillures, perfectionné par plusieurs naissances, entre enfin dans la voie suprême.

« Il est alors considéré comme supérieur aux ascètes, supérieur aux sages, supérieur aux hommes d'action. Unis-toi donc, ô Arjuna.

« Car entre tous ceux qui pratiquent l'union, celui qui, venant à moi dans son cœur, m'adore avec foi, est jugé par moi le mieux uni de tous.

« Ne sauraient me suivre, ni les méchants, ni les âmes troublées, ni ces hommes infimes dont l'intelligence est en proie aux illusions des sens et qui sont de la nature des démons.

« Quatre classes d'hommes de bien m'adorent, Arjuna, l'affligé, l'homme désireux de savoir, celui qui veut s'enrichir, et le sage.

« Ce dernier, toujours en contemplation, attaché à un culte unique, surpasse tous les autres. Car le sage m'aime par-dessus toutes choses, et je l'aime de même.

« Tous ces serviteurs sont bons, mais le sage, c'est moi-même, car dans l'union mentale il me suit comme sa voie dernière.

« Et après plusieurs *renaissances*, le sage vient à moi.

« Celui qui, à l'heure finale, se souvient de moi et part dégagé de son cadavre, rentre dans ma substance; il n'y a là aucun doute.

« Mais, si à la fin de sa vie, quand il quitte son corps, il pense à quelque autre substance, c'est à celle-là qu'il se rend, puisque c'est sur elle qu'il s'est modelé.

« C'est pourquoi, fils de Runti, dans tous les temps pense à moi, et combats l'esprit et la raison dirigée vers moi, tu viendras à moi, n'en doute pas.

« Car lorsque la pensée me demeure constamment unie et ne s'égare pas ailleurs, on retourne à l'Esprit céleste et suprême sur lequel on méditait et qui est le soutien de l'univers, incompréhensible en sa forme, brillant au-dessus des ténèbres avec l'éclat du soleil.

« L'homme qui médite sur cet être, ferme en son cœur au jour de la mort, uni à lui par l'amour et par l'union mystique, réunissant en ses sourcils le souffle vital, se rend vers l'esprit suprême et céleste.

« Parvenues jusqu'à moi, ces grandes âmes qui ont atteint la perfection suprême ne rentrent plus dans cette vie périssable, séjour de maux.

« Les mondes retournent à Brahma, ô Arjuna; mais celui qui m'a atteint ne doit plus renaître.

« C'est la voie suprême ; quand on l'a atteinte, on *ne revient plus*, c'est là ma demeure suprême.

« On peut, fils de Pritha, par une adoration exclusive, atteindre à ce premier principe, en qui reposent tous les êtres, par qui a été développé cet univers.

« En quel moment ceux qui pratiquent l'union partent-ils *pour ne plus revenir ou pour revenir encore*, c'est aussi ce que je vais t'apprendre, fils de Bhârata.

« Le feu, la lumière, le jour, la lune croissante, les six mois où le soleil est au nord, voilà le temps où les hommes qui connaissent Dieu se rendent à Dieu.

« La fumée, la nuit, le déclin de la lune, les six mois du sud, sont le temps où le yogi se rend dans l'orbe de la lune pour *en revenir plus tard*.

« *Voilà l'éternelle double route, claire ou ténébreuse, objet de foi ici-bas, conduisant, d'une part, là d'où l'on ne revient plus, et, de l'autre, là d'où l'on doit revenir.*

« C'est la science souveraine, le souverain mystère, la suprême purification, saisissable par l'intuition immédiate, conforme à la loi, agréable à accomplir, inépuisable.

« Les hommes qui ne croient pas en sa conformité à la loi, *ne viennent pas à moi et retournent aux vicissitudes de la mort.*

« C'est moi qui, doué d'une forme invisible, ai développé cet univers ; en moi sont contenus tous les êtres ; et moi je ne suis pas contenu en eux. »

Grande et belle parole condamnant le panthéisme.

« D'une autre manière, les êtres ne sont pas en moi : tel est le mystère de l'union souveraine. *Mon âme est le soutien des êtres, et sans être contenue en eux, c'est elle qui est leur être.* »

Nous répétons que c'est la condamnation du panthéisme.

« Comme dans l'air réside un grand vent soufflant sans cesse de tous côtés, ainsi résident en moi tous les êtres ; conçois-le, fils de Kunti.

« Revêtus d'un corps humain, les insensés me dédaignent, ignorant mon essence suprême qui commande à tous les êtres.

« Mais leur espérance est vaine, leurs œuvres sont vaines, leur science est vaine, leur raison s'est égarée, ils sont sous la puissance turbulente des Râxasas et des Asuras.

« Mais les sages magnanimes suivent ma puissance divine et m'adorent, ne pensant qu'à moi seul et sachant que je suis le principe immuable des êtres.

« Sans cesse ils me célèbrent par des louanges, toujours luttant et fermes dans leurs vœux, ils me rendent hommage, ils m'adorent, ils me servent dans une perpétuelle union.

« L'homme, même le plus coupable, s'il vient à m'adorer et à tourner vers moi seul tout son culte, doit être cru bon, car il a pris le bon parti.

« *Bientôt il devient juste et marche vers l'éternel repos. Fils de Kunti, confesse-le, celui qui m'adore ne périt pas.*

« Car ceux qui cherchent près de moi leur refuge, *eussent-ils été conçus dans le péché*, les femmes, les vaeçyas, les çûdras même, marchent dans *la voie supérieure*.

« Il est un figuier perpétuel, un açwaltha, qui pousse en haut ses racines, en bas ses rameaux, et dont les feuilles sont des poëmes ; celui qui le connaît, connaît le Véda.

« Il a des branches qui s'étendent en haut et en bas, ayant pour rameaux les qualités, pour bourgeons les objets sensibles, il a aussi des racines qui s'allongent vers le bas et qui, dans ce monde, enchaînent les humains par le lien des œuvres.

« Ici-bas on ne saisit bien ni sa forme, ni sa fin, ni son commencement, ni sa place. Quand avec le glaive solide de l'indifférence, l'homme a coupé ce figuier aux fortes racines, il faut dès lors qu'il cherche le lieu où l'on va pour *ne plus revenir*.

« Quand il a vaincu l'orgueil, l'erreur et le vice de la concupiscence, fixé sa pensée sur l'âme suprême, éloigné des désirs, mis fin au combat spirituel du plaisir et de la douleur : *il marche sans s'égarer vers la demeure éternelle.*

« *Ce lieu d'où l'on ne revient pas ne reçoit sa lumière ni du soleil, ni de la lune, ni du feu, c'est là mon séjour suprême.* »

Après avoir ainsi décrit le séjour de l'homme de bien, de l'ouvrier et du vrai serviteur du père céleste, le Bhagavad Gita passe à la peinture des méchants et de leur sort dans une autre vie.

« Il y a deux natures parmi les vivants, celle qui est divine et celle des Asuras. Je t'ai expliqué longuement la première : écoute aussi ce qu'est l'autre.

« Les hommes d'une nature infernale ne connaissent pas l'émanation et le retour ; on ne trouve en eux ni pureté, ni règle, ni vérité.

« Ils disent qu'il n'existe dans le monde ni vérité, ni ordre, ni Providence ; que le monde est composé de phénomènes se poussant l'un l'autre, et n'est rien qu'un jeu du hasard.

« Ils s'arrêtent dans cette manière de voir, et se perdant eux-mêmes, rapetissant leur intelligence, ils se livrent à des actions violentes et sont les ennemis du genre humain.

« Livrés à des désirs insatiables, enclins à la fraude, à la vanité, à la folie, l'erreur les entraîne à d'injustes prises et leur inspire des vœux impurs.

« Leurs pensées sont errantes : il croient que tout finit avec la mort ; attentifs à satisfaire leurs désirs, persuadés que tout est là.

« Enchaînés par les nœuds de mille espérances, tout entiers à leurs souhaits et à leurs colères, pour jouir de leurs vœux, ils s'efforcent, par des voies injustes, d'amasser toujours.

« Voilà, disent-ils, ce que j'ai gagné aujourd'hui, je me procurerai cet agrément ; j'ai ceci, j'aurai ensuite cet autre bénéfice.

« J'ai tué cet ennemi, je tuerai aussi les autres. Je suis un prince, je suis riche, je suis heureux, je suis fort, je suis joyeux.

« Je suis opulent, je suis un grand seigneur. Qui donc est semblable à moi? Je ferai des sacrifices, des largesses ; je me donnerai du plaisir. » Voilà comme ils parlent, égarés par l'ignorance.

« Agités de nombreuses pensées, enveloppés dans les filets de l'erreur, occupés à satisfaire leurs désirs, ils tombent dans un enfer impur.

« Pleins d'eux-mêmes, obstinés, remplis de l'orgueil et de la folie des richesses, ils offrent des sacrifices hypocrites, où la règle n'est pas suivie et qui n'ont du sacrifice que le nom.

« Égoïstes, violents, vaniteux, licencieux, colères, détracteurs d'autrui, ils me détestent dans les autres et en eux-mêmes.

« Mais moi, je prends ces hommes haineux et cruels, ces hommes du dernier degré, et à jamais je les jette aux vicissitudes de la mort, pour renaître misérables dans des matrices de *démons*.

« Tombés dans une telle matrice, s'égarant de *générations en générations*, sans jamais m'atteindre, ils entrent enfin, fils de Runti, dans la voie infernale.

« L'enfer a trois portes par où ils se perdent, la volupté, la colère et l'avarice, il faut donc les éviter.

« L'homme qui a su échapper à ces trois portes des ténèbres, est sur le chemin du salut et marche dans la voie supérieure.

« Mais l'homme qui s'est soustrait aux commandements de la loi pour ne suivre que ses désirs, n'atteint pas la perfection, ni le bonheur, ni la voie d'en haut. »

Ainsi la théologie indienne ouvrait, seulement après une série indéfinie d'épreuves, la vie infernale aux coupables, mais nulle part il n'est dit qu'on ne puisse rétrograder de cette vie, et l'ensemble même des livres sacrés de l'Inde admettait la régénération possible au bout de toutes les transmigrations et de par elles.

Passons aux livres Zends et à Zoroastre.

« Lié dès cette vie avec la céleste société des anges, obéissant au même chef, animé des mêmes désirs, éclairé des mêmes lumières, participant aux mêmes travaux, le Mazdéisnan en s'élevant après sa mort dans le monde supérieur, ne fait que rejoindre les êtres avec lesquels il avait déjà pris l'habitude de vivre sur la terre. Confiant dans les promesses de Zoroastre, et sachant que la mort est le principe de leur accomplissement, il rend en paix son âme. Rien dans cette crise suprême ne peut le troubler, si sa conscience est pure, et s'il se rappelle cette encourageante réponse d'Ormuzd, que le prêtre en célébrant l'office répète tous les jours : « Par la voie du temps arriveront sur le pont Tchinevad donné d'Ormuzd, les darvands et les justes qui auront vécu dans ce monde, purs de corps et d'âme. Les âmes des justes passeront le pont Tchinevad qui inspire la frayeur, en compagnie des Izeds célestes. Bahman se lèvera de son trône d'or, Bahman leur dira : Comment êtes-vous venues ici, ô âmes pures ! du monde de maux dans ces demeures où le mal n'existe pas ? Soyez les bien venues, ô âmes pures ! près d'Ormuzd, près des Amschaspands, près du trône d'or, dans le Gorotman au sein duquel est Ormuzd, au sein duquel sont les Amschaspands, au sein duquel sont les saints [1]. » C'est presque exactement la même parole que celle de l'Évangile qui soutient dans le passage de la vie à la mort tant de chrétiens : « Quand le fils de l'homme sera venu dans sa majesté, accompagné de tous les anges et assis sur le trône de sa majesté, tous les hommes seront rassemblés devant lui et il les séparera les uns des autres, comme le berger sépare les boucs et les brebis; et le Roi dira alors à ceux qui sont à sa droite : Venez, les élus de mon père, prenez possession du royaume qui vous a été préparé depuis l'origine du monde [2].

---

1. *Vendidad Zade,* Fargard, 19. — 2. Math., ch. XXV, 31-34.

« Mais malheur à qui a manqué de dévouement et de courage, à qui s'est laissé vaincre, à qui s'est rendu lâchement à l'ennemi; malheur à lui surtout si, après sa corruption, il n'a pas profité des grâces accordées à la prière, aux sacrements, au repentir, pour laver ses souillures et reconquérir sa première vertu! Il a perdu son rang. De créature d'Ormuzd, il devient créature d'Ahriman, il tombe après sa mort aux mains de ceux dont il a été l'associé durant sa vie. Comment en effet s'élèverait-il au séjour de la lumière, celui qui n'a aimé que le mal? Les anges ne le connaissent que pour leur antagoniste, et les démons dont il a reçu la loi et contracté l'habitude l'appellent à eux. La mort, en le rejetant parmi eux, ne fait que sceller l'alliance qu'il a lui-même nouée. Aussi son âme que les attaches du corps ne retiennent plus est-elle enlevée aussitôt par ses invisibles séducteurs et conduite par eux dans leur abominable cité; et de même qu'il se répand une divine allégresse dans le ciel quand une âme y fait son entrée, il éclate un rire féroce parmi les Dews à chaque victime nouvelle qu'ils acquièrent. Il y a dans les Naçkas un trait touchant : c'est la condoléance adressée par les âmes détenues dans cette triste demeure à celle qui arrive ainsi la partager : — « Comment, lui disent-elles, êtes-vous morte darvande (liée avec Ahriman)? Comment êtes-vous venue de ce monde peuplé de troupeaux, d'oiseaux, de poissons, dans ce monde de ténèbres et de souffrance? que vous serez longtemps à désirer d'en sortir! »

« Telle est la conséquence fatale de l'insubordination primitive : guerre dans tout l'univers entre les puissances du bien et les puissances du mal; corruption sur la terre; punition finale des pécheurs dans le séjour des ténèbres. Mais cette conséquence jouit-elle d'une durée indéfinie? Le principe du bien doit-il être tenu à jamais en échec par le principe du mal? La terre doit-elle être toujours un lieu de tentation, d'impureté, de souffrance? Ne doit-il y avoir aucun terme à l'affreux pêle-mêle de séducteurs et de victimes, de suppliciés et de bourreaux, de maudits de tous genres qui compose l'enfer? C'est ici que la théologie mazdéenne, inférieure à la chrétienne à tant d'autres égards, nous parait prendre sur elle une supériorité véritable. Moins logique peut-être, mais aussi plus instinctive, elle s'est ouverte sans réserve à l'inspiration du sentiment de la toute-bonté et de la toute-puissance de Dieu. Aussi n'admet-elle pas que le mal puisse prévaloir définitivement contre le bien, même dans l'âme de la dernière des créatures. Le partage du monde entre le bien et le mal n'est, dans le dogme de Zoroastre, qu'une collision transitoire. La lutte est destinée à finir par le triomphe des légions célestes et la soumission absolue de celles d'Ahriman.

« A ce jour donc, toute résistance détruite, la volonté de Dieu se fera sur la terre et en enfer comme dans le ciel, ou pour mieux dire l'enfer n'existera plus, la terre régénérée sera confondue avec le ciel et le règne divin réunira la totalité de l'univers. Telle est, selon cette grande prophétie, la fin du monde. Ormuzd a connu dès le commencement cette conclusion heureuse de toutes choses, et il n'a pas craint de laisser la race des hommes se multiplier sur la terre, parce qu'il a vu qu'en dernier résultat, ils étaient tous appelés à s'asseoir dans le ciel pour y goûter la béatitude éternelle. L'antiquité grecque n'avait point ignoré non plus cette ravissante prédiction de la théologie orientale, et sans y souscrire, elle s'en était pourtant émue en ce qui concerne la transfiguration de la terre. Théopompe disait que, selon les Mages, Ahriman doit un jour disparaître, et qu'alors les hommes devenus bienheureux, cesseront d'avoir besoin de nourriture et prendront des corps lumineux [1]. Ce qui rappelle ce que dit Jésus dans saint Mathieu, que dans le royaume céleste les corps des justes resplendiront comme le soleil. Plutarque, plus explicite, rapporte que, selon les Mages, cette fin d'Ahriman sera causée par les excès même des démons; que la peste et la famine donneront le signal de la régénération, et qu'alors la terre devenant plate et unie, les hommes admis sans exception à la félicité suprême, mèneront tous la même vie, ne feront qu'une même république et parleront tous le même langage [2]. On retrouve donc là les traits les plus caractéristiques du dogme palingénésiaque vulgarisé par Jésus en Judée, et jusqu'à la circonstance même du règne de l'Antechrist. Mais il y a entre les deux dogmes cette différence fondamentale et décisive, que Jésus précipite irrémissiblement une partie du genre humain avec Satan et les démons dans les feux éternels, tandis que Zoroastre nous montre au contraire, au dernier jour, Ahriman avec toutes les puissances rebelles, prosternés devant Ormuzd et célébrant de concert avec les anges le divin sacrifice. « Lorsque la fin du monde sera arrivée, le plus méchant des darvands sera pur, excellent, céleste; oui, il deviendra céleste ce menteur, ce méchant; il deviendra saint, céleste, excellent, ce cruel. Ne respirant que pureté, il fera un long sacrifice de louanges à Ormuzd [3]. » Et ailleurs : « Cet injuste, cet impur, qui n'est que dew dans ses pensées, ce roi ténébreux des darvands, qui ne comprend que le mal, au dernier jour, il dira l'Avesta; il exécutera la loi; il l'établira dans les demeures des darvands [4]. » Selon le Boun-Dehesch, un feu

---

1. *De Is. et Osir.* — 2. *Ibid.* — 3. *Yaçna*, hymn. 30. — 4. *Ibid.*, hymn. 31.

de métal coulera alors sur la terre, et baptisés dans ce liquide purificateur, tous les êtres souillés redeviendront purs. De là l'idée du déluge de feu qui s'est établie chez les premiers chrétiens et qu'on leur reprochait déjà, dans les premiers siècles, d'avoir dérobée aux gentils. Mais dans la croyance des Mages, le bienfait de ce sacrement devait s'étendre à toutes les créatures, et ramener à la communion universelle jusqu'aux plus dépravés. Aussi le mazdéisnan, loin de maudire simplement dans sa prière la méchanceté des démons et des damnés, implore-t-il pour eux en même temps que pour lui le souverain dispensateur des grâces.

« Protége-moi, rends-moi grand maintenant et pour toujours. Fais attention, ô saint Ormuzd, à celui qui fait mal ; que j'aie la pure satisfaction de le voir connaissant la pureté du cœur. Fais-moi cette grâce, Ormuzd ; accorde-moi ce saint avantage, que la parole détruise les démons ; que leur chef ne respirant que la pureté du cœur, prononce éternellement ta parole au milieu de tous les darvands convertis [1]. Cela est beau, cela est digne, cela est charitable ; cela mérite d'être dit par les hommes et entendu par Dieu. C'est l'amour même pour ce père commun qui cause un irrésistible amour pour tout ce qui a reçu de lui la naissance ; et si c'est la plus grande punition de l'enfer que de ne rien aimer, ce serait le désespoir du ciel que de ne pouvoir tout aimer. Croyons donc hardiment avec les disciples de Zoroastre que la grâce de Dieu est au-dessus de tout ainsi que sa puissance, qu'aucune faute n'en ferme pour toujours la source, et qu'éternelle comme son auteur, quelle que soit jamais l'indignité de l'homme, elle ne lui manquera pas plus dans une autre existence que pendant

---

1. *Yaçna*, hymn., 47.

celle-ci. Si l'enfer, c'est-à-dire la nécessaire conséquence de l'abus des libertés, est dans les lois indéfectibles du monde, comme l'a pressenti le christianisme, que la religion du moins ne nous empêche pas de le regarder comme ne renfermant que des égarements passagers; que la réhabilitation y suive la peine; et qu'à nos yeux, la fin de toute âme soit dans le ciel. C'est principalement sur ce point que la théologie de l'Occident nous parait aujourd'hui en instance de se redresser. Ce progrès domine en effet tous ceux dont le besoin se fait également sentir et les entraîne avec lui. Aussi nous semble-t-il bien remarquable qu'il nous soit en quelque sorte dicté par la même tradition dont les inspirations en ont déjà fait accomplir tant d'autres à la théologie de nos pères. C'est pourquoi nous avons cru convenable de nous appliquer à démontrer ici, aussi bien que possible, combien l'esprit de Zoroastre nous a été de tout temps bon conseiller, et comment c'est en réalité à ses secrètes impulsions que l'Europe doit une partie de la prospérité à laquelle elle s'est élevée. »

Telle est l'appréciation pleine de justesse et de vérité à laquelle se livre Jean Reynaud [1]. Nous laissons de côté les Chinois et les Japonais qui ont eu des idées identiques avec les Indiens et les Persans, et nous passons aux Égyptiens pour arriver ensuite à la Grèce.

C'est Hérodote qui, le premier, fit connaître aux Grecs les Égyptiens, en leur lisant son histoire l'an 456 avant notre ère [2].

---

[1]. Dans son article *Zoroastre*, de l'Encyclopédie Nouvelle, article que devront consulter tous ceux qui veulent se former une idée complète de la théologie des Perses; nous n'avons fait ici que l'extraire et le résumer seulement dans la partie qui est l'objet de ce livre.

[2]. Hérodote, *Histoires* traduites du grec. Paris, an VIII, 654.

Il nous dit [1] que ces peuples sont les premiers qui aient avancé que l'âme de l'homme est immortelle; que, lorsque le corps vient à périr, elle entre toujours dans celui de quelque animal; qu'après avoir ainsi passé successivement dans toutes les espèces d'animaux terrestres, aquatiques, volatiles, elle rentre dans un corps d'homme, qui naît alors, et que ces différentes transmigrations se font dans l'espace de trois mille ans [2].

On voit que, selon cet historien, les Égyptiens n'admettaient pas l'immortalité dans le même sens que nous. Ils croyaient seulement que les âmes des hommes, après avoir quitté les corps qu'elles animaient [3], passaient, par une suite de transmigrations, dans ceux de divers animaux, et revenaient, après une période de trois mille ans, animer un corps humain naissant. Cette expression, naissant, est très-remarquable, et prouve que, dans leur système, les Égyptiens n'admettaient pas que l'âme dût jamais reprendre l'ancien corps. Ainsi, le motif qu'on attribuait à leurs embaumements, n'était point le véritable. Ils ne pouvaient en effet avoir pour but de conserver les corps afin que l'âme pût y rentrer au bout d'un certain temps, puisqu'on la croyait destinée à en animer un nouveau; mais les Égyptiens supposaient que la transmigration commençait seulement lorsque l'âme s'était séparée du corps d'abord animé par elle, et comme, suivant leurs prêtres, la séparation n'avait lieu qu'après que le corps était entièrement détruit, ils faisaient tous leurs efforts pour éloigner le moment de cette destruction absolue. Tel était l'unique objet de l'embaumement si soigneux de leurs corps, et

---

1. Hérodote, *Histoires*, liv. II, chap. CXXIII.
2. Hérodote, Trad. de M. Larcher, III, 101.
3. Notes de M. Miot sur *Hérodote*, t. I, p. 419.

des soins minutieux qu'ils prenaient pour les garantir de la putréfaction. Servius nous expose clairement leur doctrine : « Les Égyptiens, dit-il [1], renommés par leur sagesse, « prolongent la durée des cadavres afin que l'existence de « l'âme, liée à celle du corps, soit conservée, et ne passe « pas si promptement à d'autres. Au contraire, les Romains « brûlent les cadavres, afin que l'âme, reprenant sa liberté, « rentre tout de suite dans la nature. » *Egyptii periti sapientiæ, condita diu reservant cadavera, scilicet ut anima corpori sit obnoxia, nec cito ad alios transeat. Romani contra faciebant comburentes cadavera, ut statim anima in generalitatem, id est, in suam naturam rediret.*

Donc ces usages, quelque contradictoires qu'ils fussent, impliquèrent des deux parts la croyance à la transmigration et à la réincarnation des âmes qui a été aussi enseignée par Pythagore et par Platon, et se retrouve au fond du polythéisme hellénique [2].

On peut le dire à l'éternel honneur de l'hellénisme, il n'est pas de religion qui ait affirmé plus haut et plus clairement l'immortalité de l'âme. Tandis que les patriarches bibliques s'endorment à côté de leurs pères, les héros grecs conservent au-delà du tombeau une vie indépendante. Le peuple, dans ses prières, les confond presque avec les Dieux, et leurs tombes sont sacrées comme des temples. Ils sont les gardiens vigilants des cités, les protecteurs attentifs des familles, les hôtes invisibles de toutes les fêtes, les auxiliaires puissants de leurs fils aux jours des batailles,

---

1. *In Virgilium commentarius*, lib. III.
2. A. Maury, *Religions de la Grèce*; Creuzer, traduit par Guigniaut, et Louis Ménard, *Du polythéisme hellénique*, dont nous extrayons ce résumé.

les guides des générations aventureuses qui vont chercher de nouvelles patries. Ils rattachent par le lien des souvenirs les familles à la cité, les colonies à la métropole, le présent et l'avenir au passé. Voilà quelle était naguère la croyance du peuple, simple, claire, unanime, offrant, en un mot, tous les caractères d'une infaillible révélation. Cette croyance, le peuple ne l'analysait pas, ne la discutait pas; elle était née avec lui, inséparable de son existence, conforme à son caractère, inhérente à son génie, intimement unie à tous ses principes de morale sociale et politique, à ses coutumes, à ses institutions et à ses lois. L'immortalité s'affirme toujours de la manière la plus précise. Homère, en cela comme en toute chose, s'attache au point capital : ce qui l'intéresse, c'est la persistance de l'individualité après la mort. Or, l'individu est déterminé dans l'ensemble des choses par ses rapports avec d'autres êtres, dans l'espace par la forme corporelle, dans le temps par la mémoire. Homère donne donc aux morts une forme visible, il fait de la mémoire leur attribut principal, et il réunit dans la mort ceux qui se sont aimés pendant la vie : les amis se promènent ensemble en s'entretenant de leurs souvenirs. La religion de la justice remplace la religion de la force; la vie future répare les erreurs de la destinée; ou plutôt il n'y avait là ni destinée ni hasard, ni erreur ni injustice; les biens et les maux de la vie n'étaient que des épreuves, les Dieux sont absous, et, comme le diront plus tard les stoïciens, la douleur est un bien si elle développe notre courage, le plaisir est un mal s'il énerve notre vertu.

L'immortalité de l'âme étend au delà du tombeau les conséquences de notre libre arbitre, et l'homme devient l'artisan de sa destinée. Des actes successifs dont se compose la vie, la mort fait une somme qui constitue notre existence éternelle. La mémoire, qui est la conscience du passé, classe chacun de nous dans la hiérarchie des êtres. Ce jugement définitif de l'homme sur lui-même est représenté chez les poëtes par toutes sortes d'images, par les juges de l'enfer, par le Tartare et l'Élysée, par les Erinnyes qui sont tout à la fois les imprécations de la victime et les remords du coupable, par les Euménides, bienveillantes aux justes, terribles aux méchants. Ces derniers sont punis par le souvenir personnifié de leurs propres crimes, idée que Polygnote rendit dans ses peintures de la Lesché de Delphes d'une manière très-saisissante : il représenta un mauvais fils, condamné dans le Tartare à être étranglé par son père.

Quant au séjour des saints, il est difficile d'en faire une description qui ne soit pas empruntée à la vie terrestre. Le printemps éternel, les moissons qui naissent sans culture, et même les hymnes sans fin dont parle un fragment de Pindare, tous les paradis de nos rêves ne sont que de pâles copies des spectacles magnifiques que la lumière montre aux vivants. Le véritable bonheur des justes, c'est de veiller après leur mort sur ceux qu'ils ont aimés pendant leur vie. Les âmes saintes des ancêtres, des hommes de la race d'or, sont devenues les Anges de la terre, les bons Démons, gardiens des hommes mortels. Vêtus d'air invisible, parcourant toute la terre, ils observent les actions justes ou coupables, et distribuent les bienfaits : « Voilà, dit Hésiode, leur fonction royale. » C'est toujours la doctrine homérique de l'immortalité par la mémoire ; le souvenir, qui est l'existence des morts, assiste comme un témoin muet à tous les actes des vivants. De leur sphère idéale, les héros et les saints surveillent les générations nouvelles ; invisibles et toujours présents, ils nous détournent du mal et nous inspirent les grandes pensées. Ils répandent de loin sur nous leurs influences bénies, et comme le soleil attire les vapeurs de la terre, ils nous élèvent et nous épurent, et nous appellent près d'eux dans les régions supérieures. Les prières montent, les secours descendent, et la pensée des morts conduit les vivants par la route escarpée de l'ascension.

Homère nomme souvent les âmes, des lumières ; comme celles qui brillent au firmament, elles ne s'éteignent dans notre hémisphère, que pour s'allumer dans un autre. Une force peut devenir latente, mais elle ne peut mourir. La permanence individuelle découle nécessairement du principe de la pluralité et de l'indépendance des causes. On ne peut retrancher une maille du réseau de la vie universelle, une note de l'harmonie du monde ; rien ne doit manquer à la perfection de l'ensemble, la balance des nombres serait faussée si un seul chiffre pouvait disparaître. Aucune place ne peut rester vide, aucun vote ne peut être supprimé, car la loi sociale est la somme des droits de chacun, et l'homme est aussi nécessaire que Jésus, il est un des citoyens de la république des Dieux. Du ciel à la terre, il n'y a pas d'abîme : entre eux et nous, les immortels ont étendu l'échelle de l'apothéose, et sur tous les degrés il y a des vertus vivantes qui nous tendent la main. Le culte des ancêtres est la religion de la famille, le culte des dieux est la religion de la cité. Nous invoquons avec confiance ceux qui nous ont protégés pendant leur vie, et ils recueillent nos prières, eux, les amis indulgents, qui comprennent toutes nos défaillances et qui pardonnent toujours, parce qu'ils ont souffert et lutté comme nous. Peut-être les Dieux supérieurs sont-ils trop grands pour nous entendre, ils ne changeront pas pour nous l'ordre immuable des choses ;

mais vous, ô médiateurs, dans ce grand concert d'hymnes et de plaintes, vous distinguez des voix amies, et vous savez adoucir, sans les violer, les lois éternelles.

Le docte Louis Ménard s'exprime ainsi sur la métempsycose : « Les morts peuvent chercher de nouvelles destinées, et rentrer par le Léthé dans le tourbillon de la vie universelle ; ils peuvent redescendre sur la terre, les uns pour réparer les fautes d'une vie antérieure, et se purifier par de nouvelles luttes, les autres, les rédempteurs mortels, pour ramener, par le spectacle des vertus antiques, les peuples qui s'égarent, et se retremper encore aux sources de l'apothéose. Quand tous ceux qui les pleurent seront allés les rejoindre, ils partiront pour les sphères supérieures et inconnues, les plus forts guidant les plus faibles comme sur la terre, et les soutenant de leurs ailes à travers la voie lactée, qui est le chemin des âmes. La métempsycose n'est donc pas inconciliable avec la notion homérique de l'immortalité, mais elle restreint la permanence du souvenir à l'intervalle qui sépare deux périodes de vie active. » On voit par là que la croyance à l'hadès chez les Grecs ou à l'amenthis chez les Égyptiens, n'en faisait qu'un séjour temporaire d'où l'âme imparfaite prenait son essor, pour rentrer soit dans le cercle des existences corporelles, soit dans l'humanité terrestre.

Virgile est, à nos yeux, le poëte qui a le mieux exprimé dans l'antiquité les traditions de la destinée. Citons-en ce passage : après avoir décrit les récompenses et les peines des âmes dans le Tartare et l'Élysée, Virgile ajoute :

Has omnes, ubi mille rotam volvere per annos,
Lethæum ad fluvium Deus evocat agmine magno,

Scilicet immemores supera ut convexa revisant
Rursùs et incipiant in corpora velle reverti [1].

En supposant que cette expression, *supera convexa*, ne puisse s'appliquer qu'à la terre, dans la pensée du poëte, il résulte bien de ce passage que les âmes, après mille ans, revenaient sur notre globe; mais Virgile n'étend pas indéfiniment cette destinée, il ne dit pas qu'après une nouvelle vie terrestre et mille ans de séjour dans le Tartare, l'âme, une troisième, quatrième... centième fois, reviendra encore habiter la terre; il parle ici toujours d'une destinée transitoire et non de la destinée arrivée à son terme le plus élevé; c'est dans un autre passage où il explique la fin de toutes les créatures qu'il faut chercher sa véritable pensée.

. . . . Deum namque ire per omnes
Terrasque tractusque maris, cœlumque profundum.
Hinc pecudes, armenta, viros, genus omne ferarum,
Quemque sibi tenues nascentem arcessere vitas,
Scilicet hinc reddi deinde, ac resoluta referri
Omnia; nec morti esse locum, sed viva volare
Sideris in numerum atque alto succedere cœlo [2].
(*Géorgiques,* lib. iv, v. 221.

On voit par ce passage que, comme dernier terme de la destinée, Virgile assigne à l'homme le séjour des astres

---

1. Toutes ces âmes, lorsque pendant mille ans elles ont tourné la roue de cette existence (dans l'Élysée ou le Tartare), Dieu les appelle en nombreux essaims au fleuve *Léthé*, afin que privées de souvenirs elles revoient les lieux supérieurs et convexes, et commencent à vouloir retourner dans les corps.

2. Dieu est répandu par toutes les terres et les espaces de la mer et le ciel profond. C'est de lui que les bestiaux, les grands troupeaux, les hommes, toute la race des bêtes, chaque être naissant, attire à soi de

dans les parties les plus élevées du ciel. Voilà la véritable opinion philosophique de Virgile, car il s'agit ici de la destinée élevée, s'il faut s'exprimer ainsi, à la dernière puissance. Ovide, le poëte pythagoricien par excellence, qui a composé le *Livre des Métamorphoses*, croit aussi à une métempsycose plus élevée que l'existence terrestre ; il termine ainsi son poëme :

> Cum volet illa dies, quæ nil nisi corporis hujus
> Jus habet, incerti spatium mihi finiat ævi :
> Parte tamen meliore mei super alta perennis
> Astra ferar, nomen que erit indelebile nostrum [1].

Ainsi, pour Ovide comme pour Virgile, la métempsycose n'est pas bornée à la terre, le passage dans les astres est leur croyance et leur espoir. Tout n'était donc pas terminé dans le Tartare, ni même dans les autres existences terrestres, s'il faut en croire ces poëtes, expression vivante de la foi antique.

---

légers esprits. Toutes choses ensuite sont rendues à Dieu et retournent à lui après leur dissolution [*]. Rien ne meurt ; mais toutes choses volent vivantes au nombre des astres, et se retirent au ciel élevé.

1. Vienne quand il voudra ce jour qui n'a de droit que sur mon corps ; qu'il termine pour moi l'espace d'une vie incertaine. Dans la meilleure partie de moi-même je serai emporté immortel au-dessus des astres élevés, et mon nom sera indélébile.

[*] Il ne s'agit ici que de la dissolution des formes, de ce qui est divisible et composé ; l'âme, être un et simple, ne peut se dissoudre.

CHAPITRE II

PHILOSOPHIE PAIENNE

Platon. — Plotin. — Porphyre. — Jamblique.

« Platon, dit M. Franck [1], en adoptant la doctrine de « Pythagore, a essayé de la fonder sur quelques preuves, « et l'a élevée par là à la hauteur d'une idée philosophique. « Ces preuves, qui sont longuement développées dans le « Phédon, sont au nombre de deux ; l'une tirée de l'ordre « général de la nature, et l'autre de la conscience hu- « maine. » La nature, dit Platon, est gouvernée par la loi des contraires ; par cela seul donc que nous voyons dans son sein la mort succéder à la vie, nous sommes obligés de croire que la vie succédera à la mort. D'ailleurs, rien ne pouvant naître de rien, si les êtres que nous voyons mourir ne devaient jamais revenir à la vie, tout finirait par s'absorber dans la mort, et la nature deviendrait un jour semblable à Endymion. Si, après avoir consulté les lois générales de l'univers nous descendons au fond de notre âme, nous y trouverons, selon Platon, le même dogme attesté par le fait de la réminiscence. Apprendre, pour lui, ce n'est pas autre chose que se souvenir. Or, si notre âme

---

1. *Dictionnaire des sciences philosophiques*, au mot *Platon*.

se souvient d'avoir déjà vécu avant de descendre dans ce corps, pourquoi ne croirions-nous pas qu'en la quittant, elle en pourra animer successivement plusieurs autres? Mais entre deux vies, s'il ne se présente pas sur-le-champ un corps préparé pour elle et d'une organisation conforme à l'état de ses facultés, il faut bien qu'elle existe quelque part. De là, chez Platon comme chez Pythagore, la consécration de la croyance générale à un autre monde. Si cela est ainsi, dit-il, que les hommes, après la mort, reviennent à la vie, il s'ensuit nécessairement que les âmes sont dans les enfers pendant cet intervalle ; car elles ne reviendraient pas au monde si elles n'étaient plus. D'après le dixième livre de la République, le séjour que chaque âme fait dans les enfers entre une vie et une autre, doit durer mille ans. Mais le dogme de l'immortalité ne se renferme pas, pour Platon, dans ces idées empruntées de la tradition, et qu'il accepte plutôt qu'il ne les choisit. Au-dessus de la métempsycose et de cet exil de mille ans que notre âme doit supporter dans le royaume des ombres, il admet une immortalité spirituelle, réservée aux seuls philosophes et qui consiste non pas à s'absorber en Dieu, comme l'enseigne la doctrine Védanta, mais à vivre, en quelque sorte, en société avec lui, à participer de sa pureté, de sa félicité et de sa sagesse. C'est là que Platon se montre particulièrement lui-même, et qu'il brise les liens qui ont tenu avant lui l'esprit confondu avec la matière. « Si l'âme, dit-il, se retire pure, sans conserver aucune souillure du corps, comme n'ayant eu volontairement avec lui aucun commerce, mais, au contraire, comme l'ayant toujours fui, et s'étant toujours recueillie en elle-même en méditant toujours, c'est-à-dire en philosophant avec vérité et en apprenant effectivement à mourir (car la philosophie n'est-elle pas une préparation à la mort?); si l'âme se retire, dis-je, en cet état, elle va à un être semblable à elle, à un être divin, immortel et plein de sagesse, dans lequel elle jouit d'une merveilleuse félicité, délivrée de ses erreurs, de son ignorance, de ses craintes, de ses amours qui la tyrannisaient et de tous les autres maux attachés à la nature humaine; et, comme on le dit de ceux qui sont initiés aux saints mystères, elle passe véritablement avec les dieux toute l'éternité. » Aucun autre système, soit religieux, soit philosophique, soit avant, soit après l'auteur du Phédon, n'est allé plus loin dans la voie du spiritualisme. Il faut ajouter que Platon a ennobli l'idée même de la métempsycose, dans les limites où il a cru utile de la conserver, en essayant d'y introduire les principes de la liberté. Ainsi, non content de regarder les différentes conditions que notre âme est susceptible de traverser comme des expiations qui doivent la purger des fautes commises pendant une vie antérieure, il accorde encore, à notre libre arbitre, à nos penchants secrets, une grande influence sur le choix de ces conditions. « La faute du choix tombera sur nous, Dieu est innocent. » Voilà ce que dit aux âmes le prophète qu'il introduit dans le récit de Her l'Arménien.

Platon déduit des divers attributs de Dieu et de ses autres perfections manifestées aussi par les idées, que Dieu est le père et l'ordonnateur de toutes choses, et que la Providence est universelle. Dieu, dit-il, a façonné et conservé le monde, parce qu'il est bon et exempt d'envie. Dans son livre des Lois, I. X., il établit que Dieu gouverne tout, jusqu'au dernier atome de matière.

Citons un des plus beaux passages de ce magnifique livre :

« **Tous les êtres intelligents sont sujets à divers changements** dont le principe est en eux-mêmes. Ceux dont les mœurs n'éprouvent que des changements légers, éprouvent aussi des déplacements peu considérables et sont toujours sur une surface à peu près égale. Pour ceux dont le caractère change davantage et devient plus méchant, ils sont précipités dans les profondeurs, et dans ces demeures souterraines appelées du nom d'enfer et d'autres noms semblables ; sans cesse ils sont troublés par des frayeurs et des songes funestes pendant leur vie et après qu'ils sont séparés de leurs corps ; et lorsqu'une âme a fait des progrès marqués, soit dans le mal, soit dans le bien, par une volonté ferme et une conduite soutenue ; si c'est dans le bien, et qu'elle se soit attachée à la divine vertu jusqu'à devenir en quelque sorte divine comme elle, alors elle reçoit de grandes distinctions, et du lieu qu'elle occupait, elle passe dans un autre, demeure toute sainte et plus heureuse ; si elle a vécu dans le vice, elle va habiter une demeure conforme à son état.

« Telle est, mon cher fils qui te crois négligé des dieux, la justice des habitants de l'Olympe. Si l'on se pervertit, on est transporté au séjour des âmes criminelles ; si l'on change de bien en mieux, on va se joindre aux âmes saintes : en un mot, dans la vie et dans toutes les morts qu'on éprouve successivement, les semblables font à leurs semblables et en reçoivent tous les traitements qu'ils doivent naturellement en attendre. Ni toi, ni qui que ce soit, en quelque situation qu'il se trouve, ne pourra jamais se vanter de s'être soustrait à cet ordre établi par les dieux pour être observé plus inviolablement qu'aucun autre, et qu'il faut infiniment respecter. Tu ne lui échapperas jamais, quand tu serais assez petit pour pénétrer dans les profondeurs de la terre, ni quand tu serais assez grand pour t'élever jusqu'au ciel. Mais tu porteras la peine qu'ils ont arrêtée, soit sur cette terre, soit aux enfers, soit dans quelque autre demeure encore plus affreuse. Il en sera de même de ceux qui, par des impiétés ou par d'autres méfaits, sont devenus grands de petits qu'ils étaient, et que tu as cru être passés de l'infamie dans le sein du bonheur ; en conséquence de quoi tu t'es imaginé voir dans leurs actions, comme dans un miroir, que les dieux ne se mêlent point des choses d'ici-bas; mais tu ne savais pas le tribut que ces hommes si heureux doivent un jour payer à l'ordre général. Et comment, jeune présomptueux, peux-tu te persuader que cette connaissance n'est pas nécessaire, puisque, faute de l'avoir, on ne pourra jamais se former un plan de vie, ni concevoir une idée juste de ce qui fait le bonheur ou le malheur? »

Il y a plus dans Platon que ces enseignements formels sur la vie future et la transmigration des âmes. Sa méthode tout entière, ainsi que celle de Socrate son illustre maître, est fondée sur la préexistence.

La méthode dont se servait habituellement Socrate, aussi bien que la dialectique à laquelle Platon a attaché son nom, découle d'un seul et même principe, à savoir : l'excellence de l'âme humaine qui, par sa partie divine est appelée à la science universelle ; elle n'a qu'à se regarder et à se connaître, à s'observer attentivement pour arriver à la vérité. Cette excellence de l'âme humaine, Platon en recherche la raison scientifique, il l'explique par l'hypothèse de la réminiscence et de la préexistence des âmes qu'il met trop souvent dans la bouche de Socrate pour qu'on puisse prétendre que cette hypothèse n'était pas aussi dans l'enseignement du maître. A la vérité, Xénophon ni Aristote n'en parlent, mais le caractère de leur esprit pratique ne les portait pas à relever ce point de doctrine. Leur silence ne prouve donc rien.

De Platon, ces croyances passèrent aux néoplatoniciens d'Alexandrie. Plotin, le premier de tous, y revient maintes fois dans le cours de ses Ennéades. « C'est un dogme re-
« connu, dit-il, de toute antiquité et universellement que

« si l'âme commet des fautes, elle est condamnée à les expier
« *en subissant des punitions dans les enfers ténébreux, puis*
« *elle est admise à passer dans de nouveaux corps, pour re-*
« *commencer ses épreuves* [1]. » Ce passage est très-remarquable en ce qu'il fait voir clairement que le séjour dans l'enfer n'était que temporaire aux yeux des anciens et qu'il était toujours suivi de nouvelles épreuves plus terribles et plus douloureuses à proportion des fautes à réparer. C'est ce que dit ailleurs notre philosophe. « Quand nous nous
« sommes égarés dans la multiplicité (c'est-à-dire selon
« le langage de Plotin, quand nous nous sommes attachés à
« la matière et aux passions corporelles), nous en sommes
« punis d'abord par notre égarement lui-même (sorte d'er-
« raticité), puis quand nous reprenons des corps, nous
« avons une condition moins heureuse [2]. » Insistant ensuite dans un fort beau passage du livre IX° de la 2° Ennéade sur la sanction de nos bonnes comme de nos mauvaises actions, il ajoute : « Il y a ici-bas non-seulement les
« statues des dieux, mais eux-mêmes nous suivent de leurs
« regards; aucun blâme n'est fondé contre eux, car leur
« providence est incessante : *ils assurent à chacun le sort*
« *qui lui convient et qui est harmonique avec ses antécédents,*
« *selon ses existences successives* (κατὰ ἀμοιβὰς βίων). »

Nous allons continuer encore nos citations et résumer l'opinion de Plotin sur les transmigrations, en prenant çà et là dans les Ennéades. Pour ce qui va suivre, nous nous servirons de l'excellente traduction de M. Bouillet, par laquelle il a rendu un service éminent aux lettres et à la philosophie [3].

---

1. Livre 1er de la première Ennéade. — 2. Livre III de la deuxième Ennéade. — 3. Trois volumes in-8°, 1857-1860.

Voyons Plotin commenter et amplifier la doctrine de Platon.

« L'âme fait le tour du ciel (selon Platon), en prenant successivement des formes diverses. » Ces formes sont la forme rationnelle, la forme sensitive, la forme végétative. La partie qui domine dans l'âme remplit la fonction qui lui est propre ; les autres restent inactives et lui semblent en quelque sorte extérieures. Dans l'homme, ce ne sont pas les puissances inférieures de l'âme qui dominent ; elles existent seulement avec les autres ; ce n'est pas non plus la meilleure puissance (la raison) qui domine toujours ; les puissances inférieures ont également leur place. Aussi l'homme (outre qu'il est un être raisonnable) est-il encore un être sensitif, parce qu'il possède les organes des sens. Il est également un être végétatif sous beaucoup de rapports, car son corps se nourrit et engendre comme une plante. Toutes ces puissances (la raison, la sensibilité, la puissance végétative) agissent donc ensemble dans l'homme ; mais c'est d'après la meilleure d'entre elles qu'on qualifie la forme totale de cet être (en l'appelant un être raisonnable).

« L'âme, en sortant du corps, devient la puissance qu'elle a développée le plus. Fuyons donc d'ici-bas et élevons-nous au monde intelligible, pour ne pas tomber dans la vie purement sensitive, en nous laissant aller à suivre les images sensibles, ou dans la vie végétative, en nous abandonnant aux plaisirs de l'amour physique et à la gourmandise ; élevons-nous, dis-je, au monde intelligible, à l'intelligence, à Dieu.

« Ceux qui ont exercé les facultés humaines renaissent hommes. Ceux qui n'ont fait usage que de leurs sens passent dans des corps de brutes, et particulièrement dans des corps de bêtes féroces, s'ils se sont abandonnés aux emportements de la colère ; de telle sorte que, même en ce cas, la différence des corps qu'ils animent est conforme à la différence de leurs penchants. Ceux qui n'ont cherché qu'à satisfaire leur concupiscence et leurs appétits passent dans des corps d'animaux lascifs et gloutons. Enfin, ceux qui, au lieu de suivre leur concupiscence ou leur colère, ont plutôt dégradé leur sens par leur inertie, sont réduits à végéter dans des plantes, car ils n'ont dans leur existence antérieure exercé que leur puissance végétative, et n'ont travaillé qu'à devenir des arbres. Ceux qui ont trop aimé les jouissances de la musique, et qui ont d'ailleurs vécu purs, passent dans des corps d'oiseaux mélodieux. Ceux qui ont régné tyranniquement deviennent des aigles, s'ils n'ont pas d'ailleurs d'autre vice. Enfin, ceux qui ont parlé avec légèreté de choses célestes, tenant toujours leurs regards élevés vers le ciel, sont changés en oiseaux qui volent toujours vers les hautes régions de l'air. Celui qui a acquis les vertus civiles redevient homme; mais s'il ne possède pas ces vertus à un degré suffisant, il est transformé en un animal sociable, tel que l'abeille ou tout autre être de cette espèce [1].

« Souvent, m'éveillant du sommeil du corps pour revenir à moi, et détournant mon attention des choses extérieures pour la concentrer en moi-même, j'y aperçois une admirable beauté, et je reconnais que j'ai une double condition, car je vis alors d'une vie excellente, je m'identifie avec Dieu, et, édifié en lui, j'arrive à cet acte qui m'élève au-dessus de tout intelligible. Mais si, après m'être reposé au sein de la Divinité, je redescends de l'intelligence à l'exercice du raisonnement, je me demande comment je puis ainsi m'abaisser actuellement et comment mon âme a pu jadis entrer dans un corps, puisque, quoiqu'elle soit actuellement dans ce corps, elle possède encore en elle-même toute la perfection que j'y découvre.

1. « Ceux qui se sont abandonnés à l'intempérance, aux excès de l'amour et de la bonne chère, et qui n'ont eu aucune retenue, entrent vraisemblablement dans le corps d'animaux semblables. Et ceux qui n'ont aimé que l'injustice, la tyrannie et les rapines, vont animer des corps de loups, d'éperviers, de faucons. La destinée des autres âmes est relative à la vie qu'elles ont menée. » (Platon, *Phédon*, t. I, p. 242, trad. de M. Cousin.)

« Héraclite, qui nous recommande de faire cette recherche, admet qu'il y a des changements nécessaires des contraires les uns dans les autres, parle d'ascension et de descente, dit que c'est un repos de changer, une fatigue de faire toujours les mêmes travaux et d'obéir. Il nous réduit ainsi à des conjectures, faute de pouvoir s'expliquer clairement, et il nous oblige de chercher comment il est arrivé lui-même à découvrir ce qu'il avance.

« Empédocle enseigne que c'est une loi pour les âmes qui ont péché de tomber ici-bas, que lui-même s'étant éloigné de Dieu, est venu sur la terre pour y être l'esclave de la Discorde furieuse. Il s'est contenté, je crois, de dévoiler les idées que Pythagore et ses sectateurs exprimaient en général par des symboles sur ce sujet et sur beaucoup d'autres. Empédocle est d'ailleurs obscur parce qu'il emploie le langage de la poésie.

« Reste le divin Platon, qui a dit tant de belles choses sur l'âme. Il a dans ses dialogues souvent parlé de la descente de l'âme dans le corps, en sorte que nous avons [1] le droit d'espérer de lui quelques éclaircissements.

« Que dit-il donc? Il n'est point partout assez d'accord avec lui-même pour qu'on puisse aisément saisir sa pensée. En général, il rabaisse les choses sensibles, déplore le commerce de l'âme avec le corps, affirme qu'elle y est enchaînée, qu'elle s'y trouve ensevelie comme dans un tombeau; il attache beaucoup d'importance à cette maxime enseignée dans les mystères, que l'âme est ici-bas comme dans une prison [2].

« Ce que Platon appelle la caverne [3], et Empédocle l'antre, c'est, je crois, le monde sensible [4]; briser ses chaînes et sortir

---

1. Voyez Platon, *Cratyle*, p. 400. Tout ce que Plotin dit ici de Platon est cité et commenté par le père Thomassin, *Dogmatica, theologica*, t. I, p. 318.
2. Voyez Platon, *Phédon*, p. 62. Édit. de Leys.
3. Voyez Platon, *République*, liv. VII, p. 514.
4. Porphyre dit à ce sujet, dans son *Traité de l'antre des nymphes*, p. 8 : « C'est pour cela sans doute que les pythagoriciens, et après eux Platon, ont appelé le monde un antre et une caverne. Chez Empé-

de la caverne, c'est, pour l'âme, s'élever au monde intelligible. Dans le Phédon, Platon affirme que la cause de la chute de l'âme, c'est la perte de ses ailes, qu'après être remontée là-haut, elle est ramenée ici-bas par les périodes (de l'univers), qu'il y a des âmes envoyées sur la terre par les jugements, les sorts, les conditions, les nécessités; en même temps, il blâme la descente de l'âme dans le corps [1].

« Alors, comme on le dit, elle a perdu ses ailes, elle est enchaînée dans les liens du corps, parce qu'elle a renoncé à l'existence calme dont elle jouissait en partageant avec l'Ame universelle l'administration du monde; car elle menait une vie bien meilleure quand elle était là-haut. L'âme tombée est donc enchaînée, emprisonnée, obligée d'avoir recours aux sens parce qu'elle ne peut d'abord faire usage de l'intelligence; elle est ensevelie, comme on le dit, dans un tombeau, dans une caverne. Mais, par sa conversion vers la pensée, elle brise ses chaînes, elle remonte aux régions supérieures, quand elle part des données de la réminiscence pour s'élever à la contemplation des Essences [2], car elle garde toujours, même après sa chute, quelque chose de supérieur au corps.

« Les âmes ont ainsi une double vie, puisqu'elles vivent tour à tour dans le monde intelligible et dans le monde sensible [3]; plus longtemps dans le monde intelligible quand elles peuvent rester unies à l'intelligence suprême d'une manière durable; plus longtemps ici-bas, quand leur nature ou quand le sort leur impose une destinée contraire.

« La descente des âmes n'est ni tout à fait volontaire, ni tout à fait involontaire. En effet, ce n'est jamais volontairement qu'un être déchoit ; mais comme c'est par son mouvement propre qu'il

---

docle, en effet, les puissances qui guident les âmes s'expriment ainsi : « **Nous sommes arrivées dans cet antre obscur.** »

1. Voyez Platon, *Phèdre*, p. 248 et suiv.
2. Voyez Platon, *Phèdre*, p. 249, et *Phédon*, p. 72.
3. Tome Ier, p. 45-49, 135-139.

s'abaisse aux choses inférieures et qu'il arrive à une condition moins heureuse, on dit qu'il porte la peine de sa conduite. D'ailleurs, c'est par une loi éternelle de la nature que cet être agit et pâtit de cette manière. Il y a ici pour l'âme deux fautes possibles : la première consiste dans le motif qui la détermine à descendre ; la seconde, dans le mal qu'elle commet quand elle est descendue ici-bas. La première faute est expiée par l'état même où s'est trouvée l'âme en descendant ici-bas. La punition de la seconde faute, quand elle est légère, c'est de passer dans d'autres corps plus ou moins promptement d'après le jugement porté sur ce qu'elle mérite (on dit jugement pour montrer que c'est la conséquence de la loi divine); mais, quand l'âme a une perversité qui dépasse toute mesure, elle subit, sous la garde des démons préposés à son châtiment, les peines sévères qu'elle a encourues.

« Ainsi, quoique l'âme ait une essence divine, qu'elle soit originaire du monde intelligible, elle entre dans un corps. Une fois descendue dans le corps, l'âme peut s'y complaire, au lieu de chercher à s'en séparer ; elle peut, oubliant sa patrie intelligible, se donner au monde inférieur qu'elle est venue habiter. C'est là le mal véritable. Il a son origine dans la partie irraisonnable de l'âme qui nous trouble par les passions, nous égare par les illusions de l'imagination, et nous conduit à commettre des fautes [1]. Aussi, cette partie irraisonnable est-elle punie après la mort par les souffrances qu'elle subit, quand nous sommes condamnés par la justice divine à passer dans un nouveau corps [2]. La nature de ce corps est toujours en harmonie avec la disposition que nous avons contractée dans l'existence antérieure, et la métempsycose (que notre auteur nomme toujours la métasomatose) est ainsi notre naturelle et nécessaire punition, jusqu'au terme de chacune des périodes de la vie du monde, où, affranchies de leurs corps, toutes les âmes reviennent, sans perdre leur nature propre et leur indépendance, habiter le monde intelligible avec l'Ame uni-

---

1. Voyez Platon, tome Ier, p. 48. — 2. *Ibid.*

verselle ¹. Tout entière à la pensée, l'âme n'a pas non plus besoin de faire un retour sur elle-même pour se connaître. Elle se pense en pensant l'intelligible dont elle a pris la forme et avec lequel elle s'est identifiée : d'un côté, par le regard qu'elle jette sur toutes choses, elle s'embrasse elle-même dans l'intuition de toutes choses ; d'un autre côté, par le regard qu'elle jette sur elle-même, elle embrasse toutes choses dans cette intuition. C'est de la même manière qu'elle connaît les autres âmes ².

« Dans cet état, l'âme jouit de la vraie béatitude. Elle possède en effet la vie parfaite et véritable qui consiste dans l'acte de l'intelligence ³. Elle est complétement libre, puisque, désormais indépendante des choses étrangères à sa nature, elle s'appartient à elle-même et exerce son activité en elle-même. Elle jouit alors d'une vie véritablement conforme à sa volonté ; car la volonté ne tend qu'au bien ⁴, et, par l'intelligence, l'âme reçoit du Bien absolu la forme qui la rend semblable à lui. Arrivée ainsi au but suprême auquel aspirait son amour, l'âme s'unit d'une manière ineffable à Celui dont tous les êtres reçoivent leur perfection, et cette union, qui l'absorbe et la ravit, comble tous ses vœux ⁵. »

On le voit par ces citations, Plotin, malgré sa valeur philosophique, ne s'était pas encore affranchi de la croyance fausse à une métempsycose animale, ce que fit Porphyre, un des néoplatoniciens qui essaya d'accommoder cette idée avec la philosophie de son maître. Admettant comme un fait démontré l'hypothèse platonicienne de la réminiscence, il enseigne que nous avons déjà existé dans une vie antérieure, que nous y avons commis des fautes, et que c'est pour les expier que nous sommes revêtus d'un corps.

---

1. Tome II, p. 290-291. — 2. Tome II, p. 299-300, 339-399. —
3. Tome Ier, p. 75. — 4. Tome Ier, p. 79, 97.
5. Tome Ier, p. 109 ; tome II, p. 234, 235, 244, 468, 470.

Selon que notre conduite passée a été plus ou moins coupable, l'enveloppe qui recouvre notre âme est plus ou moins matérielle. Ainsi les uns sont unis à un corps aérien, les autres à un corps humain ; et s'ils supportent cette épreuve avec résignation, en remplissant exactement tous les devoirs qu'elle impose, ils remontent par degrés au Dieu suprême, en passant par la condition de héros, de dieu intermédiaire, d'ange, d'archange, etc. C'est, comme on voit, le spiritualisme de Platon étendu indistinctement à tous les hommes. Observons, de plus, que Porphyre ne fait pas descendre la métempsycose jusque dans la vie animale, quoiqu'il reconnaisse aux animaux une âme douée de sensibilité et de raison.

En regard de cette échelle spirituelle, qui va de l'homme à Dieu, Porphyre nous en montre une autre, qui descend de l'homme à l'enfer ; c'est-à-dire au terme extrême de la dégradation et de la souffrance : ce sont les démons malfaisants, ou simplement les démons comme nous les appelons aujourd'hui. Ils sont répandus dans le monde entier, et ce sont eux qui, poursuivant les âmes humaines, les contraignent à rentrer dans un corps lorsqu'elles en sont séparées [1]. Mais Porphyre, sans s'expliquer aussi bien que les modernes sur la possibilité de l'amélioration de ces Esprits, ne croit pas à l'éternité du mal. Terminons par Jamblique :

« Examinons, dit-il, par quels êtres est accompli chacun de ces trois actes, le jugement, le châtiment et la purification des âmes.

« Si l'on en croit la plupart des Pythagoriciens et des Platoniciens, c'est par les âmes particulières elles-mêmes que ces

---

1. Voyez *Dictionnaire des sciences philosophiques*, v° Porphyre.

actes sont accomplis; mais, selon ceux de ces philosophes qui ont le mieux étudié la question, c'est par les âmes universelles et parfaites, par l'Ame universelle qui préside à l'ordre de l'univers, par l'intelligence royale qui donne au monde entier toute sa beauté; selon les anciens, c'est par les dieux visibles (les astres), principalement par le soleil, par les principes démiurgiques invisibles, par tous les genres d'êtres supérieurs, les héros, les démons, les anges et les dieux qui président eux-mêmes à la constitution de l'univers.

« Quel est le but en vue duquel ces êtres réalisent ces actes?

« Le but du jugement est d'affranchir de tout mélange la pureté des hommes vertueux, de distinguer la perfection de ceux qui ont une beauté accomplie en les séparant autant que possible de toute imperfection, enfin d'exalter au plus haut degré l'excellence des âmes supérieures, excellence dont rien d'inférieur ne saurait approcher.

« Le but du châtiment est de faire prévaloir le bien sur le mal, de réprimer le vice, de le détruire et de l'anéantir, de réaliser pour tous une égalité conforme au mérite [1]. Au lieu de suivre à cet égard la doctrine des anciens, certains philosophes croient que l'utilité de la peine consiste à établir l'égalité en infligeant un châtiment aussi grand ou plus grand que la faute; d'autres, à soumettre le coupable à la loi du talion; d'autres encore à corriger le vice, etc.: car il y a sur ce point une grande diversité d'opinions parmi les pythagoriciens et les platoniciens.

« Quant à la purification, elle a pour but de délivrer l'âme des choses étrangères, de lui rendre son essence propre, de lui donner la perfection, la plénitude, l'indépendance [2], de lui faciliter son retour au principe qui l'a engendrée [3], de conduire les

1. Voyez Enn. IV, liv. IV, p. 45.

2. « La purification consiste à séparer le plus possible l'âme du corps, l'habituant à se concentrer et à demeurer en elle-même, etc. » (Jamblique, *Introduction à la philosophie*, chap. XIV.)

3. Porphyre avait composé sur ce sujet un écrit intitulé *Du retour de l'âme*.

substances particulières à s'unir aux substances universelles et à participer à leur puissance, à leur vie et à leur fonction [1]. Ceux qui n'admettent pas avec les anciens que ce soient là les effets véritablement importants de la purification, lui assignent pour but de séparer l'âme du corps, de la délivrer de ses chaînes, de l'affranchir de la corruption, de la faire sortir de la génération ou d'atteindre quelque autre résultat aussi borné, qu'ils regardent comme supérieur au reste. C'est ainsi que beaucoup de pythagoriciens et de platoniciens sont en désaccord sur ce point.

« Fixons les limites de ces trois choses (du jugement, du châtiment et de la purification), et voyons où se termine chacune d'elles.

« Les âmes sont soumises au jugement tant qu'elles sont placées dans la génération, qu'elles ne sortent pas de l'univers et qu'elles sont en quelque sorte mêlées à la diversité ; mais dès qu'elles sont sorties (de la génération), affranchies, pures, complétement indépendantes, maîtresses d'elles-mêmes, remplies des dieux, elles cessent d'être soumises au jugement. Cependant les pythagoriciens et les platoniciens ne suivent pas ici la doctrine des anciens, et soumettent toutes les âmes au jugement. Il en est de même pour le châtiment. Les anciens placent au nombre des dieux, même lorsqu'elles sont encore ici-bas, les âmes pures et unies avec les dieux par la conformité de la pensée, et, lorsque celles-ci sont sorties de leurs corps, ils les introduisent immédiatement parmi les dieux sans les soumettre à aucune peine. Quant aux platoniciens, ils font passer toutes les âmes de la génération dans le monde intelligible quand elles ont subi leur peine.

« Les anciens ne sont pas du tout d'accord sur la récompense que reçoivent les âmes lorsqu'elles sortent de leurs corps et qu'elles vont parmi les âmes angéliques. Plutarque, Porphyre,

---

[1]. « Affranchi de la nature irrationnelle et demeurant dans l'intelligence, l'homme devient semblable à Dieu, etc. » (Jamblique, *Exhortation à la philosophie*, chap. VI.)

ainsi que les anciens, leur font garder leur rang propre, mais Plotin les affranchit de toutes les choses terrestres [1]. Les anciens leur accordent avec raison, d'être, par leur intelligence, dans une excellente disposition qui les rapproche des dieux, et de présider aux choses de ce monde. Selon les anciens, les âmes délivrées de la génération partagent avec les dieux le gouvernement de l'univers; selon les platoniciens, elles gardent leur rang. De même, selon les premiers, elles partagent avec les anges les fonctions démiurgiques; selon les seconds [2], elles font le tour du ciel. »

Laissons de côté pour un moment, car nous y reviendrons tout à l'heure, tout ce qui touche les erreurs de Platon et de Plotin sur la métempsycose animale, et retenons uniquement de leurs doctrines, qu'ils ne croyaient pas à l'éternité des enfers, et pensaient que les coupables étaient admis à subir de nouvelles épreuves pour se régénérer.

1. Voyez Plotin, Enn. IV, liv. VIII, p. 5.
2. Voyez Plotin, Enn. IV, liv. III et 24, 32 ; liv. IV, et 1-5.

CHAPITRE LII

LES MYSTÈRES

Timée de Locres. — Pythagore. — Les mystères. — Cosmologie. — Doctrine des mystères sur l'unité de Dieu, — Sur l'immortalité, — Sur la pluralité des vies, — Sur la préexistence.

Les peuples de la gentilité étaient dans l'enfance comme le peuple juif, et comme le furent ensuite les premiers chrétiens. Ils avaient donc besoin d'être retenus par des menaces formidables de châtiments dans l'autre vie, puisqu'ils ne pouvaient l'être, comme les juifs, par des châtiments temporels. Avec l'unité de Dieu, les législateurs et les pontifes d'Israël pouvaient très-bien faire redouter aux coupables les châtiments en cette vie. Mais avec le polythéisme, avec l'adoration multiple d'esprits bons et mauvais, de héros déifiés après leur mort, si le païen commettait quelque action blâmée et punie par un Dieu, il n'y en avait pas de si cruelle et de si immonde qui ne trouvât une divinité pour y applaudir et la protéger. Quant aux châtiments de l'autre vie, il fallait bien les représenter comme éternels. Le Christ lui-même a été contraint, pour notre bien, de nous en menacer à l'époque de sa mission. Les législateurs, les philosophes, les pontifes de la gentilité auraient-ils pu agir ainsi? Nullement. Comment, en effet, des Dieux qui n'étaient pas stables, qui s'étaient détrônés dans le passé, eussent-ils pu assurer une éternité quelconque à leurs actes? Il y avait donc nécessité, tout en reconnaissant un enfer seulement transitoire, de l'envelopper de conditions repoussantes pour l'humanité, afin de le rendre suffisamment terrible. Les voluptueux passaient, pendant trois mille ans, quelques-uns disaient dix mille, dans des corps de pourceaux ou d'animaux immondes, les homicides dans ceux des bêtes féroces. Il y avait là des détails horribles que l'on peut lire soit dans Platon, soit dans Plotin, et qui proportionnaient les châtiments à toutes les fautes, et ce sort dont les méchants étaient menacés était d'autant plus redoutable que l'expiation y était sans but et sans mérite dans l'existence animale. Ce n'était qu'après une longue série de siècles que l'âme obtenait de reprendre la vie humaine et de s'y régénérer. Ce n'est pas une vaine supposition que nous faisons. De même que l'enfer a été la politique sage et prudente du Messie, de même la métempsycose animale fut la politique des païens appropriée à l'enfance, écoutez plutôt :

Voici ce que dit Timée de Locres à ce sujet : on sait que Cicéron [1] assure qu'il a été le maître de Platon.

« Si quelqu'un est vicieux, et qu'il viole les règles de l'État, il faut qu'il soit puni par les lois et par les reproches : on doit encore l'épouvanter par la crainte de l'enfer, par l'appréhension des peines continuelles, des châtiments du ciel, et par les terreurs et les punitions inévitables, qui sont réservées aux malheureux criminels sous la terre (c'est-à-dire dans l'autre monde).

« Je loue beaucoup le poëte ionien [2] (Homère) d'avoir rendu

---

1. *De finibus bonorum et malorum*, 29.
2. *Timée de Locres*, en grec et en français, par le marquis d'Argens. Berlin, 1763, p. 252. Je traduis sur le texte.

les hommes religieux par des fables anciennes et utiles ; car, de même que nous guérissons les corps par des remèdes malsains, s'ils ne cèdent pas aux remèdes les plus salutaires, de même nous réprimons les âmes par des discours faux, si elles ne se laissent pas conduire par les véritables. C'est par la même raison qu'il faut établir des peines passagères (fondées sur la croyance) de la transformation des âmes (ou de la métempsycose); en sorte que les âmes (des hommes) timides passent (après la mort), dans le corps des femmes, exposées aux mépris et aux injures : et les âmes des meurtriers [1] dans le corps des bêtes féroces, pour (y recevoir) leur punition ; celles des impudiques dans les porcs et les sangliers ; celles des inconstants et des évaporés dans les oiseaux qui volent dans les airs; celles des paresseux, des fainéants, des ignorants et des fous, dans les formes des animaux aquatiques. C'est la déesse Némésis qui juge toutes ces choses, dans la seconde période (c'est-à-dire dans le cercle de la seconde région autour de la terre), avec les démons, vengeurs des crimes, qui sont les inquisiteurs terrestres des actions humaines, et à qui le Dieu conducteur de toutes choses a accordé l'administration du monde qui a été rempli [2] de dieux, d'hommes et d'autres animaux, qui ont été produits selon l'image (le modèle) excellente de la forme improduite et éternelle [3]. »

Il paraît évident, par ce passage, que Timée de Locres ne croyait pas à la métempsycose animale, et qu'il voulait que les philosophes ne l'enseignassent que pour tenir le peuple dans la crainte. Voilà une preuve qu'ils avaient deux doctrines : l'une publique, pour le vulgaire, et l'autre pour ceux qui étaient initiés dans les principes de la véritable philosophie. Dacier a donc eu tort et raison tout à la fois, lorsqu'il a prétendu que Pythagore n'avait jamais

---

1. *Timée de Locres*, édit. d'Argens, p. 253. — 2. *Ibid.*, p. 281. — 3. *Ibid.*, p. 255 ; Texte, V, 16 et 19.

soutenu la métempsycose animale[1]. Il a eu tort, parce qu'il est certain que Pythagore enseigna ce dogme publiquement, et que ses disciples l'admirent dans leurs écoles, ainsi que leur maître ; mais il peut avoir eu raison, en ce que Pythagore pouvait fort bien, de même que Timée de Locres[2], ne point ajouter foi à ce dogme, qu'il n'enseignait que pour contenir le peuple par la crainte des punitions dans une autre vie. La réflexion que Dacier fait à ce sujet n'est pas à mépriser. « Une marque sûre, dit-il, que Pythagore n'a « jamais eu l'opinion qu'on lui attribue, c'est qu'il n'y en « a pas le moindre vestige dans les symboles qui nous « restent de lui, ni dans les préceptes que son disciple « Lysis a recueillis, et qu'il a laissés comme un précis de « sa doctrine[3]. »

Si Dacier s'était donc contenté de dire que, quoique Pythagore enseignât le dogme de la métempsycose animale, il ne le croyait pas, on aurait eu de la peine à lui prouver le contraire ; parce qu'à tout ce qu'on aurait objecté, même aux prétendus changements des différents corps, que Pythagore disait se ressouvenir d'avoir animés, Dacier eût pu toujours opposer la nécessité de tromper le peuple, pour le contenir par la crainte. Or, plus Pythagore aurait inventé de mensonges, pour parvenir à son but, plus il aurait agi conséquemment à son idée[4]. Mais lorsque Dacier, par un zèle outré pour la mémoire de Pythagore, s'élève contre toute l'antiquité, et veut que tous les auteurs, soit philosophes, soit poëtes, soit historiens, lui aient attribué mal à propos l'opinion d'une métempsycose animale, il défend

---

1. *Vie de Pythagore*, par M. Dacier, tome Ier, p. 28. — 2. *Timée de Locres*, p. 263, V, 26 et 27. — 3. *Vie de Pythagore*, Ibid.
4. Note du marquis d'Argens sur son *Timée de Locres*, p. 398.

un sentiment détruit par le témoignage de tous les ouvrages qui nous restent des plus anciens disciples de Pythagore, et de tous les philosophes qui, comme Socrate et Platon, admirent le dogme de la transmigration des âmes, qu'ils avaient puisé dans l'école des pythagoriciens, et ils soutiennent cette transmigration possible jusque dans des corps d'animaux.

A présent, que Pythagore, Platon, Plotin et autres n'aient pas eu une foi intime dans ce qu'ils enseignaient au sujet du passage de l'âme dans des corps de bêtes, c'est possible et nous sommes loin de nous élever contre cette interprétation. Toujours est-il que la théologie, aussi bien que la sophie vulgaire, nécessitait l'institution des *Mystères*, pour parler aux âmes plus pures moralement et intellectuellement le langage de la raison.

Nous aurons à examiner quels furent leurs principaux enseignements. Constatons d'abord leur importance aux yeux des plus grands sages de l'antiquité. Cicéron[1], Plutarque[2] en font de magnifiques éloges que nous citerons plus bas en note.

Aristophane a même été plus loin qu'eux tous : « Tous ceux qui participaient aux mystères, dit-il, menaient une vie innocente, tranquille et sainte, ils mouraient en comptant sur la lumière des Champs Élysées, tandis que les autres ne devaient s'attendre qu'à d'éternelles ténèbres[3]. » Plus grave et plus sévère, Sophocle, l'honneur du théâtre athénien, ne craint pas à son tour d'appeler les mystères « les espérances de la mort. »

Et quand on pense à l'importance que les États attachaient dans le principe à la célébration exacte des mystères, aux

---

1. *Lois*, IIe livre. — 2. *Consolatio ad uxorem*. — 3. *In Ranis*.

stipulations qu'ils formulaient dans leurs traités pour la sécurité de leur célébration, on voit à quel point ces mystères furent longtemps et leur première et leur dernière pensée.

C'était la plus grande des préoccupations publiques et privées, et c'est tout simple, puisque, selon Dollinger, « les Éleusinies étaient regardées comme la fleur de toute la religion grecque, comme l'essence la plus pure de toutes les conceptions [1]. » On refusait d'initier, non-seulement les conspirateurs, mais ceux qui ne les avaient pas dénoncés, les traîtres, les parjures, les débauchés, etc. [2] Enfin, on s'y confessait en disant : « J'ai fait le mal et j'ai trouvé le mieux ; » de sorte que Porphyre a pu dire : « Notre âme doit être au moment de la mort telle qu'elle était durant les mystères, c'est-à-dire exempte de passion, d'envie, de haine et de colère. » Voilà, certes, de grands éloges et des autorités bien imposantes en faveur de la haute importance civilisatrice et morale des mystères.

Constatons que *les Mystères* révélèrent aux âmes spirituelles et capables de porter de grands secrets,

1° La pluralité des mondes et la rotation de la terre telle qu'elle fut enseignée plus tard par Copernic et Galilée ;

2° L'unité de Dieu ;

3° La pluralité des existences, les vies et les épreuves successives de l'âme.

Arrêtons-nous à chacun de ces points importants.

Si nous étudions un moment la cosmologie des derniers jours du paganisme, nous trouvons que le Cosmos s'appelait en ce temps-là χορεῖον ou salle de bal. Dans cette salle, on

---

1. Döllinger, *Judaïsme et paganisme*, t. Ier, p. 184.
2. *Fragm. de Styg.*, ap. Stob.

ne professait pas, mais on dansait littéralement le système de Copernic, puisqu'on plaçait sur un tertre hémisphérique la maison du soleil, et que l'on exécutait autour la danse circulaire et toutes les grandes conjonctions des planètes. Ces danses continuèrent sous le christianisme, le soleil-roi étant devenu l'emblème du Christ dans la hiérarchie religieuse comme dans la famille.

Si nous consultons encore une antiquité plus reculée, elle nous répond très-catégoriquement par la plume de Théophraste et de Plutarque [1] que Platon, après avoir enseigné longtemps la circulation du soleil autour de la terre, avait changé d'idée dans sa vieillesse et professait l'opinion toute contraire ; que le génie de Platon n'était pour rien dans ce remords et que sa conversion n'était due qu'à Timée de Locres et à Archytas de Tarente [2], deux célèbres pythagoriciens. On sait que, dans cette dernière secte, cette croyance était une affaire de religion, et par conséquent tenue fort secrète jusqu'au jour où l'indiscret Philolaüs divulgua le mystère en le rédigeant par écrit. Archimède, à son tour, l'avait puisé dans Aristarque de Samos [3], autre pythagoricien, et Plutarque nous montre Cléanthe accusant hautement ce dernier d'avoir troublé, par cette indiscrétion, le repos de Vesta et celui des dieux recteurs de l'univers [4]. Enfin, Hipparque fut chassé honteusement de son école pour avoir enseigné publiquement les dogmes pythagoriciens [5].

La filiation rétrospective est donc bien établie des derniers jours du paganisme jusqu'à Pythagore ; mais lui, ce

---

1. *De facie lunæ*, p. 922. — 2. Eusèbe, *Prep.*, liv. XV, ch. VIII. — 3. *De Arenario*. — 4. Plutarque, *loc. cit.* — 5. Saint Clément, *Strom.*, liv. V.

roi des sages, ce philosophe mystique, où pouvait-il avoir puisé une pareille inspiration? Sans doute à cette même école des Mystères qui lui avait appris tant d'autres choses, entre autres, tous les newtoniens en conviennent, la loi inverse du carré des distances.

Le célèbre astronome Bailly s'indignait, à la fin du dernier siècle, que l'on pût faire honneur aux Grecs et aux Romains d'une semblable découverte : « Jamais, disait-il, un pareil système n'a pu être conçu dans la Grèce ou dans l'Italie. Croira-t-on qu'il pût être appuyé sur des faits, chez les Grecs qui n'ont fait aucune observation? Oserait-on dire que l'esprit humain puisse s'élever seul à ce système, sans des faits qui l'y conduisent et qui puissent donner de la vraisemblance à une vérité tellement contraire au témoignage des sens? Les Grecs, à l'époque de Pythagore, ne faisaient que d'entrer dans la carrière astronomique et n'étaient même pas en état de soupçonner cette vérité..... L'optique n'est née dans la Grèce qu'au temps d'Aristote et de Platon, toutes ces hypothèses supposent de la géométrie, qui alors n'était guère avancée ; d'ailleurs il faut des observations suivies,... et toute la vie de Pythagore n'y eut certes jamais suffi [1]. »

Plus d'un siècle s'est écoulé depuis Bailly et l'étonnement redouble.

« On ne saurait comprendre, dit un savant tout moderne, comment, dans l'absence de moyens suffisants d'observation, Pythagore a pu connaître la véritable position de la terre parmi les planètes, et en vertu de quelle puissance de divination il a émis sur son mouvement les admirables principes sous lesquels, vingt et un siècles plus tard, Copernic

---

1. *Hist. de l'astronomie ancienne*, p. 86 et 446.

et Galilée ont pensé succomber, tant ces vérités étaient lourdes [1]. »

Pythagore n'avait absolument rien inventé ni deviné. Voyageur initié à tous les mystères égyptiens et guidé par le prêtre Pérénités, comme Orphée l'avait été par Ethimon [2], il avait admiré dans la partie secrète des temples (adyta arcana) ces grandes représentations cosmologiques consistant en certaines roues mystérieuses que Denys de Thrace et, après lui, Clément d'Alexandrie nous dépeignent « comme étant toujours en mouvement, et que Plutarque nous dit, à son tour, représenter le circuit des mondes célestes [3]. »

C'étaient là ces sept dieux principaux, tout à la fois planètes principales et recteurs, que Mercure Trismégiste et Jamblique disaient « associées au Verbe pour contenir le monde dans leurs sept orbites. » C'était là la grande doctrine d'Orphée' que Proclus appelait θεοδοτον, c'est-à-dire donnée par Dieu, et qui, selon le père Kircher, « paraissait digne de ce beau nom à plus d'un Père de l'Église [4]. »

Voyageur à Babylone, où il était allé converser avec les mages [5], Pythagore retrouvait infailliblement dans les temples de Bel toute cette cour sidérale tournante, figurée, comme nous le dit Philostrate, par des globes couleur de saphir, supportant les images dorées de leurs dieux recteurs respectifs.

Voyageur chez les Perses, il avait pu voir, à Ecbatane, l'immense machine qui frappait de stupeur l'empereur Héraclius, et que Cédrénus nous dit avoir été fabriquée par le

---

1. Charton, *Voyageurs anciens et modernes*, p. 2.
2. *Strom.*, liv. V. — 3. *De facie lunœ.*
4. Kircher, *OEdipus Ægypt.*, t. III, p. 576, t. II, p. 408.
5. Diogène Laërce, t. VIII, § 2.

roi Chosroès, pour représenter le ciel et toutes les conversions des astres, avec les anges qui y président[1].

Pour tous ces peuples, les sept dieux θεοὶ βουλαιοὶ étaient les sept dieux conseillers et ambulants, car il ne faut pas oublier ce que nous dit Platon : « Θεὸς vient de θεῖν courir, et l'on ne donnait ce nom qu'aux planètes [2]. »

Ce point vidé, examinons la doctrine des Mystères sur l'unité de Dieu.

Quand les ténèbres de la superstition et de l'idolâtrie se furent répandues sur la terre ; quand on vit les peuples prostituer leur encens devant d'impures idoles, et que la bête elle-même eut ses autels, il devint dangereux de s'attaquer à la crédulité publique. Socrate fut puni de mort pour n'avoir pas cru aux dieux du paganisme !

L'unité de Dieu, qui découlait des traditions primitives et générales de l'humanité, méconnue par le vulgaire, se réfugia dans le sanctuaire des temples, et ne fut enseignée qu'aux initiés sous le sceau d'un inviolable secret. Dieu fut désigné sous divers noms.

Kneph était le dieu non engendré, éternel [3]. Memphis l'honorait sous le nom de Phtas, qui signifie l'ordonnateur, l'architecte du monde. Les Égyptiens l'appelaient aussi Amon [4]. « Au dire des Égyptiens, dit Jamblique dans
« son savant ouvrage sur les Mystères, Dieu a existé seul
« avant tous les êtres. Il est la source du monde intelli-
« gible et de toute intelligence créée. Il est le premier
« principe se suffisant à lui-même, perceptible seulement
« aux yeux de l'esprit et père de toutes les essences. »

---

1. Cédrénus, p. 338.
2. *In Cratyle*. (M. de Mirville, *Manifestations historiques des esprits*, t. IV, p. 119) — 3. Plutarque, *De Iside et Osiride*.
4. Jamblique, *Myst.*, sect. VIII, ch. 3. Édit. de Thomas Gale.

Le temple de Saïs portait cette inscription : « Je suis
« tout ce qui a été, tout ce qui est, tout ce qui sera. Et le
« voile qui me cache, nul mortel ne le soulèvera [1]. » De
l'Égypte, la croyance en un Dieu unique passa en Grèce ;
Pythagore, Platon, Thalès, Solon, Hermotime de Clazo-
mène, Anaxagore, Héraclite, Empédocle, Philolaüs, Hié-
roclès, Aristote qui avaient été initiés aux mystères, pro-
clamaient cette vérité.

A en croire un fragment d'hymne, dans la célébration
des Mystères l'Hiérophante s'écriait : « Contemple le Roi
« du monde. Il est un ; il est de lui-même ; de lui seul tous
« les êtres sont nés ; il est en eux et au-dessus d'eux ; il a
« les yeux sur tous les mortels et aucun des mortels ne le
« voit [2]. » La doctrine secrète de Thèbes et de Memphis se
divisait en trois degrés : 1° le dualisme ou le dogme des
deux principes ; 2° le zébaothisme, espèce de panthéisme
naturaliste ; 3° le iohahisme ou le culte d'un Dieu unique,
indépendant du monde matériel. Ce dernier degré était le
plus haut époptisme. [3].

Nous retrouvons dans cette division les trois hypothèses
du dualisme, de l'émanation, de la création.

Deux opinions différentes peuvent se former à cet égard
sur la constitution des Mystères.

Il faut admettre que les initiateurs laissaient à l'adepte
la liberté de penser et de choisir entre les systèmes, et
qu'ils protégeaient toutes les opinions par une tolérance
égale.

Ou bien il faut croire que le iohahisme, qui était à un

---

1. Plutarque, *De Iside et Osiride*.
2. Eschembach, *De poesi Orphica*, p. 136.
3. Senancour, *Traditions morales et religieuses*, p. 148.

degré supérieur, expliquait et conciliait les objections comprises dans les deux premiers enseignements.

J'inclinerais volontiers pour ce parti. Voici pourquoi : D'après tous les auteurs qui ont écrit sur les Mystères, le dualisme, le zébaothisme, le iohahisme, ne formaient pas des doctrines opposées et hostiles, mais seulement des grades divers d'initiation [1]. Ainsi, le dualisme commençait par révéler à l'épopte la distribution du bien et du mal et leur lutte perpétuelle dans le monde de la terre. Le zébaothisme corrigeait déjà le dualisme par le principe de l'unité de substance. Enfin, le iohahisme faisait connaître comment l'unité de substance avait engendré la multiplicité des essences, et d'un autre côté l'imperfection et la liberté des intelligences expliquaient l'introduction du mal dans la création.

Il est donc permis de penser que la vérité ne pouvant être aperçue que successivement, à raison de notre nature bornée, les adeptes étaient conduits progressivement jusqu'à l'idée traditionnelle et antique d'un Dieu un, éternel, sublime architecte du monde.

J'ai dit pourquoi, en de certains temps, le dogme d'un Dieu unique avait dû se cacher dans les sanctuaires. Cette croyance, en présence d'esprits égarés dans toutes les superstitions de l'idolâtrie, n'aurait pas été sans périls [2];

---

1. Jamblique et Warburton.
2. Pluche énonce la même opinion : « Il n'eût pas été sûr pour les initiateurs, dit-il, d'entreprendre de ravir au peuple ses divinités chimériques, et de lui faire connaître que les objets de son culte n'étaient que des allégories et des symboles; la multitude les eût lapidés pour venger ses dieux. Ils se contentèrent donc de révéler la vérité à un petit nombre de personnes d'une sagesse reconnue, après leur avoir fait subir plusieurs épreuves et jurer un secret inviolable. »

toutefois le secret d'une tradition primitivement universelle était moins fondé sur l'intérêt général, que sur le besoin d'une prudence individuelle. Il n'en était pas de même du second enseignement, auquel j'arrive maintenant.

La mort existait avant l'homme. Si on révoquait en doute cette vérité, les témoignages en pourraient être recueillis de toutes parts. Les débris fossilifères en fournissent la preuve irrécusable. Mais pour les autres êtres, la mort n'est pas un mal, c'est une loi de renouvellement et de mutation. La mort n'est un châtiment que pour l'homme, et voilà pourquoi le christianisme enseigne qu'elle est le fruit du péché. L'animal ne la prévoit pas, ne s'en effraye pas. L'homme sait qu'il doit mourir. Ce qui rend la mort un mal pour l'homme, c'est donc la terreur qu'elle lui inspire.

Cette terreur est nécessaire dans l'harmonie de la création.

La terre est le siège de l'expiation et de l'épreuve. Elle doit être rangée dans la catégorie des mondes inférieurs. Si dans ce séjour de douleurs et de larmes, le trépas eût été sans horreur, combien n'aurait-on pas vu de malheureux sortir volontairement par le suicide d'une position qu'ils ne pouvaient plus supporter ? Or, qu'est-ce qui donne à la mort sa terreur ? C'est le redoutable inconnu de la vie future, c'est le « peut-être » d'Hamlet, c'est l'incertitude de l'avenir.

Il est aisé de comprendre maintenant pourquoi la doctrine de l'immortalité de l'âme, si antique pourtant et si évidente, dut être cachée au vulgaire [1]; pourquoi il eût été

---

[1]. Bossuet a dit que l'âme des Hébreux avait été jugée trop grossière pour que le dogme de l'immortalité leur fût enseigné ouvertement.

dangereux de la divulguer; pourquoi les initiés n'étaient appelés à la connaissance de cette vérité qu'après de longues épreuves; pourquoi l'enseignement ne leur était donné que sous la promesse formelle du secret. Quand des philosophes voulurent publiquement proclamer le dogme de la vie future, Ptolémée Philadelphe ordonna la fermeture de leurs écoles, de peur que ses États ne fussent bientôt dépeuplés. Après une leçon d'Hégésias sur l'immortalité, ses disciples se tuent, à Cyrène, pour échapper à la vie terrestre et entrer dans celle que leur maître leur promet. Cléombrote gravit le sommet d'une tour et s'en précipite pour jouir plus vite de l'avenir qui lui a été annoncé. Caton se tue après avoir lu le Phédon. Les exemples ne manqueraient pas [1].

---

1. Charles Fourier pense de même que la doctrine d'une vie future n'était pas sans danger dans les temps d'esclavage et de malheur. « Nous n'avions eu jusqu'à ce jour, dit-il, sur la vie future que des notions si vagues, des peintures si effrayantes, que l'immortalité était plutôt un sujet de terreur que de consolation. Aussi la croyance était-elle bien faible, et il n'était pas à souhaiter qu'elle devînt plus ferme. Dieu ne permet pas que les globes acquièrent pendant l'ordre incohérent des notions certaines sur la destinée future des âmes; si l'on était convaincu, les plus pauvres des civilisés se suicideraient dès l'instant où ils seraient assurés d'une autre vie, qui ne pourrait être pire que celle-ci l'est pour eux. Dieu a dû nous laisser longtemps dans une profonde ignorance au sujet de l'immortalité. » (*Théorie des quatre mouvements*, p. 133 et 134. 1re édition.)

Lucain exprime la même idée dans les vers suivants (lib. IV, v) :

> Victurosque Dei celant, ut vivere durent,
> Felix esse mori.

« Afin que ceux qui ont encore à vivre supportent l'existence, la divinité leur cache qu'il est heureux de mourir. »

Quand l'incertitude de l'immortalité domine chez un peuple, la mort est un mal, la vie est un bien. C'est ainsi que le *Houagz-Fan* (su-

C'est surtout en ce qui touche la destinée future que la révélation de la vérité a dû être progressive. Lorsque le Christ enseigna formellement l'immortalité, il accompagna ses promesses des menaces d'un enfer éternel. L'Église fit plus ; dans ses dogmes, le suicide est un crime. Celui qui se donne volontairement la mort est damné. Son corps est privé de la sépulture ecclésiastique et ne repose pas en terre sainte. Les chrétiens se tournèrent alors avec fureur vers le suicide sacré. On ne pouvait pas s'infliger le trépas, on pouvait le rechercher. C'est la doctrine de la vie future et des récompenses éternelles qui a produit les martyrs ; glorieux témoignages de la lumière qu'avait laissée après lui le soleil divin, et de l'ardente foi que le Christ avait inspirée à ses apôtres et aux pères de la primitive Église.

L'enseignement des Mystères qui ne s'adressait pas, comme celui du Christ, à l'humanité tout entière, mais seulement à un petit nombre d'initiés, n'eut pas besoin de voiler à ceux qui avaient les hauts grades le véritable secret de la vie future. Dans l'Orphée de Ballanche, Thamyris l'initié voit s'étaler devant lui de merveilleux tableaux, ouvrage des plus habiles artistes. C'est un homme attaché à une roue qui tourne sans fin. C'est un autre coupable dévoré par la faim et par la soif, devant un ruisseau qui fuit éternellement ses lèvres éternellement desséchées, devant des fruits succulents qu'il ne peut atteindre. Ce sont cin-

---

blime doctrine) du philosophe chinois Ki-Tseu, met une longue vie au rang des cinq félicités et une vie courte au rang des six calamités ; car, à cette époque, le Yking plaçait en ce monde seul la rémunération des bonnes et des mauvaises actions.

Partout, à l'enfance des peuples, la doctrine de l'immortalité a dû être voilée à la masse (aux profanes), et connue seulement des sages (des initiés.)

quante femmes remplissant éternellement de leurs urnes une cuve éternellement vide.

Et l'Hiérophante d'ajouter :

« Tu le vois, Thamyris, ce sont les peintures des vaines
« passions de l'homme, de ses travaux sans relâche, de ses
« calculs trompés, de ses tourments toujours renaissants.
« Si la vie actuelle n'était pas le passage à une autre vie ;
« si elle était fixée et rendue immortelle, telle qu'elle est, le
« funeste tableau qui est devant tes yeux serait le tableau
« même de la destinée humaine. La Grèce néanmoins don-
« nera un nom à tous ces tableaux. Ce sera Ixion, ce sera
« Tantale, ce seront les cinquante filles de Danaüs. Nous
« te l'avons déjà dit, Thamyris, l'enfer c'est la terre. »

Ainsi, dans le langage symbolique si bien pénétré par Ballanche, le monde terrestre est l'enfer, c'est le séjour de l'expiation, et en même temps de l'épreuve [1].

L'initié savait donc que l'enfer est transitoire, et que celui qui a mérité, par ses fautes, l'habitation dans les mondes inférieurs, peut se relever par l'expiation et le repentir et obtenir progressivement des existences plus heureuses.

Le dogme des vies successives fut le plus grand secret des Mystères, transmis d'âge en âge à des initiés préparés à cette vérité par de longues épreuves.

Le dogme des vies successives forme tellement le fond des Mystères que leur constitution et leur hiérarchie repose sur cette base. Les différents grades de l'initiation sont le symbole des divers degrés de la vie future. Rappelons-nous que dans les Mystères anciens et modernes, le principe suivant est toujours proclamé. « Nul ne peut fran-

---

[1]. *Orphée*, livres VII et VIII, p. 393, 403 et 404.

chir violemment un grade sans l'épreuve et le mérite [1]. »
N'est-il pas défendu aussi à l'initié d'un grade de pénétrer,
avant d'y être promu, les secrets du grade supérieur ? Cette
dernière défense est la condamnation du suicide. L'homme
ne peut s'affranchir volontairement du degré terrestre de
l'initiation. Ballanche a bien connu la haute signification
des Mystères [2], car il fait dire à Thamyris, après son initiation : « Je compris la raison des épreuves de l'humanité,

1. C'est ce que j'ai exprimé dans le chant des initiés aux grands
Mystères, qui termine l'épilogue de Falkir.

> Falkir, nous déplorons ta chute,
> Tu voulus éviter la lutte,
> Brisant l'épreuve par la mort.
> On ne monte pas sans effort.
> Par une coupable escalade,
> On ne s'élève pas au grade
> Avant de l'avoir mérité.

2. Que la doctrine de la vie future ait été enseignée dans les Mystères, on n'en saurait douter. Cicéron s'exprime ainsi dans le second livre des *Lois :* « Par le secours des Mystères, les hommes apprennent non-seulement à vaincre et à vivre dans la paix, mais encore à mourir dans l'espérance d'un avenir meilleur. » Jamblique rapporte cette pensée comme comprise dans l'enseignement des Mystères : « Les âmes s'élèvent souvent à force de mérite dans les sphères supérieures ; alors franchissant les limites qui leur étaient prescrites, elles perdent leur existence infinie pour revêtir celle de la famille et de la nouvelle société à laquelle elles sont agrégées. » (*Des Mystères*, sect. II, cap. 2.)
Plutarque, dans une occasion où il ne pouvait mentir, où il devait parler avec son cœur pour consoler sa femme de la mort de leur fille commune, a écrit : « Le vulgaire (*profanum vulgus*) s'imagine qu'après la mort il ne reste plus rien de l'homme, qu'il n'y a pour lui ni biens ni maux ; tu sais bien le contraire, ô mon épouse chérie ; une tradition de famille (les ancêtres de Plutarque avaient tous été initiés, son père avait été hiérophante) nous a transmis de génération en génération une doctrine différente. D'ailleurs, initiés comme nous le sommes aux Mystères sacrés de Bacchus, nous savons les grandes vérités. Oui, l'âme est immortelle et un avenir lui est assuré. » (*Consol. ad uxorem.*)

épreuves dont les Mystères d'Isis offrent une image [1]. »
Ballanche ajoute dans un autre passage : « Les anciens disaient que les initiés seuls parvenaient à la vie heureuse de l'Élysée, et que les autres étaient plongés dans le Tartare ; dans le langage de l'initiation, cela voulait dire que le reste serait appelé à de nouvelles épreuves. Servius explique, et il y était autorisé, que l'enfer, la région inférieure, c'est notre monde [2]. »

Tout dans l'organisation hiérarchique des mystères se rapporte au dogme des vies successives, des épreuves progressivement imposées, de l'avancement par l'initiation, des divers grades conquis par le mérite et par la vertu ; les Mystères étaient la représentation symbolique des destinées humaines. Le néophyte, après avoir passé la porte défendue par les trois gardes, s'engageait à ne plus reculer. Si la fermeté lui manquait dans les épreuves qu'il devait subir, il passait le reste de sa vie dans les appartements attachés au temple, où il pouvait cependant par son zèle, monter encore au rang d'officier subalterne [3].

Le vestibule du temple représentait la vie terrestre, le séjour des mondes inférieurs, de l'enfer ; le sanctuaire où parvenait l'initié vainqueur des épreuves, était le symbole de la vie heureuse dans les grands cieux, dans les mondes supérieurs ; de là ce principe : On ne peut s'élever que par le mérite et la vertu ; la récompense n'appartient qu'à celui qui a traversé les épreuves. D'un autre côté, les degrés de l'initiation variant suivant l'avancement et le progrès de l'initié, on en déduisait cet autre principe : La récompense est proportionnelle au mérite.

---

1. *Orphée*, p. 437. — 2. *Palingénésie sociale*, p. 105.
3. Reghellini de Schio, *La maçonnerie considérée comme le résultat des religions égyptienne, juive et chrétienne*, t. Ier, p. 11.

Le néophyte ne trouve aux portes de l'initiation que craintes, marches pénibles et obstacles qui l'environnent[1]. Mais ces travaux passés, une lumière céleste frappe ses yeux; il découvre autour de lui un spectacle enchanteur, une campagne riante, des chœurs accompagnés d'une musique mélodieuse flattent agréablement ses oreilles, des visions saintes lui apparaissent, il est initié, il est revêtu du caractère d'élu par son admission, il n'est plus l'esclave des craintes, il est couronné, triomphant, il est admis à la science sublime des doctrines sacrées.

On ne pourrait donc sérieusement contester que l'ensemble de la doctrine des mystères ne s'appliquât à la vie future, sous la forme du progrès des existences successives.

Remarquons que le séjour de l'enfer, figuré par le vestibule du temple, n'était toujours que transitoire, que le néophyte pouvait constamment le franchir, en subissant tôt ou tard les épreuves, et que même en demeurant dans le monde inférieur, il avait encore la faculté de s'élever au rang d'officier subalterne. Cette loi symbolisait parfaitement l'état perpétuellement relatif et temporel du péché, qui ne peut jamais revêtir un caractère absolu. Les nobles jouissances réservées à l'initié étaient aussi la vive et exacte image du séjour des mondes supérieurs; de tous les sens terrestres, l'ouïe et la vue étaient les seuls qui fussent satisfaits et agrandis, et la plus grande promesse s'adressait à l'intelligence, qui était appelée à connaître la science sublime des doctrines sacrées, c'est-à-dire, dans le langage de l'initiation, la science des choses et de Dieu leur principe. Il en sera effectivement ainsi : la vision doit

---

1. *La maçonnerie considérée comme le résultat*, etc., t. 1er, p. 16.

obtenir plus tard des développements inconcevables à l'imagination; l'ouïe sera appelée aussi à des perfectionnements immenses; la luxure, la gourmandise, disparaîtront dans les mondes heureux; enfin les corps spirituels dont parle saint Paul et dont nous serons revêtus, seront affranchis des appétits les plus grossiers. Quand Mahomet promit aux élus de son paradis les plaisirs de la bonne chère et de l'amour sensuel, il transporta dans le ciel les fausses joies de l'enfer, il se condamna sans retour par cet insigne mensonge que repoussaient les traditions universelles de l'humanité. Aussi malgré la grande et sublime idée de l'unité divine, le mahométisme n'est plus qu'un corps glacé d'où la vie se retire chaque jour et que l'oubli va dévorer.

Toutefois il manque quelque chose à la description élyséenne des Mystères, et ce quelque chose c'est beaucoup; en un mot, c'est la charité. Je vois bien dans cette description que les nobles sens sont seuls satisfaits, que l'intelligence aura les plus précieux développements; mais nulle part je n'y vois la tendance générale à l'unité, l'attraction divine qui entraîne tous les êtres, la société universelle des créatures, l'amour infini qui monte d'elles à Dieu et redescend de Dieu sur elles pour les embrasser toutes dans une indivisible solidarité. Le Christ n'était pas encore venu; Dieu ne s'était pas révélé sous la forme de l'amour; la charité péchait par défaut d'extension et ne se pratiquait qu'entre initiés; l'esclave, l'étranger n'étaient pas admis à l'initiation; les préjugés de race pénétraient jusqu'au sein des sanctuaires.

Quoi qu'il en soit, le dogme des vies successives n'avait pas revêtu le caractère de grandeur que les idées modernes nous permettent de lui donner; toutes les notions de progrès humanitaire, de l'ordre et de la hiérarchie des mondes, de l'unité des êtres par la charité, n'étaient pas encore arrivées à leur éclosion; le dogme des vies successives avait déjà sa base dans l'hypothèse de la préexistence; on voit partout cette hypothèse dominer les croyances antiques et passer dans la doctrine exotérique du péché originel ; seulement cette doctrine privée de l'anneau qui la liait au passé des traditions, à l'harmonie et à la hiérarchie des mondes, à l'état subalterne de notre globe, séjour de l'expiation non moins que de l'épreuve, cette doctrine isolée n'a plus été qu'une conception monstrueuse et impossible à admettre pour tout esprit qui avait perdu le sens des anciens mythes. La préexistence était enseignée aux initiés [1]. Je dirai par la suite ce que je pense de ce dogme si vénérable par son antiquité et par la lumière qu'il jette dans l'explication des destinées terrestres. Je ferai comprendre suffisamment que sans lui tout est désordre ici-bas; que par lui seul la terre se trouve reliée à l'ensemble, que le défaut de la partie n'est plus qu'une apparence transitoire servant à la beauté et à l'unité du tout ; qu'ainsi notre planète est placée dans des conditions physiques, correspondant au rang qu'elle occupe dans la création et à l'état moral de ses habitants ; que la question du mal n'en est pas une, puisque les défectuosités de notre séjour et de notre nature ont leur raison et leur nécessité dans le plan général de l'univers.

Jamblique a écrit un passage remarquable : « La justice

---

[1]. Dans son *Traité des Mystères égyptiens*, Jamblique a écrit : « Avant d'être exilée dans un corps, l'âme avait entendu l'harmonie des cieux; si des accents analogues à ces divins concerts qu'elle se rappelle toujours, viennent la frapper, elle tressaille, elle en est ravie et transportée. » (Sect. III, ch. 9.)

« de Dieu, dit-il, n'est point la justice des hommes. L'homme
« définit la justice sur des rapports tirés de sa vie actuelle
« et de son état présent ; Dieu la définit relativement à nos
« existences successives et à l'universalité de nos vies.
« Ainsi les peines qui nous affligent sont souvent les châ-
« timents d'un péché dont l'âme s'était rendue coupable
« dans une vie antérieure. Quelquefois Dieu nous en cache
« la raison, mais nous ne devons pas moins l'attribuer à sa
« justice [1]. » Il est impossible de renfermer en moins de
mots de plus magnifiques aperçus sur le problème de la vie
humaine ; malheureusement de telles pensées sont rares
dans les œuvres de Jamblique. C'est un éclair de vérité qui
sillonne les profondes ténèbres d'erreurs manifestes et
condamnées. Jamblique avait été initié aux Mystères, il
s'était inspiré aux sources de la sagesse et de la tradition
antiques, mais il n'a pas su discerner toujours l'or pur de
l'alliage auquel il était mélangé. Toutefois, et pour notre
sujet, la citation précédente a une immense importance ;
développons successivement toutes les conséquences qui
en découlent.

La justice humaine se définit sur des rapports tirés de la
vie actuelle et de notre état présent. Cette justice se trouve
offensée bien des fois par le cours des destinées terrestres ;
celui-là voit tout succéder au gré de ses désirs, cet autre
est en proie à toutes les douleurs et à tous les chagrins ;
l'un obtient par sa naissance, richesse, position sociale,
honneur et bien-être ; l'autre n'a hérité de ses parents que
larmes et pauvreté. Au premier tout sourit, tout s'empresse,
sa venue au monde est un jour de fête ; à lui les douces
caresses, l'amour et la protection d'une orgueilleuse pater-

---

[1]. *Traité des Mystères égyptiens*, sect. VI, ch. 4. Édit. citée.

nité ; la naissance du second, au contraire, est un surcroît de famille, c'est presque un malheur.

Et tout cela pourquoi? D'où vient la différence? Pourquoi aux uns tout le miel et aux autres toute l'amertume de la vie?

La justice humaine ne peut donner d'explications satisfaisantes.

Qui donc résoudra le problème?

La justice de Dieu !... et comment ?

C'est que cette justice est définie relativement à nos existences successives et à l'universalité de nos vies.

Et comme si la pensée n'était pas assez claire, Jamblique ajoute que les souffrances de cette vie sont la peine d'un péché commis dans une existence antérieure, il termine enfin par une admirable conclusion :

Quoique nous n'apercevions pas la raison de notre état présent, nous ne devons pas moins l'attribuer à la justice de Dieu.

Je n'hésite pas ici à proclamer dans toute la sincérité de mon cœur, que l'enseignement moral qui découle de cette maxime me paraît infiniment plus grand que la doctrine ordinaire du christianisme.

Que disent les prédicateurs chrétiens ?

Les maux de la terre, la misère, les chagrins, le deuil, les douleurs, sont des épreuves que Dieu nous envoie; bienheureux ceux qui souffrent en ce monde, car ils seront consolés dans l'autre.

La vérité est là aussi très-certainement, mais il y a dans cet enseignement un côté par lequel son efficacité n'est pas assurée et se trouve surtout contestée de nos jours.

Admettons que les maux de la vie soient des épreuves; mais pourquoi aux uns une route si aisée, si riante, si unie? Pourquoi aux autres tant d'obstacles, tant d'épines? Pourquoi une si énorme différence dans les lots du bonheur?

L'étroitesse actuelle de la théologie chrétienne tient à ce qu'elle n'a embrassé qu'un des côtés de l'existence terrestre, celui de l'épreuve, et a omis un autre côté non moins réel, celui de l'expiation. Le christianisme a parfaitement raison de dire :

Bienheureux ceux qui souffrent, car les épreuves subies sont un acheminement à un sort plus heureux, mais il devrait dire encore, et il dira plus tard : Ne vous plaignez pas de souffrir, Dieu est juste, rien n'est laissé au hasard et à la fatalité. Ainsi, quoi qu'il arrive sur cette terre, quoique nous n'apercevions pas la raison des choses, nous ne devons pas moins l'attribuer à la justice divine. Est-ce que cette idée n'est pas la plus morale, la plus consolante et la plus vraie?

Le christianisme n'a pas empêché les folles utopies qui se sont produites de nos jours; il est impuissant pour contenir les plaintes et les tentatives du prolétariat moderne. On a perdu de vue l'enchaînement et le but des destinées humaines; on a voulu isoler l'homme de l'ensemble des créations, ne pas voir dans son état présent la conséquence d'un passé indubitable malgré son obscurité, et il en résulte que l'homme s'est fait centre, qu'il a oublié à la fois son origine, sa mission et sa fin, qu'il a expliqué le monde terrestre et ses relations par une fatalité inexorable, que perdant du même coup et le souvenir de la route qu'il a parcourue, et le pressentiment du but qu'il doit atteindre, il s'est pris à maudire quand il devait se résigner et attendre, à blasphémer ses épreuves quand il devait les subir et les surmonter; ce qui était pour lui un châtiment mérité ou une phase nécessaire à son bonheur, il l'a regardé comme une ironie du destin. D'un monde ainsi constitué l'idée de Dieu devait vite s'effacer. On est bien près de le nier lorsqu'on n'aperçoit nulle part le doigt de sa providence. Comme on n'avait pas à lutter contre sa volonté souveraine, mais seulement contre l'aveugle déité du hasard, les penseurs ont rêvé le paradis sur terre; les malheurs de notre séjour et de notre société sont par eux attribués à une organisation vicieuse, et quand les réformes seront opérées, le mal disparaîtra avec sa cause; les inégalités sociales seront abolies; la fraternité régnera sans partage parmi les hommes. A ces beaux songes il ne manque que deux conditions : que les habitants de la terre soient des anges, et que la terre elle-même soit un séjour de délices; ce qui ne peut arriver que dans l'avenir et par une distribution d'âmes supérieures. Que l'humanité s'améliore progressivement, que notre globe s'élève peu à peu dans l'échelle des mondes, que le sort des classes déshéritées soit singulièrement amélioré, je le crois, je l'espère; mais quand l'humanité sera arrivée à son terme de perfection, elle sera transfigurée, elle participera à l'unité bienheureuse des sociétés célestes; les conditions de vie, de progrès, d'avancement hiérarchique seront changées; telle qu'elle est aujourd'hui, elle est peu de chose, et sa mission précisément est de devenir quelque chose. J'ai écrit ailleurs sur ses progrès passés et sur ses progrès futurs; il est inutile de me répéter. Quoi qu'il en soit et pour le présent, j'aime mieux la sublime pensée de Jamblique que tout ce qui a été dit à ce sujet; elle est la seule et véritable base de la morale humaine. Accepter avec résignation la place qui nous est assignée à chacun, remplir notre tâche dans les limites de notre pouvoir et de nos facultés, sera toujours le plus haut secret de la sagesse, le plus sûr moyen de servir l'humanité à laquelle nous sommes liés pendant notre courte station ici-bas. Il est probable que ces stations sont en rapport dans leur durée et leurs modes avec les exigences de chacune des sociétés diverses dont nous pouvons devenir membres tour à tour, et que de la sorte, l'ordre, la condition des épreuves, leur aggravation comme leur allégement, s'enchaînent avec l'ensemble et le développement de nos existences, avec les proportions de nos mérites et de nos fautes, comme avec la grandeur des destinées auxquelles Dieu nous convie.

Concluons de toutes ces citations et de tous ces rapprochements :

1° Que l'immortalité de l'âme a été enseignée dans les anciens Mystères ;

2° Que la doctrine de la préexistence et des vies successives a été la forme de cet enseignement.

Sans doute les Mystères ont été, comme toute chose ici-bas, mêlés de mal et d'impureté, mais il faut bien se garder d'imiter, dans leur appréciation, l'aveuglement de M. de Mirville, qui ne veut y voir, lui, que l'élément mauvais, qu'il attribue, selon sa préoccupation habituelle, à Satan et aux démons. Nous aimons bien mieux le jugement qu'en porte le sage de Chéronée, le bon vieux Plutarque, quand il dit que « le plus souvent *d'excellents esprits intervenaient* dans « les Mystères, quoique parfois des *pervers* cherchassent à « s'y introduire, » la vérité est là. Nous verrons plus tard que Satan et ses satellites considérés comme esprits du mal, éternellement immobiles, proviennent d'une conception délirante et fausse, que sans doute il y a des esprits mauvais, mais progressant à leur tour vers le bien, et nous déclarons hautement préférer la démonologie de Plutarque à celle de M. de Mirville et de quelques chrétiens exagérés qui l'accueillent. Dans ce chapitre, nous n'avons parlé que du bon côté des Mystères; nous le terminons par les observations pleines de vérité et d'à-propos de M. Adolphe Bertet, dans son livre l'*Apocalypse du bienheureux Jean.*

Tous les cultes, différents de nom, ont été d'accord sur l'unité du vrai Dieu, et même sur la trilogie ou la nécessité du ternaire dans l'énumération des attributs essentiels de la Divinité, ainsi que tous les savants ont fini par le reconnaître dans l'étude approfondie des diverses initiations secrètes.

Peu importe que ce Dieu unique soit appelé *Brahma* au neutre, ou *Parabavastou*, et que son ternaire se décompose en *Brahma*, au masculin, *Vasou* ou *Vichnou*, et *Routren* ou *Siva*, qui signifient création, conservation et destruction; peu importe que, comme dans le culte hébreu, on l'appelle avec Moïse *Jévé;* peu importe que les Perses, suivant le culte de Zoroastre, l'aient appelé *Ormuzd*, en divisant le ternaire divin en action, en parole et en pensée, en nommant les sept archanges ou les Éloïm de Moïse, les sept amschaspands; peu importe que chez les Grecs, on l'ait nommé l'*Inconnu;* peu importe que nos pères, les Gaulois ou Gaëls, l'aient appelé, avec les Druides, leurs prêtres, *Hésus* ou *Crom*, en divisant le ternaire en *Bélon, Bel-Héol*, aux rayons de flamme, dieu du soleil, en *Koridven* ou la déesse de la lune, et en *Gwion*, père du grand Taliésin ou du grand initiateur de la science; peu importe, enfin, que ce ternaire psychologique de puissance, d'intelligence et d'amour [1] soit appelé

---

1. Voyez, sur la Trinité, Chateaubriand dans ses *Études historiques*, vol. II; Bossuet, dans ses *Élévations à Dieu*, sur les *Mystères de la reli-*

Père, Fils et Saint-Esprit : partout le fond est le même, et se résume en un seul Dieu.

Quel ne serait pas l'ébahissement de l'humanité entière, si, le jour se faisant tout à coup et perçant le voile de l'ésotérisme religieux, on finissait par reconnaître qu'il n'y a jamais eu divergence d'opinions sur les points essentiels de *l'unité de Dieu, de l'immortalité de l'âme, de la récompense des justes et de la punition des méchants;* que les hérésies n'ont été que des indiscrétions ou des modifications sans importance sur des accessoires indifférents en eux-mêmes ; que les querelles théologiques n'ont été que des disputes sur des mots incompris; que les guerres de religion n'ont eu d'autre mobile que l'orgueil voulant imposer son sens personnel à ces mots, et d'autre but que la domination d'une secte sur l'autre; que les persécutions et les auto-dafé n'ont été que les funestes effets humains de la jalousie des classes sacerdotales [1] ?

Avec quel sentiment de mépris ne regarderait-on pas ces hommes orgueilleux, ces enfants des ténèbres qui, au nom d'un Dieu de vérité, d'intelligence et d'amour, n'ont pas craint de verser le sang de leurs frères pour faire triompher leurs opinions personnelles sur celles de leurs adversaires, au lieu de s'arrêter à ce que Jésus proclamait lui-même, résumer toute la loi et les prophètes, aimer Dieu par-dessus tout, et son prochain comme soi-même [2].

C'est en ramenant toute la religion à cette simplicité

---

gion chrétienne; Henri Martin, dans son *Histoire de France*, vol. I, p. 55.

1. Luc, ch. VI, v. 37 et suiv.
2. Matthieu, ch. XXII, v. 37, 38, 39. — Jean, ch. XIII, v. 34.

naïve de Jésus [1], que l'on parviendra à résoudre facilement ce problème si débattu de l'accord de la foi et de la raison, et que l'on fera prévaloir sur la terre ce règne si peu compris de Dieu, qui est le règne de la vérité ou de l'absolue raison, de la justice et de la fraternité universelle.

[1]. « Apprenez de moi, parce que je suis doux et humble de cœur. » (Matthieu, ch. XI, v. 29.)

CHAPITRE IV

DRUIDISME

Témoignages. — Cosmologie. — Théologie.

Nous avons retrouvé le dogme d'un Dieu unique et celui des vies successives jusque dans les temples de l'Égypte ; c'est ainsi que nous retrouvons chez les Gètes le même dogme, qui se retrouve aussi chez les Gaulois, nos ancêtres.

Que les Druides crussent à l'unité de Dieu, cela ne paraît pas douteux quand on y réfléchit un peu ; Origène en fournit un témoignage irrécusable : il regarde la doctrine des Druides comme offrant une certaine parenté avec la doctrine des Juifs[1]. Or, quel est le dogme par lequel les Juifs se distinguent surtout des autres peuples, qui fait le fond de leur théorie, n'est-ce pas celui de l'unité de Dieu ? Les Druides n'adoraient-ils pas Ésus, en grec, Αἰσός, celui qui est toujours[2] ? Que maintenant les Druides aient enseigné

---

1. *Adv. Celsum*, t. l.
2. Ceux qui voudront se renseigner plus complétement sur le druidisme n'ont qu'à lire l'excellent article publié par Jean Reynaud dans son *Encyclopédie nouvelle*. Ils y verront des détails précieux sur la ressemblance de l'amome des mages avec le gui des druides, sur l'identité des deux rites, sur le culte des chênes de Mambré institué par Abraham, et sur la conformité des pierres druidiques avec certains monuments des Juifs. Nous n'avons pas dû entrer dans tous ces détails qui nous auraient mené trop loin.

le dogme des vies successives, c'est un point encore moins douteux, et à l'abri de toute contestation sérieuse. Ici les témoignages abondent et nous aurons à choisir, car des citations entières dépasseraient les limites de ce chapitre. Nous aurons soin cependant d'indiquer exactement les sources où l'on pourra se renseigner. Quoiqu'il faille se défier des Romains qui n'ont vu dans la religion des Gaulois que son côté mythologique, et surtout de César, qui dans le discours que lui prête Salluste, croit au néant après la mort, il dit des Druides : « Imprimis hoc volunt « persuadere, non interire animas, sed ab aliis post mor- « tem transire ad alios [1]. » « Une croyance qu'ils cherchent surtout à établir, c'est que les âmes ne périssent point et qu'après la mort elles passent d'un corps dans un autre. » Pomponius Méla est encore plus expressif : « Unum « ex his quæ præcipiunt in vulgus effluxit, æternas esse « animas, vitamque alteram ad manes; itaque cum mortuis « cremant apta viventibus. Olim negotiorum ratio etiam et « exactio crediti deferebatur ad inferos. » « Il est un de leurs dogmes qu'ils ont laissé transpirer au dehors, c'est que les âmes sont éternelles (remarquez cette expression; Pomponius Méla ne dit pas seulement immortelles), et qu'il y a une autre vie chez les Mânes. De là l'usage où sont ces peuples de brûler et d'enterrer avec les morts ce que ceux-ci ont affectionné pendant leur vie [2]. De là vient

---

1. *Guerre des Gaules*, liv. VI, ch. xiv. Voyez aussi le chapitre xix *ad finem*. — Voir aussi César, ouvr. cité, ch. xix.

2. Pomponius Méla, liv. III, ch. ii; voir aussi sur ce dernier point Valère Maxime, lib. II, ch. vi. — Voici le texte de Valère-Maxime : « Vetus ille mos occurrit Gallorum, pecunias, quæ his apud inferos redderentur, dare solitos quia persuasum habuerunt, animas hominum immortales esse. » Et Valère-Maxime ajoute ce trait : « Dicerem

encore que jadis ils ajournaient à leur arrivée dans l'autre monde la régularisation de leurs affaires et le payement de leurs dettes. »

Ammien-Marcellin dit aussi que les Druides enseignaient l'immortalité de l'âme : « Pronuntiarunt animas immortales[1]. » Diodore de Sicile nous a conservé une coutume précieuse des Gaulois[2] : « Ils font prévaloir, dit-il, l'opinion
« de Pythagore qui veut que les âmes soient immortelles et
« qu'elles aillent animer d'autres corps. C'est pourquoi, lors-
« qu'ils brûlent leurs morts, ils jettent dans le bûcher des let-
« tres qu'ils adressent à leurs parents ou à leurs amis défunts,
« comme si ceux-ci devaient les recevoir et les lire. » Lorsque quelqu'un d'entre eux était malade, c'était un avertissement à se tenir prêt à un prochain départ; mais s'il avait quelques affaires à terminer ou que les besoins de sa famille l'enchaînassent à la vie, il se cherchait un remplaçant parmi

stultos, nisi idem braccati sensissent, quod palliatus Pythagoras credidit... « Je les appellerais insensés, si l'opinion de ces porteurs de
« braie ne se retrouvait sous le manteau de Pythagore. » Ainsi, que les druides enseignassent seuls cette doctrine, ce serait folie ; mais puisqu'ils se rencontraient avec un philosophe connu de la Grèce, leur folie se changeait en raison. Peut-on voir une preuve plus formelle de la prévention qui accueillait les opinions des étrangers qu'ils qualifiaient de barbares? Valère-Maxime nous révèle un usage significatif des Gaulois. Après avoir dit qu'il n'y avait point de lamentations aux funérailles, il ajoute : « On garde dans un dépôt de Marseille un poison mêlé de ciguë, que l'on donne à quiconque fait agréer par les six cents les raisons qu'il a de mourir. A cet examen préside une virile humanité qui ne permet pas de sortir légèrement de la vie, mais qui, si le motif de la quitter est juste, en fournit un moyen aussi prompt que légitime. » Il n'y a pas de peuple chez qui le mépris de la mort ait été poussé aussi loin que chez les Gaulois. (Valère-Maxime. liv. II, ch. VI, p. 5-7.)

1. Lib. XV, cap. IX. — 2. Liv. V, ch. XX.

ses proches ou parmi les étrangers. C'est Posidonius qui nous a révélé ce trait singulièrement expressif [1]. César dit aussi : « Ils pensent que la Divinité ne peut être satisfaite « que si en remplacement de la vie d'un homme on livre la « vie d'un autre homme. »

L'univers, selon les Druides, se divisait en trois cercles. Le premier cercle, *cycl y ceugant*, cercle de l'immensité, n'appartenait qu'à Dieu. C'était l'absolu, l'infini. Le deuxième cercle, *cycl y gwynsid*, cercle du bonheur, comprenait les êtres parvenus, d'épreuves en épreuves, dans la société des élus, c'était le Paradis. Le troisième cercle, *cycl ir abred*, cercle des voyages, enveloppait tout le reste. Le but était pour l'homme de quitter le cercle des voyages pour celui du bonheur. Arrivé dans ce dernier, il ne pouvait plus déchoir. Tant que l'on parcourait le cercle des voyages on pouvait tomber par sa faute d'un monde supérieur à un monde inférieur. À ce compte, la terre faisant partie du cercle des voyages, recevait, ou des êtres qui montaient en grade, parvenus d'un monde inférieur, ou des êtres déchus d'un monde supérieur. De même, j'ai écrit ailleurs : « Si « l'hypothèse de la préexistence est fondée, les âmes qui « arrivent sur cette terre y viennent par un mouvement as- « cendant, par le progrès qu'elles ont réalisé dans un « monde inférieur, ou par un mouvement descendant, si « au lieu d'être en progrès, elles sont tombées en déchéance « et sortent d'un monde supérieur[2]. » On ne voit point qu'il

---

1. C'est Athénée qui nous a conservé ce passage de Posidonius. Voici la traduction mot à mot : « Il y en a qui, moyennant une somme d'or ou d'argent, ou bien moyennant un certain nombre de barils de vin, se renversent couchés sur leurs boucliers, et quelqu'un arrivant leur coupe la gorge d'un coup d'épée. » (Athénée, *Deipnosophistarum*, liv. IV, t. I, p. 154. Édition de Lyon, par Casaubon et Daléchamp.)

2. *Dieu, l'homme, l'humanité et ses progrès*, liv. IV, ch. XII.

y eût d'enfer chez les Druides. C'est ce que nous apprend Lucain dans cette apostrophe aux prêtres gaulois :

> . . . . Vobis auctoribus umbræ
> Non tacitas Erebi sedes, ditisque profundi
> Pallida regna petunt.
>
> (Chant I.)

Si l'âme avait fait le mal, elle retombait simplement à une condition inférieure d'existence plus ou moins basse, plus ou moins empêchée, plus ou moins douloureuse, suivant le degré de ses fautes. Il y a, en effet, assez de supplices à imaginer dans le cercle de la vie humaine et de la vie des autres mondes, pour dispenser d'un lieu à part de punitions.

De ce que la terre était comprise dans le cercle des voyages, il s'ensuivait qu'elle était un monde inférieur, destiné à l'expiation et aux épreuves.

Il y avait donc quelque chose de pareil chez les Druides au dogme du péché originel; la vie de la terre y était considérée comme un passage à de plus hautes destinées, et remarquons que cette donnée était en apparence plus acceptable, moins choquante au premier abord, que l'enseignement chrétien. Dans le christianisme, nous sommes tous solidaires de la faute d'Adam ; mais son péché ne nous est pas personnel; nous sommes punis en quelque sorte pour un fait étranger. Dans le druidisme, au contraire, nul n'était soumis aux épreuves terrestres sans l'avoir mérité, sans que cela fût une condition de notre avancement, et ne se liât au plan général de la création.

Il n'y avait pas lieu dans cette théologie de se poser la question du mal physique et du mal moral. Le mal avait un caractère négatif et transitoire; il ne s'appliquait qu'au cercle des voyages. La terre s'y trouvant comprise, le mal y était jusqu'à un certain point nécessaire, comme exercice à la liberté, et aussi comme expiation. On expliquait très-bien de la sorte pourquoi, au milieu des plantes salutaires, il s'en trouvait aussi des vénéneuses; pourquoi, au milieu d'animaux utiles à l'homme et qui avaient accepté sa domination, il y en avait aussi d'hostiles, la bête féroce qui nous dévore, le serpent qui nous tue de son venin. Il est évident, par exemple, que les bêtes féroces, les serpents, les poisons ne pourraient se rencontrer dans un monde heureux, dans le cercle du bonheur, et que la seule existence de ces êtres prouve l'infériorité de notre séjour. Dans le système théogonique des Druides, l'explication était simple : les corps bruts, les plantes, les animaux avaient un côté funeste, parce que la terre était placée dans la catégorie des mondes inférieurs, parce qu'elle faisait partie du cercle des voyages, parce que la société humaine avait aussi son côté funeste. Ainsi, dans toutes les théologies qui n'ont pas eu le dogme du péché originel, il y avait force, ou d'attribuer le mal à Dieu, ou d'admettre un mauvais principe créateur de toutes ces choses, et de faire Dieu impuissant à réprimer le mal. Les Druides avaient tout l'avantage du dogme chrétien, sans les inconvénients qu'il présente à la raison.

Leur théologie présentait encore un côté moral très-grand et très-heureux ; c'est que chacun était à sa place dans ce monde, assujetti aux épreuves qu'il avait méritées. Ainsi, agriculteur, guerrier, prêtre, chef ou roi, mendiant, barde, commerçant, tous occupaient le poste dont ils étaient dignes. Murmurer contre la Providence, c'était s'attaquer au plan général de l'univers, à l'ordre même des épreuves, et on ne pouvait le faire sans impiété. Sans doute la liberté humaine avait bien toujours prise dans ce monde, mais ce n'était pas sans quelque dessein de Dieu que les événements arrivaient : il y avait à la fois dans les choses de cette terre la part de Dieu et la part de l'homme.

Le dogme de la préexistence était enseigné chez les Druides. Nous avons vu ailleurs qu'il est un corollaire à peu près indispensable du dogme des vies successives, puisque nous l'avons trouvé dans les anciens mystères; mais le dogme, s'appliquant au passé, a été négligé par les Romains qui n'ont pas remarqué sa présence chez nos ancêtres. Ici les témoignages sont courts. — Pomponius Méla, dans le passage que nous avons cité, rapporte des Druides qu'ils pensaient que l'âme était éternelle. Il ne dit pas immortelle comme Ammien-Marcellin, César et Diodore. Il dit éternelle; c'est-à-dire tout au moins d'une durée indéfinie dans le passé comme dans l'avenir. Citons aussi Strabon : « Ils enseignent, dit-il, que l'âme est exempte de mort. » Lucain, qui avait pénétré au vif des doctrines gauloises, s'écrie :

> Regit idem spiritus artus
> Orbe alio : longæ (canitis si cognita) vitæ
> Mors media est.
>
> (Chant I.)

Le même souffle régit les organes dans un autre monde, et la mort (si vos chants nous sont bien connus) n'est que le milieu d'une longue vie.

César nous dit que, selon la croyance des Druides, les âmes, après la mort, passaient dans d'autres corps : *ab aliis transire ad alios*, d'où il est permis de conclure que les naissants étaient des âmes qui avaient déjà vécu. Enfin

Ammien-Marcellin [1], Valère-Maxime et Diodore, en rattachant la doctrine des Druides à celle de Pythagore, nous font assez entendre que ceux-ci enseignaient le dogme de la préexistence. Il y a mieux que tous ces témoignages un peu trop laconiques, c'est que l'absence de ce dernier dogme aurait dérangé toute l'économie du système des Druides, tandis qu'avec lui l'ensemble est parfait. Dans cette existence indéfinie de mondes divers, pourquoi la terre eût-elle fait exception? Pourquoi eût-elle toujours servi de point de départ? Est-ce que la dissemblance des facultés et des penchants moraux n'était pas assez grande entre les individus pour faire penser que les âmes qui venaient sur la terre avaient dû passer par de longues vies antérieures? Enfin la terre était-elle si déshéritée de splendeurs pour qu'on la reléguât au dernier rang dans l'échelle des mondes?

On pouvait bien faire au système des Druides l'éternelle objection que l'on adresse au dogme de la préexistence. « Pourquoi l'homme est-il privé de souvenirs? Celui-là n'est pas puni qui ne sait pas de quoi il est puni. » Mais les Druides pouvaient répondre avec avantage : « La terre n'est pas seulement un séjour d'expiation, mais un séjour d'épreuves; et que savons-nous si le Léthé n'est pas une des conditions de l'épreuve? La terre est, du reste, un monde malheureux; la matière y tient l'esprit renfermé dans une étroite prison et oppose un obstacle insurmontable au souvenir. Ce n'est que quand nos organes se seront

---

1. Voici le texte d'Ammien-Marcellin : « Inter hos druidæ ingeniis celsiores, ut auctoritas Pythagoræ decrevit, sodalitiis adstricti consortiis, quæstionibus occultarum rerum altarumque erecti sunt, et despectantes humana pronuntiarunt animos immortales. » (Lib. XV, cap. 9.) Voyez plus haut le texte de Valère-Maxime et celui de Diodore.

épurés que nous pourrons avoir la mémoire de nos diverses transformations. Par le dogme de la préexistence tout se lie dans l'univers, tout se comprend ; sans lui, vous êtes réduit à dire que Dieu est injuste ou impuissant ; injuste, s'il nous soumet à des peines pour une faute étrangère ; impuissant, s'il ne peut pas réprimer le mal. Entre ces alternatives, peut-on hésiter? Le doute n'est-il pas déraisonnable? De ce que nous ignorons la raison qui nous fait être privés du souvenir, est-ce un motif suffisant pour rejeter une explication qui rend si bien compte de nos destinées; qui impose silence aux murmures, qui éclaire d'un jour si nouveau les mystères de la création et le plan général de l'univers? Il est permis même de conjecturer que les Druides plaçaient dans les astres nos existences successives. De là vient qu'ils regardaient l'astronomie comme une de nos premières connaissances ; ils comprenaient que l'histoire des astres se lie essentiellement à l'histoire de la vie. Nous pouvons nous appuyer à ce sujet sur l'autorité de César : « *Multa præterea de sideribus, de mundi ac terrarum magnitudine, de rerum naturâ disputant.* »

On voit par ce passage qu'ils discutaient sur les astres, sur la grandeur comparée de la terre et de l'univers ; et puisqu'ils ne plaçaient la terre que dans le cercle des voyages, puisqu'ils la considéraient comme une station inférieure, ils en avaient une juste idée, ils ne lui donnaient pas un trop haut rang dans la hiérarchie des mondes.

La croyance si vive de nos pères en l'immortalité éclate jusque sur leurs monuments funéraires. Au lieu de l'urne païenne noyée dans les pleurs, on trouve des sculptures gauloises qui représentent le personnage mortuaire les yeux vers le ciel, d'une main tenant le cippe, et de l'autre, à demi ouverte, montrant l'espace ; et au lieu de ces stériles inscriptions du paganisme qui n'imploraient jamais que les souvenirs et les larmes, on en voit chez nos pères qui savent, à côté du regret, recommander l'espérance. On connaît celle-ci, découverte sur les bords du Rhône :

Si absit cinis hâc in urnâ, tunc spiritum cerne in cujus salutem nihil temere dictum est.

« Si la cendre manque dans cette urne, alors regarde l'esprit sur le salut duquel rien n'a été dit témérairement. »

Qu'il y a de grandeur dans cette épitaphe! Quel parfait affranchissement de tout lien matériel! Et qu'elle avait de puissance la religion capable d'inspirer de si beaux sentiments! (*Encyclopédie nouvelle*, v. Druidisme, p. 412.)

Soyons donc fiers de nos pères; leur théologie a été trop oubliée ou trop méconnue; et si elle a disparu momentanément devant la théologie chrétienne, ne nous rappelons pas sans orgueil ses ineffables grandeurs. Songeons qu'elle a conservé au milieu de l'idolâtrie païenne, pure et intacte, la doctrine de l'unité de Dieu et de l'immortalité de l'âme, qu'elle a facilité ainsi l'avénement du christianisme dans les Gaules, qui ont fourni à l'Église d'illustres et de glorieux martyrs.

Notre siècle a pour mission de développer et de faire revivre cette antique doctrine.

CHAPITRE V

DE LA MÉTEMPSYCOSE ANIMALE

Pythagore. — Moïse et le Christ. — Le Christianisme. — Réfutation. Origène. — Les Druides.

C'est à la fin de ce livre qui concerne l'antiquité profane, qu'il convient de faire justice une fois pour toutes de cette erreur; elle a été l'enfance de la conception véritable et n'a guère été reproduite plus tard en ce qui touche surtout l'avenir; car il y a un abîme entre les penseurs qui ont incliné à croire que dans le passé les âmes humaines avaient pu traverser la vie végétale et la vie animale, et ceux qui voudraient nous faire redescendre jusqu'aux brutes dans les existences futures, après que nous avons été élevés dans nos vies à la dignité d'hommes. Nous parlerons de cette grossière erreur, sous le bénéfice des observations du chapitre III de ce livre, et nous nous attacherons à combattre la croyance vulgaire des anciens, tout en maintenant ce que nous avons dit précédemment de la doctrine ésotérique qui lui était contraire.

Pythagore, si célèbre par ses voyages, qui avaient pour but de recueillir les traditions et les institutions des autres peuples, rapporta ce dogme de l'Égypte dans la Grèce; il enseignait aussi le passage de l'âme des méchants dans les corps de vils animaux. Quant aux âmes des bons, qui s'étaient élevés peu à peu de la vertu à la sagesse, elles finissaient par se diviniser. L'objet de la morale pythagoricienne consistait à favoriser l'élévation la plus prompte à ce dernier terme du bonheur. Empédocle adopta aussi le système de la métempsycose avec la même erreur. Il se rappelait ses métamorphoses, dans deux vers cités par Clément d'Alexandrin : « Et moi aussi j'ai été jeune garçon, jeune fille ; arbre, oiseau, poisson muet au fond des mers. » Platon, lui-même, le divin Platon, ne sut pas se garder entièrement de cette grossière erreur, toujours attachée chez les anciens au dogme de la métempsycose. Il admet également le passage de l'âme dans des formes animales. Il disait que l'âme se souvient sur la terre de ce qu'elle a su dans des existences antérieures, et qu'apprendre c'est retrouver la mémoire. Il avait abrégé les trois mille ans du système égyptien. De mille en mille années chaque âme, enseignait-il, entreprenait une nouvelle vie jusqu'à ce que le cercle des dix existences (dix mille ans) fût accompli. Toutefois, au bout de trois vies successives, celui qui avait aimé sincèrement le beau et le vrai parvenait au terme glorieux de ses destinées [1].

Ce qui empêcha la propagation, dans les masses, du système de la métempsycose, ce fut précisément l'absurde

---

1. *Dialogue de Phèdre.* Les lâches sont changés en femmes ; les hommes légers et vains en oiseaux ; les ignorants en bêtes sauvages, d'autant plus rampantes et plus courbées sur la terre, que leur paresse a été plus dégradante ; les âmes souillées et corrompues vont animer des poissons et des reptiles aquatiques. (Platon, *Timée*). On voit combien cet immortel philosophe a mêlé d'absurdités aux vérités les plus sublimes et combien le dogme de la métempsycose était chez les anciens dans son enfance, ou plutôt à l'état seulement embryonnaire.

assimilation de l'essence humaine et de l'essence animale qui a été perpétuellement repoussée par la conscience du genre humain. Moïse, par exemple, qui avait été initié aux mystères de l'Égypte, n'ignorait pas le dogme de la métempsycose ; s'il ne le fit point passer dans ses institutions, c'est qu'il craignit sans doute les erreurs auxquelles il l'avait toujours vu mêlé. Le temps n'était pas venu d'ailleurs de poser et encore moins de résoudre la question de l'état de l'àme après la mort. La croyance à l'immortalité n'est pas même nettement exprimée dans les œuvres du divin législateur, elle n'y est qu'en germe et sans aucune contradiction ; c'est une semence qui ne devait croître et surtout mûrir qu'au soleil de la civilisation et du progrès. Le Christ enseigna formellement cette grande vérité sans la développer toutefois dans toutes ses conséquences, sans révéler le plan entier de la création qui ne pouvait encore être compris, qui n'était pas approprié au développement des intelligences, quand il plut au Messie de Dieu de se revêtir d'un corps, de se rendre visible à nous et de marcher dans nos sentiers. Le Christ se contenta de recommander les bonnes œuvres et de sanctionner la morale qu'il annonçait aux hommes, par des promesses aux bons et par des menaces aux méchants. Pour les rendre plus efficaces, et en même temps pour nous faire comprendre l'infinité de notre avenir, il donna à ses promesses et à ses menaces l'indestructible ciment de l'éternité. L'Église, dépositaire de ses doctrines, et chargée de leurs développements progressifs, adopta le dogme du purgatoire dont le Christ n'avait pas parlé, dont aucun passage des Évangiles ne pourrait fournir l'idée, même la plus éloignée. Il nous paraît évident que par l'adoption de ce dogme, l'Église, qui ne tenait pas cet enseignement du Christ, a continué, mais avec progrès, la tradition indienne ;

nous disons avec progrès, car il n'est plus question d'une assimilation possible de l'homme et de la bête. Comme les chrétiens à l'égard de leur purgatoire, les Indiens croient à la puissance des prières pour délivrer les âmes de la renaissance dans d'autres corps. Il est dit dans les Védas qu'on peut, par le mérite des œuvres et surtout de la vie contemplative, abréger les purifications subies dans les mondes inférieurs, non-seulement pour soi-même, mais encore pour ses parents et ses amis [1]; toutefois, malgré le

---

1. Les pratiques les plus minutieuses, les plus arbitraires, ont été prescrites sur ce point par les Brahmanes qui en tirent profit. L'abus brutissant du chapelet a, chez les Hindous, la plus haute antiquité. D'innombrables livres, qui formeraient une vaste bibliothèque, ont été composés sur la nécessité de cet usage; la répétition trop fréquente des mêmes prières que la bouche prononce et que le cœur ne sent pas, atrophie l'intelligence, tue l'adoration et glace l'enthousiasme. Il faut avouer que les Indiens dépassent en ce point toutes les pratiques superstitieuses qui ont parfois envahi le christianisme, malgré la divinité de son origine. Le chapelet convient parfaitement aux solitaires de l'Inde, aux agrégations de cénobites pour occuper une oisiveté qui pourrait être sans cela dangereuse; à cette exception près, c'est le plus souvent une prière sans efficacité et sans mérite incapable de satisfaire ceux qui aiment et connaissent Dieu. « On n'aperçoit, dit le missionnaire Dubois, dans celui qui fait le Sandia, rien qui puisse porter à croire que cet exercice lui soit suggéré par un esprit de dévotion. Il ressemble alors à l'écolier qui débite rapidement la leçon qu'il a apprise par cœur, et n'agit évidemment que par manière d'acquit... c'est que partout où les prêtres ont substitué des prières déterminées aux élans naturels de l'âme qui implore la divinité quand elle en sent le besoin, les prières ne tardent pas à dégénérer en un marmottage ridicule et inattentif, une récitation de mots incompris, et cela chez les Hindous comme chez les chrétiens. » (*Religion de l'Inde*, par Alfred Maury et *Histoire du Brahmanisme*, par Eugène Pelletan, page 307). Les Indiens ont non-seulement leur purgatoire (la naissance dans d'autres corps et d'autres mondes inférieurs), mais encore leur paradis avec ses quatre fleuves et son arbre de vie; leur enfer

progrès, le dogme catholique n'est pas explicité sur le mode et les conditions des purifications; il semble même nier, après la vie terrestre, le mérite et la liberté. Or il faut dire que l'âme, sous peine de l'absorption en Dieu partout enseignée dans la théologie indienne, a été créée libre et doit rester éternellement libre, pour ne pas être déchue de la personnalité qui la constitue.

En résumé, quelle a été la cause des erreurs qui ont été mêlées au dogme vrai des existences successives? C'est, à notre avis, l'ignorance de la loi des épreuves et de l'initiation progressive. Si cette loi avait été connue des Indiens, de Pythagore, d'Empédocle et de Platon, auraient-ils condamné les âmes à revêtir des corps de bêtes, expiation sans but, puisque l'animal n'a ni mérite ni démérite et suit les règles fatales de l'instinct, sans éprouver jamais la satisfaction de la vertu, ni les angoisses du remords[1]. Ne voit-on pas qu'entre l'homme et la bête il y a un abîme? Dans l'homme, il y a tout un ordre de faits nouveaux, les faits de conscience. Pour l'homme seul, sur cette terre, il y a des droits et des devoirs, pour l'homme seul il peut y avoir récompense ou châtiment, épreuve, initiation, progrès. Sans doute nous croyons que par l'effet de sa faute l'homme peut déchoir au rang d'être inférieur, de même que par son mérite il peut s'élever dans l'échelle de la création; mais partout, quelque infime que soit l'état auquel il s'est réduit, quelle que soit l'énormité de sa chute, dans son avenir comme dans son passé, le jeu volontaire de ses fa-

---

temporaire avec un tableau effrayant de supplices très-souvent pareils aux descriptions de Dante, le sombre poëte du moyen âge catholique. (Voyez le même ouvrage, chapitres 22 et 23).

1. Le tigre déchire sa proie et dort, l'homme tue et veille. (Chateaubriand.)

cultés et l'exercice complet de sa liberté lui sont assurés. Laissons donc à jamais de côté les trois mille ans égyptiens, ou les mille ans platoniciens d'existence bestiale; reléguons cette opinion parmi les plus déplorables aberrations de l'esprit humain. Le système de la *pluralité des existences* tel que nous l'affirmons, quoique se rattachant au passé par de grossières ébauches, est donc entièrement transformé par l'enchaînement des détails et par les développements[1]; il présente la solution la plus logique, la plus satisfaisante des difficultés que la conciliation du mal moral et de la bonté divine ont offertes de tout temps aux disputes et aux investigations des philosophes. Plusieurs penseurs modernes ont proclamé que la loi de la société humaine est le progrès. Cette grande idée, devinée par des philosophes anciens et par des Pères de l'Église[2], ne pouvait être cependant vérifiée, et passer à l'état de vérité démontrée qu'après une série suffisante de siècles[3]. Or il en est de l'individu comme de l'humanité. Le but de la création est le progrès pour

---

[1]. Que doit-on exiger d'un système? qu'il rende compte des phénomènes dont il détermine la loi. Ces phénomènes sont ici les attributs de Dieu et ceux de l'âme, et les rapports qui en résultent tels qu'ils nous sont révélés par le sens intime et par la conscience de l'humanité. On n'agit pas autrement pour les sciences physiques. Or, la logique est une, et les procédés de l'esprit humain sont identiques, quel que soit l'objet des sciences auxquelles il s'est appliqué.

[2]. Entre autres saint Augustin. (*Cité de Dieu*, passim.)

[3]. « L'homme voit que tout ce que la plus longue vie et la plus
« forte intelligence peuvent lui permettre de découvrir par ses propres
« recherches, ou lui donner de temps pour profiter de celles d'autrui,
« le conduit tout au plus sur les limites de la science... Est-il étonnant
« qu'un être ainsi constitué accueille d'abord l'espoir, arrive ensuite à
« la conviction que son principe intellectuel ne suivra pas les chances
« de l'enveloppe qui le renferme, que l'un ne finira pas quand l'autre
« se dissoudra? Est-il étonnant qu'il se persuade que, loin de s'éteindre,

chacun ; la liberté doit tendre de plus en plus vers les perfections du type divin. Quoi ! le savant aurait pâli sur les livres de ses devanciers, il aurait consumé ses jours à pénétrer les secrets de la nature, à méditer sur les attributs de l'Être suprême et de l'âme, à conquérir à chaque moment de nouvelles pensées; quoi ! l'homme aurait péniblement combattu, glorieusement vaincu pour développer et étendre la sphère de sa moralité, et ce travail, ces efforts seraient interrompus, la mort viendrait qui briserait la carrière à moitié parcourue, avant que le terme soit atteint, avant que le prix soit légitimement gagné !

Non, l'homme n'est pas le dernier anneau de la chaîne qui unit la créature au créateur ; un stupide orgueil a pu seul afficher de semblables prétentions. Non, l'homme n'est pas isolé dans l'univers. De même que la terre dont il est le dominateur est liée aux globes de son système sur lesquels elle agit à condition de subir leur action, de même que notre système solaire est lié à d'autres systèmes semblables qu'il modifie et par lesquels il est modifié, de même aussi l'humanité est au milieu d'une série d'espèces inférieures et supérieures. Tout s'unit et s'harmonise dans le monde; la faute amène la déchéance; l'élévation est la récompense de la vertu.

« il passera à une nouvelle vie, où, libre de ces mille entraves qui
« arrêtent son essor, doué de sens plus subtils, de plus hautes fa-
« cultés, il puisera à cette source de sagesse dont il était si altéré sur
« la terre. » (*Discours sur l'étude de la philosophie naturelle*, par John Herschel, traduit de l'anglais, par M. P... t. I, qn. 6 et 7.) Voilà encore un savant distingué qui accueille l'idée d'existences successives de plus en plus parfaites. Partout, dans la philosophie comme dans les sciences, des voix s'élèvent en faveur de cette explication de la destinée. Avons-nous tort de dire qu'elle est mûre pour l'humanité, et que son temps est venu ?

Le dogme des vies successives, non moins antique et moins vénérable que le dogme de la préexistence, a cependant présenté une cause de répulsion générale parce qu'il a presque constamment été mêlé aux erreurs de la métempsycose dans l'antiquité, sinon dans les temps modernes.

Les Indiens enseignèrent le passage dans le corps des animaux. Pythagore, Platon, Empédocle, se laissèrent aller au même égarement. Origène même, le grand Origène, a été soupçonné d'une opinion pareille. S'il faut croire la traduction du Périarchon, par Ruffin, on y lit que [1] : « Telle peut être la défaillance et la chute où la négligence et la paresse entraînent chaque créature, que, tombée dans le vice, elle soit enchaînée au corps grossier des bêtes privées de raison. » Et quelle apparence que Ruffin eût prêté gratuitement cette erreur à Origène ? Il serait plus vraisemblable de l'accuser de l'avoir fait disparaître. On a d'ailleurs une lettre de saint Jérôme à Avitus, dans laquelle il reproche formellement à Origène de croire à la métempsycose. Heureusement pour Origène, nous avons deux textes diamétralement opposés, et comme ils se trouvent dans son Apologie contre Celse, et dans ses Commentaires sur saint Matthieu, deux ouvrages authentiques et dont nous possédons l'original grec, nous pouvons avec raison laver sa mémoire de cette accusation ; mais c'est beaucoup que son système s'y prêtât et qu'il pût en être seulement soupçonné.

Les Druides aussi, dont nous venons d'exposer l'admi-

---

[1]. « Grandis negligentiæ atque desidiæ ut, infantum unum quemque deflueri atque evacuari, ut ad vitia veniens, irrationabilium jumentorum possit crasso corpori colligari. » (Lib. IV, cap. v, art. 4.)

rable théologie, ont été suspectés de métempsycose animale. Le barde Taliesin, dans son poëme intitulé *Cad-Godden*, s'exprime ainsi : « J'ai été vipère dans le lac, j'ai été « couleuvre tachetée sur la montagne ; j'ai été étoile, j'ai « été prêtre. Depuis que j'ai été pasteur, un long temps s'est « écoulé, j'ai dormi dans cent mondes, je me suis agité « dans cent cercles. » Toutefois, je crois qu'on ne doit pas prendre à la lettre les caprices et les fantaisies du poëte. Il y a, ce me semble, dans les mœurs gauloises, quelque chose qui dément la supposition d'un passage possible à la vie animale. N'avons-nous pas vu qu'aux funérailles on avait coutume d'ensevelir avec le défunt les objets qu'il avait aimés, et qui eussent été tout à fait inutiles à des animaux? N'avons-nous pas vu aussi que les parents ou amis d'un précédent défunt brûlaient sur le bûcher des lettres qu'ils lui adressaient, comme pour charger le mort de les remettre? N'avons-nous pas vu, enfin, que l'on se prêtait de l'argent à restituer dans une autre vie ? Peut-on trouver une marque plus vive de la croyance que dans les mondes futurs la personnalité se conservait, que l'identité persistait?

En résumé, on a cru dans tous les temps à une préexistence des âmes et à une vie qui a précédé la vie présente. C'était une opinion générale dans l'ancien paganisme que les âmes de ceux qui devaient un jour habiter la terre avaient été mêlées ensemble dans les champs Élysées ; telles Virgile les représente dans le sixième livre de son *Énéide*, où il raconte qu'Anchise fit connaître à son magnanime fils les âmes des héros que la suite des siècles devait voir illustrer sa race. Synésius, cet évêque philosophe, disait hautement qu'il ne croirait jamais que l'âme fût produite après le corps, comme le voulaient ceux qui prétendaient avec saint Jérôme, qu'elle était créée exprès pour chaque enfant qui naissait.

Les anciens, qui croyaient à la vie future, supposaient presque universellement que les âmes descendues par la mort dans la nuit de l'Érèbe, s'y plongeaient dans les eaux du fleuve d'oubli, avant de retourner dans de nouveaux corps matériels; c'est ce qu'Anchise, selon Virgile, enseigne au pieux et glorieux Énée, qui, conduit et conseillé par la sibylle, était venu lui rendre visite dans le royaume de l'Hadès. « Ces hommes, à qui le destin a réservé d'autres corps, lui dit-il, viennent se désaltérer dans les tranquilles eaux du Léthé.»

La doctrine de la métempsycose remonte à l'antiquité la plus haute. Hérodote l'attribue aux Égyptiens, c'est-à-dire à la nation dont la civilisation est la plus ancienne; mais on l'a trouvée chez tous les peuples du monde, avant Jésus-Christ, comme un dogme de religion plus ou moins caché et enveloppé de mystères. C'est ainsi que les hiérophantes de Mithra, parmi les Perses, représentaient les transmigrations des âmes dans les corps célestes sous le symbole mystérieux d'une échelle ou d'un escalier avec sept pointes, chacune d'un différent métal, qui figuraient les sept astres auxquels les jours de la semaine étaient dédiés, mais disposés dans un ordre inverse, selon que Celse le rapporte et comme il suit : Saturne, Vénus, Jupiter, Mercure, Mars, la Lune et le Soleil.

Telle était avant le christianisme la foi constante du monde entier, et les plus sages et les plus instruits la partageaient; Julien, surnommé l'Apostat, qui se vantait de tant de philosophie, croyait avoir été Alexandre, et on verra bientôt que les Juifs eux-mêmes, ce peuple privilégié que Dieu instruisait par ses prophètes, avaient admis à un certain degré cette doctrine. On la trouve expressément enseignée dans cette parole du livre prophétique de la Sagesse : « J'ai reçu de Dieu une bonne âme, et comme « j'étais déjà bon, je suis venu dans un corps qui n'était « point souillé. » Mais n'anticipons pas sur le deuxième livre.

LIVRE DEUXIÈME

ANTIQUITÉ SACRÉE

CHAPITRE I

THÉOLOGIE JUIVE ET CHRÉTIENNE

Le génie de Moïse. — Isaïe. — — Les Psaumes. — La Genèse. — Job. — Vocation des prophètes. — Jean-Baptiste. — Évangiles. — Cosmologie chrétienne. — Le Christ et Nicodème.

La révélation de Moïse et des prophètes s'adressait, comme nous l'avons déjà constaté, à des peuples primitifs et pour ainsi dire au berceau.

La révélation du Christ, Homme-Dieu, Messie de l'humanité terrestre, s'adressait à son tour à des peuples de la seconde enfance. Il fallait retenir les premiers par la crainte des châtiments corporels et par l'espoir de récompenses également présentes. On dit à l'enfant : « Si tu es méchant, tu seras enfermé dans le cachot noir; si tu es sage, tu auras des jouets et des friandises. »

Les seconds, qui étaient plus avancés en âge, pouvaient recevoir la menace de châtiments terribles, tels que l'enfer, en même temps que la promesse du paradis; mais, comme ils devaient encore être dominés et rendus dociles par la terreur, ils ne devaient pas être instruits de toutes les conditions de la vie future, d'une réhabilitation toujours possible par le repentir, et des progrès incessants que l'âme bienheureuse fait dans la possession de Dieu. Comment les parents et les maîtres agissent-ils avec des enfants? Ils veulent leur cacher ce qu'ils ne doivent savoir qu'à la puberté, et pour cela ils s'enveloppent de réticences calculées.

Il en a été de même pour l'éducation de l'humanité. Si donc nous cherchons quelques traces des croyances véritables de la vie future, soit chez les juifs, soit chez les chrétiens, soyons sûrs d'avance que nous ne les trouverons qu'à demi, par lambeaux, comme des allusions qui échappent quelquefois et imprudemment à la bouche des professeurs et qui, recueillies avidement par la mémoire des enfants, sont méditées par eux et servent à leur ouvrir l'esprit avant l'âge.

Nous trouverons, dans les faits de l'histoire sacrée, des passages qui ne peuvent s'expliquer que par la préexistence et les réincarnations, et cela suffira à notre dessein pour ce chapitre.

Voici comment M. Schütz, dans sa savante et rare dissertation, *le Génie de Moïse*, rend compte des croyances intimes du peuple hébreu :

« Après la mort, l'âme, fidèle aux inspirations de l'esprit divin, armée d'un corps glorieux, d'une *Nephesch* éthérée, se réunit aux ancêtres, au peuple de Dieu. C'est au sein du père des croyants (Abraham) que s'envolent, des différents points du monde où ils sont morts, loin de la patrie terrestre, les âmes de Sara, de Jacob, d'Aaron et de Moïse lui-même. A la fête des tabernacles, les Israélites adressent encore à Dieu cette prière : Puisse son âme (en vue de ceci) être liée dans les faisceaux de la vie avec l'âme d'Abraham, de Sara, de Rebecca, de Rachel et de Léa, et des autres justes des deux sexes qui sont dans le paradis.

« Cette âme vertueuse trouve sa récompense dans le développement *de son amour, de son intelligence et de son activité, dans la pénétration des lois et des volontés divines.* Que devient l'âme qui s'est éloignée du Père céleste, et dans laquelle a dormi, comme un glaive inutile, le Rouah de Jéhovah? Cette âme *se guérit, se régénère par le repentir, par le secours des âmes fraternelles et du médecin des âmes, par la recherche de Celui qui a dit : Je suis le souverain bien.* C'est pourquoi le monde des âmes n'a qu'un nom שאל, équivalant à demande, prière (*petitio, rogatio*) (pièces), dérivés du radical chaldéen, signifiant : il a *demandé*, il a *interrogé*, et synonyme de l'hébreu, il a *proposé*, il a *demandé*, il a *scruté*, il a *consulté l'oracle divin.* L'hiéroglyphe de ce mot est le guerrier qui reçoit la couronne et part victorieux pour vaincre encore. La vie céleste pouvait commencer sur la terre, ainsi qu'il arriva à Énoch et à Élie.

Le schéol inférieur était le séjour des *réphaïm*, que les traducteurs ont cru rendre par *les mânes* ou les géants, mais qui signifie *les faibles*, destinés au *pardon, à la pénitence, à la guérison, à la régénération*, ainsi que le prouvent toutes les variantes de la combinaison, il a guéri, il a soigné, il a réparé, il a remis, il a pardonné, il a été pardonné; et ces noms, le médecin, les guéris, guérison, remède, restitution, lit de guérison, rémission, miséricorde, douceur de la pénitence, le repentir qui mérite le pardon. Hiéroglyphiquement, c'est la libération, la porte toute grande ouverte, l'évasion d'un mal qui nous avait terrassés et foulés aux pieds. Dans les passages suivants (Isaïe XXVI, 19, LXVI, 24. Job XXVI, 5. Prov. 11, 18, IX, 18, XXI, 16, et dans le psaume LXXXVII, 11), le mot *réphaïm* est détourné de son acception par les traducteurs. Dans le schéol supérieur, sous la garde du *médecin des âmes*, Raphaël, les œuvres des vertus brillent comme des fruits divins sur l'arbre de la vie éternelle, et ces fruits guérissent les nations. »

Voyons encore plus à fond ce que les Hébreux ont pensé sur *la pluralité des existences*.

Nous avons exprimé en commençant que les textes de l'Ancien Testament n'étaient pas explicites sur ce point, et nous en avons donné la raison. Il y a un texte d'Isaïe, chap. LVII, qui fait pourtant exception à cette règle générale, c'est au verset 16 de ce chapitre. Jéhovah dit : « *Je ne disputerai pas éternellement avec le coupable, et ma colère ne durera pas toujours, parce que les Esprits sont sortis de moi et que j'ai créé les âmes* (*La Vulgate*, traduite par de Sacy). Dieu donne donc pour motif à la non-éternité des peines de l'enfer, que c'est lui qui a créé les âmes et que les Esprits sont sortis de lui. C'est comme s'il disait : j'étais parfaitement libre de créer ou de ne créer pas; puisque j'ai créé tels ou tels, ce n'est pas pour leur malheur éternel; la raison est déjà très-bonne, et ce texte même, dans la Vulgate, est digne d'être cité ici. Mais voilà qui est plus fort : de très-remarquables hébraïsants traduisent ainsi, comme nous l'assure M. Adolphe Berthet (*Apocalypse de saint Jean*, p. 151) : « *Je ne punirai pas éternellement et je ne serai pas irrité sans fin.* Mais l'ame sortira de « mes mains, et je lui donnerai une nephesch, c'est-à-« dire un souffle vital qui unira l'ame au corps pour « son incarnation, » et nous pensons en effet que cette traduction est bien plus conforme au texte hébraïque. Or, ce qu'il y a ici à remarquer, c'est que M. Adolphe Berthet n'est pas pour les réincarnations, dont il ne dit pas un mot, pas plus que les autres hébraïsants qui ont donné cette version, laquelle acquiert donc par là une valeur considérable. Nous voyons, en effet, *la première expiation dans les ténèbres de l'abîme*, puis le moyen de *réparation et de redressement* permis et voulu de Dieu, *la réincarnation de l'âme*, qui est revêtue du souffle vital, c'est-à-dire de l'enveloppe fluidique de la nature du monde où elle va s'incarner, et subir une nouvelle épreuve. Tout est vrai, clair et formel dans ce beau texte ainsi traduit, selon le génie de la langue hébraïque.

Qu'on adopte l'une ou l'autre interprétation, la première donne la raison philosophique, la seconde exprime la réalité d'une manière vraiment admirable.

On lit dans le verset 9 du psaume 103 (102 dans le grec et le latin), en parlant de Dieu : « Il ne conservera pas du « ressentiment éternellement, » et au verset 9 du psaume 145 (144 dans le grec et le latin) : « Jéhovah est bon pour « tous, et sa miséricorde s'étend sur toutes ses œuvres. » Et voilà que le traducteur du mot hébreu לכי (*pour tous*), infatué de ses idées préconçues et fausses, le rend par τοῖς ὑπομένουσιν, *ceux qui persévèrent*, ce qui est complétement dénaturer le sens du mot. Au verset 14 du même psaume se trouve cette grande et belle pensée : « Jéhovah soutient « ceux qui tombent et les relève de leurs chutes. » On voit donc dans tous ces textes une pensée de réhabilitation et de condamnation de l'enfer.

Pénétrons dans le cœur même de la question, dans les profondeurs de la linguistique hébraïque, car étudier la langue d'un peuple, c'est mettre à nu ses croyances les plus intimes. Nous nous bornerons à citer deux textes antiques de la Bible, qui nous dévoileront suffisamment les opinions secrètes de Moïse et de l'auteur du livre de Job.

CHAPITRE II, verset 7 *de la Genèse :*

Et celui qui Est, a été et sera
les Dieux,
conçut en la pensée et parfit et modela comme un potier le corps terrestre, le corps grossier (le vase et la prison de l'âme),
qui est la poussière (la terre, le limon)
tirée de l'humus (terre cultivable)
et inspira dans les organes matériels
l'âme intelligente et libre (le Je ou Moi) l'être personnel,
le centre du microcosme (Nichema) à laquelle s'adjoignait
le (Rouah) le souffle divin, l'esprit céleste,
des vies, des existences, de tous les modes successifs de l'âme
(*spiritus vitarum*) en hébreu : רוּחַ־חַיִּים
et fut (fut lié, adjoint à l'âme, au moi humain,) le corps terrestre,
par le souffle animal (principe de la vie terrestre, l'esprit astral,
Nephesch)
indispensable à la vie (d'ici-bas, à la station terrestre).

Voilà le mot à mot. Voyons le français littéral :

Et Jéhovah fit pour l'homme un corps grossier tiré des éléments de la terre. Et il unit à ces organes matériels l'âme intelligente et libre portant déjà avec elle le souffle divin, l'esprit qui la suit dans toutes ses vies (*spiritus vitarum*) et le moyen de cette union de l'âme avec le corps grossier fut un souffle vital (esprit astral de ce globe).

Il résulte donc de l'hébreu étudié dans toutes ses racines, sans qu'aucune d'elles soit négligée, que Moïse distinguait, outre le corps matériel, instrument de la vie d'ici-bas :

1° L'âme qui est le moi (Nichema);

2° L'esprit des vies, des existences, des transmigrations de cette âme, la force plastique et virtuelle, le souffle céleste (Rouah);

3° L'esprit astral, l'enveloppe formée avec le principe de la vie terrestre, le lien actuel de l'âme et du corps (Nephesch).

Cette grandiose Androgénésie est la vérité, et nous verrons que, pour l'avoir oubliée, quelques philosophes sont tombés dans l'erreur.

Nous allons retrouver identiques les mêmes croyances dans un texte du livre de Job :

CHAPITRE XXVII, VERSETS 2 et 3 *du livre de Job* :

Et le Dieu vivant
a fait différer le jugement (de l'âme coupable),
Et le Tout-Puissant Maître et Seigneur
a rempli d'amertume
l'esprit astral et terrestre (Nephesch) en l'affligeant
pendant de longs jours,
parce que
en tout et pour tout
temps futur (à venir),
le moi, l'âme rationnelle et intelligente (Nichema)
est en moi (et sera toujours)
et que le (Rouah) l'esprit céleste, le souffle divin
lui est uni et restera éternellement avec elle;
dans mon cerveau et dans ma pensée.

En français :

Et le Dieu vivant a différé le jugement du coupable, l'affligeant d'abord dans son esprit terrestre, parce que l'âme est éternellement en moi, unie à l'esprit divin.

C'est une affirmation positive de l'immortalité, de la punition de l'âme à sa sortie du corps dans *son périsprit* [1] ter-

1. Expression contemporaine correspondant exactement à la Nep

restre et dans l'atmosphère, en vue de son pouvoir de durer éternellement et d'aller avec l'esprit divin (*spiritus vitarum*) subir toute autre existence régénératrice, afin de se rapprocher de Dieu.

Nous trouvons donc, dans le texte de Job, les mêmes affirmations que dans la Genèse sur les principes de la vie et les éléments de l'homme.

On explique aussi, par la préexistence, la vocation des patriarches, des prophètes et de tous ces grands saints qui apparaissent dans leur vie de miracles comme les ministres et les amis particuliers de Dieu : un Élie, dont l'existence entière fut une merveille; un Isaïe, le divin prophète, dont l'ange a purifié les lèvres au feu ardent du sanctuaire; un Jérémie, qui a retracé en lui la parfaite image de l'Homme de douleur; un saint Joseph, le père nourricier de cet Homme-Dieu; un Jean-Baptiste, son merveilleux précurseur; un saint Paul, qui a converti le monde.

Avec cette première vie, tout s'explique; les difficultés qu'il était impossible de résoudre tombent d'elles-mêmes, et la lumière se fait. Car on voit clairement que la justice de Dieu est égale, dès que l'on comprend que dans leur première origine ces grandes âmes, qui vous apparaissent si privilégiées, n'ont pas reçu effectivement plus que toutes les autres, mais que ce n'est que le meilleur usage qu'elles ont fait des dons que le Créateur leur a dispensés en la même mesure qu'à toutes, qui les a élevées à des grâces et à une vertu plus parfaite, selon que le Seigneur l'a déclaré :

« Il sera donné à celui qui a, et il en sera dans l'abon-

---

hesch. Voir également sur ce point *Acloïm ou les dieux de Moïse*, par Lacour, et l'ouvrage déjà cité de Schütz, *Le génie de Moïse*.

dance[1]. » Élie, dit l'apôtre saint Jacques[2], n'était pas un homme différent de ce que nous sommes : il n'a pas eu un décret de prédestination autre que celui que nous avons nous-mêmes; seulement son âme, quand Dieu l'a envoyée sur la terre, était déjà parvenue à un degré très-éminent de perfection, qui lui a attiré dans sa vie nouvelle des grâces plus efficaces et plus hautes.

Cette vie antérieure, où nous trouvons l'explication de cette parole que Dieu adressait à Jérémie : « Qu'il l'avait « connu avant qu'il l'eût formé dans le ventre de sa mère[3], » était la foi constante et la doctrine universelle des Juifs; et c'est ce qui leur faisait dire que Jésus-Christ devait être l'un des anciens prophètes qui était de nouveau revenu au monde[4]. D'ailleurs, la prophétie très-expresse de Malachie[5] leur avait appris à attendre le retour d'Élie avant que le Messie libérateur parût; et cette croyance était en eux si ferme, que, quand le peuple accourait à la prédication et au baptême de Jean, ce fils sanctifié de Zacharie, les pharisiens et les docteurs de la loi députèrent vers lui pour lui demander s'il n'était point Élie qui devait venir[6]; rien n'est plus merveilleux parmi les Juifs que cette vie de Jean-Baptiste. Il naît par un miracle d'une mère stérile, dans la vieillesse de son père[7]; un ange l'annonce au vieux Zacha-

1. Omni enim habenti dabitur, et abundabit. S. Matth. c. XXV, v. 29.
2. Elias homo erat similis nobis passibilis. S. Jacq., c. V, v. 17.
3. Priusquam te formarem in utero, novi te; et antequam exires de vulvâ, sanctificavi te. Jérém., c. I, v. 5.
4. S. Matth., c. XVI, v. 13-14.
5. Ecce ego mittam vobis Eliam prophetam, antequam veniat dies Domini magnus et horribilis. Malach., c. IV, v. 5.
6. S. Jean, c. I, v. 19-20.
7. Et non erat illis filius, eo quod esset Elisabeth sterilis, et ambo processissent in diebus suis. S. Luc, c. I, v. 7.

rie dans les termes mêmes de la prophétie de Malachie :
« Il marchera, dit-il, devant le Seigneur dans l'esprit et la
« vertu d'Élie, et réunira les cœurs des pères avec leurs
« enfants[1]; » dans le ventre de sa mère il tressaille à la
voix de Marie, qui porte le Christ[2], comme s'il avait la connaissance du mystère que l'enfantement de la Vierge cachait au monde. On le voit dès ses plus jeunes ans dans le
désert[3], vêtu, comme l'ancien Élie[4], d'un vêtement de poil,
et ceint grossièrement d'une ceinture de cuir, n'ayant pour
toute nourriture que le miel des bois et quelques sauterelles qu'il ramassait[5]. Jésus-Christ proclame lui-même à
toute la foule du peuple : « Que Jean-Baptiste est Élie, qui
« devait venir[6]. » Et quand ses disciples, l'interrogeant un
jour en particulier, lui disaient: «D'où vient que les scribes
« et les pharisiens assurent qu'il faut qu'Élie vienne d'a-
« bord? » le divin Maître leur répondit : « Il est vrai
« qu'Élie doit venir, et qu'il rétablira toutes choses. Mais

---

1. Et ipse præcedet ante illum in spiritu et virtute Eliæ, ut convertat corda patrum in filios. S. Luc, c. I, v. 17. Malachie (c. IV, v. 6) avait dit : Et convertet cor patrum ad filios.

2. Ecce enim ut facta est vox salutationis tuæ in auribus meis, exultavit in gaudio infans in utero meo. S. Luc, c. I, v. 44. Origène voyait aussi dans cette circonstance le signe d'une première existence qu'aurait déjà eue Jean-Baptiste. S. Hier., *Epist. ad Avitum* (in Orig. Princip. lib. III).

3. Puer autem crescebat et confortabatur spiritu : et erat in desertis usque in diem ostensionis suæ ad Israel. *Ibid.*, v. 80.

4. Vir pilosus, et zonâ pelliceâ accinctus renibus. Liv. IVe des Rois, c. I, v. 8.

5. Ipse autem Joannes habebat vestimentum de pilis camelorum et zonam pelliceam circa lumbos suos : esca autem ejus erat locustæ et mel sylvestre. S. Matth., c. III, v. 4.

6. Cœpit Jesus dicere ad turbas de Joanne... Et, si vultis recipere, ipse est Elias qui venturus est. *Ibid.*, c. XI, v. 7-14.

« je vous déclare qu'Élie est déjà venu, et ils ne l'ont point
« connu; mais ils lui ont fait tout ce qu'il leur a plu. » Et
ses disciples comprirent, dit l'évangéliste, que c'était de
Jean qu'il leur parlait [1].

Jean-Baptiste, dans la croyance des Juifs, pouvait donc
bien être Élie lui-même en personne. Et il n'importe qu'il
ait répondu aux docteurs de la loi, qui lui demandaient s'il
n'était point Élie, qu'il ne l'était pas [2]; car il ne pouvait en
avoir par lui-même la connaissance. Il eût fallu que Dieu
la lui eût donnée par une révélation expresse. Mais de
même qu'il cachait la virginité de Marie, cette mère bénie
de son fils, y a-t-il lieu d'être surpris qu'il eût caché aussi
cet autre mystère, qui n'aurait fait qu'exciter davantage la
haine et la fureur des Juifs contre le prophète et contre le
Christ qu'il annonçait? Saint Augustin, encore qu'il n'eût
en lui-même le moindre souvenir d'avoir jamais existé dans
une autre vie, s'était posé pourtant la question : « Si, avant
« le temps qu'il avait passé dans le sein de sa mère, il n'a-
« vait point été quelque part ou quelque personne [3]? »
L'Église enseigne elle-même que le prophète Élie viendra
en personne avant le dernier avénement du Christ. Mais
comment viendra-t-il? Pense-t-on qu'il va tomber des nues?
Non, assurément; mais il naîtra comme est né Jean-Baptiste, comme est né le Sauveur, d'une femme mortelle, à la
façon des autres hommes; il sera petit enfant, et il grandira
comme eux.

Par exemple, lorsque les apôtres, sur la demande que le
divin Maître leur avait faite de ce qu'on disait de lui parmi
le peuple, lui eurent ouvertement répondu « que les uns

---

1. S. Matth., c. XVII, v. 10-13. — 2. S. Jean, c. I, v. 21.
3. Fuisse alicubi aut aliquis? Confess., lib. I, c. VI, n. 5.

« disaient qu'il était Jean-Baptiste, les autres Élie, et d'au-
« tres enfin, Jérémie, ou quelqu'un des anciens prophètes
« revenus au monde[1]; » le Verbe de Dieu, sans les reprendre
comme s'ils eussent débité des rêveries dénuées de tout fondement, leur dit seulement : « Et vous, qui croyez-vous que
« je suis[2]? »

Une autre fois, ayant rencontré sur leur chemin un
homme aveugle de naissance qui mendiait, ses disciples l'in-
terrogèrent sur cet homme : « Si c'était les péchés qu'il
« avait commis ou ceux de ses parents, qui étaient cause
« qu'il était né aveugle? » Ils croyaient donc qu'il avait pu
pécher avant que d'être né[3]? Et pourtant la sagesse du
Verbe ne relève point une pensée si étrange; et, sans les
détromper, comme il semble qu'il n'eût pas manqué de le
faire s'ils avaient été dans l'erreur, il se contente de leur
répondre : « Ce n'est point que cet homme ait péché, ni
« ceux qui lui ont donné le jour, mais c'est afin que les
« œuvres de la puissance de Dieu éclatent en lui[4]. » Ce qui

---

1. Alii Joannem Baptistam, alii autem Eliam, alii vero Jeremiam, aut unum ex prophetis. S. Math., c. XVI, v. 14. Ou, selon S. Luc (c. IX, v. 19) : quia unus propheta de prioribus surrexit.

2. Dixit illis Jesus : Vos autem, quem me esse dicitis? S. Math., c. XVI, v. 15.

3. Le Père de Ligny dit, dans sa *Vie de N.-S. Jésus-Christ* (au chap. XXXVIII, n. 145), « qu'on ignore ce que les disciples pouvaient « avoir dans l'esprit lorsqu'ils faisaient cette demande. » La chose est cependant assez évidente : il n'y a pas deux manières de l'expliquer, et Stolberg fait preuve d'un meilleur jugement, en reconnaissant « qu'elle était évidemment fondée sur l'idée qu'ils se faisaient que cet « homme, dont le châtiment datait de sa naissance, avait péché dans « une vie précédente. » *Hist. de N.-S. Jésus-Christ et de son siècle*, liv. III, c. XLIII, n. 2.

4. Et interrogaverunt eum discipuli ejus : Rabbi, quis peccavit, hic, aut parentes ejus, ut cæcus nasceretur? Respondit Jesus : Neque

revenait à dire, que ce n'était pas son péché qui l'avait fait naître aveugle, sans décider d'ailleurs la question s'il avait effectivement péché, puisque le Christ ne se sert point d'autres paroles pour le fils que pour les parents eux-mêmes, encore qu'on ne puisse prétendre que ceux-ci n'eussent jamais péché.

Les chrétiens, conformes en cela avec la presque unanimité des autres religions, admettent trois catégories diverses de lieux destinés à la vie ultérieure des hommes : 1° Le Purgatoire, où l'âme vient pour expier des fautes très-différentes; il en résulte nettement que les lieux des purifications doivent varier selon la plus ou moins grande culpabilité de chacun, qu'ainsi le dogme du purgatoire implique l'existence de mondes divers, où les souffrances et les épreuves seront plus ou moins pénibles, selon que la constitution de ces mondes sera plus ou moins en harmonie avec les êtres qui seront condamnés à y habiter temporairement; 2° l'Enfer, séjour prétendu éternel de douleurs et de larmes. Ici encore diversité de crimes, diversité de châtiments, et nécessité d'admettre une série indéfinie de lieux particuliers; 3° le Paradis. Ici encore, tous les théologiens sont d'accord qu'il y a une hiérarchie dans les bienheureux, une proportion dans l'échelle ascendante des élus, conforme à la valeur de leurs mérites.

Cela ne résulte-t-il pas de la parole même du Christ, lorsque, dans cet admirable discours qu'il fit à ses disciples avant d'être livré aux Juifs, il leur dit : « Il y a plusieurs « demeures dans la maison de mon Père. Si cela n'était, je « vous l'aurais dit; je m'en vais pour vous préparer le lieu.»

---

hic peccavit, neque parentes ejus, sed ut manifestentur opera Dei in illo. S. Jean, c. IX, v. 2 et 3.

(Évangile selon saint Jean, chap. XIII). Origène commente ce passage : « Le Seigneur, dans l'Évangile, a fait allusion « aux stations différentes que les âmes doivent occuper « après qu'elles ont été dépouillées de leur corps actuel et « qu'elles en ont revêtu de nouveaux ; » lorsqu'il a dit : « Il « y a beaucoup de demeures dans la maison de mon Père, » ce sont les stations nombreuses qui mènent au Père, et dans ces habitations diverses quel secours, quel appui, quel enseignement, quelle lumière l'âme reçoit-elle? C'est ce que connaît seul le Seigneur, quand il a dit de lui-même : « Je suis la voie, la vérité, et nul n'arrivera au Père que « par moi. » C'est le Seigneur, qui, dans chacune de ces stations, est la voie par laquelle l'âme passe; c'est par lui que l'on entre, que l'on sort, que l'on est nourri, que l'on est transporté à une autre demeure, et de là encore à une autre, jusqu'à ce que l'on arrive enfin au Père lui-même. » (*Homélies*, 27).

Tous les théologiens qui ont discuté la question de la vie future ont pris texte du discours de Jésus-Christ rapporté par saint Jean l'Évangéliste, pour établir la diversité des récompenses et l'ordre de la hiérarchie céleste. Il y a en outre un passage de l'Évangile de saint Jean qui n'a pas été remarqué, et dont, ce me semble, le sens n'a pas été compris dans toute sa profondeur; un sénateur juif, un pharisien, Nicodème, demande à Jésus des explications sur le dogme de la vie future; Jésus répond : « En vérité, en vé- « rité, je vous le dis, personne ne peut voir le royaume de « Dieu s'il ne naît de nouveau. » Nicodème est bouleversé de cette réponse, parce qu'il la prend dans son sens grossier. « Comment, dit-il, peut renaître un homme qui est « déjà vieux? Peut-il rentrer dans le sein de sa mère pour « renaître une seconde fois? » Jésus reprend : « En vérité,

« en vérité, je vous le dis, si un homme ne renaît pas de
« l'eau et de l'Esprit, il ne peut entrer dans le royaume de
« Dieu; ne vous étonnez pas de ce que je vous ai dit, qu'il
« faut que vous naissiez de nouveau; l'Esprit souffle où il
« veut, et vous entendez sa voix; mais vous ne savez d'où il
« vient, ni où il va. »

C'est une prévision de ce qui devait arriver aux apôtres, une vue lointaine de l'avénement actuel, et une admirable exposition de la manière dont la grâce de Dieu agit en nous. Cependant ces choses paraissent nouvelles à un pharisien, à un docteur de la loi; il s'étonne moins, mais il s'étonne encore : « Comment cela peut-il se faire? » Jésus lui dit : « Quoi! vous êtes maître en Israël, et vous ignorez cela!
« mais si vous ne me croyez pas lorsque je vous parle des
« choses de la terre, comment me croiriez-vous, si je vous
« parlais des choses du ciel? » C'est-à-dire, je vous parle aujourd'hui de ce qui se passe ici-bas; non, vous ne serez pas perpétuellement attaché à la terre, l'homme ne tourne pas dans un cercle perpétuel; si donc vous ne me croyez pas, vous me croiriez bien moins si je vous parlais des choses du ciel. De quelles choses du ciel? Logiquement, et selon l'ordre des pensées, des choses du ciel en ce qui touche la renaissance dans les divers mondes, Jésus ne va pas plus loin. Son auditeur n'est pas préparé, puisqu'il n'a pas même compris de suite la parole du Maître. Jésus ne s'explique pas sur la question, seulement il la fait pressentir et la pose en quelque sorte.

Cela nous confirme dans l'opinion émise par saint Augustin : « *Christus sicut magister alia docuit, alia non docuit.* Le Christ, comme un bon maître, a enseigné certaines choses, il a gardé le silence sur d'autres. La parole de Dieu a dû prendre les limites du fini, et devenir successive.

« Le Christ n'a pas tout dit à ses disciples, parce qu'ils
« ne pouvaient porter le poids de certaines vérités. » (Évangile de saint Jean, chap. XVI, v. 12). Il leur a promis à eux,
et à ceux qui croiraient en son nom, l'inspiration du Saint-Esprit, successive comme la parole de Jésus, car l'absolu
ne peut s'établir sur la terre; elle a éclairé ses disciples et
leurs successeurs, et continue à répandre sa lumière dans
l'humanité, qui la recueille, et fait chaque jour un nouveau
pas vers la vérité suprême.

Il est certain, d'ailleurs, que le dogme du Purgatoire, de
l'Enfer, du Paradis, tous trois placés hors de la terre, implique la pluralité des mondes. Ce dogme, primitif et voilé,
a été expliqué de nos jours par la philosophie nouvelle, et,
de la pluralité des mondes à la pluralité des existences, il
n'y a qu'un pas.

CHAPITRE II

LE ZOHAR

Son antiquité. — Simon-ben-Jochaï. — Pluralité des mondes. — Rotation de la terre. — Cosmologie. — Psychologie. — Pluralité des épreuves. — Éléments de l'homme. — Science secrète.

Il fallait qu'il y eût quelque chose chez les Juifs d'analogue aux *Mystères* chez les Gentils pour les âmes spirituelles et déjà avancées afin de servir de préparation à l'avénement de l'Esprit de Dieu, qui devait succéder, selon les promesses et le plan de la révélation, à l'avénement du Messie, alors que les hommes en seraient dignes et auraient mérité de voir la puberté remplacer l'enfance. De même, en effet, que tout devait être constitué en vue de l'apparition du Christ avant sa venue, de même tout après son épiphanie devait servir à l'attente non moins divine du second avénement spirituel. Or, nous avons vu déjà que les révélations faites à l'humanité pubère sont : 1° *la pluralité des mondes* et le rang véritable de la terre dans la hiérarchie de l'univers, vérité matérielle. 2° *la pluralité des existences* servant de redressement et d'épreuve aux âmes, vérité morale. De même donc que nous avons vu dans les *Mystères*, Copernic et Galilée devancés et enseignés, nous trouverons chez les Juifs la même doctrine secrète.

La Kabbale se composait en effet de deux parties, *l'His-*

toire de la création et *le Char Céleste*, ou explication sur la nature divine et le monde spirituel. L'histoire de la Genèse pouvait être expliquée à une seule personne, mais pas à deux, et il fallait encore que l'auditeur eût atteint un certain âge ; mais quant à l'histoire du *Char céleste* appelé *la sainte Mercabad*, il était défendu d'en parler, si ce n'est à un vieillard élu et prédestiné de Dieu pour recevoir cet enseignement [1].

La doctrine de la pluralité des mondes et de la pluralité des existences remonte donc à une antiquité très-reculée, au premier âge du monde, mais elle n'a été rédigée par écrit que dans le Zohar, le Sepher et le Jesirah, le grand et le petit Idra et les suppléments du Zohar. Quelques Juifs la faisaient remonter à Moïse comme tradition secrète donnée par lui à soixante-dix vieillards, en même temps que la loi du Sinaï pour le vulgaire enfantin [2] ; d'autres la disaient révélée à Abraham [3].

Toujours est-il que le Zohar n'a été rédigé que par Simon ben Jochaï et ses disciples, sur les documents antérieurs et oraux. Citons M. Franck :

« Nous voilà arrivés à ceux qui prétendent que Simon ben Jochaï a réellement enseigné à un petit nombre de disciples et d'amis, parmi lesquels se trouvait son fils, la doctrine métaphysique et religieuse qui fait la base du Zohar ; mais que ses leçons, d'abord transmises de bouche en bouche, comme autant de secrets inviolables, ont été rédigées peu à peu ; que ces traditions et ces notes, auxquelles se mêlèrent nécessairement des commentaires d'une époque plus récente, s'accumulant, et par là même

---

1. Voyez la Mischna, *Traité de l'haguiga*, 2ᵉ et 3ᵉ propositions, *March Nebouchim*, 1ʳᵉ part., chap. LXII. — 2. Voyez Franck, *La Kabbale*, p. 51. — 3. Même ouvrage, p. 267.

s'altérant avec le temps, arrivèrent enfin de Palestine en Europe vers la fin du treizième siècle.

« Nous espérons que cette opinion, qui n'a été exprimée jusqu'à présent qu'avec timidité et sous forme de conjecture, aura bientôt le caractère et tous les droits de la certitude.

« D'abord, comme l'a remarqué déjà l'auteur de la chronique intitulée la Chaîne de la tradition, elle s'accorde parfaitement avec l'histoire de tous les autres monuments religieux du peuple juif; c'est aussi en réunissant des traditions de différents âges, des leçons de divers maîtres, liées cependant par un principe commun, qu'on a formé la Mischna, et le Thalmud de Jérusalem, et le Thalmud de Babylone. Elle ne s'accorde pas moins avec une croyance qui, d'après l'historien que nous venons de citer, doit être assez ancienne.

« J'ai, dit-il, appris par tradition que cet ouvrage était tellement volumineux, que, complet, il aurait suffi à la charge d'un chameau. « On ne peut pas supposer qu'un homme, quand même il « passerait sa vie à écrire sur de telles matières, puisse laisser « de sa fécondité une preuve aussi effrayante. » Enfin, on lit aussi dans les suppléments du Zohar, écrits dans la même langue, et connus depuis aussi longtemps que le Zohar lui-même, que ce dernier ouvrage ne sera jamais entièrement publié, ou, pour traduire plus fidèlement, *qu'il le sera à la fin des jours*[1]. »

Plus d'un siècle après que le Zohar fut publié en Espagne, il existait encore des hommes qui ne connaissaient et ne transmettaient que par tradition la plupart des idées qui en sont la substance. Tel est Moïse Botril, qui, en 1409, ainsi qu'il nous l'apprend lui-même[2], s'exprime ainsi sur la Kabbale et sur les précautions avec lesquelles il faut l'enseigner :

1. *La Kabbale*, pages 122 et 123.
2. Voyez son Commentaire sur le *Sepher ietzirah*, édit. Mantoue, fol. 46.

« La Kabbale n'est pas autre chose qu'une philosophie plus pure et plus sainte; seulement le langage philosophique n'est pas le même que celui de la Kabbale [1]... Elle est ainsi appelée, parce qu'elle ne procède pas par raisonnement, mais par tradition. Et lorsque le maître a développé ses matières à son disciple, il ne faut pas encore que celui-ci ait trop de confiance en sa sagesse; il ne lui est pas permis de parler de cette science, si d'abord il n'y a été formellement autorisé par le maître. Ce droit lui sera accordé, c'est-à-dire qu'il pourra parler de la Mercaba, s'il a donné des preuves de son intelligence, et si les germes déposés dans son sein ont porté des fruits. Il faudra, au contraire, lui recommander le silence, si l'on ne trouve en lui qu'un homme extérieur, et s'il n'est pas encore arrivé au nombre de ceux qui se distinguent par leurs méditations [2]. »

Après comme avant le treizième siècle, le système dont Simon-ben-Jochaï peut être considéré au moins comme le plus illustre représentant, s'est principalement conservé et propagé par une multitude de traditions, que les uns se plaisaient à écrire, tandis que les autres, plus fidèles à la méthode de leurs ancêtres, les gardaient religieusement dans leur mémoire. Dans le Zohar se trouvent seulement réunies celles qui ont pris naissance depuis le premier jusqu'à peu près vers la fin du septième siècle de l'ère chrétienne. En effet, nous ne pouvons pas faire remonter à une époque moins reculée, je ne dirai pas la tradition, mais l'existence de ces traditions si semblables ou si liées entre elles par l'esprit qui les anime; car alors on connaissait déjà la Mercaba, qui n'est pas autre chose, comme nous savons, que cette partie de la Kabbale à laquelle le Zohar est spécialement consacré; et Simon ben Jochaï nous apprend lui-

---

1. Commentaire sur le *Sepher ietzirah*, fol. 31.
2. *Ibid.*, fol. 87, verso.

même qu'il avait des prédécesseurs. Il nous est également difficile de les faire naître dans un temps plus rapproché de nous ; d'abord parce que nous ne connaissons aucun fait qui nous y autorise ; ensuite nous rappellerons qu'en dépassant la limite que nous avons indiquée, on ne trouve plus, on ne peut même plus supposer l'usage du dialecte hiérosolymitain ou de la langue dans laquelle le Zohar est composé. Ainsi les difficultés insurmontables que l'on rencontre dans les opinions qui se distinguent de la nôtre, deviennent dans celles-ci des faits positifs qui la confirment et qui, parmi les preuves dont nous nous sommes servi, ne doivent pas être comptées les dernières [1].

L'antiquité de la rédaction et celle plus prodigieuse encore des traditions qui lui ont servi, ne font donc pas de doute.

Moïse, le grand législateur du peuple hébreu grossier et enfant, avait eu une mort mystérieuse et divine. Le chapitre 34 du Deutéronome dit : « Moïse est mort par le « commandement du Seigneur, qui l'a *enseveli lui-même* et « on n'a jamais pu en trouver de traces ; » d'autres hébraïsants traduisent ainsi « *qui l'a fait disparaître*, sans que « l'on pût découvrir des traces de son corps. »

Quoi qu'il en soit, il est certain que du temps de Clément d'Alexandrie [2], qui en fait expressément mention, les juifs et les chrétiens croyaient à l'ascension de Moïse dans les cieux ; un livre connu alors, et qui était dans toutes les mains, certifiait que Josué, fils de Nun, avait été témoin du merveilleux événement. Quelque chose de pareil fut cru et enseigné par les disciples de Simon ben Jochaï sur le compte de leur glorieux maître, principal rédacteur du Zohar. Voici un document légendaire à ce sujet.

1. Franck, *la Kabbale*, page 135. — 2. *Stromates*, livre V.

C'est le récit de la mort de Simon ben Jochaï, par rabi Aba, celui de ses disciples qu'il avait chargé de rédiger ses leçons. Nous allons essayer de le traduire :

« La lampe sainte (c'est ainsi que Simon est appelé par ses disciples), la lampe sainte n'avait pas achevé cette dernière phrase, que les paroles s'arrêtèrent, et cependant j'écrivais toujours ; je m'attendais à écrire encore longtemps, quand je n'entendis plus rien. Je ne levais pas la tête, car la lumière était trop grande pour me permettre de la regarder. Tout à coup je fus saisi : j'entendais une voix qui s'écriait : De longs jours, des années de vie et de bonheur sont maintenant devant toi. Puis j'entendis une autre voix qui disait : Il te demandait la vie, et toi tu lui donnes des années éternelles. Pendant tout le jour, le feu ne se retira pas de la maison, et personne n'osait approcher de lui à cause du feu et de la lumière qui l'environnaient. Pendant tout ce jour-là, j'étais étendu à terre et je donnais cours à mes lamentations. Quand le feu se fut retiré, je vis que la lampe sainte, que le saint des saints avait quitté ce monde. Il était là étendu, couché sur la droite, et la face souriante. Son fils Éliézer se leva, lui prit les mains et les couvrit de baisers ; mais j'eusse volontiers mangé la poussière que ses pieds avaient touchée. Puis tous ses amis arrivèrent pour le pleurer, mais aucun d'eux ne pouvait rompre le silence. A la fin, cependant, leurs larmes coulèrent. R. Éliézer, son fils, se laissa jusqu'à trois fois tomber à terre, ne pouvant articuler que ces mots : Mon père ! mon père !... R. Hïah, le premier se remit sur ses pieds, et prononça ces paroles : Jusqu'aujourd'hui la lampe sainte n'a cessé de nous éclairer et de veiller sur nous ; en ce moment, il ne nous reste qu'à lui rendre les derniers honneurs. R. Éliézer et R. Aba se levèrent, pour le revêtir de sa robe sépulcrale ; alors tous ses amis se réunirent en tumulte autour de lui, et des parfums s'exhalèrent de toute la maison. Il fut étendu dans la bière, et aucun autre que R. Éliézer et R. Aba ne prit part à ce triste devoir. Quand la bière fut enlevée, on l'aperçut à travers les airs; et un feu brillait devant sa face. Puis on entendit une voix qui disait : Venez et réunissez-vous à la fête nuptiale de Rabi Simon... Tel fut ce Rabi Simon, fils de Jochaï, dont le Seigneur se glorifiait chaque jour. Sa part est belle et dans ce monde et dans l'autre. C'est pour lui qu'il a été dit : Va vers ta fin, repose en paix et conserve ton lot jusqu'à la fin des jours [1].

Nous ne voulons pas, encore une fois, nous exagérer la valeur que ces lignes peuvent ajouter aux observations qui les précèdent; mais elles nous donneront au moins une idée du caractère que Simon avait aux yeux de ses disciples, et du culte religieux dont son nom est entouré dans toute l'école kabbalistique [2].

Voyons à présent les enseignements de la Kabbale sur le premier point, la pluralité des mondes et la rotation de la terre.

« Dans l'ouvrage de Chammouna le Vieux (que son saint
« nom soit béni), il est donné par un enseignement étendu
« la preuve que la terre tourne sur elle-même en forme de
« cercle sphérique; quelques habitants sont en haut pen-
« dant que les autres sont en bas, ils changent d'aspect et
« de cieux suivant les mouvements de rotation, gardent
« toujours leur équilibre; ainsi telle contrée de la terre
« est éclairée, c'est le jour, pendant que les autres sont
« dans les ténèbres, c'est la nuit, et il y a des pays où la
« nuit est très-courte [3].

Ainsi donc de toute antiquité le vrai système du monde était connu par révélation divine; il est curieux de lire la réponse que fait M. Franck à ceux qui, en présence de ce

---

1. *Sepher ietzirah*, 3ᵉ part., fol. 296, verso, édit. Mantoue. — 2. Franck, *la Kabbale*, page 129. — 3. 3ᵉ partie du *Zohar*, fol. 10, recto.

texte embarrassant pour leur scepticisme matérialiste, prétendent que le *Zohar* est une imposture, parce qu'il n'a pu être écrit, selon eux, qu'après Copernic et Galilée. Ainsi les pauvres critiques objectent précisément contre l'authenticité des monuments kabbalistiques, ce qui est une preuve irréfragable de leur inspiration. M. Franck répond comme il suit :

« On a demandé comment, dans un temps aussi éloigné de nous que celui auquel nous rapportons le principal monument du système cabalistique, on a pu connaître le principe qui fait la base de la cosmographie de nos jours, ou le système de Copernic, si clairement résumé dans un passage dont nous avons plus haut donné la traduction. Nous répondrons que, dans tous les cas, même en admettant que le Zohar n'est qu'une imposture de la fin du treizième siècle, ce passage était connu avant la naissance de l'astronome prussien. Ensuite, les idées qu'il renferme étaient déjà répandues parmi les anciens, puisque Aristote les attribue à l'école de Pythagore. « Presque tous ceux, dit-il, qui affir-
« ment avoir étudié le ciel dans son ensemble, prétendent
« que la terre est au centre; mais les philosophes de l'école
« italique, autrement appelés les Pythagoriciens, enseignent
« tout le contraire; dans leur opinion, le centre est occupé
« par le feu, et la terre n'est qu'une étoile dont le mouve-
« ment circulaire autour de ce même centre, produit la nuit
« et le jour. » Dans leurs attaques contre la philosophie, les premiers Pères de l'Église n'ont pas cru devoir épargner cette opinion, qui leur semblait inconciliable avec le système cosmologique enseigné dans la Genèse. « C'est, dit Lactance,
« une absurdité, de croire qu'il y a des hommes qui ont les
« pieds au-dessus de leurs têtes, et des pays où tout est
« renversé, où les arbres et les plantes croissent de haut

« en bas... On trouve le germe de cette erreur chez les phi-
« losophes, qui ont prétendu que la terre est ronde[1]. »
Saint-Augustin s'est exprimé, sur le même sujet, en termes
à peu près semblables[2]. Enfin, même les auteurs les plus
anciens de la Guémara avaient connaissance des antipodes
et de la forme sphérique de la terre, car on lit dans le
Thalmud de Jérusalem[3] qu'Alexandre le Grand, en parcourant la terre pour en faire la conquête, apprit qu'elle est
ronde, et l'on ajoute que c'est pour cela qu'il est ordinairement représenté un globe à la main. Mais le fait même dans
lequel on a cru trouver une objection contre nous prouve
au contraire pour nous; car, pendant toute la durée du
moyen âge, le vrai système du monde est resté à peu près
ignoré, et le système de Ptolémée régnait sans partage[4]. »

Ainsi, les négateurs incorrigibles de toute vérité divine
sont encore battus et terrassés. Citons maintenant un grand
érudit, qui a le défaut de croire encore à beaucoup de doctrines enfantines, mais qui parfois y voit très-clair (nous
parlons de M. de Mirville); il rend hommage à l'antiquité et
à l'importance singulière du Zohar, et il dit ceci sur la question qui nous occupe[5].

« Cherchons donc encore ce dernier mot juif dans le
« Zohar, cette encyclopédie si ancienne, et néanmoins si

---

1. « Ineptum credere esse homines quorum vestigia sint superiora
« quam capita, aut ibi quæ apud nos jacent inversa pendere; fruges et
« arbores deorum versus crescere. . Hujus erroris originem philosophis
« fuisse quod existimarint rotundum esse mundum. » (Lib. III, cap. 24.)
2. *De civitat. Dei*, lib. XVI, cap 9.
3. *Aboda Zarah*, ch. 3.— Nous avons trouvé ce texte dans *Menasseh
ben Israël*, *Problemata de creatione*, probl. XXVIII.
4. Franck, 136, ouv. cité. Flammarion. *La Pluralité des mondes
habités*, 3ᵉ édition, pages 424-449.
5. *Manifestations historiques des esprits*, 4ᵉ vol.

« connue des vérités primordiales, livre vraiment singulier,
« que le docteur Sepp regarde avec raison comme destiné
« à la solution future de bien des énigmes, et que notre ami
« M. Drach, qui a bien voulu en traduire pour nous quel-
« ques fragments, appelle un livre « éminemment chrétien,
« ou plutôt le recueil des traditions juives les plus pures et
« les plus anciennes [1]. »

« Voici donc que dans le Zohar (3ᵉ partie, fol. 4, col. 14),
« il est longuement raconté (dit M. Drach), que la terre
« roule sur elle-même dans un cercle, en raison de ce mou-
« vement particulier à tous les corps sphériques. Parmi ses
« habitants, les uns se trouvent donc en bas et les autres
« en haut, tous marchant debout. C'est pourquoi le point
« des uns est éclairé, pendant que le point des autres est
« dans l'obscurité. Ceux-ci ont le jour, ceux-là la nuit, et
« il y a un point (le pôle) qui est tout jour, où la nuit ne
« dure qu'un temps très-court, et ce qui est dit dans les
« livres des anciens est conforme à ceci, et ce mystère a été
« confié aux maîtres de la sagesse, mais pas aux géogra-
« phes, parce que c'est un mystère profond de la loi. »

Passons maintenant à la seconde partie des révélations spirituelles : *la pluralité des existences.*

---

[1]. Jusqu'ici le Zohar n'avait pas échappé à l'accusation ordinaire et puérile de modernité ; mais notre traducteur, avec cette grande autorité d'hébraïsant qu'il doit à son ancienne dignité de rabbin, établit l'impossibilité, en raison de l'extrême pureté de son style syro-jérusalémite, de reporter le Zohar à une date moins ancienne que celle de la dernière ruine de Jérusalem, dernière époque à laquelle ce style fût encore familier aux Juifs. Cette réflexion ne regarde que la rédaction et la forme, le fond des traditions rapportées devant remonter, selon lui, à une antiquité indéfinie. Cette rédaction a été faite vers l'an 121 de notre ère, par R. Simon-ben-Jochaï, et continuée par ses disciples. On y retrouve les traditions les plus reculées et jusqu'aux mystères les plus redoutables de la foi.

Le Zohar nous entretient de notre origine, de nos doctrines futures et de nos rapports avec l'Etre divin. « L'homme, dit-il, est à la fois le résumé et le terme le
« plus élevé de la création; c'est pour cela qu'il n'a été
« formé que le sixième jour. Sitôt que l'homme parut, tout
« était achevé, et le monde supérieur et le monde inférieur,
« car tout se résume dans l'homme; il réunit toutes les
« formes. Mais il n'est pas seulement l'image du monde,
« de l'universalité des êtres, en y comprenant l'Être ab-
« solu : il est aussi, il est surtout l'image de Dieu consi-
« déré seulement dans l'ensemble de ses attributs in-
« finis. »

Le voici d'abord représenté sous le premier de ces deux aspects, c'est-à-dire comme microcosme. « Ne va pas croire
« que l'homme soit seulement de la chair, une peau, des
« ossements et des veines, » loin de là! ce qui fait réelle-
« ment l'homme, c'est son âme, et les choses dont nous
« venons de parler, la peau, la chair, les ossements, les
« veines, ne sont pour nous qu'un vêtement, *une carapace*,
« un tégument, mais elles ne sont pas l'homme et ne sau-
« raient le constituer. Quand l'homme s'en va de cette
« terre misérable, il se dépouille peu à peu de tous les
« vices qui le couvrent. » Nous verrons bientôt, et à la fin de ce chapitre, de quels éléments il se compose; l'un passager et transitoire approprié à la vie d'ici-bas, les deux autres immortels, l'un changeant et devenant plus éthéré à mesure que l'âme monte, l'autre, l'étincelle divine, l'âme, le moi durant au milieu de toutes les transformations, tantôt avec le souvenir de son passé, tantôt privée de toute mémoire antérieure, en raison des nécessités de l'épreuve et des liens grossiers qu'elle a dû contracter; mais partout et toujours l'union intime persiste de la *Nichema* (âme)

avec le *Rouah*, esprit supérieur de tous les voyages, son inséparable compagnon. Quant à l'alliance momentanée de ces deux principes élevés avec celui des sens, c'est-à-dire, quant à la vie elle-même par laquelle ils sont enchaînés à la terre, elle n'est point représentée comme un mal. On ne veut pas, à l'exemple d'Origène et de l'école gnostique, la faire passer pour une chute ou pour un exil, mais pour un manque d'éducation et une salutaire épreuve. Aux yeux des kabbalistes, c'est une nécessité pour l'âme, une nécessité inhérente à sa nature finie, de jouer un rôle dans l'univers, de contempler le spectacle que lui offre la création pour avoir la conscience d'elle-même et de son origine, pour rentrer, sans se confondre absolument avec elle, dans cette source inépuisable de lumière et de vie qu'on appelle la pensée divine. D'ailleurs, l'esprit ne peut pas descendre, sans élever en même temps les deux principes inférieurs, et jusqu'à la matière, qui se trouve placée encore plus bas; la vie humaine, quand elle a été complète, est donc une sorte de réconciliation entre les deux termes extrêmes de l'existence considérée dans son universalité, entre l'idéal et le réel, entre la forme et la matière, où, comme dit l'original, entre le roi et la reine. L'Adam céleste étant le résultat d'un principe mâle et d'un principe femelle, il a fallu qu'il en fût de même de l'homme terrestre, et cette distinction ne s'applique pas seulement au corps, mais aussi, mais surtout à l'âme, dût-on la considérer dans son élément le plus pur. « Toute forme, dit le « Zohar, dans laquelle on ne trouve pas le principe mâle et « le principe femelle, n'est pas une forme supérieure et « complète. Le Saint, béni soit-il, n'établit pas sa demeure « dans un lieu où ces deux principes ne sont pas parfaite- « ment unis; les bénédictions ne descendent que là où cette

« union existe, comme nous l'apprenons par ces paroles :
« il les bénit, et il appela leur nom Adam le jour où il les
« créa; car même le nom d'homme ne peut se donner qu'à
« un homme et à une femme unis comme un seul être. »
De même que l'âme tout entière était d'abord confondue
avec l'intelligence suprême, ainsi ces deux moitiés de l'être
humain, dont chacune, du reste, comprend tous les éléments
de notre nature spirituelle, se trouvaient unies entre elles
avant de venir dans ce monde, où elles n'ont été envoyées
que pour se reconnaître et s'unir de nouveau dans le sein
de Dieu. Cette idée n'est exprimée nulle part aussi nettement que dans le fragment qu'on va lire : « Avant de venir
« dans ce monde, chaque âme et chaque esprit se compose
« d'un homme et d'une femme réunis en un seul être; en
« descendant sur la terre, ces deux moitiés se séparent, et
« vont animer des corps différents. Quand le temps du ma-
« riage est arrivé, le Saint, béni soit-il, qui connaît toutes
« les âmes et tous les esprits, les unit comme auparavant,
« et alors ils forment, comme auparavant, un seul corps et
« une seule âme... Mais ce lien est conforme aux œuvres de
« l'homme et aux voies dans lesquelles il a marché. Si
« l'homme est pur et s'il agit pieusement, il jouira d'une
« union tout à fait semblable à celle qui a précédé sa nais-
« sance. »

Nous trouvons dans le passage suivant la doctrine de la
réminiscence : « De même qu'avant la création, toutes les
« choses de ce monde étaient présentes à la pensée divine,
« sous les formes qui leur sont propres; ainsi toutes les
« âmes humaines, avant de descendre dans ce monde,
« existaient devant Dieu, dans le ciel, sous la forme qu'elles
« ont conservée ici-bas; et tout ce qu'elles apprennent sur
« la terre, elles le savaient avant d'y arriver. » On regret-

tera peut-être avec nous, dit M. Frank[1], qu'un principe de cette importance ne soit pas suivi de quelques développements, et ne tienne pas plus de place dans l'ensemble du système; mais on sera forcé de convenir qu'il ne peut pas être formulé d'une manière plus catégorique. « Tous ceux « qui font le mal, dans ce monde, ont déjà commencé dans « l'univers à s'éloigner du Saint, dont le nom soit béni ; ils « se sont précipités à l'entrée de l'abîme, et ont devancé le « temps où ils devaient descendre sur la terre. Telles furent « les âmes avant de venir parmi nous. »

C'est précisément pour concilier la liberté avec la destinée de l'âme, c'est pour laisser à l'homme la faculté d'expier ses fautes, sans le bannir pour toujours du sein de Dieu, que les kabbalistes ont adopté, mais en l'ennoblissant, le dogme pythagoricien de la métempsycose. Il faut que les âmes, comme toutes les existences particulières de ce monde, rentrent dans la substance absolue dont elles sont sorties. Mais pour cela, il faut qu'elles aient développé toutes les perfections dont le germe indestructible est en elles; il faut qu'elles aient acquis, par une multitude d'épreuves, la conscience d'elles-mêmes et de leur origine. Si elles n'ont pas accepté cette condition dans une première vie, elles en commencent une autre, et après celle-ci une troisième, en passant toujours dans une condition nouvelle, où il dépend entièrement d'elles d'acquérir les vertus qui leur ont manqué auparavant. Cet exil cesse quand nous le voulons; rien non plus ne nous empêche de le faire durer toujours…
« Toutes les âmes, dit le texte, sont soumises aux épreuves « de la transmigration, et les hommes ne savent pas quelles « sont, à leur égard, les voies du Très-Haut; ils ne savent

---

1. *La Kabbale*, déjà citée.

« pas comment ils sont jugés dans tous les temps, et avant
« de venir dans ce monde, et lorsqu'ils l'ont quitté ; ils igno-
« rent combien de transformations et d'épreuves mysté-
« rieuses ils sont obligés de traverser ; combien d'âmes et
« d'esprits viennent en ce monde, qui ne retourneront pas
« dans le palais du Roi céleste ; comment, en un mot,
« ils subissent des révolutions semblables à celles d'une
« pierre qu'on lance avec la fronde. Le temps est enfin
« venu de dévoiler tous ces mystères. » La transmigration
des âmes, si nous en croyons saint Jérôme, a été longtemps enseignée comme une vérité ésotérique et traditionnelle, qui ne devait être confiée qu'à un petit nombre
d'élus : *abscondite quasi in focis viperarum versari, et
quasi hœreditario malo serpere in paucis*. Origène la considère comme le seul moyen d'expliquer certains récits
bibliques, tels que la lutte de Jacob et d'Ésaü avant
leur naissance, tels que l'élection de Jérémie quand il
était encore dans le sein de sa mère, et une foule d'autres
faits qui accuseraient le ciel d'iniquité, s'ils n'étaient
justifiés par les actions bonnes ou mauvaises d'une vie
antérieure à celle-ci. De plus, pour ne laisser aucun doute
sur l'origine et le vrai caractère de cette croyance, le prêtre
d'Alexandrie a soin de nous dire qu'il ne s'agit pas ici de
la métempsycose de Platon, mais d'une théorie toute différente et bien autrement élevée.

On comprend de reste que si nous avons trouvé dans
Moïse des expressions magnifiques distinguant (le corps
grossier élagué) trois éléments de la vie de l'homme, à
savoir : son âme (Nichema), l'esprit terrestre (Nephesch),
et l'esprit des vies, dans leur ensemble et dans l'éternité
(Rouah) ; nous retrouvons, et avec les mêmes désignations,
ces trois principes dans le Zohar.

Considéré en lui-même, c'est-à-dire sous le point de vue de l'âme, et comparé à Dieu avant qu'il soit devenu visible dans le monde, l'être humain, par son unité, par son identité substantielle et sa triple nature, nous rappelle entièrement la Trinité suprême. En effet, il se compose des éléments suivants : 1° d'un esprit (Rouah), qui représente le degré le plus élevé de son existence ; 2° d'une âme (Nichema) qui est le siége du bien et du mal, du bon et du mauvais désir, en un mot, de tous les attributs moraux ; 3° d'un esprit plus grossier (Nephesch), immédiatement en rapport avec le corps, et cause directe de ce qu'on appelle dans le texte les mouvements inférieurs, c'est-à-dire les actions et les instincts de la vie animale.

Pour faire comprendre comment, malgré la distance qui les sépare, ces trois principes, ou plutôt ces degrés de l'existence humaine se confondent cependant dans un seul être, on a recours à une comparaison usitée au sujet des attributs divins, et dont le germe est dans le livre de la création.

Les passages qui témoignent de l'existence de ces trois éléments sont très-nombreux ; mais, à cause de sa clarté, nous choisissons de préférence celui qu'on va lire :

« Dans ces trois choses : l'esprit, l'âme et la vie des sens, nous
« trouverons une fidèle image de ce qui se passe en haut ; car
« elles ne forment toutes trois qu'un seul être où tout est lié par
« l'unité (Nephesch) ; la vie des sens ne possède par elle-même
« aucune lumière ; c'est pour cette raison qu'elle est si étroite-
« ment liée avec le corps auquel elle procure les jouissances et
« les aliments dont il a besoin. On peut lui appliquer ces paroles
« du sage : elle distribue la nourriture à sa maison, et marque la
« tâche de ses servantes. La maison, c'est le corps qui est nourri,
« et les servantes sont les membres qui obéissent. Au-dessus de

« la vie des sens s'élève l'âme (Nichema), qui la subjugue, lui
« impose des lois et l'éclaire autant que sa nature l'exige. C'est
« ainsi que le principe animal est le siége de l'âme. Mais ce qui
« l'unit en définitive à toutes les humanités, le principe qui peut
« la faire éclater dans tous les séjours, c'est le *Rouah*, l'esprit
« des vies, de toutes les existences, de toutes les pérégrinations
« auxquelles l'âme est assujettie, avant de monter vers celui d'où
« l'on ne redescend que volontairement, et que pour des missions
« acceptées et briguées; voilà les hautes maximes de cet ensei-
« gnement tout spirituel [1]. »

Saint Jean l'Évangéliste, s'il est vrai qu'il soit l'auteur de l'Apocalypse, était évidemment initié aux dogmes de la kabbale, comme le prouvent surabondamment et les vingt-deux chapitres, et tous les symboles de ce livre, unique dans son genre, et jusqu'à son titre ἀποκαλύψις qui veut dire *revoiler*, recouvrir d'un voile, transparent pour les initiés, impénétrable pour les profanes; c'était la Bible des initiations chrétiennes, de l'école d'Éphèse et même du gnosticisme, dont le sens n'était révélé qu'aux âmes spirituelles, et déjà pubères.

Le Christ, pas plus que Moïse, n'ont ignoré la partie voilée des révélations, puisque le Christ dit même à ses disciples qu'il ne peut tout leur dire exotériquement et vulgairement, et qu'il annonce l'avénement de l'esprit pour l'humanité tout entière. Cependant il en dit plus, et à part, dans

---

[1]. L'école moderne des esprits, que nous examinerons à un point de vue tout philosophique appelé la *Nephesch*, l'esprit terrestre, du nom de périsprit, et le *Rouah* pourrait être dans la même doctrine qualifié de *périsprit virtuel*, constamment attaché à l'âme; la *Nichema*, l'âme de Moïse et du Zohar, est ce que les mêmes nomment indifféremment *âme* ou *esprit*. Mais le nom ne fait rien, pourvu que l'on soit d'accord sur les principes.

quelques assemblées secrètes de ses apôtres dont témoigne Marc, et dont nous parle Irénée d'après Papias et saint Jean lui-même, qui a eu un pied dans l'avenir, et que le Maître affectionnait tout particulièrement.

Voici les réflexions inspirées à M. Adolphe Berthet (Apocalypse) par ce sujet intéressant; c'est par elles que nous terminerons cet important chapitre.

« Que Jésus ait eu une double doctrine, dit-il, c'est-à-dire une doctrine toute morale qui a pour but la régénération sociale des masses, et une doctrine secrète qui était réservée aux seuls initiés, et n'a été communiquée qu'aux apôtres choisis par lui, c'est là ce qui ressort à l'évidence des Évangiles[1]. »

C'est pourquoi Jésus disait aux apôtres qu'il était réservé à eux seuls de connaître les mystères du royaume de Dieu, mais que, pour les autres, il fallait se borner à les présenter à leur foi en paraboles, afin que s'accomplît la prophétie d'Isaïe : « Vous écouterez de vos oreilles, et vous n'entendrez point[2]. »

La connaissance de ces mystères constitue, dans l'enseignement religieux, les parties de la science, que l'on désigne sous les noms de théogonie, de théurgie et de thaumaturgie; la première embrasse tout le système du monde divin; a seconde est l'art d'ouvrir et d'entretenir un commerce, un échange de pensées entre l'initié et le monde des esprits, les anges de Dieu ou les archanges, les Éloïm de Moïse; la troisième a pour objet de s'emparer de la force occulte pour faire des prodiges ou des choses surhumaines. Que dans

---

1. Matthieu, ch. X, v. 8; ch. XIII, v. 2; ch. XVI, v. 21; **Marc**, ch. IV, v. 34; Luc, ch. VIII, v. 10.
2. Matthieu, ch. XIII, v. 14.

l'ancien culte de Moïse l'on ait pratiqué avec soin ces deux dernières parties de la science religieuse, c'est un point dont l'histoire juive, et de nombreux textes des livres sacrés ne permettent pas de douter un seul instant[1]. »

1. Franck, *la Kabbale*, p. 37 et 38.

CHAPITRE III

ORIGÈNE

Sa mission. — Son système. — Origine des âmes. — Leur histoire. — Leur diversité. — Distribution. — Châtiments. — Purification. — Réhabilitation. — Vies successives. — Progrès des vies. — Les conciles. — Jugement sur sa doctrine.

Les *Mystères* pour les Gentils, le *Zohar* pour les Hébreux ont donc été la doctrine secrète destinée aux forts, aux pubères parmi les enfants. Origène et ses écrits ont rempli le même rôle parmi les chrétiens. Missionnaire divin, choisi de Dieu, il vint pour révéler avant l'âge la pluralité des mondes et des existences, et répandre des semences que l'avenir seul ferait éclore, et que des précurseurs se transmettraient à l'envi ; mais elles ne devaient fructifier que de nos jours et avec l'avénement de l'Esprit de Dieu réservé à notre adolescence et à notre puberté.

Un grand écrivain, qui a été de notre temps l'un des précurseurs spéciaux de l'enseignement spirituel, Jean Reynaud, trop tôt enlevé à la France, a publié sur Origène qu'il était digne d'interpréter et de comprendre, de magnifiques et complètes études. Les résumer en les abrégeant et ne les citant que pour le sujet de ce livre, a été le parti que nous avons adopté; il ne pouvait s'agir de refaire ce qui avait été si bien accompli. Nous allons donc présenter une analyse du beau travail de Jean Reynaud, en y ajoutant quelques réflexions personnelles.

Le sublime esprit d'Origène voulut entreprendre une tâche trop grande à cette époque; il essaya de confondre les sectes manichéennes, de justifier la Providence, d'expliquer l'origine du mal et de révéler la loi de la destinée. Efforts inutiles! téméraires pensées! le genre humain n'était pas préparé à de telles vérités. Le Christ avait gardé un prudent silence sur la formidable question de l'origine du mal, sur les modes de la vie future; il annonça seulement, pour encourager les bons et effrayer les méchants, des récompenses et des punitions auxquelles il donna la redoutable consécration de l'éternité. Le Christ ne pouvait livrer aux hommes la vérité absolue; l'absolu devient relatif lorsqu'il descend dans l'humanité : ce que le Messie n'avait pas fait, un homme l'osa; il l'osa aux premiers siècles de l'Église, sans qu'aucune évolution nouvelle du genre humain pût justifier l'audace de cette tentative; il devait nécessairement échouer; la société ignorait à cette époque la loi de l'initiation et du progrès qui lui est depuis peu connue[1]. Son éducation n'était pas assez avancée. Le Christ n'eût pas été compris du vulgaire, il n'en parla donc pas ; mais Origène avait une tout autre mission, il représentait, par la volonté de Dieu, cet impatient écolier de la quatrième ou de la cinquième classe qui, fier d'être le premier de tous ses condisciples, s'érigerait en professeur de rhétorique ou de philosophie. Les autres élèves ne le comprendraient pas et condamneraient ses pensées; quant à lui, il poursuivrait sa tâche. Pour ex-

---

[1]. Pour comprendre la loi du progrès, il fallait que l'humanité traversât diverses phases qui pussent servir de termes à la comparaison. La théorie du progrès n'est même encore qu'à son enfance. Nous n'en avons que les premiers éléments. Nous commençons nos études sur ce point.

pliquer la création du monde où règnent le mal physique et le mal moral, Origène suppose que l'union des âmes aux corps est une punition [1]; il ne comprenait pas la nécessité de l'initiation et la laborieuse conquête du progrès. Citons un passage de saint Augustin : « Les âmes ont péché « en s'éloignant de leur créateur; échelonnées du ciel à la

[1]. Les causes de la différence des conditions proviennent, selon Origène, d'existences antérieures. « Quoniam justitia debet creatoris « in omnibus apparere, » par la raison que la justice du Créateur doit paraître en toutes choses. (*De principiis*, lib II, cap. IX, art. 7.) « Mens « corruens facta est anima. » L'esprit déchu a été fait âme, et l'âme réparée redeviendra pur esprit. (Cap. VII, art. 3.) Le monde, en effet, se compose de créatures intelligentes dans les états les plus divers. Quel autre motif donner à son existence que la diversité de la chute de ces êtres qui ont eu un point de départ commun? Avant que les créatures descendissent aux lieux inférieurs, et échangeassent l'invisible contre le visible, en se revêtant de corps lourds et épais, elles jouissaient au sein de Dieu d'une béatitude sans trouble et d'un repos constant. Dieu leur fit des corps conformes à leur condition et proportionnés au degré de leur chute; c'est ainsi que fut fabriqué le monde visible. (Lib. IV, cap. V, art. 4.) « Diversi motus et variæ voluntates « diversum accipiunt statum, id est, ut angeli homines, vel dæmones, « et rursum ex his homines vel angeli fiant. Grandis negligentiæ atque « desidiæ est in tantum unum quemque defluere atque evacuari, ut « ad vitia veniens, irrationabilium jumentorum possit crasso corpori « alligari. » (Lib. III, cap. V, art. 4.) « Les divers mouvements et les diverses volontés reçoivent des états divers, de telle sorte que les anges deviennent des hommes ou des anges, ou des démons, et les démons redeviennent des hommes ou des anges, et telle peut être la défaillance et la chute où la négligence et la paresse entraînent chaque créature, que tombée dans le vice elle soit enchaînée au corps grossier des bêtes privées de raison. » Rufin, disciple d'Origène, traducteur latin de ses œuvres, n'avait donc pas entièrement rejeté les antiques errements de la métempsycose. Il admettait toutefois un grand principe, c'est que l'élévation à un rang supérieur est accordée à chacun. « Per singulos « in omne et ab omnibus in singulos. » (Lib. I, cap. VI, art. 3.) « De chacun en tous et de tous en chacun... » Mais il laissait même après l'arrivée au but la possibilité de la chute.

« terre à divers intervalles, suivant la diversité de leurs
« crimes, elles ont mérité différentes chaînes corporelles :
« tel est le monde, telle est la cause de la création du
« monde ; selon Origène, ce n'est point la production d'un
« bien, mais la répression d'un mal ; ici Origène encourt
« une juste censure ; lisez les livres des principes, voilà ce
« qu'il pense, voilà ce qu'il écrit. En vérité, mon étonne-
« ment est au-dessus de toute expression. Quoi ! un homme
« si savant, si profondément versé dans les saintes lettres,
« ne voit pas combien cette opinion répugne à l'autorité
« formelle de l'Écriture, qui ajoute après chaque création
« particulière : et Dieu vit que cela était bon... Avant son
« péché même, l'homme est revêtu d'un corps d'argile[1]. »
Après des purifications successives, les âmes, revêtues de
substances éthérées, rentrent au sein de Dieu ; mais
comme Dieu seul est immuable, les âmes, pour de nouvelles fautes, se détachent encore de la divinité et reviennent dans les corps, soumises à de nouvelles purifications
et à de nouvelles vies, et cela sans repos et sans fin[2].

---

1. *Cité de Dieu*, liv. XI, chap. XXIII, traduction de L. Moreau.
2. Les corps, cela n'est pas douteux, selon Origène, ne subsistent pas principalement, mais par intervalles. « Nulli dubium ut corpora « non principaliter existere, sed per intervella. » Ils sont faits mainte-
nant, à cause des impulsions différentes des créatures raisonnables, pour être de nouveau réduits au néant lorsqu'elles se seront relevées de la dégradation de leur chute. (*De principiis*, lib. IV, cap. IV, art. 35.) S'élevant peu à peu par ordre et par mode, des créatures parviendront d'abord à cette terre et à la science qui s'y découvre, de là à une meilleure, et enfin à un état auquel il ne pourra rien être ajouté. (Lib. I, cap. VI, art. 9.) Mais les créatures s'ennuyant bientôt d'un repos complet dans le bien ne voulant pas garder leur principe et posséder une béatitude incorruptible, les corps seront créés de nouveau, et d'autres mondes seront disposés pour les créatures, quelques-unes, toutefois, demeureront fidèles jusqu'au second, au troisième, et même

D'après saint Augustin, c'est surtout l'opinion des retours périodiques de l'âme dans une éternelle alternative de béatitude et de misère qui a fait peser sur Origène la juste réprobation de l'Église. « En effet, où était donc sa commisé-
« ration, lorsqu'il condamnait les saints aux souffrances
« réelles de l'expiation, et au mensonge d'une vaine béa-
« titude en leur refusant la joie véritable, la sécurité dans
« la possession éternelle du souverain bien? Or, bien dif-
« férente est l'erreur de cette généreuse commisération qui
« n'admet la souffrance temporaire des damnés que pour
« les réunir tous, après une délivrance plus ou moins tar-
« dive, dans une éternelle félicité. » Ainsi, saint Augustin trouvait beaucoup plus condamnable l'opinion qui niait la sécurité des bienheureux, que celle qui révoquait en doute la perpétuité des peines.

Origène ne comprenait pas la loi de l'initiation progressive, ni comment un certain terme de développement étant arrivé, la volonté en possession du vrai, du bien et du beau, ne pourrait plus rétrograder malgré la persistance du libre arbitre. Aussi admettait-il la création coéternelle à Dieu, non dans l'ordre logique, mais dans l'ordre chronologique ; il reconnaissait avant le monde actuel une série infinie d'autres mondes qui l'avaient précédé, et une autre

---

au quatrième monde. D'un autre côté, quelques-unes de ces créatures auront tellement dégénéré, qu'au premier de ces mondes nouveaux elles deviendront des démons. (Lib. IV, art. 3.)

Ce qui a occasionné toutes les erreurs d'Origène à ce sujet, c'est l'ignorance de la loi du progrès indéfini qui existe toujours pour l'âme même après son arrivée, à un tel point, que la perfection de sa volonté l'empêche de faillir. Persuadé que le mouvement est notre loi et que l'immobilité est impossible à supposer dans un être fini, Origène a eu recours à l'hypothèse de la création indéfinie de nouveaux mondes, exprimant que peut-être nous ne sommes pas au premier.

série également infinie après la destruction du présent univers.

Comme les créatures raisonnables ont été douées de la faculté du libre arbitre, cette liberté de volonté a conduit chacune d'elles, soit au mouvement en avant par l'imitation de Dieu, soit au mouvement en arrière par la négligence ; et telle a été la cause, comme je l'ai déjà dit, de la diversité des créatures raisonnables, diversité qui tire aussi son origine, non de la volonté ou du jugement de leur auteur, mais du progrès, effet de leur liberté. Mais Dieu, qui dès lors a trouvé juste de traiter ses créatures suivant leurs mérites, s'est servi de la diversité des esprits pour construire l'ordonnance du monde, qu'il a créée avec ces âmes et ces esprits, comme une maison dans laquelle il doit y avoir non-seulement des vases d'or et d'argent, mais des vases de bois et d'argile, et les uns pour les services d'honneur, les autres pour ceux d'ignominie. Ce sont là, à ce que je pense, les causes qui ont amené dans ce monde la diversité, la divine Providence y ayant donné à chacun une position relative au caractère de ses mouvements. Par là, le créateur ne doit point paraître injuste, puisqu'il a rétribué chacun, d'après des causes précédentes, en vertu de ses mérites, et par conséquent, le bonheur ou le malheur, enfin les conditions quelconques de naissance ne doivent pas non plus être considérés comme les accidents fortuits, ni le créateur comme un être inégal, ni les âmes comme des natures différentes (Per. II, 9).

Ainsi, en résumé, de même qu'il est impossible d'admettre que Satan ait été créé dans la méchanceté, ni que l'enfer soit son lieu natal, et que la mythologie chrétienne est obligée de lui concevoir une vie antérieure d'une durée suffisante pour la production de son crime ; de même qu'il est impossible de croire qu'Adam soit né dans la condition malheureuse où nous sommes, et que la mythologie est forcée de lui attribuer aussi une vie antérieure durant laquelle il ait mérité par son péché les afflictions de son existence; par la raison qu'il y a blasphème et contradiction à rapporter à Dieu l'initiative d'aucune chose qui ne soit de toute bonté, Origène veut que tout ce qui se voit de mauvais chez l'homme, dès sa naissance, soit le fait, non de la Providence, mais de l'homme lui-même. Il établit donc une analogie parfaite entre l'histoire particulière de chacun de nous, et ce qu'enseigne l'Église de l'histoire de Satan et de celle d'Adam. Ainsi que tous les anges qui ont suivi Satan dans l'abîme se sont attirés leur châtiment par les déterminations de leur volonté, tous les hommes qui ont suivi Adam sur la terre se sont attiré aussi par eux-mêmes, et dans la mesure de leurs désobéissances passées, les peines qu'ils y endurent. Il est incontestable que le dogme de la chute personnelle de tous les hommes aboutit à détruire celui de leur chute solidaire dans Adam. On l'efface en effet implicitement dès qu'on le rend inutile; et lors même qu'on ne pousserait pas plus loin l'entreprise, ce serait avoir assez préparé son renversement que d'avoir coupé de cette manière ses racines. C'est ce qu'a fait Origène, car, bien qu'il reste permis de dire que les hommes, ayant déjà mérité leur sort par leur propre conduite, ont pu cependant se trouver encore compromis de quelque autre façon dans le péché de leur père, cette complicité involontaire n'est plus dès lors qu'une superfétation que rien n'appelle, qui ne s'enchaîne à rien, et qui n'a d'autre sens que celui d'une satisfaction accordée en passant à une ancienne tradition que l'on n'ose ouvertement mépriser. Aussi est-ce sur ce point que l'école de saint

Paul et de saint Augustin a combattu avec plus de vivacité celle d'Origène, dont on peut dire avec le cardinal Norris et Jansénius, que Pélage, en rejetant franchement le dogme du péché originel, n'a été que le continuateur. C'est la nécessité de maintenir ce dernier dogme qui a été la base fondamentale de toutes les objections qui se sont opposées dans l'Église à l'admission de celui de la préexistence individuelle ; et c'est ainsi que, par l'ascendant de la mythologie hébraïque, par son accord avec l'instinct du droit de filiation, si absolu chez les Latins, par l'obligation de sceller par des fables puissantes le mystère de l'Incarnation, cette croyance, bien plus généralement répandue dans le monde et plus conforme aux déductions naturelles de la raison que le mythe barbare de Moïse, a été, au moins pour un temps, comme nous l'expliquerons ailleurs plus en détail, rejetée dans l'ombre.

Bien que soumis à la même règle, réunis dans une enceinte commune, liés par des chaînes semblables, destinés également à la mort, les êtres qui s'y trouvent rangés diffèrent cependant les uns les autres, tant par les qualités qui leur sont inhérentes que par les circonstances forcées auxquelles ils sont assujettis. Aucun n'est dans des conditions d'existence exactement identiques avec celles d'aucun autre, et les siècles qui, dans leur déroulement, amènent sur la terre des individus continuellement nouveaux, ne voient pas le spectacle de la même vie se produire deux fois. C'est la conséquence des épreuves et de leurs résultats divers sur telle ou telle âme. De là chacune d'elles, tout en conservant certaines analogies générales avec les autres, est cependant devenue différente en elle-même de toutes les autres, et, en vertu des lois de l'harmonie du monde, a mérité ainsi des conditions d'existence conformes aux conditions particulières de son péché, c'est-à-dire différentes aussi de toutes les autres. Tel est le principe de l'inégalité parmi les hommes. C'est donc dans l'histoire de l'univers qu'il faut chercher les racines de cette inégalité. Pour être cachées à nos yeux dans les profondeurs du passé, elles n'en sont pas moins réelles, et c'est par elles que subsistent toutes les particularités qu'il nous est actuellement donné d'apercevoir. La manière dont chacun de nous pose le pied sur la terre, à l'instant où il y aborde, n'est qu'une suite de la façon dont il marchait précédemment dans l'univers. Nos naissances ne sont en quelque sorte que les extrémités auxquelles sont venues aboutir les routes que, dans notre indépendance, il nous a plu de choisir; et loin de nous obliger fatalement, sans aucune initiative de notre part, elles ne font que nous mettre en mesure de continuer de nous-mêmes ce que nous avons précédemment commencé. Leur système, au lieu d'être l'œuvre du hasard, est donc réglé par une ordonnance non moins juste et non moins admirable que celle qui préside à toutes les autres administrations de l'univers. La diversité qui s'y observe ne pouvait manquer de s'y développer si, mettant en exercice notre droit de personnalité, nous nous sommes effectivement jetés après notre création dans la voie que chacun de nous a voulue; et il faut se garder d'en faire une preuve de l'autorité du destin, quand elle en est une au contraire de notre absolue liberté. Si, parmi nous, les uns viennent au monde dans de meilleures dispositions que les autres relativement aux commodités de la vie, aux facilités de l'intelligence, à la vertu, ce n'est point à un arrêt aveugle qu'ils doivent leur avantage, non plus que les autres leur misère. Heureux ou malheureux dans sa naissance, chacun doit à lui-même son sort, et il ne le peut maudire sans se maudire implicitement lui-même; car les biens qu'il voit chez ses voisins ne sont pas un privilége à exciter son envie, mais un héritage qu'il possédait comme eux, qu'il pouvait conserver comme eux, et que, dans sa folie, il a mieux aimé dissiper. C'est lui-même qui s'est fait ce qu'il est devenu dans son être intérieur; c'est lui-même qui, par suite a préparé son berceau; c'est lui-même qui, en définitive, a déterminé toutes les données fondamentales de la vie qu'il est appelé à poursuivre pendant son séjour sur la terre. Par ce simple coup d'œil jeté sur l'univers au delà des portes de la naissance, la justice de Dieu reparaissant dans tout son jour, la paix redescend dans les âmes, la piété s'y rallume, et la société menacée un instant par la logique des désespérés, entretenue maintenant par les saintes ambitions qui se développent, reprend sa force, corrige autant qu'elle le peut toutes ces infirmités dans lesquelles elle ne voit que le résultat fatal du péché, et devient, grâce aux progrès de chacun, de plus en plus secourable à tous ses membres.

En définitive, c'est au principe de la justice de Dieu que l'on peut rapporter toute l'argumentation d'Origène. C'est pourquoi, prise dans les termes les plus généraux qu'on puisse lui concevoir, sa conclusion est irrécusable. La distribution des conditions de naissance est un véritable système de peines et de récompenses; il faut donc nécessairement, puisque Dieu est juste et tout-puissant, que cette distribution soit déterminée par des mérites et des démérites; voilà le solide. Mais d'ajouter, comme Origène, que toutes les naissances sans exception sont des peines, et de n'admettre par conséquent dans les précédents de la population terrestre que des démérites, c'est ce que les principes n'assurent pas avec la même certitude. Ils l'assurent encore en vain, si l'on entend que ces naissances ne sont pas de simples expiations correctives, mais des dégradations de nature, et surtout si l'on va jusqu'à prétendre que la grandeur des démérites doit être mesurée par la distance qui sépare l'état suprême de perfection de l'état d'infériorité dans lequel nous sommes.

Comment supposer que Dieu, qui est l'auteur de notre libre arbitre comme du fond même de notre être, nous le veuille jamais ôter? Pourtant, comme cette faculté est si essentiellement inhérente à notre nature, qu'il ne dépend pas plus de nous de l'en arracher que de nous anéantir, c'est à Dieu lui-même qu'il faudrait rapporter la détérioration. Mais Dieu, on doit le dire sans crainte, annihilerait plutôt l'univers que de consentir à la méchanceté de la dernière des créatures. Il se peut que nous cessions, par l'effet de nos péchés, d'être dignes de recevoir ses grâces, mais nous ne cessons jamais d'en être capables; de même qu'il ne cesse pas non plus, dans sa miséricorde infinie, de vouloir que nous revenions tôt ou tard à les accepter. C'est comme si, par notre nonchalance, nos paupières prenaient l'habitude de retomber sur nos yeux, et nous intercepteraient ainsi la lumière : nos yeux subsisteraient cependant, et Dieu n'attendrait pour nous les rouvrir que le moment où cette réparation nous serait définitivement profitable. Telle est l'image des pécheurs. Comme on en voit sur la terre, et des plus grands et des plus endurcis, fatigués des tortures de leur existence, dégoûtés du crime par l'excès même de leurs crimes, se prêter de nouveau à Dieu, céder, tantôt petit à petit, tantôt coup à coup, à ses insinuations, et rentrer enfin pleinement dans la jouissance de ses grâces, il se fait aussi de pareilles conversions dans l'enfer. Le spectacle de nos méchants nous donne ici même le spectacle de toutes les sociétés de damnés. Que ce soit dans un monde ou dans un autre, les procédés de la Providence, à l'égard de ceux qu'elle corrige, ne peuvent manquer d'être les mêmes, et les divers mondes sont apparemment liés les uns aux autres pour cet objet : le crime commis en l'un d'eux ne s'expie souvent que dans un autre, pour ne se remettre totalement peut-être que dans un suivant. Si la justice divine exige que toujours les criminels soient punis, la bonté qui est inséparable de cette justice veut que la punition serve à les amender et à préparer leur réconciliation. Dieu est si bon, que les peines mêmes auxquelles il soumet les créatures deviennent pour elles de nouveaux motifs de reconnaissance. Il ne les châtie qu'afin de les avertir et de les redresser, et ce châtiment, en fournissant une satisfaction pour le péché, achève d'en effacer toutes les suites. On peut donc dire, en empruntant le langage mythologique du moyen âge, que des flammes mêmes de l'enfer il s'échappe une lumière divine qui finit par éclairer les damnés et les aider à retrouver le chemin du ciel. Pour mieux dire, il n'y a pas d'enfer, s'il faut prendre ce mot dans le sens inhumain de saint Augustin et de la scolastique : il n'y a dans l'univers, pour y faire la part de la pénalité à côté de l'immensité des récompenses, que les corrections salutaires du purgatoire. Tel est, au fond, le sentiment d'Origène, et il s'ensuit que, pour lui, les régions occupées par le mal n'ayant aucun caractère absolu ne sauraient opposer aucun obstacle à la restauration générale de la création.

Quelqu'un demandant à Solon si les lois qu'il avait données aux Athéniens étaient les meilleures possibles, le législateur répondit qu'elles étaient les meilleures pour eux. « L'instituteur de la religion chrétienne, dit à ce propos Origène avec une grande profondeur, pourrait répondre de la même manière : J'ai donné le meilleur système qu'ait pu recevoir la multitude pour l'amélioration de ses mœurs ; j'ai fixé une règle ; j'ai menacé les coupables de peines et de supplices. Ces supplices ne sont point imaginaires, mais certains, et leur ostentation était nécessaire pour corriger les obstinés. Toutefois ceux-ci ne sont en état de comprendre ni l'intention de Celui qui les châtie, ni le fruit qui doit résulter pour eux du châtiment [1]. » C'est là, en effet, ce que le théologien doit viser à entendre plus savamment que le vulgaire. Mais ce Dieu, que les peuples, lui faisant injure, se représentent communément en bourreau, le devoir du théologien est aussi d'amener tout le monde, même les plus humbles, à savoir le bénir dans ses répressions comme un héroïque médecin. C'est ce qu'Origène n'a peut-être pas assez dit ; car, possesseur de la richesse, il n'a cependant pas toujours eu suffisamment la vraie libéralité, c'est-à-dire la prédication pour ses inférieurs. « Bien des choses nous sont cachées, dit-il encore ailleurs dans le même esprit, qui sont reconnues de Celui qui est le médecin de nos âmes. Si, pour rétablir la santé de nos corps et remédier aux infirmités que nous avons contractées par le déréglement de nos boissons et de notre nourriture, nous avons besoin de temps en temps d'un médicament ferme et mordant ; quelquefois, si la force du mal le demande, de la rigueur du fer et de l'âpreté des sections ; et même, si, en dernier lieu, lorsque la maladie résiste à ces moyens, on a recours à l'application du feu, combien n'y a-t-il pas plus de raisons de penser que notre divin médecin, voulant remédier aux infirmités spirituelles que nous avons contractées par la multiplicité de nos péchés et

---

[1]. Adv., Cels., III.

de nos crimes, emploiera des moyens curatifs du même genre, jusqu'à infliger le supplice du feu à ceux qui ont perdu la santé de l'âme. C'est ce qui est marqué figurément dans l'Écriture. Pour nous faire comprendre que Dieu agit de la même manière envers ceux qui sont tombés dans le péché que les médecins quand ils donnent des médicaments à ceux qui sont tombés dans l'état de langueur, le prophète Jérémie reçoit l'ordre de présenter la coupe de la colère de Dieu à toutes les nations, afin qu'elles boivent, qu'elles s'enivrent, qu'elles vomissent, et il ajoute avec menace : « Quiconque ne boira pas ne sera pas purifié. Cela montre que cette fureur vengeresse de Dieu n'a d'autre but que la purification de nos âmes[1]. » Tout en professant que le châtiment était salutaire, Origène a même hésité à en faire remonter directement à Dieu l'initiative. Il a mieux aimé le considérer comme un résultat naturel du péché lui-même, forcé par les admirables ordonnances du Créateur à porter ainsi avec lui son correctif; ainsi que ces poisons qui, par leur excès, deviennent leur propre antidote. « Nous trouvons dans le prophète Isaïe, dit-il, que le feu de la punition est une propriété du coupable. » « Promenez-vous dans la lumière de votre feu, s'écrie le prophète, dans la flamme que vous avez allumée. » Ces paroles semblent indiquer que chaque pécheur allume lui-même son feu, et ne se voit pas plongé dans un feu qui aurait été allumé par un autre, ou qui aurait existé antérieurement. « La matière et l'aliment de ce feu sont nos péchés, que l'apôtre nomme le bois, le foin et la paille. » Comparant alors l'effet que le péché produit sur l'âme à celui qu'une mauvaise nourriture produit sur le corps : « Ainsi, ajoute-t-il, lorsque l'âme

---

[1]. Serm., III.

s'est gorgée d'une abondance de méchantes actions, au temps voulu, cette agglomération de dangereux éléments entre en effervescence, et, s'enflammant, détermine la peine et le supplice. » Alors la conscience, par une disposition de la puissance divine, reprenant mémoire de tout ce dont il s'était gravé en elle certaine impression à chacun de ses précédents péchés, croit exposé devant ses yeux chaque acte sale, honteux, impie, dont elle s'est souillée, et en quelque sorte l'histoire de tous ses crimes. C'est ainsi qu'elle est tourmentée et blessée par ses propres aiguillons, et que, rendant témoignage contre elle-même, elle devient son propre accusateur. Je pense que c'est là ce qu'a entendu l'apôtre lorsqu'il dit : « Leurs pensées s'accuseront ou se défendront l'une l'autre, au jour où Dieu jugera, selon l'Évangile, par Jésus-Christ, ce qui est caché dans les hommes. Cela marque, en effet, que certains tourments sont engendrés dans la substance même de l'âme par le fait des affections coupables des pécheurs. Et pour que ceci ne paraisse pas trop difficile à comprendre, on peut se reporter aux maux qui sont habituellement causés à l'âme par les mauvaises passions, lorsqu'elle est brûlée par les flammes de l'amour, rongée par les feux de l'envie et de la jalousie, agitée par la colère, aliénée dans une immensité de folie ou de tristesse, au point que quelques-uns, ne pouvant supporter de si grands maux, regardent la mort comme un bienfait en comparaison de leurs tortures [1]. »

Origène, tout en acceptant au fond ces tortures de l'enfer, dont on a fait tant d'abus chez les théologiens et les poëtes, est donc demeuré à leur égard dans le sentiment juste et hardi que son prédécesseur Philon avait si bien

---

1. Serm., III, p. 16.

exprimé : « Lorsque l'âme injuste et impie est détachée de Dieu, Dieu la repousse au loin dans le lien des voluptés, des passions, des crimes. Tel est le lien qu'il faut proprement nommer le lien des impies, et non celui que l'on a fabuleusement imaginé dans les régions inférieures. Le véritable enfer est la vie du méchant, vie pernicieuse, scélérate, dévouée à toutes les malédictions. » Toutefois, bien qu'il n'ait attribué en général aux flammes infernales qu'une valeur symbolique, Origène n'a cependant pas absolument nié l'existence de la peine physique. Seulement, s'abstenant avec raison de cette brutalité sensualiste qui ne donne place dans les corrections de l'âme qu'aux souffrances du corps, il n'a mis cette peine qu'au second rang. Il conçoit vaguement des mondes privés de tout agrément, de toute lumière, de toute beauté, des corps pesants, incommodes, affligés de douleurs. Il imagine même que, par l'effet de la résurrection, les organes deviennent plus délicats et plus sensibles. « De même, dit-il, qu'il y a de la différence pour la vivacité du mal entre frapper à nu et frapper par-dessus les vêtements ; de même, à ce que j'imagine, sera la différence de la douleur, lorsque le corps humain, ayant quitté la matière épaisse dont il était formé en ce monde, sera en quelque manière exposé aux tourments comme un corps nu[1]. » Enfin, je ne doute pas qu'il n'ait regardé aussi le défaut d'harmonie entre les tendances normales de l'être et ses conditions d'existence comme formant une des bases de ce système providentiel de pénalité. Il semble l'indiquer vaguement en plusieurs endroits. D'ailleurs, il suffit qu'il l'ait entrevu nettement à l'égard de la terre, où, selon lui, les circonstances malheureuses en

---

1. In ps. VI.

vertu desquelles nous nous trouvons infirmes, esclaves, pauvres, affligés dans nos relations, sont la juste suite de nos démérites antérieurs. Dès que ce genre de peines s'observe dans le monde dont nous faisons partie; dès qu'il peut y devenir un moyen efficace de salut, pourvu qu'on enseigne aux coupables les causes qui leur ont attiré les maux dont ils gémissent et la marche qu'ils doivent suivre pour s'en délivrer à l'avenir; dès qu'il est susceptible de régner et de convenir de la même manière partout ailleurs, il est naturel de le supposer également en activité, avec une diversité infinie, dans tous les lieux de correction de l'univers.

Ainsi, même parmi les démons, même dans ces tristes demeures qui doivent s'ouvrir après la dissolution de la terre, pour la détention des méchants, en tous lieux, en tous temps, dans toutes les âmes, il se fait effort pour la réparation de l'univers. Combien de temps ce travail peut-il durer? Quel nombre de siècles l'empire du péché et de la souffrance doit-il embrasser? Quel intervalle s'écoulera-t-il de la solennité de la résurrection à la solennité plus capitale de la réhabilitation de tous les êtres? C'est ce qu'Origène n'a pas entrepris d'étudier. Il se contente de laisser soupçonner dans les champs de l'avenir ces longues étendues chronologiques dont ses adversaires, sans vouloir non plus les sonder, ont fait si volontiers l'éternité. « De même, dit-il, que les blessures reçues par le corps se font souvent en un clin d'œil, tandis qu'il faut pour les guérir des remèdes qui causent de cuisantes douleurs pendant une durée proportionnée à ce que demande la guérison, et non point au temps qu'il a fallu au mal pour se produire; comme une fracture du pied ou de la main qui s'effectue en un instant, et qui se remet à peine en trois mois et davantage;

de même, la volupté, qui rompt les nerfs de l'âme, la luxure, enfin tous les péchés, corrompent en un instant l'âme malheureuse, la font tomber dans le mal, et lui valent ensuite de longues périodes de supplices et de tourments[1]. » Il remet à Dieu la question. « Cette purification, qui s'opère par les peines du feu, dit-il, combien de temps, combien de siècles requerra-t-elle pour les tourments qu'elle impose aux pécheurs ! Celui-là seul peut le savoir, à qui le Père a livré tout le jugement[2]. » Il va même jusqu'à se servir du fameux mot d'éternel, dont la force, dans l'habitude des langues anciennes, se borne si souvent au sens d'indéfini. « Ce feu, dit-il, est éternel, et c'est celui dont parle le prophète Isaïe[3]. » Toutefois, comme l'intensité des peines n'est pas la même pour toutes les culpabilités, la durée de ces peines est inégale aussi. Il sort continuellement de l'enfer des âmes qui y ont achevé leur temps, et qui, remontant de là d'étage en étage, regagnent le ciel. « Soit durant ces siècles temporels que nous pouvons apercevoir, dit-il dans le Periarchon, soit dans ceux qu'on ne distingue plus, et qui sont éternels, les êtres sont toujours traités selon l'ordre, la raison et le système de leurs mérites. Après de grands, de pénibles, de durables supplices, réhabilités et rendus d'abord à la condition des anges, les uns dans les premiers temps, les autres dans les suivants, quelques-uns dans les derniers, ils arriveront de là aux vertus des rangs supérieurs ; et, conduits de degré en degré, passant, comme par une sorte d'éducation, à travers les divers offices des puissances célestes, ils parviennent enfin aux choses invisibles et éternelles[4]. » Dans un autre pas-

---

1. Hom. X, in Ez. — 2. In Rom., VIII. — 3. In Matth., serm. — 4 Serm., 1.

sage, il découvre encore plus nettement cette grande échelle, ou mieux cette immense nuée qui, partant de dessous les profondeurs de l'abîme pour s'élever sans interruption jusqu'aux éblouissantes régions de l'empyrée, remonte incessamment vers Dieu avec des tourbillonnements infinis. « Il ne faut pas croire, dit-il, que le changement se fasse subitement; il ne se fera que par partie, et peu à peu, avec un temps énorme; la correction et le redressement s'accomplissent graduellement sur chacun en particulier, les uns dépassant les autres, et se portant d'une course plus rapide vers les hauteurs, d'autres les suivant de près, d'autres de plus loin, et ainsi de suite, sur une multitude innombrable de rangs composés de créatures en progrès, et en se réconciliant avec Dieu après lui avoir fait la guerre, ils vaincront ce dernier ennemi qui s'appelle la Mort, et qui doit être lui-même détruit, pour qu'il n'y ait plus d'ennemis[1]. » En définitive, tout est donc rappelé à la sainteté et à la béatitude, même le diable, cet exécrable épouvantail de l'Orient de Zoroastre et de la chrétienté du moyen âge. Rien n'est plus formellement écrit dans Origène, malgré la témérité apparente d'une telle pensée, que la conversion finale de ce type fabuleux de la méchanceté. C'est un mythe qui résume en quelque sorte à lui seul tout le système. Grâce à la vertu de Jésus-Christ, ce qui rendait le diable mauvais se dissipe, et il ne reste plus que le fond de la substance de cette créature, œuvre antique de Dieu, et pure comme les anges. « S'il est écrit, dit Origène, que le dernier ennemi qui s'appelle la Mort, sera détruit, c'est afin qu'il ne subsiste plus rien de mauvais au delà de ce terme où il n'y a plus de mort, où il n'y a plus rien de contraire, où il n'y a plus

---

1. Serm., III.

aucun ennemi. Il faut entendre dans cette destruction du dernier ennemi, non pas que sa substance, œuvre de Dieu, sera anéantie, mais que la disposition rebelle de sa volonté, disposition qui ne procède pas de Dieu, mais de lui-même, cessera entièrement. Il sera donc détruit, non pour qu'il ne soit plus du tout, mais pour qu'il ne soit plus l'ennemi et la mort. Rien n'est impossible au Tout-Puissant, et nul n'est incorrigible par son auteur[1]. »

Il y a donc une différence considérable entre le mythe de Zoroastre et celui d'Origène, relativement à la béatification des puissances du mal. Suivant la tradition de l'Arie, la conversion s'effectue tout d'un coup, d'une manière pour ainsi dire fatale, au milieu du déluge de feu qui, à la fin des temps, inonde la terre ; suivant le théologien d'Alexandrie, ce changement ne s'accomplit au contraire que peu à peu, dans le cours des siècles qui doivent suivre la conflagration, et par un perfectionnement régulier. Il y a évidemment progrès de la première conception à la seconde.

Citons maintenant *in extenso* un long passage de Jean Reynaud sur notre grand Origène, au sujet des limbes, de l'enfer et du purgatoire :

« Il n'y a nul besoin, d'ailleurs, de ces lieux chimériques ; il en existe assez d'autres pour nouer solidement la terre à l'univers. Il faut ajouter, en effet, à ceux dont nous avons premièrement parlé, ceux plus importants encore qui mêlaient les choses présentes de la terre avec les choses futures du monde entier. De même que les premiers venaient de l'univers à nous, ceux-ci vont de nous à l'univers ; et les morts sont les points par où ils s'attachent sur nous, comme l'étaient pour les autres les naissances. Il m'a souvent semblé que l'on pouvait se procurer une

---

1. Serm., III.

assez bonne vue de la terre, en supposant tracés, dans l'étendue d'un astre à l'autre, les itinéraires de chacun de nous, soit dans les périodes déjà passées de son existence, soit dans celles qui restent à l'avenir. Ces lignes, que l'on pourrait nommer les routes des destinées, une fois marquées ainsi, la terre, au lieu de s'offrir sous l'image d'une découpure isolée, comme nous nous la figurons, d'après le témoignage aveugle et impuissant de nos sens, se manifeste, au contraire, comme l'entre-croisement d'un immense faisceau qui, se ramifiant avec des complications infinies, se disperse de tous côtés dans les abîmes de l'univers. Il suffit donc de se représenter la prolongation des existences en avant et en arrière de la période dans laquelle nous sommes, pour apercevoir tout de suite, entre la terre et le reste de l'univers, toutes les connexions essentielles. Il n'y a cependant en action dans ce tableau, si l'on regarde la terre, que le genre humain dans la condition actuelle; si l'on regarde hors de la terre, que des hommes à des degrés divers de leurs développements, point de mélanges de créatures angéliques; l'homme remplit tout, et Dieu veille lui-même.

« Ce n'est pas tout à fait ainsi qu'Origène a entendu l'enchaînement; mais ce système repose virtuellement au fond du sien, dont il n'est, à proprement dire, qu'une simplification. Que l'on rejette en effet de sa doctrine l'intervention des anges, qui, outre les difficultés insolubles qu'elle entraine, n'est soutenue par aucune nécessité logique ; que l'on suive sans détour la construction philosophique, et l'on sera conduit tout droit à cette conception toute naturelle. Puisque les diversités qui se découvrent à la naissance sont le résultat des diversités antérieures, en vertu du même principe, les diversités qui existent à l'instant de la mort doivent devenir postérieurement la source de diversités correspondantes. De plus, comme du ciel primitif à la terre il y a plusieurs échelons, réciproquement, pour remonter de la terre à cette sublime patrie, il doit y en avoir plusieurs aussi. Puisqu'il y a constamment harmonie entre le mérite de l'âme et les conditions physiques dans lesquelles elle est assujettie à vivre, il s'ensuit qu'à chacun des degrés par lesquels elle effectue son laborieux retour règnent des modes d'organisation différents. Au sortir de la terre s'ouvre donc à travers l'univers une multitude de routes diverses, entre lesquelles sont répartis les hommes d'après l'état dans lequel ils se trouvent à l'heure de leur départ, et sur lesquelles ils poursuivent, en passant d'une station à l'autre, toujours avec des corps d'une constitution nouvelle, l'accomplissement de leur destinée infinie. C'est là le sens de la résurrection dans Origène, et je vais achever de le démontrer par le témoignage exprès de ses écrits.

« Dans ses commentaires sur saint Matthieu, arrivant à cette parole de Jésus, que les élus seront rassemblés par les anges, depuis les sommités des cieux jusqu'à leurs extrémités, il relève la valeur de cette opposition et de ce pluriel. «En effet, dit-il, il existe dans chaque ciel le commencement et l'extrémité, c'est-à-dire la fin d'une institution particulière à ce ciel. Ainsi, après l'entretien qui a eu lieu sur la terre, l'homme arrive à l'entretien d'un certain ciel et à la perfection qui s'y trouve. De là il embrasse un second entretien dans un second ciel, et la perfection correspondante. De là un troisième entretien dans un troisième ciel, et encore une autre perfection. En un mot, il faut comprendre qu'il y a les commencements et les extrémités, c'est-à-dire les perfections d'une multitude d'entretiens différents, relatifs à une multitude de cieux, et que c'est en les prenant dans les commencements et les extrémités qui se trouvent dans tous ces cieux, que Dieu réunira ses élus. Dans une de ses homélies sur les psaumes, il part d'un témoignage encore plus formel en faveur de la pluralité des mondes. Il entend que la splendeur physique de ces divers mondes devient de plus en plus éclatante à mesure qu'ils s'élèvent au-dessus de la terre. A propos de cette parole de David, « Seigneur, fais-moi connaître le nombre de mes jours,» qu'il porte assurément bien loin de son sens naturel : « Il y a, dit-il, des jours qui appartiennent à ce monde, mais il y a d'autres jours qui sont hors de ce monde. La course de notre soleil dans les bornes de notre ciel nous fait jouir d'un certain jour ; mais l'âme qui mérite de s'élever au second ciel y rencontre un jour bien différent ; celle qui peut être ravie, ou qui arrive au troisième ciel, y trouve un jour plus resplendissant encore, et non-seulement elle y jouit de ce jour ineffable, mais elle y entend des paroles que l'homme ne peut pas redire[1]. » Ainsi la mort n'est pas le commencement du repos, c'est un départ pour un voyage. Mais quelles sont les circonstances de ce voyage ? Quelle est la nature particulière des résidences dans lesquelles l'âme s'arrête successivement ? Quels progrès accomplit-elle à chacune de ces stations, et moyennant quelles épreuves ? Quel est le total des étapes ? Quels changements introduit dans l'itinéraire de chacun la manière de se conduire en chaque lieu ? Enfin, comme dit le prophète, quel est le nombre de nos jours, et ce nombre se termine-t-il ? Il y a, dans cette hardie pérégrination à travers l'infini, de quoi exercer l'imagination des poëtes, et l'on en fera peut-être un jour quelque divine odyssée. Malheureusement, ce sont des questions sur lesquelles la théologie rationnelle ne peut avoir aucune prise. Elles constituent, sinon de vrais mystères, du moins des secrets sur lesquels les ressources de notre existence présente ne nous permettent de faire tomber aucune lumière précise. « Ces stations et ces tabernacles, dit-il dans une de ses homélies, sont marqués par le prophète, quand il s'écrie : « Que tes tabernacles sont dignes d'amour, Dieu de vertu ! Mon âme est dans le désir et dans la défaillance « devant les vestibules du Seigneur. » Aussi, ailleurs, dit-il encore : « Mon âme a beaucoup voyagé. » Que l'on tâche de s'imaginer, si on le peut, l'histoire de ces voyages que l'âme se plaint d'avoir accomplis avec douleur et gémissement. Mais ce sont des choses dont l'intelligence est difficile et obscure tant que l'âme voyage encore. Quand elle sera arrivée à son repos, c'est-à-dire dans sa patrie céleste, elle recevra de plus clairs enseignements, et elle concevra avec plus de vérité quelle est la raison de ce voyage. C'est ce qu'a entrevu le prophète, lorsqu'il

---

1. *Hom.*, I, in ps. 38.

a dit: «Tourne-toi, mon âme, vers ton repos, car le Seigneur t'a
accordé ses bienfaits. » Mais jusqu'à ce dernier terme l'âme
voyage, elle fait du chemin, elle traverse une série de stations
différentes, conduite sans doute dans toutes ses marches par
quelque motif d'utilité, selon les promesses de Dieu, ainsi qu'il est
dit ailleurs : « Je t'ai affligé, et je t'ai nourri dans le désert avec
la manne inconnue à tes prières, afin que ce qui était dans ton
cœur se montrât [1]. » Le livre des Nombres est le monument qui,
moyennant interprétation, a fourni à Origène le plus de ressources. On ne saurait nier qu'il n'en ait tiré parti d'une manière parfaitement ingénieuse, même profonde. Il se demande quel a pu
être le dessein du Saint-Esprit en voulant que les textes qu'il a
dictés continssent la liste détaillée des campements d'Israël, depuis l'Égypte jusqu'au Jourdain, en faisant entrer dans la grande
tradition du genre humain un document si peu intéressant. Il est
frappé du nombre quarante-deux, qui est celui de ces campements, et qui est également celui des générations, depuis Abraham jusqu'à Jésus-Christ. Le nombre des échelons marqués dans
l'histoire du Verbe, depuis l'acte de sa promission jusqu'à celui
de son incarnation, se trouve donc le même que celui des stations
attribuées au peuple de Dieu, depuis l'acte de son départ, jusqu'à
celui de son arrivée à la terre promise. N'y a-t-il pas là un sens
caché, et le voyage du peuple de Dieu ne serait-il pas l'image
mystique du voyage de l'âme depuis son départ de ce monde jusqu'à son arrivée au paradis final? Par un accord singulier, et dont
les circonstances géographiques de la région comprise entre le
Nil et le Jourdain rendent compte assez naturellement, les noms
des quarante-deux stations se prêtent d'une manière à peu près
satisfaisante, par leurs étymologies, à cette hypothèse singulière.
Voilà donc le tableau des campements de Moïse totalement trans-
figuré, et devenu, sous le voile de l'allégorie, une sorte de poème
prophétique des pérégrinations de l'âme dans la grande traversée
de l'univers. Elle part de Ramessé, en hébreu Mouvement de la

1. XXVII, in Num.

teigne, ce qui désigne notre monde, dans lequel tout est impureté et corruption, et elle arrive, pour première halte, à Socoth, Les tentes. C'est là qu'il lui est positivement enseigné que sa destinée est de voyager, et, qu'à la manière des voyageurs, elle doit savoir vivre partout où elle se trouve, libre et dégagée, comme il convient dans un lieu de passage. Bientôt après, elle est soumise à l'épreuve de la mer. Elle se voit tout à coup dominée de tous côtés par les flots, et elle entend, comme dit Origène, les voix et les clameurs des ondes insensées. Cependant, pourvu qu'elle suive la loi de Dieu, le chemin s'ouvre devant elle, et elle s'avance haut la main à travers ces épouvantails. Au sortir de là elle entre dans les amertumes, et, suffisamment fortifiée par ces premiers travaux, elle arrive au lieu de rafraîchissement nommé les Douze Fontaines et les Soixante-douze palmiers, ce qui ramène encore à deux des nombres capitaux de l'institution de Jésus-Christ. Ce n'est point ici le lieu de suivre ce détail, et je me contente de dire qu'après avoir passé par de nouvelles alternatives : Sin, Tentation ; Raphaca, Santé ; Halus, Fatigue ; Raphidim, Jugement louable ; Ascroth, Vestibule ; Rathma, Vision achevée ; Remoupharès, Séparation ; Rebua, Blanchissement ; Ressa, Tentation favorable ; Macelath, Domination ; l'âme arrive enfin à des stations plus heureuses : Sephar, Fanfares ; Thara, Extase ; Banaïm, Fontaines ; Babatha, Biens ; Gausiongaber, Conseil viril ; Pharancodas, Fructification sainte ; et, en dernier lieu, à Abarim, le Passage. C'est là seulement qu'elle est en position de passer le fleuve, et que le but de ces diverses épreuves se trouve atteint. « La dernière station, dit Origène, est sur le Jourdain ; et en effet, tout ce voyage est fait en vue de parvenir au fleuve de Dieu, afin que nous soyons à portée du torrent de la sagesse, que nous soyons baigné dans les flots de la science, et que, purifiés ainsi, nous devenions dignes de pénétrer dans la terre de promission [1]. »

Il importe de bien s'expliquer sur les points de la doc-

---

1. XXVII in num.

trine d'Origène, qui ont été condamnés par le concile de Chalcédoine et plus tard par le cinquième concile de Constantinople. Ces conciles frappent d'une juste réprobation : 1° le dogme de la préexistence, tel que l'entendait Origène lorsqu'il enseignait que les hommes étaient des anges déchus, et que le point de départ avait été pour tous la nature angélique ; 2° le dogme de l'incarnation du Christ sans humanité ; 3° le dogme de la destruction des corps ; 4° le dogme de l'absorption finale en Dieu ; 5° le dogme de la nature angélique et non divine du Christ ; 6° la déchéance possible des élus. Nous adoptons complétement cette décision, non-seulement parce qu'elle émane de deux conciles, mais parce qu'elle est conforme à la vérité, telle qu'elle apparaît du moins à notre raison. Nous ne comprenons pas le dogme de la préexistence comme Origène. La perfection qui résulte de la sagesse n'a pas existé au point de départ, mais seulement l'innocence qui n'a pas résisté à l'épreuve et a failli en vertu de son libre arbitre. Sans cette faute, après des épreuves plus ou moins longues, la créature aurait conquis la vie éternelle et l'infaillibilité de la volonté sans subir la mort, c'est-à-dire la transformation et le passage à des stations diverses. Nous expliquerons plus tard le sens profond caché dans le mythe d'Adam, le péché originel, c'est-à-dire la solidarité, la transmission du funeste héritage de la faillibilité. Mais jamais nous n'admettrons la préexistence fabuleuse, comme disent les conciles, d'une pureté angélique contraire à la loi du progrès que nous avons exposée ; à la vérité, nous pensons que le point de départ des âmes a été l'égalité, parce que nous ne trouvons aucune raison d'une différence imméritée et opposée à la justice de Dieu [1] ; mais c'est une

---

1. On a fait une objection à notre doctrine. Si les âmes sont égales,

égalité d'innocence qui est évidente avant l'épreuve, puisqu'il ne peut sortir rien que de bon des mains du Créateur.

Loin d'enseigner la destruction des corps, nous croyons à leur résurrection pour conserver l'identité des êtres et le souvenir ; et comme les théologiens les plus orthodoxes [1], comme les Pères de l'Église, nous croyons à la résurrection, non pas du corps actuel ou de l'un de ceux que l'âme peut revêtir, mais du corps dans son essence la plus pure, dans sa substance même qui est autre chose que ce que nous touchons et voyons avec nos sens [2], d'un corps spiri-

---

d'où viennent plus tard les différences? Quelle est la cause de leurs mouvements divers? Cette cause est dans le libre arbitre. Les différences proviennent de ce que telle ou telle âme a plus souvent failli ou plus souvent triomphé.

1. C'est ce qu'enseigne saint Augustin, que l'on ne suspectera pas d'origénisme : « Les corps des élus ressusciteront sans aucun défaut, sans aucune difformité. Ils seront exempts de toute corruption, de toute pesanteur, de toute difficulté à se mouvoir. La facilité d'agir sera aussi parfaite que la félicité dont ils jouiront. C'est pour cela que les corps, après la résurrection, sont appelés corps spirituels, quoiqu'il soit certain que ce seront des corps et non des esprits. Ce corps est maintenant appelé chair, parce qu'il est sujet à la corruption ; il n'en sera pas de même alors : notre corps devenu incorruptible ne sera proprement plus chair, mais un corps aussi incorruptible que les corps célestes. C'est ce qui fait dire à saint Paul que la chair et le sang ne posséderont pas le royaume de Dieu. Expliquant sa pensée, l'apôtre ajoute : La corruption ne possédera pas ce qui est incorruptible. Mais quoique la qualité de nos corps soit changée, leur substance sera toujours la même, et en ce sens seulement ils seront encore chair après la résurrection. Pourquoi donc l'apôtre dit-il qu'on met en terre comme une semence un corps animal et qu'il ressuscitera corps spirituel. » (Saint Augustin, *Manuel*, ch. XXVI.)

2. Je crois aussi bien à l'immortalité du corps qu'à celle de l'âme. Si notre âme persistait seule nous ne serions pas dans l'avenir le même être. L'âme sans le corps, le corps sans l'âme, ce n'est pas le moi. Ce qui meurt, ce n'est pas l'essence du corps, c'est sa forme, qui n'est autre chose que sa mobile manifestation. La substance, même corpo-

tuel, pour parler avec saint Paul, impondérable, incorruptible et immortel. En disant cela, nous sommes avec la tradition universelle, avec la vérité.

Loin d'admettre l'absorption finale en Dieu, nous enseignons partout et toujours, même dans la vie éternelle, le règne de la personnalité et de la liberté.

Enfin, nous repoussons l'idée de la déchéance possible des âmes qui sont arrivées au but et ont pris possession de la vie éternelle. Nous ne pouvons penser que le dur et pénible labeur des générations passées soit perdu, que nos efforts dans la conquête de l'intelligence et de la moralité n'aient pas une récompense stable, qu'il faille recommencer sans repos et sans fin nos longs voyages à travers les mondes; nous croyons que notre volonté, éclairée par de si laborieuses expériences, forte de tant d'épreuves subies, ne faillira plus, ne se séparera plus de Dieu, qu'elle sera parvenue à contempler face à face. La loi du progrès indéfini satisfait complétement la mobilité de la créature ; nous croîtrons sans cesse et sans terme, sans atteindre jamais l'infini et l'incréé, en intelligence, en volonté et en amour.

---

relle, n'est ni visible ni tangible. Ce n'est pas la couleur, le parfum, la saveur, le son, la figure qui constituent l'essence de la matière, phénomènes passagers et transitoires que la dissolution peut atteindre sans pénétrer jusqu'à l'être. L'union de l'âme et du corps est éternelle. N'oublions pas que la dualité humaine se résout en définitive dans une indivisible unité, et si l'identité de l'être est sauvée même avec une diversité de manifestation, elle ne peut se conserver que par la persistance de l'élément substantiel tout entier. La résurrection, telle que l'enseigne l'Église catholique, doit s'entendre du moment où les épreuves étant terminées et les temps accomplis, le corps animal ressuscite corps spirituel, comme dit saint Paul, et a le souvenir complet de tous les instants de son existence. L'idée chrétienne, mal entendue par quelques-uns qui ont présenté des objections ridicules, est donc parfaitement vraie et exacte.

Origène était parti d'une erreur, en supposant la perfection avant la chute; il devait professer logiquement le retour à un même but aussi fragile que le premier. Nous nous gardons de cette erreur, et notre conclusion finale est sans reproche.

Une chose est surtout remarquable dans les condamnations qui ont frappé la doctrine d'Origène, c'est que par un effet de la grâce divine et du mouvement providentiel, les conciles ont frappé précisément, à leur insu, la partie ténébreuse du christianisme, celle qui doit disparaître dans l'évolution des siècles et par l'avénement de l'*esprit*. Les conciles se sont bornés à condamner l'opinion qui représente les hommes comme des *archanges déchus*, mais ils n'ont pas attaqué la préexistence progressive et vulgaire; ils lancent de plus l'anathème contre la proposition que le démon puisse se sauver. Or, comme les archanges ou anges déchus, démons selon que le dogme enfantin les entend, n'existent pas, il s'ensuit que les conciles n'ont, par le fait, prononcé que sur des êtres chimériques. Pas un mot n'est dit contre le salut des hommes, quelque criminels qu'ils soient. La question n'est donc pas tranchée et nous devons en remercier la Providence.

LIVRE TROISIÈME

AUTEURS
MODERNES ET CONTEMPORAINS

PROLÉGOMÈNES

Christianisme. — Saint Paul. — Saint Augustin. — Corps spirituel. — Révélation progressive. — Pères de l'Église. — Nicolas De Cusa. — Galilée. — Temps modernes. — Temps contemporains.

Pendant que les législateurs et les pontifes païens enseignaient au vulgaire les terribles transformations de la métempsycose animale ; que Moïse, au nom d'un Dieu colère et jaloux effrayait par des châtiments temporels s'étendant jusqu'à la troisième ou quatrième génération ; que le divin Messie devait encore employer sur ses auditeurs enfants les menaces de l'enfer éternel, les *Mystères* d'un côté, le *Zohar* de l'autre, puis Origène et son école apprenaient aux âmes plus spirituelles et plus avancées, la *pluralité des mondes et la pluralité des existences.*

La pluralité des mondes et la rotation de la terre n'étaient pas enseignées au vulgaire. On sait la doctrine exotérique des anciens Grecs et des Latins à ce sujet. Moïse n'en avait pas parlé dans sa Genèse toute écrite au point de vue de la terre. Les vraies notions astronomiques étaient inconnues aux Pères de l'Église, puisque Lactance et saint Augustin s'élèvent contre l'opinion qui avait cours dans les mystères et dans la théologie secrète des Juifs sur l'existence des antipodes. Il en avait été de même de la *pluralité des vies* qui, bien qu'enseignée par le Zohar, ne trouvait place, ainsi que nous l'avons dit, que par fragments et allusions dans les prophètes et les livres canoniques juifs. Le parti qu'avaient pris les successeurs du Christ était plus héroïque et plus formel; ils avaient étouffé cette doctrine chez Origène et les origénistes, tout en ne frappant que l'erreur d'une préexistence angélique et du salut des anges déchus, c'est-à-dire des suppositions tout à fait chimériques. Voyons un peu le courant des idées dans le développement des dogmes de l'enfance chez les chrétiens.

La base du christianisme est la mission, la mort et la résurrection de Jésus-Christ; il fallait expliquer avant tout pourquoi le Divin envoyé était venu parmi nous, pourquoi un supplice volontaire et ignominieux avait scellé sa doctrine et sa vie. Les esprits de cette époque ne comprenaient pas encore la nécessité du développement religieux; ils n'entrevoyaient pas pourquoi la matière et le mal dominant sur la terre, il était indispensable que le beau idéal fût réalisé ici-bas et laissât pour enseignement le dévouement jusqu'à la mort; les idées prirent une autre direction qui était sans doute en ce moment plus convenable au progrès; c'est à saint Paul surtout que fut donnée la tâche d'expliquer le christianisme après que Dieu eut appelé le grand penseur à la nouvelle loi par une élection toute particulière et une conversion miraculeuse. Saint Paul, moraliste profond, n'avait pu descendre dans le cœur de l'homme sans y trouver le mal sous toutes les formes ; il conclut que notre nature est dégénérée et qu'elle n'a pu sortir ainsi des mains du Créateur. Quelle était la cause de cette corruption ? Saint Paul eut recours ici au mosaïsme : la Genèse contient le récit de l'innocence du premier couple et de son habitation dans le paradis terrestre, puis de sa désobéissance à la loi et de l'exil qui en fut la suite. L'apôtre chrétien vit dans ce récit l'expression d'un fait réel. Nous venons tous au monde marqués du péché d'origine, impuissants au bien par notre seul mérite; si donc le Christ est descendu parmi nous, s'il a expiré sur la croix, c'est pour nous racheter et nous élever à Dieu par sa médiation. Par Adam, nous avions encouru la mort; par le Christ seul, nous avons la vie. Nul n'arrive au père que par le fils. Il y a dans cette doctrine trois grandes vérités : la bassesse de notre nature, le principe de la solidarité et la nécessité du médiateur. Mais si, pour effacer le péché originel, il a fallu la mort du Christ, de l'Homme-Dieu, ses conséquences étaient donc bien fatales. Comment expliquer un si grand sacrifice, si le but n'en a pas été immense ! Sans l'incarnation et la rédemption, nous aurions tous été la proie de l'enfer. Et qu'est-ce que l'enfer ? un lieu de tortures éternelles et infinies, le mal à son degré suprême constitué dans l'absolu. Voilà ce qui attend l'homme, s'il n'a pas connu la loi chrétienne et ne peut s'appliquer les mérites du Rédempteur; si l'ayant connue, il l'a délaissée ou violée. D'un autre côté, pour ceux que le Crucifié s'attirera, la Cité céleste, la béatitude éternelle aussi absolue, aussi immuable que la douleur des enfers. Là, tout ce qui est imparfait disparaîtra, les langues cesseront, la science sera abolie; nous contemplerons Dieu face à face, nous le connaîtrons aussi bien que nous sommes connus de lui[1]. Le christianisme recula épouvanté devant les deux extrêmes de l'enfer et du paradis. Combien peu, au sortir de la terre, seraient assez purs pour le ciel ! Ah! que la foule des damnés serait grande encore ! L'Église adopta le dogme du purgatoire, dont l'Évangile ne parle pas. Mais l'existence du purgatoire est passagère ; à un moment solennel dans la création et appelé le jugement dernier, Dieu prononcera une sentence définitive ; il n'y aura plus alors que deux absolus immuables : l'enfer, le ciel. D'après Moïse et toutes les cosmogonies, tous les astres ont été faits pour la terre ; en dehors de la terre, il n'y a rien que Dieu et les anges doués d'une nature immatérielle. Donc, après la vie de la terre tout est fini pour le mérite et la liberté. Une fois l'épreuve parcourue, il n'y a plus d'espérance si on a choisi le mal. Et les enfants morts au berceau ou avant l'âge de discernement, que deviennent-ils? S'ils sont morts sans baptême, ils portent la tache ineffaçable du péché originel ; selon quelques théologiens ils brûlent éternellement ; selon d'autres, ils sont affranchis de la peine des damnés, mais privés à jamais du bonheur; le baptême dépendait-il donc de leur volonté ? S'ils sont morts baptisés, ils sont heureux avec les élus ; pourquoi? La difficulté ici n'était pas moins grande. Dire qu'ils obtenaient le ciel en vue des mérites qu'ils auraient conquis en vivant sur la terre, c'était singulièrement établir la domination de la prescience divine sur le libre arbitre de l'homme, c'était fournir aux fatalistes un redoutable argument. D'un autre côté, dire qu'ils étaient heureux parce que Dieu voulait les sauver indépendamment de leurs mérites; c'était détruire la loi générale de

---

1. Saint Paul, première épître aux Corinthiens, ch. XIII.

la création, et mettre l'arbitraire à la place de la justice. Obligée de choisir, l'Eglise opta pour ce dernier parti, comme moins compromettant. Saint Augustin tranche résolûment la question. Une autre difficulté se présentait encore sur la résurrection de la chair reculée au jour du jugement dernier. Pendant l'intervalle, comment les damnés et les âmes du purgatoire pourraient-ils souffrir des tourments corporels? Quelques-uns n'admirent pour ce temps que les souffrances de l'âme ; il y en eut d'autres qui attribuèrent à l'âme une forme nouvelle et transitoire, semblable à celle dont les anciens revêtaient les mânes. Dante ne put composer sa Divine Comédie qu'avec cette hypothèse[1]. Les corps lui furent aussi nécessaires pour expliquer la jouissance des élus.

Quelque inacceptables que nous paraissent aujourd'hui ces systèmes de l'origine et de la destinée, non pas en eux-mêmes, mais tels qu'ils ont été entendus, nous devons

---

1. Voici l'analyse que présente à ce sujet M. Ozanam dans son bel ouvrage sur le poëte florentin :

« La souffrance physique suppose l'existence des sens qui semblent à l'auteur ne se point concevoir séparés de leurs organes. Ainsi, avant que la résurrection générale ait rendu aux réprouvés la chair en laquelle ils se polluèrent autrefois, des corps provisoires leur sont donnés ; ombres si on les compare aux membres vivants qu'ils remplacent, et pourtant réalités visibles ; ne déplaçant pas les objets étrangers qu'ils rencontrent, et dérobant l'aspect de ceux devant lesquels ils s'interposent ; vanités en eux-mêmes, mais donnant prises aux tortures. » (*Dante, De la philosophie catholique au treizième siècle*, p. 111.)

En ce qui touche le purgatoire, voilà encore comment s'exprime le même auteur, toujours d'après le poëte :

« Ceux qui peuplent ces régions mélancoliques s'y montrent revêtus des corps subtils dont on a déjà expliqué la formation, corps impalpables, échappant à qui les veut embrasser, n'interceptant point la lumière et toutefois organisés pour que la souffrance soit possible au dedans et visible au dehors. » (Ouvrage cité, p. 146.)

croire, puisque Dieu a plus particulièrement inspiré le christianisme, qu'ils étaient dans la nécessité de l'époque où ils ont été émis. Si le Christ n'avait renfermé dans son enseignement la croyance prochaine au jugement dernier et à la résurrection de la chair, la nouvelle religion eût-elle si facilement converti les Gentils? la foi eût-elle été assez ardente pour engendrer le même nombre de martyrs? L'homme à ce moment solennel n'avait-il pas besoin d'être dompté par une crainte présente et aiguillonné par un espoir prochain? Ne sont-ce pas ces promesses et ces menaces, toujours présentes, toujours renouvelées, qui ont contribué à donner aux vierges le courage de la chasteté, aux plus fragiles la force contre les clous brûlants, contre les dents des bêtes féroces? n'ont-elles pas aussi contribué à mettre enfin la charité dans le cœur même des bourreaux? Que pourrait-on reprocher à la parole divine? un mensonge! Ah! c'était une désolante vérité. Oui, si le Christ n'était pas venu révéler aux hommes la loi de l'amour, l'enfer devenait une réalité pour la terre; notre séjour inondé de vices et de débauches serait indéfiniment demeuré dans sa fange, et tout habitant qui en sortait à la mort ne pouvait revendiquer qu'une position inférieure dans la création. La révélation est successive, puisqu'elle découle de la faculté médiatrice de Dieu, c'est-à-dire du ministère de ses envoyés et de ses anges; elle s'accommode au temps et progresse avec l'humanité, comme le dit formellement saint Augustin : *Ab eo dantur (præcepta) qui solus novit congruentem suis temporibus generi humano exhibere medicinam.* « Les préceptes sont donnés par celui-là seul qui sait appliquer au genre humain les remèdes convenables aux diverses époques de son développement [1]. »

1. *Sermon du Christ sur la montagne*, lib. I, v, 2.

Saint Augustin a parfaitement compris que Dieu avait dû se révéler aux Hébreux sous l'idée de la puissance, et aux chrétiens seulement sous la forme de l'amour, puisqu'il dit au même passage : « Dieu, par ses prophètes et ses « serviteurs, se conformant à la distribution la mieux « ordonnée des temps, a donné de moindres préceptes à « son peuple qu'il fallait encore enchaîner par la crainte, « et par son fils, de plus grands au genre humain qu'il « convenait déjà de délivrer par la charité. » Saint Augustin dit encore ailleurs : « Comme il arrive pour l'édu- « cation d'un seul homme, l'éducation droite du genre « humain, en ce qui touche le peuple de Dieu, a traversé « certaines périodes comme autant d'accès à des âges plus « avancés, afin que l'humanité s'élevât progressivement « des choses temporelles aux choses éternelles et du visi- « ble à l'invisible [1]. » Ce que je dis est identique : à l'époque de la venue du Christ, il était temps déjà de délivrer le monde par la charité, mais il fallait encore le retenir par la crainte. Si le Christ avait enseigné que chaque globe des cieux est le domaine d'une société particulière et que la société humaine est parmi les inférieures; s'il avait ajouté que la destinée de l'homme est de monter jusqu'à Dieu de progrès en progrès, mais non d'atteindre l'absolu, le Christ n'eût pas été scientifiquement et philosophiquement compris : il n'eût pas été scientifiquement compris, car les hommes ignoraient la dimension et la nature des astres, même de ceux qui se trouvent dans notre système.

Ils faisaient de leur terre immobile le centre du monde, autour duquel s'exécutait le mouvement des cieux. De même le texte sacré de la Bible ne fait pas dire à Josué :

---

1. *Cité de Dieu*, lib. X, cap. 14, *ad initium*.

Terre, arrête-toi; il lui fait adresser cet ordre au soleil. La révélation s'abaisse au niveau de la science humaine, sous peine de n'exercer aucune autorité. Le Christ n'eût pas été philosophiquement compris, car pour saisir dans tous ses détails la loi de la destinée, il fallait avoir découvert la perfectibilité et le progrès; il fallait avoir trouvé le principe de solidarité qui unit toute la création. Par la même raison, ne valait-il pas mieux que Moïse et saint Paul plaçassent le péché d'origine dans les faits de l'ordre terrestre? Et sur la question de l'enfer, tel individu de ces temps corrompus, qu'effrayait l'infini des supplices, n'aurait ressenti aucune impression si, au contraire, l'avenir n'avait pas dû lui ôter tout espoir. De nos jours, cette explication de la destinée n'épouvante plus personne, parce que nous savons que la mobilité perpétuelle est notre loi, que nous ne pouvons arriver à aucun état absolu, et que l'éternité de tortures identiques est mathématiquement impossible à l'égard de l'homme. Dans toute révélation, il y a le côté immuable qui vient de Dieu, qui ne change pas, parce que la vérité est éternelle; mais il y a aussi le côté mobile qui est la conception appropriée aux besoins des temps, et de plus en plus parfaite, selon la marche du progrès. Le côté immuable dans la question de la destinée est l'assurance des récompenses aux bons, des peines aux méchants; et le côté mobile, nécessaire pourtant au moment du Christ, c'est l'absolue éternité de la béatitude et de la souffrance toujours identiques.

Pendant que cette ligne de conduite prévalait dans l'Église chrétienne et se terminait par la condamnation d'Origène, dont nous avons vu la providentielle justesse, des docteurs vénérés, qui ont été mis au nombre des saints, n'en continuaient pas moins à soutenir la pluralité des existences et la non-réalité de la damnation éternelle. C'est saint Clément d'Alexandrie qui enseigne la rédemption universelle de tous les hommes par le Christ sauveur; il s'indigne contre l'opinion qui ne fait profiter de cette rédemption que des privilégiés [1]; il dit qu'en créant les hommes, Dieu a tout disposé, ensemble et détails, dans le but du salut général [2]. C'est ensuite saint Grégoire de Nysse qui nous dit qu'il y a *nécessité de nature* pour l'âme immortelle d'être guérie et purifiée, et lorsqu'elle ne l'a pas été par sa vie terrestre, la guérison s'opère dans les vies futures et subséquentes (ἐν τῷ μετά ταῦτα βίω ταμιεύεται ἡ θεραπεία) [3]. Voilà bien la pluralité des existences enseignée clairement et en termes formels. Nous retrouvons même de nos jours la préexistence et partant les réincarnations approuvées dans le mandement d'un évêque de France, M. de Montal, évêque de Chartres, au sujet des négateurs du péché originel, auxquels il oppose la croyance permise aux vies antérieures de l'âme. Ce mandement est de l'année 1843.

Il fallait, pour préparer l'avénement spirituel, que deux vérités fussent développées : 1° la pluralité des mondes; 2° la pluralité des existences. La première devait l'être d'abord, en tant que matérielle et servant de base à l'autre.

Elle l'avait été dans les *Mystères*, dans la *Théologie juive secrète;* elle le fut bientôt par un précurseur immédiat du système de Copernic. Le plus piquant de la chose est de voir le plus jeune et le plus rapproché de son époque professer une très-notable partie de son système à l'ombre du Vatican, qui non-seulement le tolère, mais lui prodigue

---

1. Τῶν μέν ; τῶν δ'ού.

2. Πρὸς γὰρ τὴν τοῦ ὅλου σωτηρίαν, ταῦτα ἐστι διατετάγμενα, καὶ καθόλου καὶ ἐπὶ μέρους. (Stromat., liv. VII. Oxford, 1715.)

3. *Grand discours catéchétique*, t. III, ch. 8. Édition Morel.

toutes sortes d'encouragements et de récompenses. Oui, un demi-siècle environ avant la naissance de Copernic [1], c'est un cardinal romain qui écrivit les phrases suivantes : « Quoique le monde ne soit pas infini, on ne peut cependant se le représenter comme fini, puisque la raison humaine ne saurait lui assigner aucun terme;... car, de même que la terre ne saurait être au centre, la sphère des étoiles fixes ne saurait y être davantage. Il n'y a que Dieu qui puisse occuper le centre du monde; donc ce monde est comme une vaste machine ayant son centre partout et sa circonférence nulle part (*machina mundi, quasi habens ubique centrum, et nullibi circumferentiam*)... Or, la terre n'étant pas au centre,... ne saurait être immobile;... et bien qu'elle soit beaucoup plus petite que le soleil, il ne faut pas en conclure qu'elle en soit moins noble pour cela (*vilior*)... On ne peut savoir si ses habitants sont plus ou moins nobles que ceux qui sont plus près du soleil ou dans les autres étoiles, si l'on tient à ce que tant d'espaces sidéraux ne soient pas privés d'habitants;... la terre, un des globes les plus intelligents, qui ne paraissent pas pouvoir être surpassés en noblesse et en perfection. »

Ainsi donc : idée sage de l'infini, mouvement de la terre, sa rondeur nécessaire et même sa rondeur imparfaite, son peu d'importance matérielle, pluralité des mondes,... rien ne manque en ce peu de lignes, de Nicolas de Cusa.

Arrivent enfin Copernic et Galilée, les vrais vulgarisateurs.

Voici comment un auteur moderne apprécie la grandeur des découvertes de Galilée :

« Ce qui effrayait d'abord, c'était la nécessité d'agrandir l'idée

---

[1]. M. de Mirville, ouvrage cité, tome IV.

que l'on s'était faite des proportions du monde. Ces cieux étroits s'ouvraient subitement; ils laissaient découvrir une perspective, une étendue incommensurable; on s'était accoutumé à un univers limité. Soudainement, cet horizon, par le génie d'un homme, s'accroît, recule, s'étend à l'infini. L'Église romaine, dès le premier moment, ne se sent pas l'âme assez vaste pour remplir le nouvel univers. Imaginez la stupeur lorsqu'un homme vient annoncer que l'immortalité, l'incorruptibilité des cieux est un rêve de l'antiquité, que tout est soumis dans ces régions à des changements, à des transformations semblables à celles que l'on voit sur notre globe, que ces espaces ne sont pas régis par des lois particulières, et en quelque sorte privilégiées; en un mot, que des mondes nouveaux s'y engendrent, naissent, s'accroissent, se corrompent ou déclinent éternellement [1]? Quel abîme ne s'ouvrait pas dès lors à la pensée! Il fallait ne plus s'arrêter aux mondes passagers comme le nôtre; il fallait aller plus loin, s'élever plus haut. Mais l'âme de l'Église était lasse de monter; elle refusait de suivre la science par delà les horizons visibles. Que dire aussi de la condition nouvelle de la terre dans le système du monde [2]? »

La terre n'est plus le centre autour duquel s'exerce le mouvement des cieux; comme les autres planètes, ses sœurs, dont la plupart la dépassent en grandeur et en éclat, elle accomplit sa révolution autour du soleil qui l'emporte sans gloire dans ses rayons de feu, au milieu d'un cortége indéterminable d'étoiles, centres à leur tour de systèmes planétaires que Dieu seul peut compter.

Ne voit-on pas qu'après cette découverte tout est changé? Ne voit-on pas que de ce jour seulement l'homme a pu comprendre l'ensemble de la création?

---

1. Flammarion, *La pluralité des mondes habités*, liv. IV.
2. Edgar Quinet, *l'Ultramontanisme et la société moderne*, p. 91 et suiv., *passim*.

De tout cela, que conclure? Évidemment l'analogie de notre globe et de ceux qui roulent sur nos têtes. Avec la même condition, pourquoi de contraires destins? L'univers se peuple, des créatures infiniment variées apparaissent, une chaîne non interrompue s'établit entre les mondes, l'ordre hiérarchique se fait sentir, la providence et la grandeur de Dieu prennent des proportions incommensurables, le mal s'efface et disparaît dans les abîmes de l'infini, la destinée de l'homme s'éclaire; ses devoirs, sa mission, ses épreuves, le malheur de sa condition présente, tout s'explique, tout se comprend, une éclatante lumière se répand sur les plus obscurs problèmes, un coin du voile est levé, et l'esprit humain palpite devant l'ineffable pressentiment d'un avenir glorieux et immortel.

Oui, toutes ces conséquences découlent de Galilée. La révolution que Galilée est venu accomplir dans le monde physique devait être accomplie dans le monde moral; ce qu'est Galilée dans l'ordre des savants, d'autres le furent dans l'ordre des philosophes. Tout se lie dans l'humanité, et leur mission est aussi nécessaire que la sienne. De même que Galilée avait eu ses précurseurs dans les travaux de Copernic et d'autres astronomes plus humbles, de même leur doctrine avait été pressentie et indiquée par des penseurs qui en ont déjà émis des aperçus fragmentaires, notamment Fontenelle, qui voulut faire sans doute plus que des jeux d'esprit dans ses *Entretiens sur la pluralité des mondes;* Charles Bonnet, dans quelques morceaux isolés de sa *Palingénésie philosophique* et de sa *Contemplation de la nature;* Ballanche, dans certains fragments plutôt implicites que formels de la *Palingénésie sociale;* de Brotonne, dans un passage de la *Civilisation primitive;* Delormel, dans le chapitre IX de la grande *Période solaire;* Fichte, dans quelques pages de son *Traité sur la destination de l'homme.* Il en est toujours ainsi : une doctrine ne peut se produire sans avoir été préparée, sans que des germes s'en retrouvent dans le passé, sans qu'infiltrée peu à peu dans les idées, elle ait acquis son droit de bourgeoisie et puisse être proclamée vraie en se montrant. Nous en avons passé et des meilleurs : Giordano Bruno (*Dell' infinito universo e dei mondi*), les kabbalistes Paracelse, Vanhelmont, Cardan, l'incompris Guillaume Postel et une foule d'illuminés qui tenaient cette doctrine des antiques traditions enseignées dans les *Mystères.* Résumons-nous :

La vérité morale et spirituelle du second avénement de l'esprit, la *pluralité des existences*, a été enseignée dans les *Mystères*, depuis elle s'est étendue jusqu'à nos jours aux sociétés secrètes qui en relevaient ; de même les héritiers de la doctrine kabbalistique du *Zohar* et du *Sepher Jesirah* se la sont transmise ; les vrais initiés et les kabbalistes étaient les âmes spirituelles dignes de la comprendre et de la porter. Parmi les chrétiens, les successeurs d'Origène l'ont possédée dans leur cœur, sinon dans leur bouche, empêchés qu'ils étaient par l'ordre de leurs maîtres et de leurs pédagogues qui, imposés à l'enfance pour la diriger, devaient opprimer ces notions d'un autre âge, prématurées et dangereuses au vulgaire des fidèles. Mais il y eut toujours, même parmi le clergé, un noyau de croyants et de sectateurs secrets de cette idée magnifique de réhabilitation permise, et de la progression des vies au sein de l'infini.

Aujourd'hui les sociétés qui ont leur origine antique dans les *Mystères* ont perdu leur secret et ne le comprennent plus.

Les juifs *kabbalistes* et les chrétiens *origénistes* font silence et attendent.

Voici venir le second avénement, le règne de l'Esprit.

Nous allons dire ses précurseurs plus ou moins clairs, plus ou moins complets.

CHAPITRE I

DELORMEL

Nous citerons, d'une part, des hommes qui tiennent tout de l'initiation, qui ont reçu leurs principes sur la pluralité des mondes et des existences par tradition et enseignement; d'autre part, des écrivains qui sont arrivés à ces deux convictions, l'une matérielle, l'autre morale, par leur propre esprit, aidé de l'inspiration divine.

Parmi les premiers, c'est-à-dire les initiés, nous trouvons Delormel, que l'on a accusé d'avoir trahi des secrets dont il avait été instruit, dans son rare et curieux ouvrage intitulé : *La grande période solaire*, et qui conclut ainsi son examen des mystères : « On savait de toute antiquité,
« et même avant le déluge, qu'il n'y a qu'un Dieu ;... que
« par la nécessité toute naturelle de sa bonté, il a laissé à
« toutes ses créatures intelligentes la faculté de mériter ou
« de démériter; que tous les temps, tous les lieux, tous les
« globes célestes sont assignés à différentes classes d'êtres,
« pour y mériter par leurs œuvres pardon, récompense ou
« punition; que certains temps, certains lieux, certains
« globes sont plus généralement des temps et des lieux de
« miséricorde, d'autres des temps et des lieux d'expiation,
« que les degrés du mérite et du démérite étant indéfinis,

« les peines et les récompenses sont dans une graduation
« également indéfinie. » Pag. 134 et 135, *Passim*.) Nous
allons analyser quelques aperçus de Delormel sur la vie
future. Nous ne savons si les reproches de parjure et
de trahison des secrets de l'initiation sont fondés, nous
sommes seulement autorisé à conclure que, pour les avoir
encourus, il faut qu'il ait pénétré avec sagacité le sens de
la doctrine cachée encore et ésotérique.

Delormel, dans l'ouvrage déjà cité[1], s'exprime ainsi :

« Comme il n'est pas moins absurde d'imaginer que les biens
et les maux arrivent au hasard, que de croire que Dieu soit injuste, il paraîtrait assez que cette terre porte des êtres qui ont
déjà mérité ou l'un ou l'autre sort. Sans cette supposition, comment expliquer que certains hommes naissent avec des infirmités
considérables, passent leur vie dans les douleurs, dans la pauvreté, et meurent, ceux-ci avec résignation, ceux-là en blasphémant Dieu; d'autres, au contraire, naissent dans l'abondance et
dans les honneurs. Ces globes, que nous voyons rouler sur nos
têtes, ne nous attendraient-ils pas successivement? Nous y trouverons des différences de vertus et de vices, de bonheur et de
malheur entre les êtres qui les habitent, comme nous en voyons
en ce monde. Nous irons, si nous le méritons, sur des globes où
nous serons avec d'autres habitants, environnés de plus de biens
et de moins de maux, plus enclins à la vertu, moins au vice,
moins imparfaits. C'est peut-être déjà une récompense, que nous
ayons sur la terre plus ou moins la faculté de connaître le passé,
et même, quelques-uns d'entre nous, une forte pénétration de
l'avenir. Nous pourrons arriver sur des globes où nous aurons
plus parfaitement cette double faculté, au point de nous rappeler
ce que nous faisons aujourd'hui, et de prévoir, dans une certaine

---

1. *La grande période solaire.*

limite, ce que nous pourrons devenir dans une autre vie, et tout cela se passe ainsi et de mille autres manières que nous ne pouvons concevoir, selon que nous mériterons toujours davantage dans nos nouvelles vies, jusqu'à ce qu'ayant enfin terminé la plus pure et la plus innocente, nous soyons éternellement dans la société de Dieu. »

Ce beau passage est le résumé des idées de Delormel, qui, comme je l'ai dit, fut accusé d'avoir trahi les mystères auxquels il avait été initié, et périt d'une mort tragique attribuée à une vengeance occulte [1].

Delormel pense avoir découvert le véritable secret des doctrines sacrées. Tout se résume, selon lui, dans la supposition d'une révolution séculaire et des retours périodiques d'un grand cataclysme.

Voici comment il explique cette supposition. Longtemps on avait cru que l'inclinaison de l'écliptique sur l'équateur était constamment la même. Par la comparaison des observations faites à différentes époques, on s'est assuré que, depuis plus de deux mille ans, cette obliquité va toujours en diminuant, quoique dans une progression lente et presque imperceptible.

TABLEAU DES OBSERVATIONS.

De Pythias,	324 avant J.-C.,	l'angle de l'écliptique	$= 23° 52' 41''$
D'Eratosthène,	218 avant J.-C.,	—	$= 23° 51' 20''$
D'Albategnius,	880 après J.-C.,	—	$= 23° 35' 40''$
De Regio Montanus,	1460 après J.-C.,	—	$= 23° 30' 42''$
De Copernic,	1525 après J.-C.,	—	$= 23° 28' 24''$

1. *La grande période*, p. 308 et suiv., *passim*.

Entre la première observation et celle de Copernic, il y a une différence de 24 minutes.

Sa valeur exacte, pour l'époque présente, est de 23°, 27′, 35″.

La terre, d'après Delormel, a commencé par un printemps perpétuel, dont le souvenir se retrouve au fond de toutes les traditions. L'obliquité de l'écliptique a d'abord été nulle pendant le parallélisme; il y avait conformité constante dans les saisons, chaleur douce et modérée par toute la terre, végétation perpétuelle et splendide. Puis l'écliptique, se rapprochant progressivement des pôles, il y a eu déluge au moment de sa perpendicularité avec l'équateur. Postérieurement l'écliptique a outre-passé les pôles, est revenu vers les tropiques; nous marchons à un nouvel âge d'or, qui sera remplacé par un autre cataclysme, et ainsi de suite, pendant une prodigieuse évolution de siècles[1]. Dieu peut donc placer, par exemple, des êtres à récompenser, selon leur mérite, et d'une manière analogue à leurs œuvres, au temps du parallélisme; beaucoup d'autres ensuite, d'une classe intermédiaire, et au temps de la plus grande obliquité des êtres destinés à souffrir, et à mériter, par de pénibles épreuves, un avenir plus heureux[2].

L'hypothèse de Delormel est basée sur un fait vrai. Il est certain que l'inclinaison de l'écliptique sur le plan de l'équateur est la cause des saisons, des climats, et a une influence directe sur la nature favorable ou défavorable des divers globes habités. On pourrait, à ce sujet, dresser le tableau suivant de notre système planétaire, en ne tenant compte que de cette seule donnée.

---

1. *La grande période*, passim.
2. *Ibid.*, p. 311.

TABLEAU DES OBSERVATIONS.

MONDES INFÉRIEURS. (*Véritable Enfer.*)
Uranus[1], *Neptune.*

MONDES INTERMÉDIAIRES.

Vénus, Mars, Mercure. (Inférieurs à la Terre.)
Saturne, la Terre. (A peu près égaux.)

MONDES SUPÉRIEURS.

Jupiter[2], *le Soleil.* (S'il est habité.)

L'inclinaison de l'écliptique terrestre se lie évidemment à l'infériorité de notre séjour. Voici comment s'exprime un auteur moderne :

« La diversité et l'antagonisme des saisons, leur rapide succession (moins rapide pourtant que dans Vénus et surtout dans Mercure, où la vie doit s'user avec une effroyable vitesse), l'inégalité continuelle du jour et de la nuit, et, par suite, l'inconstance de la température, sont autant d'inconvénients réels pour l'habitation de la Terre. Ces inconvénients n'eussent point existé, si l'axe de rotation, au lieu d'être incliné comme il est, eût été à peu près perpendiculaire, au plan de l'orbite (ainsi que dans Jupiter, où il vaut 86° 90'), car de cet état de choses fussent résultés, pour toute la Terre, des jours constamment égaux aux nuits, et une température spéciale sur chaque parallèle. A l'abri des transitions souvent peu ménagées et de chaleur et de froid, de sécheresse et d'humidité communément si funestes au maintien de l'équilibre physiologique ; à l'abri aussi des autres changements

---

1. L'inclinaison de l'écliptique est de 79°, ce qui ne donne que 11° pour l'axe de rotation d'Uranus.

2. Dans Jupiter, l'inclinaison de l'écliptique est de 3° 10', ce qui donne 86° 10' pour l'axe de rotation. Il faut remarquer que l'angle de rotation est toujours le complément de l'angle de l'écliptique. Ainsi, l'axe de rotation de la terre est de 66° 32' 25".

météoriques, non moins nuisibles, qu'amène fatalement le renouvellement trop brusque et trop fréquent des saisons, les fonctions de l'économie vivante se fussent accomplies sans trouble, en pleine liberté, suivant le rhythme normal de la santé, ce qui, vraisemblablement, eût contribué, dans certaines limites, à la prolongation de notre existence (rendue ainsi plus agréable). Il n'est donc pas douteux, selon la remarque d'un savant auteur [1], que, s'il était en notre pouvoir de remédier à cette fâcheuse obliquité de l'axe de la Terre, l'humanité entière dût chercher à combiner ses forces collectives avec celles de tous les agents physiques qu'elle a su assujettir pour tenter d'en opérer le redressement graduel; or, l'impossibilité radicale d'une telle entreprise étant évidente par elle-même, il ne nous reste plus, tout en regrettant notre impuissance, qu'à nous résigner absolument à l'ordre matériel établi, et à l'imperfection notoire qui en résulte pour notre commune demeure. Il est curieux de voir que Milton reconnaisse implicitement, dans son admirable poëme, cette irréfragable imperfection de notre habitation terrestre [2]. On y voit, en

---

1. *Traité philosophique d'astronomie*, 1re partie, ch. 11, p. 147.
2. Voici ce curieux passage :

> Some say, he bid angels turn askance
> The poles of earth, twice ten degrees and more,
> From the sun's axle; with the labour push'd
> Oblique the centric globe.
> . . . . Else had the spring
> Perpetual smiled on earth with vernant flowers,
> Equal in days and nights, except to those
> Beyond the polar circles; to them day
> Had unbenighted shone; while the low sun,
> To recompense his distance, in their sight
> Had rounded still the horizon, and not known
> Or east or west; which had forbid the snow
> From cold Estotiland, and south as far
>   Beneath Magellan.

« On dit que Dieu ordonna à ses anges d'incliner les pôles de la terre deux fois dix degrés et plus sur l'axe du soleil (l'équateur). Avec un

effet, qu'avant le péché de nos premiers parents, un printemps perpétuel régnait à la surface de tout le globe, dont l'axe était droit sur l'écliptique; mais, qu'aussitôt qu'Adam et Ève eurent mangé du fruit défendu, les principaux d'entre les anges, armés de glaives flamboyants, furent dépêchés du ciel pour aller incliner les pôles de la terre de deux fois dix degrés et plus. Or, pour raisonner dans le sens de cette ingénieuse fiction, il est heureux pour nous qu'ils ne les aient pas fait pencher davantage, puisqu'il s'en fût suivi des saisons encore plus tranchées et partant encore plus défectueuses[1]. »

laborieux effort ils poussèrent obliquement le globe central (la terre). Sans cela, un printemps perpétuel aurait souri à la terre, avec de vernales fleurs, égal en jours et en nuits, excepté pour ceux qui habitent au delà des cercles polaires. Pour ces derniers, le jour eût brillé sans nuit, tandis que le soleil toujours bas, en compensation de son éloignement, eût tourné à leurs yeux autour de l'horizon, et ils n'auraient connu ni Orient ni Occident : la neige eût été écartée ainsi de l'Estotiland glacé, et vers le sud, des contrées magellaniques. » (*Paradis perdu*, livre X.)

[1]. *Les mondes*, ou *Essai philosophique sur les conditions d'existence des êtres organisés dans notre système planétaire*, par le docteur Plisson. Cet ouvrage curieux, publié en 1847, peut être utilement consulté. Seulement, je préviendrai ceux de mes lecteurs qui auront recours à ce livre, que dans des recherches pareilles, on ne peut jamais trouver la vérité absolue. En effet, comme nous n'avons pas de moyens pour concevoir l'organisation des êtres qui habitent les autres planètes, nous ne pouvons prendre que sur la terre nos termes de comparaison. Or, la nature étant indéfiniment variée, qui peut nous dire que cette organisation ne soit pas complétement différente et qu'ainsi les modes d'existence transmondains ne soient pas profondément modifiés? Ainsi, le docteur Plisson pense que la lune et Vesta ne sont pas habitées, parce que ces globes sont privés d'atmosphère et d'eau. Mais qui oserait affirmer qu'il est impossible de supposer l'existence d'êtres capables de vivre sans atmosphère et sans eau, ou du moins avec une atmosphère telle qu'elle échapperait à tous nos moyens d'investigation pendant le phénomène de l'occultation des étoiles? Tout ce que l'on peut raisonnablement conclure, c'est que des habitants organisés comme nous ne sauraient y vivre. Les résultats obtenus par de semblables recher-

Le même auteur arrive à une conclusion parfaitement semblable à celle que j'ai émise, dans tous mes précédents ouvrages, sur l'infériorité incontestable du séjour terrestre.

« Il est clairement prouvé, à moins de se refuser à toute
« évidence, que la terre n'est pas, à beaucoup près, le
« meilleur des mondes possibles, même dans notre sys-
« tème planétaire[1]. »

ches, sont donc essentiellement limités par les bornes de la science terrestre. Il ne faut pas leur demander plus qu'elles ne peuvent donner. Je dirai la même chose de la question des causes finales dont le docteur Plisson se montre l'adversaire décidé. Pour comprendre les causes finales de la vie planétaire, il faudrait savoir ce que nous ignorons, quelle est l'organisation de leurs habitants, quelle est la constitution physique des planètes, quels besoins s'y font sentir. Je ne ferai qu'une réponse aux négations du docteur Plisson. Le principe des causes finales me semble démontré *a priori* par la seule notion de Dieu et par sa qualité de créateur. Peu m'importe que je ne puisse pas démontrer en fait que la Providence a mis un ordre suprême dans la disposition des globes habités ; je le sais, je le crois indépendamment de toute expérience. Je sais, je crois qu'il y a plusieurs demeures dans la maison du Seigneur, que les unes sont des lieux de délices et de récompenses, les autres des lieux d'épreuves, d'autres encore des lieux d'expiation ; qu'il y a dans chacune d'elles corrélation entre l'ordre physique et l'ordre moral ; que le mal est toujours conditionnel et transitoire, que la plus sublime harmonie préside à l'ensemble, et que les imperfections de tel ou tel monde sont liées au plan général. Toutefois, les savantes investigations du docteur Plisson peuvent singulièrement se rapprocher de la vérité, si on considère qu'il est très-probable que les globes de notre système planétaire sont ceux de l'univers qui ont entre eux le plus de rapports et doivent être dans le degré hiérarchique le plus voisin [*].

1. Fourier a signalé aussi les inconvénients de la position de l'axe terrestre. Cette inclinaison est pour lui le présage de la future couronne boréale qui doit régénérer le pôle nord et remédier aux défectuosités de l'axe du globe. « Si l'on suppose, dit-il, que la couronne ne doive jamais naître, l'axe devrait, pour le bien des deux continents,

[*] V. Flammarion, *La pluralité des mondes habités*, liv. II, et surtout liv. V.

Toutefois, quoique le point de départ de Delormel soit à l'abri d'une discussion sérieuse, il s'en faut que son hypothèse du retour périodique de l'âge d'or et d'un grand cataclysme soit au niveau de la science moderne. La plupart des astronomes inclinent à penser que les variations de l'angle éclipticien sont dues non à un mouvement sans limites, mais à un mouvement oscillatoire auquel des bornes précises peuvent être assignées. C'était déjà l'avis d'Euler et de Bailly. Plus tard les calculs de Laplace[1] ont démontré que l'angle de l'écliptique oscillait, dans une période excessivement longue, et par un mouvement très-lent, entre un maximum d'environ 24°, et un minimum qui ne s'abaissait

---

être renversé d'un vingt-quatrième, ou sept degrés et demi sur le méridien de Sandwich et de Constantinople. » Après avoir décrit le bien qui en résulterait, il ajoute : « Dieu aurait posé l'axe dans le sens que j'indique, si nous devions être privés de la couronne boréale, au moyen de laquelle notre axe, qui est ridiculement placé aujourd'hui, se trouvera dans la position la plus favorable au bien général. Indice péremptoire de la nécessité de la couronne et de sa naissance future. Quelques savants admirent jusqu'à l'araignée, jusqu'au crapaud et autres ordures, dans lesquelles on ne peut voir qu'un titre de honte pour le créateur, jusqu'à ce que nous connaissions les motifs de cette malfaisance ; il en est de même de l'axe du globe dont la position vicieuse devait nous induire à désapprouver Dieu et à deviner la naissance de la couronne qui justifiera cette apparente bévue du créateur. Mais nous n'avons su, ni déterminer les correctifs nécessaires à son ouvrage, ni pressentir les révolutions matérielles et politiques par lesquelles il effectuera ces corrections. » (*Théorie des quatre mouvements*, édition de Leipsig, p. 71 et 73.) Toutes les rêveries de Fourier proviennent, sur ce point, de ce qu'il a méconnu la vérité proclamée par toutes les initiations antiques : la terre, c'est l'enfer (le monde inférieur). Otez au séjour terrestre l'idée de lieu d'épreuve, d'expiation, de travail et de douleur, Dieu devient le plus incompréhensible et le plus malfaisant des êtres. Pour ne pas proclamer cette conséquence irrésistible, Fourier a imaginé son système cosmologique.

1. *Mécanique céleste*, t. II, p. 31.

jamais au delà de 21° environ, ce qui rend cette variation à peu près indifférente pour la constitution de notre planète, et M. de Humboldt, dans son *Cosmos*, a complétement adopté cette opinion. Si l'hypothèse de Delormel était vraie, on devrait l'étendre par analogie aux autres planètes du système. Ainsi, Jupiter aurait maintenant son âge d'or, Uranus serait dans sa période malheureuse, la Terre inclinerait au contraire vers des temps fortunés. Il n'y a donc pas à s'émouvoir de cette opinion, qui ne contrarierait en rien le dogme des vies successives. Il pourrait se faire que, dans les mondes inférieurs de notre système planétaire, des alternatives d'heur et de malheur eussent lieu pour le même globe, ce qui modifierait chaque fois le décret de Dieu dans la distribution des âmes. Seulement, cette supposition ne s'accorderait pas avec le progrès indéfini de l'humanité ; il faudrait dire, avec Fourier, que l'humanité aura, à la fin de son cycle, une époque de décrépitude. J'aime mieux me rattacher à l'autre parti, qui me semble plus conforme au plan de la Providence.

Si Delormel a eu la croyance à la pluralité des mondes, et des idées astronomiques avancées, s'il a eu de plus la foi dans la pluralité des existences, c'est qu'il avait été initié et les tenait des sociétés auxquelles il avait été agrégé. Retenons de l'analyse de ses écrits ce fait capital, qu'il croyait au progrès de chaque planète, qu'il enseignait que tel globe, d'abord malheureux, et destiné aux punitions comme aux épreuves, se changeait avec le temps en un séjour fortuné servant de station et de repos aux êtres qui les avaient mérités. Il y a là une grande idée, obscurcie sans doute par la fausse opinion d'une décadence succédant au progrès ; mais en élaguant ce dernier aperçu, le premier reste avec toute sa vérité et tout son éclat.

CHAPITRE II

CHARLES BONNET

Il est impossible de mieux concevoir la grandeur de l'univers et du plan de la création que ne l'a fait ce profond penseur, ni de décrire plus finement et plus analytiquement les conditions de la vie future réservée à l'homme. Ses détails sur le corps spirituel, sur les développements progressifs de l'intelligence et de la moralité des êtres, ses élévations magnifiques à notre Père qui est aux cieux, donnent un relief particulier à ses opinions, qui, quoique étant le fruit d'une grande et vive imagination, sont marquées du cachet d'une incontestable réalité. C'est surtout dans son *Essai de Psychologie, dans la Contemplation de la nature et dans la Palingénésie philosophique,* que nous puiserons ces remarquables citations. Mais avant, il nous faut écouter le grand maitre de Charles Bonnet et de plusieurs de ceux qui suivront, dans un célèbre passage de sa Théodicée où il parle de la préexistence des âmes, car c'est de là que sont partis Charles Bonnet, Dupont de Nemours, et plusieurs autres. On sait que Charles Bonnet s'attacha à Leibnitz, et en reçut plus d'une influence.

Citons donc cet illustre métaphysicien ; il parle ainsi[1] :

« Après avoir établi un si bel ordre et des règles si générales

---

1. *Théodicée,* V, 91.

à l'égard des animaux, il ne paraît pas raisonnable que l'homme en soit exclu entièrement, et que tout se fasse en lui par miracle par rapport à son âme. Aussi, ai-je fait remarquer plus d'une fois qu'il est de la sagesse de Dieu que tout soit harmonique dans ses ouvrages, et que la nature soit parallèle à la grâce. Ainsi je croirais que les âmes, qui seront un jour âmes humaines, comme celles des autres espèces, ont été dans les semences, et dans les ancêtres jusqu'à Adam, et ont existé par conséquent depuis le commencement des choses, toujours dans une manière de corps organisé, en quoi il semble que M. Swammerdam, le R. P. Malebranche, M. Bayle, M. Pitcarne, M. Hartfocker et quantité d'autres personnes très-habiles, soient de mon sentiment; et cette doctrine est assez confirmée par les observations microscopiques de M. Leuwenhoek et d'autres bons observateurs. Mais il me paraît encore convenable, pour plusieurs raisons, qu'elles n'existaient alors qu'en âmes sensitives ou animales, douées de perception et de sentiment, et destituées de raison, et qu'elles sont demeurées dans cet état jusqu'au temps de la génération de l'homme, à qui elles devaient appartenir, mais qu'alors elles ont reçu la raison; soit qu'il y ait un moyen naturel d'élever une âme sensitive au degré d'âme raisonnable (ce que j'ai de la peine à concevoir), soit que Dieu ait donné la raison à cette âme par une opération particulière, ou (si vous voulez), par une espèce de *transcréation*. Ce qui est d'autant plus aisé à admettre, que la révélation enseigne beaucoup d'autres opérations immédiates de Dieu sur nos âmes. »

« Or, comme j'aime des maximes qui se soutiennent, et où il y ait le moins d'exception qu'il est possible (c'est toujours Leibnitz qui parle [1]), voici ce qui m'a paru le plus raisonnable en tout sens sur cette importante question : je tiens que les âmes, et généralement les substances simples, ne sauraient commencer que par la création, ni finir que par l'annihilation ; et comme la formation des corps organiques animés ne paraît explicable dans l'ordre

---

1. *Théodicée*, § XC.

de la nature que lorsqu'on suppose une préformation déjà organique, j'en ai inféré que ce que nous appelons génération d'un animal n'est qu'une transformation et augmentation : ainsi, puisque le même corps était déjà organisé, il est à croire qu'il était déjà animé, et qu'il avait la même âme ; de même que je juge *vice versa* de la conservation de l'âme lorsqu'elle est créée une fois, que l'animal est conservé aussi, et que la mort apparente n'est qu'un enveloppement, n'y ayant point d'apparence que dans l'ordre de la nature, il y ait des âmes entièrement séparées de tout corps, ni que ce qui ne commence point naturellement puisse cesser par les forces de la nature. »

On voit que Leibnitz va jusqu'à admettre que la monade humaine a commencé par être végétale, puis animale, et qu'arrivée au summum de l'animalité, elle a reçu *la raison* par une sorte de *transcréation*. Nous ne discuterons pas ce point, et nous le laisserons complétement dans l'oubli, en observant d'ailleurs qu'autre chose est la métempsycose animale dans le passé, autre chose la métempsycose animale dans l'avenir ; cette dernière devient tout à fait absurde, et Leibnitz était un trop profond métaphysicien pour admettre qu'on pût, après qu'on avait reçu *la raison*, par une espèce de *transcréation*, rétrograder jusqu'à la brute et à la plante. Retenons seulement de cette citation que Leibnitz croyait intimement *à la préexistence des âmes* aussi bien qu'à celle des germes organisés.

Voyons maintenant Charles Bonnet :

« Grâce aux belles découvertes de l'astronomie moderne, on sait qu'il est des planètes dont la grandeur surpasse plusieurs centaines de fois celle de notre Terre. On sait encore que cette petite planète que nous habitons, et qui nous paraît si grande, est un million de fois plus petite que le Soleil, autour duquel elle circule. On sait enfin que les étoiles, qui ne nous paraissent que des points lumineux, sont autant de soleils semblables au nôtre, et qui éclairent d'autres mondes, que leur prodigieux éloignement dérobe à notre vue.

« Qu'on réfléchisse un peu maintenant sur l'immensité de l'univers, sur l'étonnante grandeur de ces corps qui roulent si majestueusement dans l'espace, sur leur nombre presque infini, sur les distances énormes de ces soleils, qui ne nous les laissent apercevoir que comme des points étincelants dans la voûte azurée et parsemée, et qu'on se demande ensuite à soi-même ce qu'est la Terre au milieu de cette graine de soleils et de mondes ? ce qu'est un grain de mil dans un vaste grenier, et moins encore.

« La philosophie nous donne les plus hautes idées de l'univers. Elle nous le représente comme la collection systématique ou harmonique de tous les êtres créés. Elle nous apprend qu'il n'est un système que, parce que toutes les pièces s'engrenant, pour ainsi dire, les unes dans les autres, concourent à produire ce tout unique, qui dépose si fortement en faveur de l'unité et de l'intelligence de la cause première.

« L'existence et les déterminations particulières de chaque être sont toujours en rapport à l'existence et aux déterminations des êtres correspondants ou voisins. Le présent a été déterminé par le passé, le subséquent par l'antécédent. Le présent détermine l'avenir. L'harmonie universelle est ainsi le résultat de toutes les harmonies particulières des êtres coexistants et des êtres successifs.

« Une force, répandue dans toutes les parties de la création, anime ces grandes masses sphériques, dont l'assemblage compose ces divers systèmes solaires que nous ne parvenons point à dénombrer, et dont nous ne découvrons que les foyers ou les soleils.

« En vertu de cette force, notre soleil agit sur les planètes et sur les comètes du système auquel il préside. Les planètes et les comètes agissent en même temps sur le soleil et les unes sur les autres. Notre système solaire agit sur les systèmes voisins ;

ceux-ci font sentir leur action à des systèmes plus éloignés, et cette force, qui les anime tous, pénètre ainsi de système en système, de masse en masse, jusqu'aux extrémités les plus reculées de la création.

« Non-seulement tous les systèmes et tous les grands corps d'un même système sont harmoniques entre eux, ils le sont encore dans leur rapport à la coordination et aux déterminations des divers êtres qui peuplent chaque monde planétaire.

« Tous ces êtres, gradués ou nuancés à l'infini, ne composent qu'une même échelle, dont les degrés expriment ceux de la perfection corporelle et de la perfection intellectuelle que renferme l'univers.

L'univers est donc la somme de toutes les perfections réunies et combinées, et le signe représentatif de la perfection souveraine. »

Comment maintenant le grand penseur conçoit-il la vie future et ses développements successifs? Il poursuit :

« En étudiant, avec quelque soin, les facultés de l'homme, en observant leur dépendance mutuelle ou cette subordination qui les assujettit les unes aux autres, et à l'action de leurs objets, nous parvenons facilement à découvrir quels sont les moyens naturels par lesquels elles se développent et se perfectionnent ici-bas. Nous pouvons donc concevoir des moyens analogues plus efficaces, qui porteraient ces facultés à un plus haut degré de perfection.

« Le degré de perfection auquel l'homme peut atteindre sur la terre est en rapport direct avec les moyens qui lui sont donnés de connaître et d'agir. Ces moyens sont eux-mêmes en rapport direct avec le monde qu'il habite actuellement.

« Un état plus relevé des facultés humaines n'aurait donc pas été en rapport avec ce monde dans lequel l'homme devait passer les premiers moments de son existence. Mais ces facultés sont indéfiniment perfectibles, et nous concevons fort bien que quelques-uns des moyens naturels qui les perfectionneront un jour, peuvent exister dès à présent dans l'homme.

Ainsi, puisque l'homme était appelé à habiter successivement deux mondes différents, sa constitution originelle devait renfermer des choses relatives à ces deux mondes. Le corps animal devait être en rapport direct avec le premier monde, le corps spirituel avec le second.

« Deux moyens principaux pourront perfectionner dans le monde à venir toutes les facultés de l'homme; des sens plus exquis et de nouveaux sens.

« Les sens sont la première source de toutes nos connaissances. Nos idées les plus réflectives, les plus abstraites, dérivent toujours de nos idées sensibles.

« L'esprit ne crée rien, mais il opère sans cesse sur cette multitude presque infinie de perceptions diverses, qu'il acquiert par le ministère des sens[1].

« De ces opérations de l'esprit, qui sont toujours des comparaisons, des combinaisons, des abstractions, naissent, par une génération naturelle, toutes les sciences et tous les arts.

« Les sens, destinés à transmettre à l'esprit les impressions des objets, sont en rapport avec les objets. L'œil est en rapport avec la lumière, l'oreille avec le son, etc.

« Plus les rapports que les sens soutiennent avec leurs objets sont parfaits, nombreux, divers, et plus ils manifestent à l'esprit de qualités des objets, et plus encore les perceptions de ces qualités sont claires, vives, complètes.

« Plus l'idée sensible que l'esprit acquiert d'un objet est vive, complète, et plus l'idée réfléchie qu'il s'en forme est distincte.

« Nous concevons sans peine que nos sens actuels sont sus-

---

1. Voyez l'*Essai analytique*, p. 528, 529, 530. Consultez aussi le ch. XV de la *Palingénésie*, tome II. Édition *princeps*.

ceptibles d'un degré de perfection fort supérieur à celui que nous leur connaissons ici-bas, et qui nous étonne dans certains sujets. Nous pouvons même nous faire une idée assez nette de cet accroissement de perfection, par les effets prodigieux des instruments d'optique et d'acoustique.

« Qu'on se figure, comme moi, Aristote observant une mite avec nos microscopes, ou contemplant avec nos télescopes Jupiter et ses lunes; quels n'eussent point été sa surprise et son ravissement! quels ne seront point aussi les nôtres, lorsque, revêtus de notre corps spirituel, nos sens auront acquis toute la perfection qu'ils pouvaient recevoir de l'Auteur bienfaisant de notre être !

« On imaginera, si l'on veut, que nos yeux réuniront alors les avantages des microscopes et des télescopes, et qu'ils se proportionneront exactement à toutes les distances, et combien les verres de ces nouvelles lunettes seront-ils supérieurs à ceux dont l'art se glorifie !

« On doit appliquer aux autres sens ce que je viens de dire de la vue. Peut-être néanmoins que le goût, qui a un rapport si direct à la nutrition, sera supprimé ou converti en un autre sens d'un usage plus étendu et plus relevé.

« Quels ne seraient point les rapides progrès de nos sciences physico-mathématiques, s'il nous était donné de découvrir les premiers principes des corps, soit fluides, soit solides! Nous verrons alors, par intuition, ce que nous tentons de deviner à l'aide de raisonnements ou de calculs, d'autant plus incertains, que notre connaissance directe est plus imparfaite. Quelle multitude innombrable de rapports nous échappe, précisément parce que nous ne pouvons apercevoir la figure, les proportions, l'arrangement de ces corpuscules infiniment petits, sur lesquels pourtant repose tout le grand édifice de la nature.

« Il ne nous est pas non plus fort difficile de concevoir que le germe du corps spirituel peut contenir dès à présent les éléments organiques de nouveaux sens, qui ne se développeront qu'à la résurrection.

« Ces nouveaux sens nous manifesteront dans les corps des propriétés qui nous seront toujours inconnues ici-bas. Combien de qualités sensibles que nous ignorons encore, et que nous ne découvririons point sans étonnement. Nous ne connaissons les différentes forces répandues dans la nature que dans le rapport aux différents sens sur lesquels elles déploient leur action. Combien est-il de forces dont nous ne soupçonnons pas même l'existence, parce qu'il n'est aucun rapport entre les idées que nous acquérons par nos cinq sens et celles que nous pourrons acquérir par d'autre sens[1] !

« Qu'on se représente un homme qui naîtrait avec une paralysie complète sur trois ou quatre des principaux sens, et qu'on suppose des causes naturelles qui rendissent la vie et le mouvement à ces sens et les missent tous en valeur, quelle foule de perceptions nouvelles, variées, imprévues cet homme n'acquerrait-il point en peu de temps ! quel prodigieux accroissement de perfections n'en résulterait-il point pour toutes ses facultés !

« Nous ne sommes encore que des statues qui ne jouissent pour ainsi dire que d'un seul sens, mais dont les autres sens se déploieront dans ce monde que la raison entrevoit et que la foi contemple.

« Ces sens nouveaux, renfermés infiniment en petit dans le siège de l'âme, sont donc en rapport direct avec ce monde à venir, qui est notre vraie patrie. Ils peuvent avoir encore des rapports particuliers *avec d'autres mondes qu'il nous sera permis de visiter*, et où nous puiserons sans cesse de nouvelles connaissances et de nouveaux témoignages des libéralités infinies du bienfaiteur de l'univers.

« Élevons nos regards vers la voûte étoilée : contemplons cette collection immense de soleils et de mondes disséminés dans l'espace, et admirons que ce vermisseau qui porte le nom d'homme

---

1. *Essai analytique*, V, 779.

ait une raison capable de pénétrer l'existence de ces mondes et de s'élancer ainsi jusqu'aux extrémités de la création[1].

« Mais cette raison, dont la vue est si perçante, la curiosité si active, et dont les désirs sont si étendus, si relevés, si assortis à la noblesse de son être, aurait-elle été renfermée pour toujours dans les limites étroites d'un télescope? Ce Dieu si bienfaisant, qui a daigné se révéler à elle par les merveilles du monde qu'elle habite, ne lui aurait-il point réservé de plus hautes révélations dans ces mondes où sa puissance et sa sagesse éclatent avec plus de magnificence encore, et où elles se peignent par des traits toujours nouveaux, toujours variés, toujours inépuisables?

« Si notre connaissance réfléchie dérive essentiellement de notre connaissance intuitive; si nos richesses intellectuelles s'accroissent par les comparaisons que nous formons entre nos idées sensibles de tout genre; si nous comparons d'autant plus que nous connaissons davantage; si enfin notre intelligence se développe et se perfectionne à proportion que nos comparaisons s'étendent, se diversifient, se multiplient; quels ne seront point l'accroissement et le perfectionnement de nos connaissances naturelles, lorsque nous ne serons plus bornés à comparer les individus aux individus, les espèces aux espèces, les règnes aux règnes, et qu'il nous sera donné de comparer les mondes aux mondes?

« Si la suprême intelligence a varié ici-bas toutes ses œuvres; si elle n'a rien créé d'identique; si une progression harmonique règne entre tous les êtres terrestres; si une même chaîne les embrasse tous[2]; combien est-il probable que cette chaîne merveilleuse se prolonge dans tous les mondes planétaires, qu'elle les unit tous et qu'ils ne sont que des parties constituantes et infinitésimales de la même série[3]!

1. Voyez *Contemplation de la nature*, Ire part., ch. v.
2. *Contemplation de la nature*, Ire part., ch. vii; IIe part. ch. ix, x, xi, xii, xiii. — 3. *Ibid.*, IVe part., ch xi.

« Nous ne découvrons à présent de cette grande chaîne que quelques anneaux ; nous ne sommes pas même sûrs de les observer dans leur ordre naturel ; nous ne suivons cette progression admirable que très-imparfaitement et à travers mille et mille détours ; nous y rencontrons des interruptions fréquentes ; mais nous saurons toujours que ces lacunes sont bien moins celles de la chaîne que celles de nos connaissances.

« Lorsqu'il nous aura été accordé de contempler cette chaîne, comme j'ai supposé que la contemplent ces intelligences pour lesquelles notre monde a été principalement fait ; lorsque nous pourrons, comme elles, en suivre les prolongements dans d'autres mondes ; alors, et seulement alors nous verrons leur dépendance réciproque, leurs relations secrètes, la raison prochaine de chaque chaînon, et nous nous élèverons ainsi par une échelle de perfections relatives jusqu'aux vérités les plus transcendantes et les plus lumineuses.

« Chaque monde planétaire a donc son économie particulière, ses lois, ses productions, ses habitants, et rien de tout cela ne se retrouve de la même manière ni dans le même ordre dans aucune planète. La répétition des mêmes modèles en différents mondes serait un indice de stérilité, et comment concevoir un terme à la fécondité de l'intelligence infinie, si une métaphysique relevée nous persuade qu'il n'est pas sur la terre deux individus précisément semblables ; si des observations délicates poussées fort loin paraissent confirmer la même vérité ; quels ne doivent point être les caractères qui différencient un monde d'un autre monde, et même deux mondes les plus voisins ! Ainsi chaque monde est un système particulier, un ensemble de choses qui ne se rencontre dans aucun autre point de l'espace, et ce système particulier est au système général ce qu'est un pignon ou une roue dans une machine, ou, mieux encore, ce qu'est une fibre, une glande dans un tout organique.

« De quels sentiments notre âme ne sera-t-elle donc point inondée, lorsqu'après avoir étudié à fond l'économie d'un monde, nous volerons vers un autre, et que nous comparerons entre elles ces deux économies! Quelle ne sera point alors la perfection de notre cosmologie! quels ne seront point la généralisation et la fécondité de nos principes, l'enchaînement, la multitude et la justesse de nos conséquences! quelle lumière rejaillira de tant d'objets divers sur les autres branches de nos connaissances, sur notre physique, sur notre géométrie, sur notre astronomie, sur nos sciences rationnelles, et principalement sur cette science divine qui s'occupe de l'Être des êtres !

« Toutes les vérités sont enchaînées, et les plus éloignées tiennent les unes aux autres par des nœuds cachés; le propre de l'entendement est de découvrir ces nœuds. Newton s'applaudissait sans doute d'avoir su démêler les rapports secrets de la chute d'une pierre au mouvement d'une planète; transformé un jour en intelligence céleste, il sourira de ce jeu d'enfant, et sa haute géométrie ne sera plus pour lui que les premiers éléments d'un autre infini.

« Mais la raison de l'homme perce encore au delà de tous les mondes planétaires; elle s'élève jusqu'au ciel où Dieu habite; elle contemple le trône auguste de l'Ancien des jours; elle voit toutes les sphères rouler sous ses pieds et obéir à l'impulsion que sa main puissante leur a imprimée; elle entend les acclamations de toutes les intelligences, et mêlant ses adorations et ses louanges aux chants majestueux de ces hiérarchies, elle s'écrie dans le sentiment profond de son néant : Saint, Saint, Saint est Celui qui est l'Éternel et le seul bon, gloire soit à Dieu dans les lieux célestes! Bienveillance envers l'homme! ô profondeur des richesses de la bonté divine, elle ne s'est point bornée à se manifester à l'homme sur la terre par les traits les plus multipliés, les plus divers, les plus touchants; elle veut encore l'introduire un jour dans les demeures célestes et l'abreuver au fleuve des délices. Il y a plusieurs demeures dans la maison de notre Père; si cela n'était pas, son envoyé nous l'aurait dit : il y est allé pour nous y préparer une place... il en reviendra et nous prendra avec lui, afin que nous soyons où il sera... où il sera; non dans les parvis, non dans le sanctuaire de la création universelle ; mais dans le saint des saints... où il sera ; où sera le Roi des anges et des hommes, le Médiateur de la nouvelle alliance, le chef et le consommateur de la foi, celui qui nous a frayé le chemin nouveau qui mène à la vie, qui nous a donné la liberté d'entrer dans le lieu très-saint, qui nous a fait approcher de la ville du Dieu vivant, de la Jérusalem céleste, de l'innombrable multitude des anges de Dieu même, qui est le juge de tous.

« Si la souveraine bonté s'est plu à parer si richement la première demeure de l'homme ; si elle y a répandu de si grandes beautés, prodigué tant de douceurs, accumulé tant de biens ; si toutes les parties de la nature conspirent ici-bas à fournir à l'homme des sources intarissables de plaisirs ; que dis-je ! si cette bonté ineffable enveloppe et serre l'homme de toutes parts ici-bas ; quel ne sera point le bonheur dont elle le comblera dans la Jérusalem d'en haut ! quelles ne seront point les beautés, la richesse et la variété du magnifique spectacle qui s'offrira à ses regards dans la maison de Dieu, dans cet autre univers qui enceint tous les orbes planétaires, et où l'être existant par soi donne aux hiérarchies célestes les signes les plus augustes de sa présence adorable !

« Ce sera dans ces demeures éternelles, au sein de la lumière, de la perfection et du bonheur, que nous lirons l'histoire générale et particulière de la Providence. Initiés alors jusqu'à un certain point dans les mystères profonds de son gouvernement, de ses lois, de ses dispensations, nous verrons avec admiration les raisons secrètes de tant d'événements généraux et particuliers, qui nous étonnent, nous confondent et nous jettent dans des doutes que la philosophie ne dissipe pas toujours, mais sur lesquels la religion nous rassure toujours. Nous méditerons sans cesse ce grand livre des destinées des mondes. Nous nous arrêterons surtout à la page qui concerne celles de cette petite planète, si chère à notre cœur, le berceau de notre enfance, et le premier monument des complaisances paternelles du Créateur à l'égard de l'homme. Nous n'y découvrirons point sans surprise les différentes révolutions que ce petit globe a subies avant que de revêtir la forme actuelle, et nous y suivrons à l'œil celles qu'il est appelé à subir dans la durée des siècles; mais ce qui épuisera notre admiration et notre reconnaissance, ce seront les merveilles de cette grande rédemption, qui renferme encore tant de choses au-dessus de notre faible portée, qui ont été l'objet de l'exacte recherche et de la profonde méditation des prophètes, et dans lesquelles les anges désirent de voir jusqu'au fond. Un mot de cette page nous tracera aussi notre propre histoire et nous développera le pourquoi et le comment de ces calamités, de ces épreuves, de ces privations qui exercent souvent ici-bas la patience du juste, épurent son âme, rehaussent ses vertus, ébranlent et terrassent les faibles. Parvenus à ce degré si supérieur de connaissances, l'origine du mal physique et du mal moral ne nous embarrassera plus : nous les envisagerons distinctement dans leur source et dans leurs effets les plus éloignés, et nous reconnaîtrons avec évidence que tout ce que Dieu avait fait était bon [1]. » — « Nous n'observons sur la terre que des effets, nous ne les observons même que d'une manière très-superficielle; toutes les causes nous sont voilées [2]; alors nous verrons les effets dans leurs causes, les conséquences dans leurs principes, l'histoire des individus dans celle de l'espèce, l'histoire de l'espèce dans l'histoire du globe; cette dernière dans celle des mondes, etc. Présentement nous ne voyons les choses que confusément et comme par un verre obscur; mais alors nous verrons face à face, et nous connaîtrons en quelque sorte comme nous avons été connus; enfin, parce que nous aurons des connaissances incomparablement plus complètes et plus distinctes de l'ouvrage, nous en acquerrons aussi de beaucoup plus profondes des perfections de l'ouvrier. Et combien cette science, la plus sublime, la plus vaste, la plus désirable de toutes, ou plutôt la seule science, se perfec-

---

1. Voyez *Contemplation de la nature*, part. I, ch. III.
2. *Essai analytique*, § 123; *Paling.*, part. XII, p. 9, 10.

tionnera-t-elle sans cesse par un commerce plus intime avec la source éternelle de toute perfection! Je n'exprime point assez, je ne fais que bégayer; les termes me manquent; je voudrais emprunter la langue des anges. S'il était possible qu'une intelligence finie épuisât jamais l'univers, elle puiserait encore d'éternité en éternité dans la contemplation de son auteur de nouveaux trésors de vérités, et, après mille myriades de siècles consumés dans cette méditation, elle n'aurait qu'effleuré cette science, dont la plus élevée des intelligences ne possède peut-être que les premiers rudiments. Il n'y a de vraie réalité que dans celui qui est; car tout ce qui est est par lui; avant que d'être hors de lui il n'y a qu'une seule existence, parce qu'il n'y a qu'un seul être dont l'essence soit d'exister, et que tout ce qui porte le nom impropre d'être, était resté renfermé dans l'existence nécessaire comme la conséquence dans son principe.

« Combien notre faculté d'aimer est-elle actuellement bornée, imparfaite, aveugle, grossièrement intéressée! Combien toutes nos affections participent-elles à la chair et au sang! Combien notre cœur est-il étroit! Combien a-t-il de peine à s'élargir et à embrasser la totalité des hommes! Combien, encore une fois, le physique de notre constitution s'oppose-t-il à l'épurement et à l'exaltation de notre faculté d'aimer! Combien lui est-il difficile de se concentrer un peu fortement dans l'Être souverainement aimable!

« Telle est sur la terre notre faculté d'aimer; telles sont ses limites, ses imperfections, ses taches. Mais cette puissance excellente, cette puissance si impulsive, si féconde en effets divers, si expansible, embarrassée à présent dans les liens de la chair, en sera un jour dégagée, et Celui qui nous a faits pour l'aimer et pour aimer nos semblables saura ennoblir, épurer, subliminiser tous nos désirs, et faire converger toutes nos affections vers la plus grande et la plus noble fin.

« Lorsque nous aurons été revêtus de ce corps spirituel et glorieux que la foi espère, notre volonté perfectionnée dans son rapport à notre connaissance n'aura plus que des désirs assortis à la haute élévation de notre nouvel être. Elle tendra sans cesse à tout bien, au vrai bien, au plus grand bien. Toutes ses déterminations auront un but, et le meilleur but [1].

« L'ordre sera la règle immuable de ses désirs, et l'auteur de l'ordre le centre de toutes ses affections. Comme elle sera fort réfléchie, parce que la connaissance sera fort distincte et fort étendue, ses inclinations se proportionneront constamment à la nature des choses, et elle aimera dans un rapport direct à la perfection de chaque être. La connaissance assignera à chaque être son juste prix; elle dressera l'échelle exacte des valeurs relatives; et la volonté éclairée par la connaissance ne se méprendra plus sur le prix des choses et ne confondra plus le bien apparent avec le bien réel.

« Dépouillés pour toujours de la partie corruptible de notre être, revêtus de l'incorruptibilité, unis à la lumière [2], nos sens ne dégraderont plus nos affections, notre imagination ne corrompra plus notre cœur; les grandes et magnifiques images qu'elle lui offrira sans cesse vivifieront et échaufferont tous les sentiments; notre puissance d'aimer s'exaltera et se déploiera de plus en plus, et la sphère de son activité, s'agrandissant à l'indéfini, embrassera les intelligences de tous les ordres et se concentrera dans l'Être souverainement bienfaisant. Notre bonheur s'accroîtra par le sentiment vif et pur du bonheur de nos semblables et de celui de tous les êtres sentants et de tous les êtres intelligents. Il recevra un plus grand accroissement encore par le sentiment délicieux et toujours présent de l'approbation et de l'amour de celui qui sera tout en tous. Notre cœur brûlera éternellement du beau feu de la charité, de cette charité céleste, qui,

1. Voyez *Palingénésie*, XV, pages 116, 117, 120, 121. Édition citée.

2. Dans mon hypothèse, le corps spirituel dont parle la *Révélation* sera formé d'une matière semblable et analogue à celle de l'éther ou de la lumière. (Note de Ch. Bonnet.)

après avoir jeté sur la terre quelques étincelles, éclatera de toutes parts dans le séjour de l'innocence et de la paix. La charité ne finira jamais.

« La force, comme la portée de nos organes, est ici-bas très-limitée. Nous ne saurions les exercer pendant un temps un peu long, sans éprouver bientôt ce sentiment incommode et pénible que nous exprimons par le terme de fatigue. Nous avons à surmonter une résistance continuelle pour nous transporter, ou plutôt pour ramper d'un lieu dans un autre. Notre attention, cette belle faculté qui décide de tout dans la vie intellectuelle, notre attention s'affaiblit en se partageant et se consume en se concentrant. Notre mémoire ne retient qu'avec effort ce que nous lui confions ; elle souffre des déperditions journalières ; l'âge et mille accidents la menacent, l'altèrent, la détruisent. Que dirai-je encore ! notre machine entière, cette machine qui nous est si chère et où brille un art si prodigieux, est toujours près de succomber sous le poids et par l'action continuée de ses ressorts. Elle ne subsiste que par des secours étrangers et par une sorte d'artifice. Le principe de la vie est précisément le principe de la mort, et ce qui nous fait vivre est réellement ce qui nous fait mourir.

« Le corps spirituel, formé probablement d'éléments semblables ou analogues à ceux de la lumière, n'exigera point ces réparations journalières qui conservent et détruisent le corps animal. Ce corps glorieux, que nous devons revêtir, subsistera sans doute par la seule énergie de ses principes et de la profonde mécanique qui aura présidé à sa construction. Il y a bien de l'apparence encore que ce corps éthéré ne sera pas soumis à l'action de la pesanteur comme les corps grossiers que nous connaissons. Il obéira avec une facilité et une promptitude étonnantes à toutes les volontés de notre âme, et nous nous transporterons d'un monde dans un autre avec une célérité peut-être égale à celle de la lumière. Sous cette économie de gloire, nous exercerons sans fatigue toutes nos facultés ; parce que les nouveaux organes sur lesquels notre âme déploiera sa force motrice seront mieux proportionnés à l'énergie de cette force, et qu'ils ne seront point assujettis à l'influence de ces causes perturbatrices qui conspirent sans cesse contre notre économie actuelle.

« Notre mémoire s'enrichira à l'infini : elle s'incorporera des mondes entiers et retracera à notre esprit sans altération et sans confusion l'immense nomenclature de ces mondes, celle de leurs révolutions, de leur population, de leur législation, etc., etc. Et comme les organes sont toujours en rapport avec les objets dont ils doivent transmettre à l'âme les impressions, il est à présumer que la connaissance d'un nombre si prodigieux d'objets et d'objets si différents entre eux, dépendra d'un assortiment supérieur à celui qui est relatif à notre économie présente. Les signes de nos idées se multiplieront, se diversifieront, se combineront dans un rapport déterminé aux objets dont ils seront les représentations symboliques, et la langue ou les langues que nous posséderons alors auront une expression, une fécondité, une richesse dont les langues que nous connaissons ne sauraient nous donner que de très-faibles images[1].

« Précisément parce que nous verrons les choses d'une manière incomparablement plus parfaite, nous les exprimerons aussi d'une manière incomparablement plus parfaite. Nous observons ici-bas que la perfection des langues correspond à celle de l'esprit, et que plus l'esprit connaît, mieux il exprime ; nous observons encore que le langage perfectionne à son tour la connaissance, et la langue savante des géomètres, cette belle langue où réside à un si haut point l'expression symbolique, peut nous aider à concevoir la possibilité d'une langue vraiment universelle que nous posséderons un jour, et qui est apparemment celle des intelligences supérieures.

« Le corps animal renferme quantité de choses qui n'ont de rapports directs qu'à la conservation de l'individu ou à celle de l'es-

---

[1]. *Essai analytique*, ch. VII, XXII ; *Contemplation de la nature*, part. V, ch. VI ; *Analyse abrégée*, VII, VIII, IX, X, XI, etc.

pèce. Le corps spirituel ne contiendra que des choses relatives à l'accroissement de notre perfection intellectuelle et morale; il sera en quelque sorte un organe universel de connaissance et de sentiment. Il sera encore un instrument universel au moyen duquel nous exécuterons une infinité de choses dont nous ne saurions nous faire à présent que des idées très-vagues et très-confuses.

« Si ce corps animal et terrestre que la mort détruit renferme de si grandes beautés, si la moindre de ses parties peut consumer toute l'intelligence et toute la sagacité du plus habile anatomiste, quelles ne seront point les beautés de ce corps spirituel et céleste qui succédera au corps périssable! Quelle anatomie que celle qui s'occupera de l'économie de ce corps glorieux, qui pénétrera la mécanique, le jeu et la fin de toutes ces parties, qui saisira les rapports physiques de la nouvelle économie avec l'ancienne et les rapports bien plus nombreux et bien plus compliqués des nouveaux organes aux objets de la vie à venir!

« Il y a sur la terre, parmi les hommes, une diversité presque infinie de dons, de talents, de connaissances, d'inclinations, etc.

« L'échelle de l'humanité s'élève par une suite innombrable d'échelons de l'homme brut à l'homme pensant[1]. Cette progression continuera sans doute dans la vie à venir, et y conservera les mêmes rapports essentiels; je veux dire *que les progrès que nous aurons faits ici-bas dans la connaissance et dans la vertu détermineront le point d'où nous commencerons à partir dans l'autre vie et la place que nous y occuperons.* Quel puissant motif pour nous exciter à accroître sans cesse notre connaissance et notre vertu!

« Tous les moments de notre existence individuelle sont indissolublement liés les uns aux autres. Nous ne passons point d'un état à un autre état sans une raison suffisante. Il n'y a jamais de

---

1. Voyez ce que Bonnet a dit des gradations de l'humanité dans la *Contemplation de la nature*, part. IV, ch. x.

saut précisément dit. L'état subséquent a toujours sa raison suffisante dans l'état qui l'a précédé immédiatement [1]. La mort n'est point une lacune dans cette chaîne : elle est le chaînon qui lie les deux vies ou les deux parties de la chaîne. Le jugement que le souverain juge portera de nous aura son fondement dans le degré de perfection intellectuelle et morale que nous aurons acquis sur la terre, ou, ce qui revient au même, dans l'emploi que nous aurons su faire de nos facultés et des talents qui nous auront été confiés. A celui à qui il aura beaucoup été donné, il sera beaucoup redemandé, et on donnera à celui qui aura. Ce qui est, est : la volonté divine ne change point la nature des choses, et, dans le plan qu'elle a réalisé, le vice ne pouvait obtenir les avantages de la vertu [2]. Il suit donc de ces principes de la raison que *le degré de perfection acquise déterminera dans la vie à venir le degré de bonheur ou de gloire dont jouira chaque individu.* La révélation donne encore la sanction à ces principes si philosophiques. Elle établit expressément cette *échelle de bonheur ou de gloire*, que la philosophie ne se lasse point de contempler. Il y a des corps célestes et des corps terrestres ; mais il y a de la différence entre l'éclat des corps célestes et celui des corps terrestres : autre est l'éclat du soleil, autre celui de la lune, et autre celui des étoiles ; l'éclat même d'une étoile est différent de l'éclat d'une autre étoile. Il en sera de même de la résurrection. Et si l'on voulait que ces paroles remarquables ne fussent pas susceptibles de l'interprétation que je leur donne, cette déclaration si formelle et si répétée de l'Écriture, que Dieu rendra à chacun selon ses œuvres, ne suffirait-elle pas pour prouver que les degrés du bonheur à venir seront aussi variés que l'auront été les degrés de la vertu. Or, combien les degrés de la vertu diffèrent-ils sur la terre ! Combien la vertu du même individu s'accroît-elle par de nouveaux efforts ou par des actes réitérés fréquemment ! La vertu est une habitude ; elle est l'habitude au bien.

« Il y aura donc un *flux perpétuel de tous les individus de l'hu-*

1. *Palingénésie*, part. XIV, p. 63, 64. — 2. *Ibid.*, part. VIII.

manité vers une plus grande perfection ou un plus grand bonheur; car un degré de perfection acquis conduira par lui-même à un autre degré, et parce que la distance du créé à l'incréé, du fini à l'infini, est infinie, ils tendront continuellement vers la suprême perfection sans jamais y atteindre. »

CHAPITRE III

DUPONT DE NEMOURS

Si c'est avec peine que nous avons vu l'humanité ne pas entourer des hommages qui lui sont dus l'éminent philosophe dont nous venons d'analyser les écrits, que dirons-nous de Dupont de Nemours, qui, aux nobles qualités d'une âme aimante, joignit un talent de penseur véritable et fut le précurseur des croyances du dix-neuvième siècle? C'est un regrettable oubli, et pour qu'il ne se change pas en ingratitude, nous avons pris à tâche de relever cet humble nom afin de le faire inscrire par nos descendants au rang des plus glorieux [1].

Nous proclamons hautement que l'on chercherait vainement parmi ses contemporains, et difficilement parmi les nôtres, un écrivain qui ait eu une foi plus ferme dans la vraie destinée de l'âme, qui l'ait exprimée plus chaleureusement et plus logiquement, qui ait tracé d'une manière plus nette la *philosophie de l'univers* moral et spirituel.

---

1. Voir notamment la *Philosophie de l'Univers*, ouvrage de Dupont de Nemours; *Oromasis*, poëme philosophique, et ses Mémoires très-curieux à l'Institut (classe des sciences morales et politiques).

Il s'adresse d'abord à l'homme que d'orgueilleuses prétentions aveuglent :

« C'est à toi, dis-tu, que la progression doit s'arrêter? Lève les yeux, tu en es digne; pense, tu es né pour penser; oses-tu comparer la distance effrayante que tu reconnais entre toi et Dieu avec celle si petite qui m'a fait hésiter entre toi et la fourmi? Cet espace immense est-il vide? Il ne l'est pas, car il ne peut pas l'être; l'univers est sans lacune; s'il est rempli, par qui l'est-il? Nous ne pouvons le savoir; mais, puisque la place existe, il s'y trouve quelqu'un et quelque chose.

« Pourquoi n'avons-nous aucune connaissance évidente de ces êtres dont la convenance, l'analogie, la nécessité dans l'univers frappent la réflexion qui peut seule nous les indiquer? de ces êtres qui doivent nous surpasser en perfections, en facultés, en puissance, autant que nous surpassons les animaux de la dernière classe et les plantes? qui doivent avoir entre eux une hiérarchie aussi variée, aussi graduée que celle que nous admirons entre les autres êtres vivants et intelligents que nous primons et qui nous sont subordonnés? dont plusieurs ordres peuvent être nos compagnons sur la terre, comme nous sommes ceux des animaux qui, privés de vue, d'ouïe, d'odorat, de pieds, de mains, ne savent qui nous sommes au moment même où nous en faisons le bonheur ou le malheur? dont quelques autres peut-être voyagent de globe en globe, ou, de plus relevés encore, d'un système solaire à l'autre, plus aisément que nous n'allons de Brest à Madagascar?

« C'est que nous n'avons pas les organes et les sens qu'il nous faudrait pour que notre intelligence communiquât avec eux.

« C'est ainsi que les mondes embrassent les mondes et que sont classifiés les êtres intelligents, tous composés d'une matière que Dieu a plus ou moins richement organisée et vivifiée.

« Telle est la vraisemblance, et parlant à des esprits vigoureux qui ne plient pas devant les conceptions fortes, j'oserai dire que telle est la réalité.

« L'homme est capable de calculer qu'il a souvent intérêt à être utile aux autres espèces : et, ce qui vaut mieux encore, ce qui est plus moral et plus aimable, il l'est de leur rendre service pour sa propre satisfaction, sans autre motif que le plaisir qu'il y trouve.

« Eh bien! ce que nous faisons pour nos frères cadets, nous qui n'avons qu'une intelligence très-médiocre et qu'une bonté très-limitée, les génies, les anges (permettez-moi d'employer des noms en usage pour désigner des êtres que je devine et que je ne connais pas), ces êtres qui valent beaucoup mieux que nous, doivent le faire et vraisemblablement le font pour nous, avec plus de bienfaisance, de fréquence et d'étendue dans les occasions qui les touchent.

« Nous savons parfaitement qu'il y a des intelligences, et peu nous soucie qu'elles soient, si l'on veut, formées d'une sorte de matière, composées d'un mélange ou sans mélange. Leur quotité d'intelligence est très-brillante, très-remarquable, très-démontrée, très-évidente; elle tranche vivement avec les propriétés mesurables, pondérables, calculables, analysables de la matière inanimée.

« Pour comprendre quelle peut être dans le monde et sur nous l'action des intelligences surhumaines qui ne sauraient nous être connues que par l'induction, le raisonnement, la comparaison de ce que nous sommes à d'autres animaux, même assez intelligents, servis par nous avec efficacité et qui n'ont pas de nous la moindre idée, il faut pousser plus loin l'analogie.

« Ces intelligences ne sont au-dessus de nous et hors de la portée de nos sens que parce qu'elles sont douées d'un plus grand nombre de sens, et d'une vie plus développée et plus active. Ce sont des êtres qui valent mieux que nous et qui ont beaucoup plus d'organes et de facultés; ils doivent donc, en déployant leurs facultés disponibles suivant leur volonté, de même que selon notre volonté nous employons les nôtres, pouvoir disposer, travailler, manœuvrer la matière inanimée, et agir ainsi, tant entre eux que sur les êtres intelligents qui leur sont inférieurs, avec beaucoup plus d'énergie, de rapidité, de lumière et de sagesse que nous ne le faisons, nous qui cependant le faisons pour les bêtes qui nous sont subordonnées. Il est donc conforme à la marche et aux lois de la nature que les intelligences supérieures puissent ainsi, quand il leur plaît, nous rendre les services à la fois les plus importants et les plus ignorés.

« Vous ne pourriez m'affirmer que cela n'est pas qu'en prétendant que tout ce que vous ne pouvez voir physiquement n'existe point, et soutenant que vous êtes les premiers êtres après Dieu. Et je peux vous affirmer que cela est, appuyé sur toutes les lois d'analogie qu'il nous est donné de reconnaître dans l'univers.

« Si cela n'était pas, l'univers serait incomplet. Sa partie inférieure serait régulièrement ordonnée avec les gradations les mieux nuancées et les plus parfaites ; sa partie supérieure ne serait qu'un vaste désert. La vie, l'intelligence, la moralité défaudraient précisément où nous voyons commencer et s'enrichir le règne de l'intelligence, de la moralité et de la vie ; je ne saurais le concevoir ni le croire.

« Cette théorie nécessaire à l'ensemble du monde, et qui l'arrondit à mes yeux, repose mon cœur et mon jugement en leur rendant un compte satisfaisant et sensé, des faits très-nombreux, dénués de vraisemblance, qui sans elle seraient inexplicables aux philosophes trop observateurs et trop logiciens pour se payer du mot de hasard et de sa ténébreuse idée ; quant à ceux qui s'en contentent, que Dieu leur fasse paix ! Je n'argumente pas avec eux, ils ne me paraissent pas assez forts raisonneurs ; ce n'est point à leur usage que j'écris.

« Mais si la création est aussi riche par en haut que par en bas ; si le pas que nous faisons à tâtons hors du monde visible porte néanmoins sur le sol de la vérité ; si elle est cette chose qui doit être, cette chose que la raison trouve indispensable, comment jugerez-vous qu'il nous soit possible d'intéresser à nous les protecteurs inconnus qui nous observent et que nous n'apercevons pas ?

« Ceux-ci qui n'ont pas nos imperfections doivent mettre encore plus de prix à ce qui est beau et bien en soi-même.

« Nous ne pouvons donc espérer de plaire aux intelligences d'un grade supérieur par les actes que l'homme même trouverait odieux. Nous ne pouvons pas nous flatter davantage de les tromper comme les hommes par un extérieur hypocrite, qui ne fait que rendre le crime plus méprisable. Elles peuvent assister à nos actions les plus secrètes, elles peuvent être instruites de nos soliloques, peut-être même de ceux qui ne sont point parlés. Nous ignorons combien elles ont de manières de lire ce qui se passe dans notre cœur : nous, dont la misère, la grossièreté, l'ineptie bornent nos moyens de connaître à toucher, voir, entendre, et quelquefois analyser, conjecturer.

« Cette maison, qu'un Romain célèbre voulait faire bâtir ouverte à la vue de tous les citoyens, elle existe et nous y logeons. Nos voisins, ce sont les chefs et les magistrats de la grande république, revêtus du droit et du pouvoir de récompenser et de punir même l'intention, qui pour eux n'est pas un mystère. Et ceux qui en pénètrent le plus complétement les moindres variations, les inflexions les plus légères, ce sont les plus puissants et les plus sages.

« Tâchons donc d'avoir, autant qu'il peut dépendre de nous, affaire à ceux par rapport auxquels nous sommes petits, et surtout comprenons notre petitesse. S'il nous importe tant de n'admettre à notre complète amitié, à notre confiance entière, à notre société assidue, que des hommes de la première élite; si la douce lutte d'affection, de zèle, de bonté, de capacité qui se renouvelle sans cesse entre eux et nous, contribue à nous améliorer chaque jour, que ne gagnerons-nous pas à leur donner, pour ainsi dire, des adjoints meilleurs et plus parfaits encore, qui ne soient sujets ni à nos intérêts ignobles, ni à nos passions, ni à nos erreurs et devant qui nous ne puissions nous empêcher d'en rougir!

« Ceux-là ne varient pas, ils ne nous abandonnent point, ils ne s'éloignent jamais, nous les trouvons dès que nous sommes seuls. Ils nous accompagnent en voyage dans l'exil, en prison, au cachot; ils voltigent autour de notre cerveau réfléchissant et paisible.

« Nous pouvons les interroger, et toutes les fois que nous le tentons, on dirait qu'ils nous répondent. Pourquoi ne le feraient-ils pas? Nos amis absents nous rendent bien un pareil service, mais seulement ceux de nos amis qui nous inspirent un grand respect. Nous pouvons même éprouver quelque chose de semblable d'un personnage imaginaire, s'il se présente à nous comme réunissant beaucoup de qualités héroïques et bonnes. Combien de fois, dans les occasions épineuses, au milieu du combat des passions diverses, ne me suis-je pas dit : que ferait en ce cas Charles Grandisson? que penserait Quesnay? qu'approuverait Turgot? que me conseillerait Lavoisier? qu'est-ce qui pourra plaire à sa vertueuse compagne? comment aurai-je le suffrage des anges? quelle action sera le plus conforme à l'ordre, aux lois, aux vues bienfaisantes du roi majestueux et sage de l'univers? Car on peut ainsi porter jusqu'à Dieu l'invocation salutaire et pieuse, l'hommage, les élans d'une âme avide de bien faire et soigneuse de ne pas s'avilir.

« Hé! m'allez-vous dire, qui consultez-vous donc, lorsque vous parlez à vos amis morts, ou à ceux qui demeurent à trente lieues, ou aux êtres que vous supposez et qui ne vous répondent que de la même manière?

« Qui je consulte? ma raison sans doute, ma conscience, ma propre délicatesse. On ne consulte jamais autre chose, même lorsque l'on confère avec ses amis présents qui, en nous disant leur pensée, ne font que nous épargner la peine de la deviner d'après leur caractère. Quel autre raisonnement que le nôtre peut nous convaincre? quelle autre volonté que la nôtre doit nous déterminer? Nous sommes intelligents, par conséquent libres; nous n'appartenons qu'à nous. Mais dans la solitude, entouré de l'image de nos amis, de l'assemblée des puissances aériennes, des différents chœurs des séraphins, et placé au pied du trône de Dieu; cette raison, cette conscience, cette délicatesse, seules facultés par lesquelles la lumière divine puisse arriver jusqu'à moi, je les consulte alors agrandies par la recherche d'une raison supérieure, désintéressées de moi-même par l'examen et le sentiment d'une convenance plus générale et plus noble, exaltées par la contemplation du beau idéal. »

Voilà, il faut en convenir, d'admirables et viriles pensées qui font aimer l'auteur et le placent à nos yeux en une singulière estime ; nul écrivain n'a jamais exprimé en termes si bien sentis et si vrais l'importance tutélaire de nos communications avec le monde invisible, avec le grand conseil des ancêtres, des héros de l'humanité, médiateurs entre Dieu et les hommes. C'est avec une émotion mal contenue que nous avons cité ces magnifiques pages, utiles comme préliminaires aux assises de nos vies futures et de leurs conditions ; poursuivons et cherchons la croyance de notre auteur qui procède par élimination du faux paradis et du monstrueux enfer, en tant qu'absolus et immobiles.

« Le paradis des chrétiens, où l'on ne fait que chanter, et où l'on ne regarde et n'aime rien que le Père éternel, qui voulut néanmoins que toutes ses créatures fussent bienfaisantes comme lui en raison de leur capacité et de leur excellence, qu'elles s'entr'aidassent et partant qu'elles s'aimassent les unes les autres, est le moins vraisemblable et le moins ingénieux des paradis.

« Celui de Mahomet, beaucoup plus gai, paraît trop animal ou trop humain.

« Celui des poëtes romains et grecs, avec la belle promenade et les sublimes conversations de l'Élysée, serait agréable le premier jour et supportable au second ; mais, au bout de la semaine, amènerait un grand ennui.

« Les enfers de presque toutes les nations et de presque toutes les religions, le Phlégéton, le Styx, la Géhenne du feu, les furies, leurs serpents, les diables de Callot, les vents, la neige, les fouets armés de scorpions, les aliments empoisonnés, la fumée, les cendres, l'eau glacée, les vastes chaudières d'huile bouillante, et les lits de soufre enflammé, et le désespoir plus effroyable encore, et tout cela pendant l'éternité, pour des fautes passagères, sont le comble de la démence atroce, de l'injure, de la calomnie, du blasphème contre la divinité.

« Les Gymnosophistes, les Brachmanes et leur élève Pythagore, ont seuls eu quelques conceptions raisonnables, respectueuses et saintes, sur la proportion des peines avec les délits, et sur la nature des récompenses. J'exposerai leur doctrine en la complétant par une idée profonde du penseur Leibnitz, et par l'observation d'un fait général qui nous montrera comment les punitions étant limitées, les récompenses peuvent être sans bornes, vérité qui m'est chère, parce qu'elle est consolante et neuve, parce qu'elle pourra faire naître chez les hommes, et même au-dessus d'eux [1], une bien noble et bien salutaire ambition, parce qu'elle est conforme à la physique, à la morale, à la philosophie de l'univers, à la dignité de Dieu et du monde.

« C'est un bel ouvrage que le monde et une belle collection d'ouvrages toujours vivants, toujours s'entr'aidant, toujours se renouvelant les uns les autres. Dans leur perpétuelle sollicitude tout est utile; la matière n'y est pas laissée oisive, l'intelligence encore moins. Un corps est détruit, vingt autres se sont formés qui se détruisent et en refont un nouveau. Un être intelligent passe, d'autres êtres intelligents brillent aussitôt à la place qu'il occupait : *uno avulso, non deficit alter* [2], chacun d'eux travaille, et tous ces travaux ont leur effet, leur fruit, leur récompense; tous ceux d'entre eux qui se sont bien faits, et dans un louable dessein, servent d'échelle et de voie à des travaux plus grands, plus ingénieux, plus profitables.

1. Quelle noble et grande idée; le monde matériel solidaire du monde spirituel, et tous les deux se pénétrant réciproquement.
2. L'un tombe, au même instant un autre le remplace.
(VIRGILE, *Énéide*, chant VI.)

« Gardons-nous d'imaginer qu'au-dessus de l'homme soient l'inertie, l'indolence, une immobilité stupide. C'est ce qu'on trouverait dans les fables religieuses de la plupart des peuples; dans les fables philosophiques d'Épicure et d'une École moderne qui sut écrire et sut très-peu penser; c'est ce qui, dans la réalité, ne saurait être. Nous voyons une partie de la sagesse éternelle; empruntons-lui des ailes pour approcher de l'autre; efforçons-nous d'en deviner les secrets, d'entrevoir comment elle peut répandre à torrents progressifs la bienfaisance, la justice, la raison, la moralité depuis la monade jusqu'à Dieu; si nous rêvons, du moins rêvons en philosophes, rêvons en enfants d'un très-bon créateur. Quand notre intelligence a la pieuse audace d'interroger la sienne, qui sait si elle n'en sera point éclairée?

« Il paraît que les êtres intelligents créés éprouvent le besoin d'animer des corps, et cela est très-naturel, car, formés au sein de la matière, ils furent faits pour des corps, et peut-être avec une espèce de *corps extrêmement léger et subtil*, uniscible à ceux que nous appelons organisés, comme l'alcool l'est à l'eau, doué d'une expansibilité volontaire et spontanée, qui imprime aux corps organisés auxquels il est uni, un mouvement en apparence contraire aux lois de la mécanique, comme l'expansibilité de l'air emprisonné dans le nitre, excité tout à coup par l'incendie du soufre et du charbon, lance un boulet de canon d'une manière qui paraît, à ceux qui n'en connaissent pas la théorie, contrarier beaucoup les lois de la pesanteur.

« Si, comme je le crois, l'être intelligent survit à son enveloppe, il demeure dans l'état de monade. Mais comme il ne peut pas perdre son intelligence, car, pour lui, ce serait mourir, il doit, dans cet état même de privation de ses organes extérieurs, conserver le sens interne, la mémoire, le remords de ses fautes, l'espoir dans ce qu'il a fait de bien; le désir véhément de gouverner encore quelque chose, d'administrer un corps quelconque, l'ambition d'obtenir une existence plus heureuse que celle qu'il vient de quitter, la faculté d'invoquer mentalement ses juges, ses supérieurs, ou le juge suprême de toutes les actions et de toutes les pensées, le supérieur général de tous les êtres, pour qu'ils le renvoient le plus tôt possible à la vie, aux jouissances, aux moyens d'agir, de couvrir ses torts par une meilleure conduite, de mériter son avancement.

« Jusqu'à ce qu'il soit jugé, *cet état d'attente,* qui peut être prolongé plus ou moins, est déjà pour lui *une expiation, un purgatoire, une grande occasion de réflexions et de bonnes résolutions, un perfectionnement de son être.* Qu'il soit possible à l'être intelligent, sous la forme rétrécie et condensée de monade, d'éprouver tout ce que je viens de peindre dans l'atome aérien ou igné qui la renferme, et que cette monade n'ait pas besoin de la présence des objets pour se les rappeler fortement, c'est ce dont notre état de songe nous donne un fréquent exemple. Qu'un même principe intelligent puisse animer successivement diverses formes, recevoir sous une figure et une séité (manière d'être) la récompense du travail qu'il fit sous une autre, jouir de plusieurs vies, c'est ce que nous voyons par les insectes, d'abord reptiles ou poissons, puis chrysalides, enfin oiseaux.

« Le souvenir de la vie précédente serait un puissant secours pour celle qui la suit; quelques êtres supérieurs à l'homme, lorsqu'ils sont en marche graduelle de perfection et d'un avancement non interrompu, ont peut-être cet avantage comme récompense de leur vertu passée, car tout bien produit un bien. Il ne doit pas sans doute être accordé à ceux qui, ayant mérité la dégradation, ou n'étant point encore parvenus au rang des êtres dont la moralité peut s'élever jusqu'à Dieu, sont éprouvés par la justice ou la bienfaisance divine, d'après leurs seules forces, *en commençant, ou recommençant entièrement à neuf, cette carrière, initiative de la haute moralité.*

« Tel paraît l'état de l'homme placé aux limites de deux règnes; le premier des êtres animés visibles par ses yeux, palpables par sa main; le dernier de ceux dont la morale s'étend au-dessous d'eux pour protéger, au-dessus d'eux pour s'instruire, dont la raison peut atteindre jusqu'aux sciences qui embrassent le monde entier, jusqu'à l'idée d'une cause première et d'un bienfaiteur universel. On a pu dire à son intelligence si elle a été punie : « Ta peine est terminée ; le passé est oublié, on t'accorde « de n'en plus gémir et de l'oublier aussi. Bois du Léthé, il s'agit « à présent de savoir si tu seras bon par toi-même, par amour « de la vertu et de ses conséquences immédiates, sans espoir as- « suré pour l'avenir, sans crainte mémorative de ce que tu as « souffert. Pars, essaye du destin de l'homme; il t'est permis « d'animer un fœtus. » L'épreuve nouvelle alors est proportionnée aux fautes de la vie antérieure.

« Voilà un enfer proportionné aux délits et à leur intensité, non éternel pour des erreurs qui ne durèrent qu'un moment, non cruel et sans pitié comme celui d'un diable capricieux implacable et féroce, mais équitable et indulgent comme les châtiments d'un père; on n'y entend point de hurlements, on n'y voit ni grincements de dents, ni pleurs. C'est la main d'un Dieu de miséricorde, qui pardonne même en punissant, qui met à portée de revenir à lui, de se corriger, de se perfectionner, de mériter encore ses bienfaits, qui ne cesse pas d'en répandre quelques-uns sur ceux même qui ont des fautes à expier, comme un gouvernement sage et humain s'occupe à procurer aux prisonniers de la loi un air pur et salubre, une nourriture abondante et saine, un travail utile et améliorateur. Dieu n'est pas le Dieu du mal; et il n'y a de mal dans le monde que celui qui vient des propriétés essentielles de la matière et de l'abus que les êtres intelligents créés et fabriqués de matière peuvent faire et font quelquefois de leur liberté. Toute cruauté est horrible aux yeux de celui qui mit son bonheur, sa puissance et sa gloire à produire la vie, la raison et l'amour. Rien de méchant ne peut dans son être, ni dans ses actions, trouver aucune place auprès de son infinie bonté. Ses punitions même, toujours justes et inévitables, mais toujours sages et modérées, ne sont pas précisément un mal; elles ne sont que la privation de quelque bien. Elles sont dans cette vie la privation de la paix intérieure, celle de la considération, de l'estime, de l'amitié, du moral, de l'amour, et de toutes les douceurs, de toutes les jouissances, de tous les secours qui en sont la suite. Elles sont, après cette vie, les remords, l'attente et la dégradation ; mais elles laissent toujours la porte ouverte au Repentir et à l'Espérance, Déités secourables, chargées de ramener plus tôt ou plus tard tous les êtres intelligents aux louables pensées, aux résolutions vertueuses, aux actions bienfaisantes, à la consolation, au bonheur !

« Si c'est ainsi que punit le Dieu des mondes, oh ! combien sait-il récompenser.

« Ne croyez pas que, pour être monté au rang d'une créature surhumaine et avoir atteint un état supérieur de récompense, on soit susceptible d'un autre genre de félicité. Celle dont vous avez fait l'épreuve s'étend jusqu'à l'empyrée. On peut seulement la pomper par des sensations plus multipliées et plus diverses ; elle pénètre plus avant dans des âmes encore plus pures, plus développées, plus énergiques.

« Tel est toujours l'effet d'une organisation plus riche et d'une plus grande intelligence qui emploie mieux son organisation. Parmi les hommes même, vous voyez différents degrés, plusieurs échelons possibles de punition et de récompense. Quelques-uns sont méchants, d'autres sont presque bruts ; mais s'ils sont sans vices et s'ils ont de la bonté, ils peuvent, dans une seconde vie, passer à l'état complet d'homme, à cet état moyen qui semble le type de l'humanité, où l'on travaille avec assez d'intelligence, comme on l'apprit de ses instructeurs et de ses ancêtres, sans se perfectionner beaucoup ; où l'on ne fait point de mal, où l'on fait le bien qu'un esprit ordinaire peut concevoir.

« C'est quand on a rempli cette sage et bonne carrière de bien, qu'on peut, si elle a été mêlée de fautes sérieuses qui retardent l'avancement, *en recommencer une pareille*, ou, si les fautes n'ont été que légères, *parvenir à une troisième station* sous la figure et les organes humains et s'approcher des esprits supérieurs et même des anges en s'élevant de la probité à la vertu, de l'affection à l'amour, et du bon sens au génie.

« Arrivé à cette honorable frontière des deux règnes, si l'on n'y abuse point de ses talents, si l'on n'y corrompt pas son cœur, il faut ensuite revêtir des ailes, des ailes qui seront plus grandes, plus fortes, plus belles et plus brillantes en proportion de ce qu'elles auront été plus méritées. La vertu suffisante ne monte que d'un grade, l'éminente n'en connaît point; dans le noble élan qu'elle donne à l'intelligence et à la moralité, elle peut leur en faire franchir plusieurs.

« A chaque promotion, elle acquiert des sens qu'elle ignorait, des organes plus nombreux, plus puissants, plus flexibles, de plus grands moyens de rechercher et de connaître la vérité, de déployer la bienfaisance, de ressentir l'amitié, d'inspirer, d'éprouver l'amour; car tous les êtres intelligents qui ont reçu la vie, étant par leur nature soumis à la mort, tous en sont dédommagés par l'amour, nécessairement plus vif, plus doux, plus enflammé, plus parfait, à mesure que l'être qui en est pénétré devient plus céleste.

« C'est ainsi que s'augmente la douce et pure volupté des âmes invisibles, c'est ainsi que les êtres intelligents, qui emploient chacune de leurs vies à étendre leur intelligence par le travail, à cultiver leur moralité par l'exercice continu des bonnes actions, chacune de leurs morts à se préparer à une vie encore plus louable, sont toujours assurés de recevoir cette existence plus noble, plus animée, plus heureuse, *plus vie.*

« Ainsi les principes intelligents sont accidentellement sujets à l'indisposition qui retarde leur avancement par leur faute; à l'affaiblissement, l'enlaidissement, la dégradation par le vice, à la mort prématurée par le crime. Chacun de ces résultats de leur mauvaise conduite est précédé par un état de souffrance et de véritable maladie, qu'ils essuient dans leur chrysalide d'intelligence dans leur monade; souffrance et maladie plus ou moins pénibles selon la crise plus ou moins fâcheuse à laquelle ils se sont exposés et qui doit se déterminer plus tôt ou plus tard. Ces phénomènes ont beaucoup de rapport avec ceux qu'éprouvent les êtres organisés qui, par l'intempérance et les excès, ont altéré ou détruit leur santé; la santé des principes intelligents, c'est la vertu bienfaisante et laborieuse.

« Leur vie est composée de plusieurs vies qui leur sont communes avec les êtres organisés qu'ils animent successivement et de plusieurs repos forcés sous l'état de monade dans les intervalles qui séparent ces vies particulières. Chacun d'eux est immortel par rapport aux corps organisés auxquels il prête une partie de sa vie.

« Le maximum d'un principe intelligent et animateur est le moment où il n'augmente plus en intelligence et en bonté. C'est pour développer cette intelligence, mère de la bonté, qu'il a reçu le don de communiquer la vie à des organes, d'en jouir par leur moyen, d'employer ses organes à une suite de travaux qui, exerçant son intelligence, la fortifient, et, cultivant sa bonté, l'accroissent. Chaque fois qu'il redevient simple monade, il reste pour les lumières et pour le rang au degré de l'être organisé quelconque qu'il vient de quitter. Il ne descend plus s'il n'a mérité la dégradation; et, s'il descend, ce n'est qu'après que l'intelligence dont il était en possession a reconnu la justice de cette peine. *Il ne peut s'élever que par une vie nouvelle, de nouveaux sens et de nouveaux organes; car si son intelligence ne perd rien, elle ne reçoit rien non plus que par les sens dont elle est successivement douée dans les différents corps qu'elle anime, et elle n'apprend rien que par le travail qu'ils la mettent à portée de faire. Son élévation est plus ou moins grande en raison de la bonté ou de l'excellence de sa conduite dans sa vie précédente. C'est de là que dépend la nature de sa vie nouvelle.* »

Je le déclare dans toute la sincérité de mon cœur, je n'ai trouvé chez aucun autre écrivain, *la pluralité des existences mieux affirmée, la nécessité des réincarnations matérielles pour les âmes imparfaites mieux établie, l'attente au monde spirituel dans les intervalles des vies mieux définie*. Et c'est un auteur du dix-huitième siècle qui a écrit ces lignes, et cet auteur est presque inconnu ou du moins très-peu cité.

« L'évidence jaillit du fond du cœur humain, les vérités morales ont un cachet auquel nous pouvons les reconnaître, c'est leur conformité avec le sentiment universel de tous les hommes. En médecine, suivez la nature; en philosophie, écoutez l'instinct.

« Quand on vous dira que, pour plaire à Dieu, un homme doit vivre dans la contemplation, l'oisiveté, la solitude; qu'il faut s'abstenir de manger lorsqu'on a faim, qu'il est bon de se déchirer la peau par un cilice; de se donner ou de recevoir des coups de discipline, que celui qui se marie fait bien, et que celui qui ne se marie pas fait mieux [1]; qu'il faut, autant qu'il est en soi, anéantir les races futures; qu'il est louable de ne transmettre à personne la vie qu'on a reçue et qu'on aime; qu'une belle jeune fille doit faire serment de renoncer au bonheur d'être un jour épouse et mère : n'en croyez rien.

« Mais quand on vous dira que prendre le bien d'autrui est une mauvaise action, qu'attenter à la liberté de son semblable, que mettre obstacle à son travail est un délit grave; que ne pas respecter son père, vivre mal avec sa femme, ne pas chérir ses enfants est odieux; qu'attaquer, que trancher la vie d'un homme est un crime horrible, que se tuer soi-même est le plus irrémissible de tous; croyez-le : car d'un bout du monde à l'autre, tous les hommes pensent ainsi même avant de le vouloir; et il faut pervertir leur esprit autant que corrompre leur cœur pour les faire penser autrement.

« Quand j'ajouterai qu'aucune action n'est absolument isolée, que toutes celles qui sont bonnes produisent longtemps après elles et très-loin de ceux qui les font une heureuse suite de bien,

---

[1]. Épître de saint Paul aux Corinthiens.

que toutes celles qui sont mauvaises enfantent une inévitable série de maux; croyez-le : car vous en serez plus portés à cultiver les passions douces et les travaux utiles, à repousser les passions haineuses et la démence de la destruction ; et quand je dirai enfin que nous pouvons toujours nous perfectionner, que nulle intelligence créée ne peut avoir appris assez de choses pour n'en pouvoir plus apprendre, ne peut être assez bonne pour qu'il lui soit impossible de devenir meilleure, ne peut avoir fait assez de bien pour qu'il ne lui en reste plus à faire, croyez-le encore; et persuadez-le aux autres, et vous en vaudrez mieux.

« A quelque terme que vous soyez parvenus, croyez que la munificence de Dieu n'est pas si bornée qu'elle ne puisse vous élever plus haut; que votre bonheur ne saurait être si parfait qu'il n'y ait plus moyen de l'accroître ; croyez que les richesses de la nature et les bontés de la Providence pourront récompenser largement demain le bien que vous vous appliquerez à faire aujourd'hui.

« Je reviens sur ces idées, je les répète, je les ressasse, parce qu'elles demandent à être méditées, qu'elles sont majeures, que plus on les compare à elles-mêmes, à l'ordre général de l'univers, aux lois physiques et morales dont nous avons déjà la certitude; plus on considère leur enchaînement, et plus on les trouve raisonnables, vraies, simples, naturelles. Il n'est personne qui ne se ressouvienne d'avoir plusieurs fois songé, au moins vaguement, à quelque chose de pareil. J'y insiste surtout, parce que leur analyse montre comment Dieu est toujours doux, juste et bienfaisant dans toutes ses œuvres, comment il ne fait jamais de mal, et comment les êtres intelligents créés n'éprouvent de peines que celles qu'ils se causent à eux-mêmes et celles que leur font, mais non pas impunément, les autres êtres intelligents qui ont été créés libres comme eux.

« Celui qui ne fait plus ni bien ni mal, ou ne fait que le bien que sa nature entraîne, et qu'il ne peut se dispenser de faire, est donc nul quant à l'emploi de son intelligence; elle deviendra nulle comme lui. Celui qui a fait mal a été pis que nul; celui qui s'est permis de nuire n'est pas innocent; il a été méchant, il doit être puni : il l'est et le sera. La nullité, la mort pour lui seraient trop douces. Il est soumis dans sa monade au tourment de l'oisiveté, tourment qui n'est pas atroce, sans doute, mais qui doit être très-grand et très-fatigant pour un être essentiellement actif, très-amer pour un être moral qui sait n'avoir été condamné que parce qu'il s'est volontairement porté à l'abus des facultés qu'il avait : sa monade souffre par la conservation de la mémoire. Elle sent la privation de ses organes. Elle est altérée du désir de vivre encore, de jouir encore, d'être encore animée; enfin, purifiée par le regret de ses torts, corrigée par une contrition sincère, *elle obtient de retourner à la vie*, et la permission de recommencer une nouvelle expérience dans un grade inférieur à celui dont elle est déchue en raison de la gravité des fautes qui l'en ont fait tomber.

« Au contraire, et par le seul effet de cette même mémoire conservée aux monades des êtres intelligents, une fois arrivés à l'époque de leur existence qui généralise leur moralité, ceux qui n'ont point suspendu le cours de leurs efforts, de leur perfectibilité, de leur gloire, savent, dans l'intervalle d'une vie à l'autre, que l'équité bienfaisante du grand Être leur en prépare une plus belle et plus heureuse. Leurs monades n'ont d'incertitude que sur le plus ou le moins de facultés que leur apportera cette nouvelle vie et sur le plus ou le moins de délices dont elle sera comblée. Elles s'élèveront vers Dieu, elles ne peuvent en douter, elles en ont une assurance intérieure, délicieuse, modeste, respectueuse, fortunée, et la différence de leur nature à la sienne est telle que les êtres qu'elles animeront peuvent s'approcher à l'infini de ses perfections et de sa félicité sans les atteindre jamais.

« L'intelligence a en elle-même un ressort qui tend toujours à la déployer; c'est un feu qui ne s'éteint pas tant qu'il a de l'aliment, et qui a le don de chercher et de trouver son aliment lui-même. En travaillant, elle peut toujours apprendre; mais il ne peut y avoir que Dieu seul qui sache tout.

« La bienfaisance peut s'étendre toujours. Elle peut faire du bien à ceux à qui elle n'en a pas encore fait. Elle peut en faire davantage à ceux qui en ont déjà reçu d'elle, et plus elle aura porté haut l'être dont elle aiguillonne l'intelligence, plus il lui verra d'emploi, puisqu'alors il aura plus d'inférieurs, de connaissance et de pouvoir. Mais Dieu seul répand, a répandu, répandra le bien depuis l'éternité jusqu'à l'éternité sans aucun effort, et dans le même moment, et à chaque moment sur la totalité de l'univers.

« Ces asymptotes physiques et morales sont aussi certaines que celles de la géométrie; elles sont aussi satisfaisantes pour l'esprit, et de plus elles sont une source intarissable de consolation et d'espérance pour le cœur.

« Dieu est la ligne droite, il est le plan sur lequel tout repose. Le point de contact qu'il vous accorde avec lui, c'est l'intention de la bienfaisance. Les points de la circonférence par lesquels, anges et humains, nous en pouvons toujours approcher davantage, ce sont la bienfaisance elle-même, les lumières, le pouvoir et le bonheur. La sphère de l'homme est bien petite, celle de l'optimate[1] est bien grande; il y en a une multitude entre elles; mais il en est par de là une infinité de possibles, dont quelques-unes peut-être ont été réalisées; qui toutes peuvent l'être par la persévérance croissante dans le travail et dans la vertu, et dont une vertu céleste ne peut atteindre et créer une nouvelle sans que ce soit une richesse, un bien, une joie pour le monde entier.

« Oh! si nous arrivons un jour à ce terme, qui n'est pas une barrière, agrandissons notre compas! la place y est! elle y sera éternellement pour une véhémente, une aimante, une brûlante opiniâtreté à mieux faire.

« Et vous qui resplendissez après Dieu sur l'univers, frayez-nous le chemin, puisque c'est aussi pour vous un moyen de le parcourir; abaissez vos soins jusqu'à nous; Dieu lui-même ne l'a pas dédaigné; secondez nos efforts, soutenez notre courage,

---

1. Esprits purs.

éclairez notre raison, embrasez notre zèle ; que votre main puissante, que vos brillants flambeaux aident à s'élever vers votre sphère de feu les génies anges et les hommes, et mes amis et mes frères et moi, qui, les appelant autant que mon sensible cœur peut donner d'étendue à ma faible voix, m'élance, comme un autre Icare, en enfant perdu sur la route. »

Ces pages étincellent de mouvement, d'enthousiasme et de vie ; par-dessus tout on remarque en elles une grande rectitude d'idées. Dupont de Nemours clôt ces sublimes aperçus par un magnifique résumé dont nous allons donner quelques extraits.

« Marchant plus avant à la recherche de ce qu'il est possible que Dieu ait fait au delà de ces biens incontestables en faveur de ceux qui étudient ses lois et leur obéissent, nous avons trouvé qu'on ne pouvait pas affirmer qu'il ne leur accordât jamais une protection spéciale et immédiate.

« Il nous a paru vraisemblable qu'ils en pussent recevoir une autre de la part d'autres êtres intelligents qui leur seraient supérieurs : plusieurs faits de la vie humaine seraient inexplicables sans cette supposition.

« Appuyés sur l'analogie, sur nos relations avec d'autres animaux qui ont moins de sens et d'organes que nous, à qui nous faisons beaucoup de bien et beaucoup de mal, et dont nous ne sommes pas connus ; sur le ridicule de nous croire le plus parfait des ouvrages du Créateur, sur l'inconvenance que l'univers fut régulièrement organisé par dégradations presque imperceptibles de nous aux dernières plantes, et qu'il y eut un désert immense entre nous et Dieu, nous avons pensé que cet espace devait être peuplé d'une hiérarchie d'êtres plus parfaits et plus puissants que l'homme, qui ne sont ignorés de nous que comme nous le sommes nous-mêmes des plantes et des animaux, à qui les sens nécessaires pour nous connaître ont été refusés.

« Nous avons trouvé, dans l'exemple de notre conduite envers les animaux et les plantes, la preuve que nos supérieurs pouvaient, en faisant leurs travaux, s'intéresser aux nôtres. Ils devraient être encore plus touchés de ce qui est essentiellement bien ; et il nous serait impossible de mériter ni d'obtenir leur affection et leur secours autrement que par des actions et des pensées louables, puisque l'hypocrisie ne leur en imposerait pas.

« Nous avons senti combien il pouvait nous être avantageux et améliorateur de nous élever au-dessus de nous-mêmes, et de nous rapprocher d'eux en établissant entre eux et nous par la pensée une sorte de communication, cherchant parmi eux, et jusques à Dieu même, la notion du beau idéal en moralité, auquel sans doute nous ne pouvons atteindre, mais vers lequel nous devons marcher sans cesse.

« L'enfer de presque toutes les religions est absurde et atroce ; leur paradis est sot et enfantin ; mais je trouve dans un grand fait d'histoire naturelle la possibilité d'un système de punitions modérées, paternelles, exactement proportionnées à la nature des fautes et des délits ; d'un système de récompenses progressives qui, pour une vertu toujours croissante, pourraient devenir infinies.

« Ces idées, conformes à la volonté de Dieu et à l'ordre général de l'univers, ont consolé mon cœur et satisfait ma raison. J'ai désiré qu'elles pussent être adoptées par nos amis. Je leur demande de les relire plus d'une fois et d'en considérer l'enchaînement sévère.

« J'ai supposé, toujours d'après l'analogie et l'uniformité des lois naturelles, que les principes intelligents et animateurs n'ont d'abord, comme tous les autres êtres, que le germe de leurs facultés, et que *leur vie consiste à passer par un plus grand nombre de vies en s'élevant graduellement des moindres de celles des êtres qui ont le moins d'organes et de sens, à celles des êtres supérieurs*, jusqu'à ce que, par l'emploi des organes de ces divers êtres et par l'expérience de leurs biens et de leurs maux, chaque principe vivifiant ait atteint le degré d'agrandissement et de perfection qui lui paraît suffisant et auquel enfin il s'arrête. »

Nous donnons dans ce qui suit la pensée tout entière de Dupont de Nemours, quelque critiquable qu'elle puisse être, et sans nous prononcer.

« J'ai supposé que tout principe animateur commençait par donner la vie à des plantes; qu'après avoir passé dans le règne végétal la première partie de son existence, alors privée de raisonnement comme celle d'un fœtus, il coulait dans l'animation des êtres vivants ou intelligents, placés entre les plantes et l'homme, la portion de sa vie correspondante à l'enfance qui acquiert quelques idées et ne sait encore ni les pousser loin, ni parler, ni se connaître bien parfaitement elle-même; que sous la forme humaine, il faisait les premiers pas dans le règne de la haute moralité, et entrait dans la puberté, peut-être jusque dans l'adolescence d'un génie dans l'époque où il peut mériter par le bon emploi d'une intelligence qui se manifeste à elle-même, et sent la capacité qu'elle a de diriger ses actions ou de démériter par son abus [1].

« J'ai supposé qu'entre chacune de ses vies particulières, le principe intelligent attendait la suivante sous l'état de monade sans organes extérieurs, mais jouissant du degré d'intelligence qu'il a pu acquérir dans le dernier corps animé par lui; que depuis l'état d'homme, où commence la haute et universelle moralité, il avait dans sa monade le souvenir de sa vie passée, et le désir, le besoin d'animer de nouveaux organes, d'éprouver par eux de nouvelles jouissances; désir, besoin qui doivent être

---

[1]. C'est du reste une pensée du grand Leibnitz; il soutenait la possibilité pour la monade humaine d'avoir été végétale, puis animale. Il ne faut pas confondre ce système avec celui de la métempsycose animale pour l'avenir, qui est radicalement absurde.

dans l'essence d'un principe animateur une fois sorti de sa première enfance et parvenu à se connaître lui-même.

« Que s'il a vécu dans son corps humain, ou plus qu'humain, sa mémoire est accompagnée de remords, et d'un repentir qui ne peut le ramener à la vie qu'*après qu'il a lui-même sollicité comme une grâce*, ou le renvoi des éléments de son intelligence à un rang inférieur, ou une dégradation qui, déterminée soit par la gravité, soit par la légèreté du délit, sera d'un seul grade, ou de dix, ou de cent, ou de mille, mais dont il pourra se relever, comme les autres êtres du rang infime auquel il aura été renvoyé s'élèvent, par un usage honnête et bon des facultés auxquelles il aura été réduit ; de sorte que la peine, toujours exactement mesurée sur la faute, laissera cependant toujours une voie à l'espérance et à la réhabilitation.

« Que si, au contraire, il a été bon et laborieux, s'il a perfectionné son intelligence et l'a vertueusement employée à bien faire, le souvenir de cette louable conduite fera pour lui, de son séjour dans sa monade, un état de repos plein de douceur et consacré à se préparer à une nouvelle vie meilleure et plus heureuse.

« Qu'enfin, à quelque degré qu'un être intelligent puisse être monté en capacité et en bonté, en bonheur, comme il ne peut devenir Dieu, ni se confondre en lui, ainsi que le disaient très-niaisement et encore plus inintelligiblement quelques philosophes et quelques piétistes, mais peut s'en approcher toujours en étendant le cercle de ses lumières et de ses vertus, tant qu'il ne cessera pas son travail bienfaisant et progressif, il n'aura pas atteint son maximum, il pourra prétendre à une vie mieux organisée, plus parfaite, plus fortunée.

« J'ai montré combien est coupable celui qui non-seulement s'arrête par faiblesse dans la carrière du bien, mais qui s'enlève par violence les moyens que la Providence lui avait donnés pour expier ou réparer le mal que son imperfection et l'abus de sa liberté lui ont fait commettre. J'ai vu que le crime du suicide était affreux.

« A l'appui de ce que la réflexion m'avait prouvé sur ce point et sur la plupart des autres, j'ai invoqué l'autorité de l'instinct, ce premier maître des philosophes, dont nul sage ne parlera jamais qu'avec respect, et je me suis dit : Je ne me trompe point, car j'exprime la pensée de tous les humains.

« Ces diverses idées m'ont paru embrasser la généralité de l'univers ; elles expliquent d'une façon claire et lucide la grande énigme du monde, le mélange du bien et du mal, la nécessité et la proportion de ce mélange, la moralité qui en résulte. Le voile qui fermait le sanctuaire de la nature est levé. La raison y découvre un spectacle admirable, non miraculeux ni merveilleux : tout y est sage, rien d'extraordinaire. Deux éléments très-simples : Dieu et la matière organisée par Dieu y composent tout.

« En combinant avec cette matière des principes intelligents émanés de lui, il a formé des êtres actifs propres eux-mêmes à donner successivement la vie à une série d'autres êtres vivants de différents grades, plus ou moins intelligents, libres, moraux, dont les organes et les sens développent l'intelligence qui les anime.

« Chacune de ces monades (et, dans son acception sévère, cette expression s'applique même à toutes les espèces d'anges) a, durant sa vie, des récompenses et des punitions qui naissent naturellement de sa bonne et de sa mauvaise conduite, et le principe intelligent de chacun d'eux trouve dans le cours de son existence, composée de cette suite de vies qui naissent les unes des autres, le prix ou la peine de la manière dont il a dirigé les êtres qui vécurent par lui.

« Ainsi le temple de la morale, où tous les êtres intelligents créés ont leur place marquée par la suprême intelligence, se trouve complété et la coupole en est faite de la même matière, d'après les mêmes règles, suivant les mêmes lois, avec la même sagesse et la même bonté que nous avons touchées au doigt sur les marches de son portique. Et lorsqu'après avoir évidemment reconnu un grand nombre de lois divines, on est obligé d'en supposer quelques autres qui ne sont pas susceptibles d'une démonstration rigoureuse, c'est une grande présomption en faveur de l'hypothèse que d'être forcé de convenir qu'elles s'accordent parfaitement avec toutes les autres lois connues et prouvées, avec tous les faits de l'histoire naturelle, et surtout avec la miséricorde, l'équité, la bienfaisance infinie de Dieu.

« Telle est, mes amis, la doctrine que je voulais vous exposer avant de mourir, et que mon attachement pour vous lègue à votre morale, à votre génie, à votre sagacité. Tel est le fruit de trente-cinq ans de méditations multipliées, telles sont les pensées qui, autant que je l'ai pu, ont guidé ma conduite publique et privée depuis l'âge de dix-huit ans. Telle est ma religion; si elles peuvent devenir les vôtres, je croirai avoir assez fait pour cette vie passagère à laquelle aujourd'hui je tiens fort peu, et *je permettrai aux tyrans d'envoyer ma monade se prosterner devant l'Éternel.*

« Valete et me amate. »

« 10 juin 1793. »

CHAPITRE IV

BALLANCHE, LESSING, SCHLEGEL, SAINT-MARTIN

Nous trouvons au début de notre dix-neuvième siècle, le grand et profond initiateur Ballanche, mystographe hors ligne, pour lequel l'antiquité profane et sacrée n'avaient point de secrets. Seulement il n'a point eu de vulgarité ; ses écrits sont peu connus, précisément à cause des questions qu'il touchait et qui n'étaient point encore à leur maturité, comme elles le sont aujourd'hui.

En commençant, nous citerons quelques pensées détachées de cet auteur en les comparant à quelques autres de ses contemporains, puis nous ferons l'analyse raisonnée de ses œuvres.

« Il suffit d'admettre qu'en sortant de cette vie nous
« n'entrons pas dans un état définitif. Toute créature doit
« parvenir à sa fin, et tant qu'une destinée humaine a
« quelque chose à accomplir, c'est-à-dire un progrès à
« faire, rien n'est fini pour elle. Or, pour elle l'accomplis-
« sement c'est la perfection, comme pour tous les ouvrages
« du Créateur; car, dès le commencement, Dieu a trouvé
« que ses ouvrages étaient bons, parce qu'en effet chacun
« contient en soi la cause et le moyen de son développe-
« ment. Seulement c'est à l'homme, en raison de sa liberté,

« à parvenir à la perfection; car, encore une fois, il faut
« que l'intelligence mérite. Voilà ce qui rend impossible
« que tout finisse avec cette vie; voilà ce qui rend impos-
« sible aussi que, sitôt après cette vie, il ne se trouve pas
« un autre état de liberté où l'homme puisse continuer de
« graviter vers sa perfection relative, jusqu'à ce qu'il y
« soit parvenu[1]. » Un pas de plus, et le sublime mais trop
timide Ballanche trouvait la loi de la destinée telle que nous
la proclamons. Il l'a pressentie, toutefois, et en a exposé
dans plusieurs passages le principe et la nécessité, sans en
déterminer les conditions. Nous allons le montrer par diverses citations : « Les hommes de la Providence ne sépa-
« rent jamais les destinées dont nous jouissons dans cette
« vie de celles qui nous sont assurées dans une autre vie,
« assurées par toutes nos croyances primitives et tradi-
« tionnelles, assurées par notre nature même de créature
« intelligente et morale. C'est là qu'après une nouvelle
« série d'épreuves et d'expiations, car il ne doit entrer rien
« que de parfait dans le royaume immuable de Dieu; c'est
« là que se trouve enfin le dernier terme de toute palin-
« génésie; c'est là seulement que s'accomplissent nos des-
« tinées définitives[2]... »

« Dieu est bon et juste. Dieu est bon : il a voulu le
« bonheur de ses créatures; Dieu est juste : il a voulu
« que ses créatures méritassent d'être heureuses. Il a voulu
« être glorifié par des créatures glorifiées elles-mêmes.
« L'apparition de l'homme sur la terre n'est qu'une phase
« de son existence; le reste nous est caché. Nous savons
« seulement qu'une créature intelligente et morale ne
« peut avoir que de grandes et nobles destinées[3]. »

1. *Palingénésie sociale*, p. 119.— 2. *Ibid.*, p. 30 et 31.— 3. *Ibid.*, p. 38.

Sans doute ces destinées nous sont cachées dans leurs détails, mais le principe est évident. La loi est ainsi faite : avancement ou retard dans l'initiation suivant le mérite ou le démérite, et de là les autres conséquences que nous avons déduites. Aussi Ballanche dit-il encore : « Il y a des hommes
« en avant du siècle; il en est même qui sont en avant de
« l'existence actuelle et qui participent déjà de l'existence
« future. Les initiations sont successives. L'homme en qui
« existe cette faculté de l'avenir est introduit plus tôt dans
« le siècle futur, ou même dans la vie à venir. Toutes les
« destinées humaines sont analogues entre elles. Chaque
« homme a un but à atteindre, selon que chacun est plus
« ou moins élevé dans le grade de l'initiation; chacun a
« un but différent... Sur cette terre, et dès à présent, il est
« évident qu'il y a une hiérarchie d'esprits humains, qui
« se prolonge au delà de cette vie, mais tous arrivant les
« uns plus tôt, les autres plus tard. Nous sommes tous
« appelés au même héritage[1]. »

Empruntons-lui encore quelques autres pensées isolées.
« Nul ne peut franchir sans travail et sans mérite un
« grade dans l'initiation humaine. L'homme arrive dans
« l'autre vie avec les perfectionnements qu'il a obtenus
« dans celle-ci, tel qu'il s'est fait par les moyens que Dieu
« lui a donnés. L'homme a son rang parmi les hiérarchies
« sans fin. Un jour il jouira de l'univers comme il jouit de
« ce monde. Les lois qu'il nous est déjà donné de connaître
« et qui s'appliquent à toute la création, nous disent que
« notre planète n'est pas isolée[2]. » On voit par toutes ces citations que Ballanche admet une série d'existences futures après cette vie, dans lesquelles la liberté de l'âme aura son

---

1. *Palingénésie sociale*, p. 243 et 244. — 2. *Ibid.*, passim.

plein exercice; mais, chez lui, cette croyance est partout un peu trop vaguement exprimée et ne forme pas un corps de doctrine. Elle se rencontre çà et là sans unité de vue, sans insistance suffisante. Le défaut de Ballanche est de n'avoir pas été assez explicite dans ses opinions. Ballanche n'est pas le seul philosophe qui ait enseigné une continuation d'existences successives.

Lessing a écrit :

« Qui empêche que chaque homme ait existé plusieurs fois dans le monde? Cette hypothèse est-elle si ridicule pour être la plus ancienne, et pour que l'esprit humain la rencontre tout d'abord, lorsqu'il n'était pas encore faussé et affaibli par les sophismes de l'école? Pourquoi n'aurais-je pas fait dans le monde tous les pas successifs vers mon perfectionnement, qui seuls peuvent constituer pour l'homme des récompenses et des punitions temporelles? Pourquoi ne ferais-je pas plus tard tous ceux qui restent à faire, avec le secours si puissant de la contemplation des récompenses éternelles? — Mais je perdrais trop de temps, me dit-on. — Perdre du temps? — Qu'est-ce qui peut me presser? Toute l'éternité n'est-elle pas à moi [1]. »

Frédéric Schlegel, tout en combattant les erreurs de la métempsycose indienne, dit à son tour :

« Son bon côté et l'élément de vérité qu'elle renferme consiste dans ce sentiment si naturel au cœur de l'homme, qu'une fois séparés de Dieu et loin de lui nous avons à gravir un chemin long, ennuyeux et pénible, et de rudes épreuves à soutenir, afin de nous rapprocher de l'unique source de tout bien; il faut y joindre cette forte conviction et cette intime certitude que rien de défectueux, d'impur et de souillé par les choses de la terre, ne

---

1. *Éducation du genre humain*, n° 94 à 100.

peut entrer dans le royaume si pur de la perfection souveraine, ni se réunir à Dieu dans l'éternité, à moins que l'âme, cette substance immortelle, ne se purifie et ne s'élève ainsi à une perfection progressive et supérieure [1]. »

Plus loin, il dit encore :

« Le but n'est jamais ici-bas pour l'homme qu'un but d'espérance. La voie nécessaire à la préparation de l'homme est longue et difficile; il n'y marche qu'à petits pas, sans pouvoir, malgré les plus généreux efforts, la franchir tout d'un trait ou l'éviter [2]. »

Écoutons maintenant le théosophe Saint-Martin :

« L'homme est assujetti depuis sa chute à une transmutation continuelle de différents états successifs, avant d'arriver à son terme, tandis que le premier auteur de tout ce qui existe fut et sera toujours ce qu'il est et ce qu'il devait être [3]. »

Et, dans le plus connu et le plus souvent cité de ses ouvrages, il ajoute :

« Notre être pensant doit s'attendre à des développements immenses quand il sera sorti de la prison corporelle, où il prend une forme initiatrice. J'aperçois une loi superbe. Plus les proportions se rapprochent de leur terme central et générateur, plus elles sont grandes et puissantes. Cette merveille que tu nous permets de sentir, ô vérité divine, suffit à l'homme qui t'aime et qui te cherche. Il voit en paix dévider ses jours; il le voit avec plaisir et ravissement, parce qu'il sait que chaque tour de la roue

---

1. *Philosophie de l'histoire*, leçon IV, traduction de M. l'abbé Lechat, tome 1er, p. 168. — 2. *Ibid.*, leçon V, p. 182.

3. *Tableau naturel des rapports qui existent entre Dieu, l'homme et l'univers*, tome 1er, p. 136.

du temps rapproche pour lui cette proportion sublime, qui a Dieu pour le premier de ses termes [1]. »

On lira certainement avec le plus vif intérêt cet autre fragment très-remarquable tiré des pensées de Saint-Martin et publié dans ses œuvres posthumes [2] :

« La mort ne doit se regarder que comme *un relais dans notre voyage*. Nous arrivons à ce relais avec des chevaux fatigués et usés et nous y venons pour en prendre qui soient frais et en état de nous conduire plus loin ; mais aussi *il faut payer tout ce qu'on doit* pour la course qui est faite, et, *jusqu'à ce que les comptes soient soldés*, on ne vous met point en route pour la course suivante. »

On ne sait ce qu'il faut admirer le plus de la justesse ou de l'originalité de cette idée. Mais quelle profonde conviction de la véritable valeur des épreuves terrestres ne trouvons-nous pas encore dans ces lignes?

« Les épreuves et les contrariétés auxquelles nous sommes soumis, deviennent des croix pour nous, quand nous restons au-dessous d'elles; elles deviennent *des échelons et des moyens d'ascension* quand nous nous tenons au-dessus, et la sagesse qui nous y expose n'a pas d'autres intentions que de nous élever et de nous guérir au lieu de ces idées cruelles, vengeresses et malfaisantes que le vulgaire lui prête généralement [3]. »

Saint-Martin a d'ailleurs un vif sentiment de sa mission qui, dit-il, est de rappeler aux hommes les choses divines; il s'intitule *diviniste*, il est venu dans le monde pour enseigner les autres, quant à lui il vient de plus haut, il n'est

1. *L'homme de désir*, n° 220, p. 312. — 2. Tome Ier, p. 286. — 3. *Ibid.*, p. 243.

ni de la terre, ni de son âge encore enfantin[1], il est dans ce monde avec une dispense[2]. Ces opinions, si étranges qu'elles paraissent, impliquent une ardente foi dans la pluralité et la solidarité des vies, comme dans la pénétration des mondes entre eux; la théorie des missionnaires divins en découle, mais notre intention n'est pas ici d'en parler.

« Dans la société humaine, écrit à ce propos Frédéric Schlegel, chaque état et chaque classe, que dis-je, chaque individu usant de tous les droits et de toutes les prérogatives qui lui sont propres, a travaillé et contribué au bien général à son insu et sans précisément le vouloir[3]. »

Schlegel aurait dû ajouter : Il y a cependant des hommes qui comprennent plus ou moins clairement leur mission, mais ces hommes sont rares ; ils sont très-avancés dans les degrés de l'initiation et doués d'une grande énergie d'action ou de pensée, suivant que leur mission doit s'exercer dans la sphère de l'intelligence ou dans celle de la volonté, quelquefois dans toutes les deux. Jeanne d'Arc comprenait sa mission, et voilà pourquoi sa foi était vive, sa confiance en l'avenir si inébranlable. Quand sa mission fut accomplie, elle déchut de sa puissance.

« Cette faculté, dit Ballanche, de voir ce qui sera dans ce qui est, fut toujours un moyen d'avancement pour tous, car toujours ceux en qui réside cette faculté sont tenus de parler aux autres ; c'est donc une sorte de demi-révélation, que la Providence répartit avec mesure, et qui fait marcher les hommes sans attenter à leur liberté. Toutes les destinées humaines sont analogues entre

---

1. *L'homme de désir*, p. 100 et *passim*. — 2. *Ibid.*, p. 99.
3. *Philosophie de l'histoire*, t. II, p. 29, leçon X, traduction de M. l'abbé Lechat.

elles. Chaque homme a un but à atteindre. Selon que chacun est plus ou moins élevé (dans le grade de l'initiation), chacun a un but différent. Ce qui est ordonné à chacun, ce n'est pas d'atteindre le but qui ne lui apparaît pas, c'est d'atteindre le but qui lui apparaît [1]. »

Ballanche aurait dû ajouter que quelques-uns atteignent à leur insu un but qui souvent ne leur apparaît pas, ou dont ils n'ont pas prévu toute l'étendue.

« On demande quelquefois : A quoi suis-je bon? Que fais-je dans cette vie? La réponse est facile Vous êtes bon à vous préparer une destinée immortelle ; vous faites dans la vie ce qu'il faut que vous y fassiez. Vous accomplissez une mission que j'ignore, mais certaine. Vous êtes placés par la Providence à une porte que vous devez garder. Toutes choses sont faites pour chaque homme ; tous les hommes aussi sont faits pour chaque homme, et chaque homme est fait pour tous. Abstenez-vous de faire ce que vous ne savez pas faire, et ne faites que ce qu'il vous a été donné de pouvoir faire; car c'est ainsi que vous contribuerez au bien de tous, et que vous ferez votre propre bien. Ainsi donc, faites des souliers, si vous êtes cordonnier ; faites des livres si Dieu vous a départi le talent d'écrire. Commandez si vous êtes maître, obéissez si vous êtes serviteur. Soyez roi, poëte, législateur, ouvrier, laboureur, mais quoi que vous fassiez, obéissez à la loi du devoir, car il y a des devoirs pour tous. Perfectionnez votre être autant que vous le pourrez, puisque plus tôt vous arriverez à la perfection qui vous est destinée [2]. »

Si nous interrogeons les doctrines mystiques unies à toutes les religions, et répandues, de toute antiquité, dans

---

[1]. Ballanche, *Paling. soc.*, p. 243 et 244.
[2]. *Ibid.*, *Réflexions diverses*, p. 380 et 381.

le monde, nous y trouverons une triste et terrible unanimité sur ces points principaux : la punition d'une première faute, le besoin d'une expiation, le travail imposé à l'homme, la science acquise au prix du malheur; nous y trouverons toujours, dit Ballanche, une funèbre commémoration de quelque épouvantable catastrophe où le genre humain a péri[1]. Où serait la raison du développement par les calamités générales et par les souffrances individuelles ? En un mot, où serait la raison de l'épreuve sous la forme d'une expiation douloureuse[2]? L'épreuve de la manifestation actuelle de l'homme sur la terre, depuis qu'il l'habite, cette épreuve s'explique par le dogme un et identique de la faute et de la réhabilitation. La religion du genre humain est donc le christianisme[3].

Le philosophe de la tradition ne pouvait, à coup sûr, méconnaître le dogme du péché originel.

Mais quelle explication en donne-t-il?

Pourquoi les hommes nés depuis Adam ont-ils été faits solidaires de sa faute?

Comment avons-nous mérité d'être envoyés dans le monde de la terre dont la loi est le travail et la douleur plutôt que dans un globe plus heureux?

Avons-nous donc déjà vécu ou naissons-nous pour la première fois?

Nous voici en présence du problème de l'origine et du dogme antique de la préexistence. Laissons parler Ballanche.

« Chacun de nous est un être palingénésique qui ignore sa

---

1. *Paling. soc.*, *Réflexions diverses*, t. III, p. 32.—2. *Ibid.*, t. III, p. 74. — 3. *Ibid.*, p. 75.

transformation actuelle, et même ses transformations précédentes[1]. Toutefois, l'homme ne peut se perfectionner qu'en devinant un ordre de choses plus parfait; encore, dans ce cas, ne fait-il que se rappeler, comme disait Platon, un souvenir confus de l'état qui a précédé la déchéance [2]. Dieu, qui sait toutes choses, qui nous connaît avant et après, qui dispense le malheur et la beauté, l'innocence ou le crime, la difformité et la fortune, Dieu peut choisir les épreuves. Nous ne le pouvons pas [3]. La vie que nous menons sur la terre, cette vie, renfermée entre une naissance apparente et une mort également apparente, n'est dans la réalité qu'une portion de notre existence, une manifestation de l'homme dans le temps [4]. Nos vies antérieures appartiennent à des cycles astronomiques perdus dans l'ample sein des temps antérieurs; il ne nous est pas donné de les discerner encore [5]. La manifestation de l'homme sur la terre et dans le temps est donc un châtiment qui lui est infligé, puisque, selon toutes les religions, il doit se purifier dès sa naissance, et que sa vie toute entière est une épreuve [6]. »

On voit clairement, par le rapprochement de ces divers textes, que Ballanche incline pour le dogme de la préexistence. Ajoutons que ce dogme a toujours été, avant l'ère chrétienne, la forme qu'a prise le sentiment du péché originel. Philolaüs le pythagoricien, au rapport de Clément d'Alexandrie, enseignait que l'âme, en expiation de certaines fautes, est ensevelie dans le corps comme en un tombeau; et saint Clément ajoute que cette opinion n'était pas particulière à Philolaüs; que les théologiens et les prophètes les plus anciens rendaient le même témoignage [7]. Platon et

---

1. *Paling. soc.*, *Réflexions diverses*, t. III, p. 354. — 2. *Essai sur les Institutions sociales*, t. II, p. 270. — 3. *Orphée*, t. IV, p. 333. — 4. *Ibid.*, p. 424. — 5. *Ibid.*, p. 432. — 6. *Paling. soc.*, t. III, p. 33. — 7. Saint Clément d'Alexandrie, *Stromates*, livre III, p. 433. Édit. des Bénédictins.

Timée de Locres ont cru aussi que nos âmes expient sur la terre des crimes commis dans une autre vie. C'était également la doctrine des Orphiques [1]; si bien que, lorsque les docteurs du christianisme ont excipé des traditions antérieures pour établir l'universalité du dogme du péché originel, ils ont dû nécessairement se heurter contre l'hypothèse de la préexistence. Les anciens, plus rapprochés des traditions primitives, n'ont jamais dit que la faute du premier homme pesât sur tous ses descendants; la plupart ont enseigné, au contraire, que chacun, en venant au monde, avait mérité, par des péchés antérieurs, les douleurs de l'épreuve terrestre. L'Église a condamné, à la vérité, la doctrine de la préexistence telle qu'elle était proclamée par Origène [2]. Mais nous en avons vu le motif; c'est parce qu'Origène supposait que tous les hommes, avant de venir sur la terre, avaient été doués de la nature angélique.

L'hypothèse de la préexistence enseignée par Ballanche a de nombreux avantages.

Sans elle, l'ordre terrestre n'est pas harmonique avec l'ordre des autres mondes inférieurs et supérieurs. Les biens, les maux, les conditions, la fortune, tout est dispensé au hasard.

Supposez la préexistence, tout s'explique. La vie actuelle est une conséquence de l'existence antérieure. Chacun, pendant l'épreuve et l'expiation, est traité selon ses mérites.

La préexistence seule rend un compte suffisant de l'inégalité des intelligences et des penchants moraux. Or, cette inégalité, confirmée par l'expérience journalière, ne peut être sérieusement niée, même par les adversaires de la

---

1. Platon, *Cratyle*. — 2. Cinquième concile de Chalcédoine.

science phrénologique. Quel philosophe admettrait aujourd'hui l'opinion d'Helvétius [1] ?

Ballanche en enseignant la préexistence, est donc loin d'avoir émis une idée déraisonnable. Si, sur la question de l'origine, nous avons eu besoin de réunir des textes çà et là par lambeaux, afin de saisir la véritable pensée de Ballanche, en ce qui regarde la destinée ses solutions sont claires, explicites, incontestables.

L'homme, selon lui, a son rang parmi les hiérarchies sans fin : les lois qu'il nous est déjà donné de connaître et qui s'appliquent à toute la création, nous disent que notre planète n'est pas isolée [2]. Chaque homme, en arrivant dans la vie future, y arrivera avec les perfectionnements auxquels il aura été conduit par les épreuves [3]. L'homme, au sortir de cette vie et de cette planète, sera pourvu de qualités plus étendues, se trouvera placé dans un autre milieu et verra changer les proportions de ses nouveaux organes

---

[1]. Cette opinion est un paradoxe incontestable. Quel est l'homme, en effet, chargé d'instruire l'enfance ou la jeunesse, qui ne remarque tout d'abord, entre les esprits qui lui sont confiés, des différences considérables ? Et qu'on ne dise pas que ces différences viennent de la famille et des circonstances extérieures; car le père qui a plusieurs enfants, qui leur donne à tous la même éducation, les voit se distinguer les uns des autres par des vocations diverses et des facultés inégales. D'un autre côté nous voyons constamment des esprits très-médiocres rester tels malgré les secours de l'éducation la plus complète et la mieux dirigée ; et, au contraire, des intelligences précoces devancer ces secours, comme Pascal qui devine Euclide. C'est que toutes les intelligences ne sont pas égales. » (*Diction. des sciences philos.*, au mot Helvét.) Voyez, sur le problème de l'origine, mon *Exposé d'un nouveau système* (Destinée de l'homme), et mon traité *Dieu, l'homme*, etc., livre III, ch. VIII.

[2]. *Paling. soc.*, t. III, p. 355, réflexions diverses. — [3]. *Orphée*, t. IV, p. 425.

avec les objets nouveaux qui se manifesteront à lui, qui seront l'occasion de ses pensées[1]. Il y a peut-être, dans le monde, des esprits qui ont déjà, si l'on peut parler ainsi, un pied dans le monde futur. Cela ferait comprendre l'ascension progressive des êtres intelligents d'une sphère dans une sphère plus élevée. Les hommes, en passant d'une vie à l'autre, conservent leur individualité[2]. Cette vie est une épreuve à laquelle succéderont d'autres épreuves, selon les besoins de chacun; car il faut que toute créature parvienne à la perfection qui lui est propre, à laquelle elle a droit par son essence même; et alors, mais seulement alors, elle entre dans la plénitude de son état définitif. La durée des épreuves successives prend plus ou moins de temps; mais le temps nous importe peu quand il s'agit des plans de Dieu, puisque Dieu a les trésors de l'éternité[3].

Ainsi, d'après Ballanche, l'homme arrive dans l'autre vie avec les perfectionnements qu'il a obtenus ici-bas, tel qu'il s'est fait en un mot. Voilà la sanction de la loi morale. Mais faut-il dire qu'après l'épreuve de la terre il n'y a plus place au mérite et à la liberté? Est-il vrai que l'homme, parvenu à un certain degré du mal, ne puisse plus se repentir ni se relever.

Parmi les théologiens[4], dit Ballanche, ceux qui ont soutenu l'éternité des peines, et qui ont été moralistes en même temps, ont dit que les réprouvés méritaient incessamment la réprobation[5]. Ils ont jugé avec raison que si ce n'était pas ainsi, la perpétuité du supplice serait une

---

1. *Paling. soc.*, t. III, p. 123. — 2. *Ibid.*, p. 124.
3. *Ibid.*, p. 111. — 4. *Ibid.*, p. 319.
5. « Sunt qui dicant, nec displicet responsum : Scelerati in locis infernis semper peccant, ideo semper puniuntur. » (Drexelius, *De æternitate*, l. II, ch. xv.)

chose injuste. Un jour, sans doute, et il faut désirer que ce jour ne soit pas éloigné, un jour tous les théologiens seront d'accord sur ce point. Ils comprendront que les êtres intelligents ne peuvent se passer de liberté, même les êtres intelligents déchus. D'autres épreuves leur seront accordées pour que tous parviennent à accomplir la loi définitive de leur être. La touchante inspiration qui a produit Abbadona attendrira la rigueur du dogme; les véritables poëtes ont quelque chose de prophétique. Nul ne doute de la religion de Klopstock. Quoique ce grand hymnographe ait appartenu à une communion qui a repoussé le purgatoire et adopté la prédestination, il s'est rendu l'interprète du christianisme de ce temps de tolérance, comme Dante fut l'interprète du terrible christianisme du moyen âge. Le système des purifications, dogme primitif et universel, ne saurait admettre un état définitif bon ou mauvais, selon que l'être aurait résisté ou cédé à la purification. Il viendrait donc un moment où il n'y aurait plus lieu ni à mériter ni à démériter. Ballanche se croit complétement autorisé à penser que la substance intelligente finira par être bonne, mais d'une bonté acquise par elle-même; car le bonheur auquel elle est appelée, il faut qu'elle le mérite [1].

Ainsi, en aucun temps, quelle que soit la chute, l'âme n'est privée de liberté. La liberté, c'est la personne, c'est la vie. La fatalité, c'est l'absorption de l'âme, c'est la mort.

Mais si la liberté persiste, n'entraîne-t-elle pas le pouvoir d'un péché perpétuel? Le mal ne durera-t-il pas indéfiniment?

Ballanche répond en affirmant :

Le bien, nécessaire et absolu ;

Le mal, conditionnel et contingent;

La liberté de l'être intelligent, capacité du bien et du mal ;

---

[1]. *Paling. soc.*, tome III, p. 111.

Le mal, contraire à la nature de l'être intelligent;

Donc l'être intelligent rentre dans sa nature primitive, en rentrant dans le bien lorsqu'il s'en est écarté;

Donc l'être intelligent est tenu de se perfectionner; donc le mal, conditionnel et contingent, doit cesser.

Donc le bien, nécessaire et absolu, devant finir par régner[1], toutes les substances intellectuelles finiront par être bonnes, car il est dans la nature de la substance intellectuelle d'être bonne; sans cette croyance, il serait trop facile de retomber dans le manichéisme, dans l'erreur déplorable de deux causes premières et rivales[2].

Ces arguments, comme je l'ai dit ailleurs[3], sont tout puissants. Ballanche en ajoute un autre qui n'est pas moins formel et irrésistible. Il est impossible, même à Dieu, de constituer pour la créature l'absolu du bonheur ou de la souffrance, et pourquoi? par le motif que j'ai aussi développé[4].

L'absolu n'appartient qu'à Dieu, le relatif est de l'homme[5].

Mais comment concilier alors ces solutions avec l'enseignement du Christ, et les prédictions apocalyptiques du jugement dernier?

Ballanche émet à cet égard une réponse aussi juste que profonde. Après s'être posé la question, il ajoute : « Cette
« conciliation ne serait pas difficile, si ces traditions
« étaient bien étudiées. N'oublions jamais que l'homme
« fait le destin de la terre. Les peintures apocalyptiques
« sont donc des menaces et non des prophéties, et les pro-

---

1. *Paling. soc.*, Réflexions diverses, tome III, p. 411. — 2. *Ibid.*, p. 187. — 3. *Exposé d'un nouveau système*, p. 101 et 102, et le second traité, p. 115 et 127. — 4. *Dieu, l'homme, etc.*, p. 112, 113 et suiv. — 5. *Paling. soc.*, tome III, p. 412.

« phéties elles-mêmes ne sont vraies qu'à la condition de
« la liberté de l'homme [1]. »

Ballanche n'a pas assez insisté sur cette réponse; il n'a pas fait voir par quelle progression avait passé la révélation divine sur la vie future. Pour compléter la pensée de ce philosophe, lisez ce que j'ai écrit dans mes deux précédents traités [2]. J'y reviendrai d'ailleurs dans la suite de cet ouvrage.

On a dit que Ballanche s'était verbalement rétracté. Cela est impossible. Otez en effet l'idée des vies successives, de la liberté toujours persistante, du dogme de la réhabilitation identique au dogme de la déchéance, de la loi de grâce succédant à la loi de rigueur, et les écrits de Ballanche ne sont plus rien, leur base est par là même détruite.

Ballanche, d'ailleurs, sur la question de la révélation, s'est formellement prononcé pour la théorie du progrès religieux, et ce qu'il dit à ce sujet éclairera suffisamment ce qui précède.

La religion faite pour l'homme dans le temps est sujette à la loi du progrès et de la succession. Elle se manifeste donc aussi successivement. Lorsque Dieu a parlé dans le temps, il a parlé la langue du temps et de l'homme. Les hommes religieux, qui voulurent continuer de nier à Galilée le véritable système du monde, auraient compromis la religion, si elle eût pu être compromise. Ceux qui voudraient continuer de croire aujourd'hui que les jours cosmogoniques de la Genèse sont des jours en analogie avec l'espace de temps qui se mesure d'un soleil à l'autre, ceux-là compromettraient encore la religion. L'humanité a fait des progrès dont il faut tenir compte. La religion a aidé à ces

---

1. *Paling. soc.*, p. 186. — 2. *Exposé d'un nouveau système*, p. 46 et suiv.; *Dieu, l'homme, etc.*, p. 25 et suiv., 174 et suiv.

progrès; que les hommes religieux ne les repoussent pas, car alors on serait disposé à croire qu'ils sont étrangers à la religion[1]. Le christianisme est une loi d'affranchissement et d'émancipation. Si l'on veut en faire autre chose, si l'on veut le rendre incompatible avec toutes les idées généreuses, on repousse dans les abîmes de l'incrédulité une génération nouvelle que le doute fatigue, à qui l'incrédulité est en horreur [2].

Ce qu'il faut que le genre humain connaisse de la vérité, selon les temps et les lieux, se révèle toujours selon les temps et les lieux; la vérité nécessaire au genre humain a toujours été et sera toujours dans le genre humain[3]. C'est pourquoi, à de certaines époques, certaines idées mûries à l'insu des hommes, se répandent de toutes parts sur la société[4].

Selon Ballanche, la révélation est essentiellement progressive. Dieu l'accommode aux temps, aux lieux et au développement des intelligences.

La révélation divine n'a-t-elle éclairé que les juifs d'abord, et ensuite les chrétiens, ou bien au contraire s'est-elle répandue partout et a-t-elle inspiré les divers fondateurs de religions?

Je transcris ici tout entier un admirable passage que je recommande aux méditations du lecteur.

« Les destinées humaines n'auraient-elles une direction
« que chez le peuple hébreu? Le reste des nations aurait-il
« été abandonné à l'incertitude de la pensée humaine dé-
« pouillée à la fois de toute révélation et de toute tradi-
« tion[5]? Tous les documents de l'histoire, tous les témoi-

---

1. *Paling. soc.*, tome III, p. 312.
2. *Ibid.*, Réflexions diverses, tome III, p. 400. — 3. *Orphée*, tome IV, p. 419. — 4. *Essai sur les Institutions sociales*, tome II, p. 126.
5. « Il serait téméraire de soutenir, ai-je dit ailleurs, que dans les

« gnages des siècles seraient-ils menteurs en ce point?
« Ceux à qui fut attribuée l'éminente fonction de civiliser
« les hommes, voulez-vous les faire descendre de la sphère
« élevée où ils dominent, pour les changer, de votre pro-
« pre autorité, en de vils et d'heureux imposteurs? Vou-
« lez-vous que votre dédain aille ensuite des jongleurs au
« genre humain lui-même, qui toujours se laisserait abu-
« ser? Voulez-vous enfin substituer les aveugles contin-
« gences du hasard au gouvernement régulier, à la con-
« duite initiatrice de la Providence? (Cet argument est
« irréfutable.) Voulez-vous encore donner un démenti for-
« mel à la plupart des premiers Pères de l'Église, qui n'ont
« pas hésité à reconnaître des missions dans la gentilité?
« Et surtout n'est-il pas écrit, dans les Actes des Apôtres,
« que Dieu ne s'est jamais laissé sans témoignage? N'est-ce
« pas en cela que consistent les traditions générales du
« genre humain, traduites dans toutes les langues, accli-
« matées chez tous les peuples, selon le génie des peuples
« et des langues, transformées dans tous les cultes, selon
« les temps et les lieux? N'est-il pas écrit, dans ces mêmes
« Actes des Apôtres, que Moïse s'était instruit dans toute
« la science des Égyptiens? Or la science des Égyptiens
« entrait donc au moins dans les voies préparatoires pour
« nos propres traditions[1]. »

Aussi Ballanche dit-il ailleurs : « J'entends la foi dans
« un sens étendu, planant au-dessus de toutes les religions
« pour ne s'appliquer qu'à ce que j'appelle les traditions
« générales, la religion universelle du genre humain[2]. »

anciens dogmes aucune révélation d'en haut n'était intervenue pour les diriger. La notion d'un Dieu un, éternel, existait même sous les formes grossières du culte, et très-certainement elle était enseignée aux initiés. » (*Dieu, l'homme, etc.*, ch. XIII, p. 165.)

1. *Paling., soc.*, p. 100 et 101. — 2. *Ibid.*, p. 327.

Le christianisme est à ses yeux non la révélation unique de Dieu à l'homme, mais la révélation supérieure. Le christianisme a été l'initiation du genre humain [1], tandis que la loi de Moïse et celle des autres fondateurs de religion n'avaient été que l'initiation d'un seul peuple.

Voici le jugement que nous portions de Ballanche [2] bien avant 1848. Nous n'avons rien à en retrancher, et nous le reproduisons dans ses parties essentielles : « Quel que soit
« sur ce philosophe le jugement de la génération actuelle,
« la gloire de Ballanche grandira encore dans l'avenir. Il
« est un de ces hommes rares, dont la postérité seule
« peut apprécier dignement les mérites, et qui, trop en
« avant de son époque, ne doit être entièrement compris
« que par les siècles futurs... Il a l'incontestable honneur
« d'avoir mis en lumière le dogme palingénésique, d'avoir
« imprimé à la théologie philosophique la seule tendance
« qu'elle puisse suivre sans périls; il sera regardé comme
« un des pères de la nouvelle phase religieuse dans laquelle
« l'humanité va entrer, sans sortir du christianisme et en
« le développant. »

Un écrivain de grand mérite, charmant conteur et profond analyste à la fois, qui semblait posséder à fond, par une certaine appropriation, toutes les matières qu'il traitait, Balzac, a, dans son beau et inimitable poëme (car le nom de roman ne suffirait pas à caractériser une œuvre si remarquable) de *Seraphitus-Seraphita*, exposé des vues originales et profondes sur les différents *existers* des âmes et sur leurs transmigrations variées, avant qu'elles arrivent aux mondes de la lumière. Nous engageons ceux de nos lecteurs

---

1. *Paling. soc.*, p. 62.
2. *Esquisse de sa philosophie*, terminée en 1847, imprimée seulement en 1850, à cause des événements politiques.

qui ne connaîtraient pas ce livre à le lire tout entier. Nous ne pouvons ici qu'en donner de courts extraits :

« Peu de créatures savent choisir entre ces deux extrêmes : ou rester ou partir, ou la fange ou le ciel. Chacun hésite. La faiblesse commence l'égarement, la passion entraîne dans la mauvaise voie; le vice, qui est une habitude, y embourbe; et l'homme ne fait aucun progrès vers les états meilleurs. Tous les êtres passent une première vie dans la sphère des instincts où ils travaillent à reconnaître l'inutilité des trésors terrestres après s'être donné mille peines pour les amasser. Combien de fois vit-on dans ce premier monde avant d'en sortir préparé pour recommencer d'autres épreuves dans la sphère des abstractions où la pensée s'exerce en de fausses sciences, où l'esprit se lasse enfin de parole humaine; car la matière épuisée, vient l'esprit. Combien de formes l'être promis au ciel a-t-il usées avant d'en venir à comprendre le prix du silence et de la solitude dont les steppes étoilés sont le parvis des mondes spirituels! Après avoir expérimenté le vide et le néant, les yeux se tournent vers le bon chemin. C'est alors d'autres existences à user pour arriver au sentier où brille la lumière. La mort est le relais de ce voyage. Les expériences se font alors en sens inverse; il faut souvent toute une vie pour acquérir les vertus qui sont l'opposé des erreurs dans lesquelles l'homme a précédemment vécu. Ainsi vient la vie où l'on souffre, et dont les tortures donnent soif de l'amour. Ensuite la vie où l'on aime et où le dévouement pour la créature apprend le dévouement pour le Créateur, où les vertus de l'amour, ses mille martyres, son angélique espoir, ses joies suivies de douleurs, sa patience, sa résignation, excitent l'appétit des choses divines. Après, vient la vie où l'on cherche dans le silence les traces de la parole, où l'on devient humble et charitable. Puis la vie où l'on désire. Enfin, la vie où l'on prie. Là est l'éternel midi, là sont les fleurs, là est la moisson! Les qualités acquises et qui se développent lentement en nous sont les liens invisibles qui rattachent chacun de nos existers l'un à l'autre, et que l'âme seule se rappelle, car la matière ne peut se ressouvenir d'aucune des choses spirituelles. La pensée seule a la tradition de l'antérieur. Ce legs perpétuel du passé au présent et du présent à l'avenir, est le secret des génies humains : les uns ont le don des formes, les autres ont le don des nombres, ceux-ci le don des harmonies. Ce sont des progrès dans le chemin de la lumière. Oui, qui possède un de ces dons touche par un point à l'infini. La parole, de laquelle je vous révèle ici quelques mots, la terre se l'est partagée, l'a réduite en poussière et l'a semée dans ses œuvres, dans ses doctrines, dans ses poésies. Si quelque grain impalpable en reluit sur son ouvrage, vous dites : « Ceci est grand, ceci est vrai, ceci est sublime! » Ce peu de chose vibre en vous et y attaque le pressentiment du ciel. Aux uns la maladie qui nous sépare du monde, aux autres la solitude qui nous rapproche de Dieu; à celui-ci la poésie; enfin, tout ce qui vous replie sur vous-même, vous frappe et vous écrase, vous élève ou vous abaisse, est un retentissement du monde divin. Quand un être a tracé droit son premier sillon, il lui suffit pour assurer les autres; une seule pensée creusée, une voix entendue, une souffrance vive, un seul écho qui rencontre en vous la parole, change à jamais votre âme. Tout aboutit à Dieu; il est donc bien des chances pour le trouver en allant droit devant soi.

« Quand arrive le jour heureux où vous mettez le pied dans le chemin et que commence votre pèlerinage, la terre n'en sait rien, elle ne vous comprend plus, vous ne vous entendez plus, elle et vous. Les hommes qui arrivent à la connaissance de ces choses, et qui disent quelques mots de la parole vraie, ceux-là ne trouvent nulle part où reposer leur tête, ceux-là sont poursuivis comme bêtes fauves et périssent souvent sur des échafauds à la grande joie des peuples assemblés, tandis que les anges leur ouvrent les portes du ciel. Votre destination sera donc un secret entre vous et Dieu; comme l'amour est un secret entre deux cœurs, vous serez le trésor enfoui sur lequel passent les hommes affamés d'or, sans savoir que vous êtes là. Votre existence devient alors incessamment active; chacun de vos actes a un sens qui se rapporte à Dieu, comme dans l'amour vos actions et vos pensées sont pleines de la créature aimée; mais l'amour et ses joies, l'amour et ses plaisirs bornés par le sens, est une imparfaite image de l'amour infini qui vous unit au céleste fiancé. Toute joie terrestre est suivie d'angoisses, de mécontentements; pour que l'amour soit sans dégoût, il faut que la mort le termine au plus fort de sa flamme, vous n'en connaissez alors pas les cendres; mais ici Dieu transforme notre misère en délices, la joie se multiplie alors par elle-même; elle va croissant et n'a pas de limites. Ainsi dans la vie terrestre l'amour passager se termine par des tribulations constantes, tandis que dans la vie spirituelle, les tribulations d'un jour se terminent par des joies infinies. Votre âme est incessamment joyeuse. Vous sentez Dieu près de vous, en vous; il donne à toute chose une saveur sainte, il rayonne dans votre âme, il vous empreint de sa douceur, il vous désintéresse de la terre pour vous-mêmes, et vous y intéresse pour lui-même en vous laissant exercer son pouvoir. Vous faites en son nom les œuvres qu'il inspire : vous séchez les larmes, vous agissez pour lui, vous n'avez plus rien en propre, vous aimez comme lui les créatures d'un inextinguible amour; vous les voudriez toutes en marche vers lui, comme une véritable amante voudrait voir tous les peuples du monde obéir à son bien-aimé.

« La dernière vie, celle en qui se résument les autres, où se tendent toutes les forces et dont les mérites doivent ouvrir la porte sainte à l'être parfait, est la vie de la prière. Qui vous fera comprendre la grandeur, les majestés, les forces de la prière?

« Que ma voix tonne dans vos cœurs et qu'elle les change. Soyez tout à coup ce que vous seriez après les épreuves! Il est des créatures privilégiées, les prophètes, les voyants, les messagers, les martyrs, tous ceux qui souffrirent pour la parole ou qui l'ont proclamée; ces âmes franchissent d'un bond les sphères humaines et s'élèvent tout à coup à la prière. Ainsi de ceux qui sont dévorés par le feu de la foi. »

CHAPITRE V

CONSTANT SAVY

Constant Savy a publié trois ouvrages que nous allons analyser et résumer en ce qui touche l'objet de ce livre. 1° *Commentaire du sermon sur la montagne;* 2° *Pensées et Méditations;* 3° *Dieu et l'homme en cette vie et au delà*[1].

Il expose de très-justes et très-saines idées sur le système vulgaire des peines et des récompenses de la vie future, et il les conçoit et les dépeint avec une exactitude tout à fait conforme à la philosophie moderne. Laissons-le parler :

« Le dogme des récompenses et des peines, tel qu'il est enseigné, est né d'une fausse appréciation de la divinité. L'homme a fait la justice de Dieu semblable à la justice de la terre; il n'avait que des idées grossières sur son créateur. Ce dogme, qui a pu être salutaire sous l'empire de la chair, s'est perpétué dans l'esprit des masses par l'ignorance qui lui avait donné naissance, accrédité par les puissances du monde comme un supplément aux lois de l'homme. Aujourd'hui, et depuis longtemps, il est sans force : le plus grand nombre n'y croit plus, et les autres doutent; il a fait son temps, comme tout ce qui

[1]. 1818, 1829 et 1838.

appartient à l'homme. Le sentiment moral, quoique peu développé, l'est assez pour qu'on puisse accueillir des idées plus justes sur la divinité et sur les rapports de l'homme avec elle. Il faut même reconnaître qu'on en a soif, et une soif ardente. C'est pourquoi il est sans respect pour des formes, des dogmes et des symboles qui, depuis tant de siècles déjà, ont arrêté le progrès de la morale.

« Le dogme qui a fait le plus de mal à la religion est celui des châtiments et des récompenses, faute d'un développement que commandait le progrès de l'esprit humain dans la connaissance du vrai Dieu.

« On s'appuie sur la liberté accordée à l'homme pour prouver la réalité de la punition et de la récompense que la justice divine réserve à l'homme dans ce monde quelquefois, et dans l'autre toujours. Je ne puis les comprendre. C'est aussi sur cette liberté que je m'appuie pour prouver que c'est là encore une de ces mille erreurs de la vie matérielle des anciens temps. En quoi consiste cette liberté de l'homme, et surtout pourquoi lui a-t-elle été donnée? Voici la pensée de Dieu *telle qu'il me l'a révélée, et telle, par conséquent, qu'il l'a révélée à tous les hommes qui font des efforts pour le connaître et l'aimer :*

« Aucune des vertus qui font mon être ne peut demeurer sans manifestations. Je ne serais pas, puisque ma vie ne serait pas entière; qu'il existe donc un être qui soit mon image en même temps qu'une pensée de moi-même; pour cela, qu'il ait une étincelle de mon intelligence unie à un corps, parce que mon intelligence est unie à l'univers.

« Qu'il ait en partie conscience de la vie, parce que j'ai conscience parfaite de mon être.

« Qu'il ait aussi une étincelle de ma liberté, parce que je suis parfaitement libre.

« Qu'il ait avec la liberté la faculté de vouloir, parce que je suis la volonté souveraine.

« Que, par ces deux facultés, le feu divin que je mets en lui vive éternellement de l'aliment qu'il saura choisir; qu'il s'étende de plus en plus par les conquêtes qu'il fera sur mon intelligence infinie répandue dans tout l'univers, et, par ce moyen, qu'il demeure lui-même dans l'éternité, sans se confondre avec les autres intelligences, ni avec moi; que, par son activité, il grandisse et se rapproche ainsi du foyer d'où il est sorti; que, de simple étincelle, il devienne de plus en plus, dans la marche des siècles, une lumière éclatante et de plus en plus digne manifestation de moi-même.

« Que sa liberté ne puisse jamais le conduire à la perfection, parce qu'alors il cesserait d'être lui-même pour rentrer en moi; et je veux qu'il conserve à jamais le sentiment de son existence, parce que j'ai le sentiment de ma puissance. Qu'il soit donc toujours imparfait, et que, pour cela, sa liberté soit limitée par cette volonté de son Dieu.

« Qu'il existe donc un être dont le développement progressif soit assujetti à mes lois, et dépende en même temps de la liberté que je lui donne; que ce développement soit son travail, car il ne peut demeurer dans le repos, puisque le mouvement est la vie, parce que ma vie est de créer sans cesse par le mouvement continu de la matière et de l'intelligence soumises à mes lois. Et comme il succombera souvent au mal, et que pourtant je veux qu'il marche vers moi, que l'éternité soit à lui pour pouvoir faire sa vie, réparer ses fautes, se relever de l'état dans lequel ses écarts, la force de ses semblables ou d'autres influences l'auront jeté.

« Que, pour l'aider dans ce travail sans fin, il ait le regret et le remords qui lui feront haïr ses fautes, et qu'il éprouve le sentiment du bonheur à une bonne action pour l'encourager au bien.

« Qu'il espère toujours en moi, pour qu'il sente qu'il est toujours temps de revenir à la vertu. S'il n'avait cet espoir, l'énormité de ses fautes le découragerait, et il s'enfoncerait toujours plus avant dans la voie de l'erreur, quand je veux qu'il n'y ait pour lui éternité ni de maux ni de biens sans mélange, puisqu'il cesserait d'être libre; et l'usage de cette liberté ne peut lui être enlevé sans qu'il cesse d'être aussitôt. Qu'il n'y ait donc point de position, jamais, dans l'éternité, où sa liberté soit enchaînée, car il cesserait d'agir, d'être l'instrument de sa propre vie, de s'améliorer, de se développer. Qu'il travaille donc sans cesse à ce développement, puisque la loi de l'univers est que nul être ne puisse trouver le repos, parce que le mouvement est la vie, et la vie le développement de tout ce qui est créé.

« Qu'il existe donc, cet être.

« Et cet être existe. Dieu créa l'homme.

« Les récompenses et les châtiments, car nous en avons réellement, ne sont donc que le résultat direct et immédiat de l'ensemble de la vie de l'homme, et ne consistent que dans sa marche plus ou moins active vers le perfectionnement avec plus ou moins de douleurs ou de peines. C'est cette conquête qui sera la récompense de nos vies militantes, comme la privation de ce développement de félicité sera le châtiment de nos vies de faiblesse, d'ignorance, d'oisiveté et de débauche; et il sera grand, ce châtiment, il sera douloureux et par les souffrances et le remords.

« Pour repousser ce qu'il y a de faux dans le dogme ancien, il est une autre raison non moins forte, mais plus facile à comprendre.

« On enseigne (écoutez) que la tombe est le terme de la marche de l'homme dans l'éternité; que la seconde vie est la dernière, et qu'il sera éternellement heureux ou malheureux !

« S'il en est ainsi, l'homme n'a donc plus de liberté pour profiter des leçons de l'expérience et pour s'améliorer. S'il est éternellement malheureux, il ne peut plus se relever de ses chutes; il est accablé de maux des myriades de fois au-dessus de ses fautes; il est puni d'une éternité de malheurs pour une vie mal employée, il est vrai, mais limitée à quelques secondes, et exposée à des écueils que ses semblables, encore plus que lui, ont semés sous ses pas et rendus inévitables; et son châtiment n'est dès lors que la vengeance d'une colère aveugle et insensée; car il est inutile, puisqu'il ne peut plus rien pour son amélioration.

« Notre âme se soulève à la pensée d'un Dieu de contrainte, de colère, de vengeance, même de sévérité seulement ; elle repousse cette idée comme un mensonge, une impiété, parce qu'elle ne peut saisir Dieu par là ; et elle ne le peut, parce qu'il n'y a en Dieu aucun de ces mauvais sentiments qui ne sont qu'une erreur de l'homme, produite par son ignorance et l'abus de sa liberté : il n'y a en Dieu aucun de ces mauvais sentiments, parce qu'ils ne sont le partage que de la faiblesse, de l'impuissance, de l'imperfection, et que Dieu est tout-puissant, parce qu'il est tout amour, ordre et harmonie. Il a tout prévu, puisqu'il a tout fait, et dès lors tout n'est que tel qu'il l'a voulu. Si l'homme est libre, c'est sa volonté. Si l'homme abuse de la liberté, Dieu l'a permis, parce que l'homme n'aurait pu, sans elle, avoir d'individualité, être immortel, et que Dieu la lui a donnée par conséquent pour toujours, puisqu'il l'a reçue pour son travail éternel de perfectionnement. »

Constant Savy décrit ainsi les conditions de l'immortalité et des vies successives par la réincarnation.

« A mesure que les vies successives développeront son âme, le corps auquel elle sera unie sera nécessairement supérieur à ceux qu'elle aura usés ; autrement il n'y aurait pas harmonie entre ces deux éléments de l'existence humaine ; les moyens donnés à l'âme ne seraient pas en rapport avec le développement de sa puissance. Ce corps, doué de sens plus parfaits et plus nombreux, ne saurait être d'égale valeur pour tous. Je ne concevrais pas plus cette société avancée que je ne concevrais celle où je suis, si chaque individu avait même puissance physique et morale. Les inégalités naturelles existent dans tous les mondes comme moyen de rapprochement, d'association. Mais je crois aussi, par l'effet de la loi du développement, que les défectuosités du corps sont et moins grandes et plus rares, comme je crois qu'il aura des sens et plus parfaits et plus nombreux. Cette augmentation de sens ne sera point une addition nouvelle ; tout se lie, s'enchaîne dans la création ; elle ne sera que le développement de germes que nous sentons et que nous apercevons confusément dès ici, quand nous y faisons attention et que nous étudions notre être. Les pressentiments, les intuitions, la sensibilité à l'agent dit magnétisme animal, cette faculté de penser, de pénétrer dans l'avenir quelquefois pendant le sommeil ; celle de conserver les impressions reçues depuis longtemps, les choses qu'on croyait oubliées pour toujours, et qui tout à coup se reproduisent avec des traits si ressemblants, si nets, si clairs, si distincts, qu'il nous semble un instant être en présence de l'objet dont l'image fidèle se reproduit ainsi ; image qui se présente en nous comme hors de nous, dans le sommeil comme dans l'état de veille, et peut-être aussi plusieurs des moyens ou vertus attachés à chacune des facultés de l'âme, surtout ceux donnés à la faculté d'aimer, tels que l'imagination, enveloppent et cachent ces germes qui renferment le développement des sens et des moyens nouveaux pour nous permettre de marcher en avant, comme la graine contient les germes à l'infini des plantes que développe la terre.

« Au reste, ces inégalités naturelles servent encore le progrès individuel d'une autre manière ; les erreurs qui en résultent font découvrir des vérités ; les vices montrés à nu sont presque pour tous les hommes une cause de pratique de la vertu, ou du moins un préservatif par l'horreur qu'ils inspirent ; l'ignorance des uns réveille dans les autres l'amour de la science ; l'oisiveté qui flétrit quelques hommes inspire à d'autres l'amour du travail.

« Ces inégalités, qui sont inévitables parce qu'elles sont nécessaires, existent donc dans les vies successives que nous traverserons. Elles n'ont rien qui contrarie l'harmonie de l'univers ; au contraire, elles sont un moyen de cette harmonie et résultent fatalement de la différence de valeur dans les corps. D'ailleurs, aucun homme ne reste stationnaire ; tous marchent, plus ou moins vite seulement. La position, l'état individuel ne sont pas immuables ; il n'y a d'immuable en l'homme que la conscience de son être. Aussi, sur cette terre, les générations actuelles profitent des efforts des générations passées, comme toutes celles que la mort emporte dans l'avenir profitent du travail de celles qui les ont précédées dans ces mondes nouveaux.

« Il est des vérités qui sont restées longtemps cachées à l'homme, et que son progrès lui a fait découvrir. Les unes sont arrivées à son âme par le secours des sens ; les autres, son âme seule, par sa puissance, les a saisies.

« C'est par les yeux du corps et à l'aide d'instruments qu'il a pu franchir en partie la distance prodigieuse qui le sépare de quelques-uns de ces corps lumineux que les premiers âges ont crus faits pour notre monde, reconnaître en eux des globes terrestres, observer leur cours et celui de beaucoup d'autres, l'ordre de leur marche ou leur immobilité, en calculer la distance. Encore quelques siècles, et d'autres découvertes se feront, qui, annoncées aujourd'hui sans autre appui que le raisonnement pour les faire accueillir, seraient repoussées par l'incrédulité de l'ignorance, comme celles d'aujourd'hui l'ont été à leur naissance par l'ignorance des hommes.

« C'est par la force de l'amour et de la compréhension développées peu à peu que l'homme, brisant l'expression des fausses idées de nos pères sur la divinité, est parvenu à mieux connaître Dieu, par suite à mieux comprendre le but de la création, les desseins de la Providence sur son être. Les sens, les instruments sont sans pouvoir ici. Les vérités de cet ordre n'appartiennent qu'à l'inexplicable puissance de l'être pensant qui, suspendant l'activité des sens du corps qu'il anime, loin de recourir à leur secours, se replie sur lui-même, semble se dégager des entraves de la matière pour se promener dans le monde moral, invisible comme lui, mais auquel il est lié par une chaîne insaisissable à nos sens et que nous sentons sans pouvoir la comprendre avec certitude. Encore quelques siècles, et Dieu et l'homme seront mieux connus. Bien des vérités entrevues confusément brilleront d'un vif éclat pour les générations à venir, qui, à leur tour, prépareront des découvertes dans le monde moral aux générations qui viendront après elles. C'est la marche du passé, elle est éternelle.

« C'est donc par cette puissance seule que nous pouvons pressentir, comprendre un peu une partie des merveilles d'une vie qui ne se cache entièrement qu'à l'homme dont l'amour n'a pas assez de force pour le porter en pensée dans ces mondes de l'avenir, en attendant le jour où la mort lui ouvrira ces nouvelles phases de sa vie.

« C'est à l'amour que se font les révélations de l'avenir ; car c'est la principale chaîne qui unit les deux mondes. Aucune révélation n'est donc susceptible d'une preuve rigoureuse. Mais comme notre organisation nous tient en rapport avec les deux ordres de choses qui composent la création, nous ne sentons pas le besoin de n'accepter les choses de l'ordre moral qu'autant qu'elles sont éclairées de notre faible raison ; notre foi les accueille. La foi n'est pas cette crédulité qui prouve la faiblesse de notre développement ; c'est cette conviction profonde qui est une preuve de l'énergie de notre âme, de cette sève divine, amour et sensibilité, qui soulève aux yeux de l'âme grandie une partie du voile qui enveloppe ces mystères et qui fait marcher l'homme d'un pas ferme et assuré dans l'accomplissement de ses devoirs ; qui lui donne une force inconnue aux autres hommes, une force qui soulève les montagnes, qui remue le monde ; cette foi ne trompe jamais. Dès qu'elle est née, c'est une lumière. Puisque l'immortalité de l'homme consiste en une marche progressive, et puisque, par cela même, il prépare la vie dans laquelle il entre par celle qu'il laisse, enfin, puisqu'il y a deux mondes nécessairement, l'un matériel et l'autre intellectuel, ces deux mondes, qui composent la vie à venir, doivent avoir des rapports harmoniques avec le nôtre.

« Le travail de l'homme sera donc une continuation de son travail passé.

« Pour le monde physique, il contribuera à son embellissement, à son amélioration ; il lui demandera encore sa vie animale telle qu'elle y sera déterminée.

« Pour l'autre, il aidera le développement des sciences et des arts, aussi inséparable de la vie intellectuelle de l'homme que le monde physique l'est de sa vie animale. Nos essais dans ce monde, en astronomie, en physique, etc., sont des connaissances premières que nous étendrons de vie en vie. L'homme travaillera encore à son développement moral ; il deviendra un élément social toujours meilleur à chaque période de sa vie ; son amour de lui-même, de la créature, de Dieu, et c'est le même amour, répéterai-je encore, s'augmentera, se fortifiera en s'épurant ; en cessant d'être amour et compréhension, lié à Dieu et à la création, il retrouvera pour but de ses efforts les vertus dont sa conscience lui commande la pratique sur cette terre, pour son bonheur et celui de l'humanité, la tolérance, l'amour de l'humanité, en un mot, la charité lui sera encore enseignée par cette conscience, fidèle amie, puissance protectrice qui lui inspirera aussi et toujours la foi et l'espérance qui la lieront aux nouvelles existences d'une même vie éternelle, et il deviendra de cette manière une plus digne manifestation de la divinité.

« Que nous semble-t-il qu'ait dû faire la Providence pour que la mort, nécessaire à la vie, qui sépare, quant au sens, deux êtres étroitement unis, ne fût pas un obstacle au lien d'amour qui les a unis ? Notre raison répond sans hésiter : qu'ils s'aiment toujours. N'est-ce pas ce qui a lieu ; la mort empêche-t-elle cet amour ? Il devient plus fort au contraire, puisqu'il devient plus pur ; et comme l'âme seule passe la tombe, ils restent unis par l'âme.

« Et pour que celui qui reste sur cette terre puisse aimer toujours cet objet qu'il a chéri si tendrement, quelle puissance devait être opposée à la chair de celui qui survit ? Notre raison répond encore sans hésiter : Au milieu des distractions, des soins matériels, et surtout des sollicitations des sens, le souvenir aurait été trop faible, il se serait perdu, et cette place dans le cœur, qui, pour le bonheur des époux, ne doit point être usurpée, aurait été occupée par un autre pour le malheur de plusieurs ; il fallait donc plus que le souvenir, il fallait la présence de l'objet aimé. N'est-ce pas ce qui a lieu? Il fallait un commerce continuel entre ces deux êtres immatériels, ou du moins d'une matière qui échappe à notre analyse, et à laquelle, à cause de cela, on donne le nom vague et insignifiant de substance; eh bien, ce commerce n'existe-t-il pas? Que signifient cette action de sentiment, cette action de voix, cette action de vision, forme immatérielle, qui s'exercent sur nous en tout temps, éveillés comme dans le sommeil? Jusqu'ici point de difficulté pour le sentiment; mais il est plus difficile de satisfaire maintenant l'autre puissance de notre âme, la compréhension. Comment se reconnaîtront-ils, ces deux êtres, dans la vie nouvelle? Un fait me frappe : l'être pensant existe et se manifeste, indépendamment du corps; nos visions du sommeil, même celles qui se présentent à nous éveillés, nous prouvent que l'âme n'est pas réduite à ne voir et sentir que par le corps; et de même pour les autres sens, car des sons inouïs nous frappent aussi quelquefois. Cette puissance de l'âme se manifeste sensiblement encore par l'action dite magnétique dans l'état appelé somnambulisme. Il m'est prouvé que l'âme a le pouvoir de saisir, du moins sans le secours des sens qui paraîtraient devoir la servir, les objets d'une certaine nature, et je me dis avec bonheur : l'âme de ma bien-aimée, qui me garde, m'inspire, se fait sentir à moi, me parle, qui se rend sensible à mon âme par son image, à cette âme qui ne vivait et ne vivra encore jamais que pour elle en dépit de la mort, qui accepte mes douleurs, mes privations, mon dévouement, mon amour contre lequel mille morts, des morts à l'infini ne pourraient rien, habite dans mon cœur ou me voit. Or, elle ne peut me perdre de vue; et, au jour de la mort, je la verrai comme elle me voit déjà; et tous les deux, soit sous une même forme, soit sous deux formes encore, nous vivrons unis pour notre nouveau travail.

« Je ne saurais jamais croire que notre intelligence, qui, dans cette vie, commence à se développer, s'arrête aussi imparfaitement grandie, pour ne plus s'exercer, se perfectionner après l'heure du tombeau.

« Si, une fois dégagée de la matière par l'alliance de laquelle elle est si imparfaite, elle se trouve sans toutes ses imperfections, et capable d'aimer, d'admirer son auteur avec la conscience de sa vie passée, à quoi bon tant de malheurs, tant de passions, tant de combats, auxquels elle était exposée sur cette terre ? Ne pouvait-elle pas acquérir une vie distincte de son principe, et trouver la conscience du moi sans toutes ces épreuves, toutes ces chutes dont si peu se relèvent avant de mourir !

« Et puis ce repos, cette station, plus que cela, ce terme de mouvement, de progression, s'accordent-ils avec les notions que Dieu nous permet de prendre de lui et de ses œuvres ? La nature marche toujours, toujours elle travaille, parce que Dieu est la vie et qu'il est éternel, et que la vie est le mouvement progressif vers le souverain bien, qui est Dieu lui-même ; et l'homme seul dans la nature, et l'homme, aussi imparfait, aussi vicieux, s'arrêterait dans sa marche, soit pour s'anéantir, soit pour se trouver aussi parfait que possible, brusquement, sans progression, et surtout sans sa participation, lui qui est créé libre ! Je ne puis le comprendre.

« Non, quand l'heure aura sonné, l'homme n'aura pas une vie inutile ou de pure contemplation ; non, il ne se trouvera pas amélioré sans sa participation, sans efforts, sans travail de sa part ; non surtout, il ne s'anéantira pas. Le néant est un vain mot. Il aura une vie de travail encore ; il contribuera, pour la part que Dieu lui a assignée, aux créations continuelles produites sans cesse par la toute-puissance divine ; il aimera encore, il aimera toujours ; toujours il marchera, il marchera éternellement, parce qu'il est à une distance infinie de Dieu. »

Constant Savy décrit un rêve sublime complétement d'accord avec les principes les plus élevés de la philosophie spirituelle. Nous le transcrivons en entier.

« Je me sentais fort malade ; je me trouvais sans force ; il me semblait que la vie faisait des efforts pour résister à la mort, mais en vain, et qu'elle allait s'échapper. Mon âme se détachait peu à peu de la matière répandue dans tout mon corps ; je la sentais se retirer de toutes les parties auxquelles elle est si intimement unie, et comme se rassembler sur un seul point, au cœur, et mille pensées sur ma vie future m'occupaient, obscures, nuageuses. Et peu à peu la nature s'effaçant devant moi en prenant à mes yeux des formes déréglées et bizarres, je perdis presque la faculté de penser, je n'avais plus guère que celle de sentir. Ce sentiment était tout amour ; amour de Dieu et des êtres que j'avais le plus chéris en lui, mais sans pouvoir manifester cet amour ; mon âme, retirée sur un seul point de mon corps, avait cessé presque tous rapports avec lui et ne pouvait plus lui commander. Elle éprouvait encore pourtant quelques distractions causées par la douleur de ce corps et par ceux qui m'entouraient ; mais ces distractions étaient faibles comme les douleurs et les perceptions qui les causaient ; ma vie ne tenait plus à la matière que par un seul des milliers de fils qui l'y avaient rattachée ; j'allais expirer.

« Aussitôt, pour marquer sans doute le passage de cette vie à l'autre, il se fit comme d'épaisses ténèbres, auxquelles succéda une éclatante lumière. Alors, ô mon Dieu ! je vis votre jour, ce jour tant désiré ! je vis réunis, pleins de joie et de félicité, les êtres que j'avais tant aimés, qui m'avaient inspiré pendant ma vie de ce monde après eux, et qui m'avaient semblé habiter dans mon âme ou planer sur moi. Ils m'attendaient ; ils m'accueillirent avec bonheur. Il me sembla que je complétais leur vie et qu'ils complétaient la mienne ! Mais quelle différence dans mes sensations de bonheur avec celles de la vie que je laissais ! Je ne puis les décrire ! Elles étaient pénétrantes sans être impétueuses ; elles étaient douces, calmes, pleines, sans mélange, sans vide, sans inquiétude, ravissantes, ineffables, et encore elles se trouvaient unies à l'espérance d'un bonheur plus grand !...

« Je ne vous vis pas, ô mon Dieu ! qui peut vous voir ? Mais je vous aimais plus que je ne vous avais aimé dans ce monde.

Je vous comprenais davantage, je vous sentais avec plus de force ; vos traces, qui se montrent partout et en tout, m'apparaissaient plus sensibles et plus éclatantes ; j'éprouvais une admiration et un étonnement inconnus à mon âme jusqu'alors ; je voyais mieux une partie des merveilles de votre création. Les entrailles de la terre n'avaient plus de secrets pour moi ; je les voyais dans toutes leurs parties ; je voyais les insectes et tous les autres êtres qui les habitent, les carrières qui forment la charpente du globe, les mines connues de l'homme et celles qu'il ignore ; je comptais son âge dans son sein comme on compte celui d'un arbre dans le cœur de son tronc ; je voyais tous les conduits qui portent à la mer les eaux qui l'entretiennent ; je voyais le retour de ces eaux, c'était comme le mouvement du sang dans le corps de l'homme, du cœur aux extrémités, des extrémités au cœur ; je voyais le fond des volcans ; je comprenais les tremblements du globe, ses rapports avec les astres ; et comme si ce globe se fût tourné en tous les sens pour se montrer à moi et me faire admirer votre grandeur, ô mon Dieu ! je voyais tous les pays avec leurs habitants divers et leurs mœurs diverses ; je voyais toutes les variétés de mon espèce, et une voix me disait : Comme toi, tous ces hommes sont l'image du Créateur ; comme toi, tous ils marcheront éternellement vers Dieu avec conscience de leurs progrès. L'épaisseur des forêts, la profondeur des mers ne pouvaient rien dérober à mes regards ; je pouvais suffire à tout voir, à tout admirer, et j'étais heureux de mon bonheur, heureux du bonheur des chers objets de mon tendre amour. Nos joies étaient communes. Nous nous sentions liés et par nos anciennes affections devenues bien plus profondes, et par l'amour de Dieu ; nous puisions la même félicité à la même source ; nous ne faisions qu'un, nous jouissions l'un par l'autre et séparément de ce bonheur trop grand pour être exprimé ; je me tais pour mieux sentir. »

Ô mort, ajoute Constant Savy, viens quand tu voudras, je ne te crains pas, j'espère.

En résumé, bien que la doctrine de la préexistence soit révoquée en doute par l'auteur et qu'il ne puisse expliquer ainsi l'origine des maux généraux et des maux particuliers, l'inégalité des intelligences et des penchants de l'homme terrestre, on trouve dans ses pensées, outre la conception très-élevée des peines et des récompenses de l'avenir, une affirmation très-ferme de nos vies futures, des transmigrations diverses de l'âme, et surtout un sentiment très-vif de la sainte communion des morts et des vivants.

CHAPITRE VI

PIERRE LEROUX. — FOURIER

Pierre Leroux, dans son livre de *l'Humanité*, soutient que l'âme est perpétuellement attachée à la terre. Son système nous paraît vicieux sous deux rapports : 1° L'âme, à chacune de ses existences, à la millième, si l'on veut, n'est pas plus avancée qu'à la première. A la dissolution de son corps, elle rentre en simple état de puissance sans amélioration, sans progrès. Le progrès, d'après ce système, gît dans l'espèce et non dans l'individu, tandis qu'il y a deux progrès bien distincts : celui de l'homme, celui de l'humanité ; 2° si l'on place nos existences futures exclusivement sur cette terre, sans épuration possible de matière, sans changement important, l'âme n'a jamais le souvenir de ses modifications antérieures ; ce n'est pas, à vrai dire, le même être, puisque rien ne relie son présent à l'avenir. Ce système blesse nos espérances les plus précieuses, nos affections les plus chères.

Quoi ! Dieu aurait placé en nous de tendres sentiments ; il nous aurait donné l'amour de la famille, il aurait entretenu parmi les hommes les doux liens de frères, de parents, d'époux, et ils ne devraient jamais se reconnaître, jamais se rejoindre après de longs voyages, jamais confondre leurs souffrances et leurs joies ; la mort serait la séparation éternelle, c'est-à-dire le néant !

Si, dans son existence nouvelle, l'âme n'a aucun souvenir de ses existences antérieures ; si, du moins, quoique ce souvenir soit pour un temps impossible aux yeux de quelques-uns, elle ne conserve pas quelque chose qui lui sauve sa mémoire dans l'avenir, il n'y a plus identité, ce n'est plus la même personne. Où est la sanction de la morale? La récompense ou la punition impliquent le souvenir du passé.

Qu'on y réfléchisse bien! le système de Pierre Leroux entraîne les mêmes conséquences que le matérialisme. La privation de la mémoire, c'est l'anéantissement de l'âme ; autant vaudrait croire que notre être tout entier est poussière et retournera en poussière. Qu'importe que l'essence qui animera la forme future soit la même que celle d'aujourd'hui, si rien ne relie le passé à l'avenir? Le Léthé perpétuel est plus impossible encore qu'une complète dissolution. Quoi! sans cesse, dans tous les âges, dans tous les siècles, dans toute l'immortalité, chacun de nous passera des langes de l'enfance aux égarements de la jeunesse, des inquiétudes de l'âge mûr à la décrépitude de la vieillesse, et tout cela pourquoi faire? Pour recommencer sans fin, sans repos. Quoi! nous heurterons sans les connaître, nos fils, nos femmes, nos pères et nos mères que les circonstances nouvelles nous porteront à haïr peut-être! Nous serons comme cet histrion de nos théâtres qui devient tour à tour l'amant de la première ou de la seconde amoureuse, suivant les exigences de son rôle, et change chaque soir, à la clarté du lustre, de haine ou d'amitié. Le croire serait dégrader l'homme, insulter à la Providence divine!

Pourvu qu'il soit possible de concevoir qu'un jour le souvenir sera entier, la Providence est justifiée, l'espoir de l'homme n'est pas une ironie. Il ne sent plus peser sur son immortelle essence le froid linceul de l'oubli. Allez dire au jeune amant qui a perdu sa fiancée, au père qui a perdu son enfant chéri, que la séparation est éternelle, ils vous répondront comme un de nos grands poëtes, Lamartine, qui pleure encore, qui pleurera toujours sur la tombe de sa Julia :

> Si je ne devais plus revoir, toucher, entendre
> Elle! Elle, qu'en esprit j'entends, je sens, je vois ;
> A son regard d'amour encore me suspendre,
> Frissonner encore à sa voix...
> Si les hommes, si Dieu me le disait lui-même,
> Lui, le maître, le Dieu, je ne le croirais pas,
> Ou je lui répondrais par l'éternel blasphème,
> Seule réponse du trépas !
>
> (*Recueillement poétique*, à M. Vopp, poëte hollandais.

On conçoit parfaitement dans les autres systèmes que le principe vital, fluide mystérieux, lien du corps et de l'âme, persistant après la mort, suivant l'âme dans toutes ses transformations, pénétrant les différentes matières qu'elle ira revêtir, lui procurera, quand il sera pur et dégagé, la mémoire complète de tous ses états. On se retrouvera, on se reconnaîtra, on s'aimera dans l'immortalité, et c'est ce que n'admet pas notre auteur avec son système de métempsycose purement terrestre. S'il avait dit que l'âme imparfaite et coupable revenait parfois et même trop souvent sur la terre, il aurait exprimé une incontestable vérité, mais en voulant nous parquer éternellement dans notre infime humanité, il n'a rien compris à la grandeur de l'âme et aux destinées glorieuses de l'homme citoyen de l'univers.

Pierre Leroux fait du reste très-bien concevoir que l'absence du souvenir ne détruit en rien le dogme de la préexistence, puisque même sur cette terre la mémoire nous fait défaut très-souvent et que nous sommes obligés de l'arracher par lambeaux.

Pierre Leroux, dont nous avons réfuté le système, mais qui a l'incontestable mérite d'avoir entrevu le dogme palingénésique, s'exprime ainsi sur la question du mal moral et du mal physique : « Si Dieu, après avoir fait
« émaner de son sein le monde et chaque créature, les
« abandonnait ensuite et ne les conduisait pas de vie en
« vie, de progrès en progrès, jusqu'à un terme où elles
« fussent véritablement heureuses, Dieu serait injuste.
« Saint Paul a beau dire : Le pot demandera-t-il au potier,
« pourquoi m'as-tu fait ainsi? Il y a une voix intérieure,
« partie sans doute de Dieu lui-même, qui nous dit que
« Dieu ne peut pas faire le mal, ni créer pour faire souffrir.
« Or, c'est ce qui arriverait certainement si Dieu abandon-
« nait ses créatures après une vie imparfaite et véritable-
« ment malheureuse. Mais si, au contraire, nous concevons
« le monde comme une série de vies successives pour
« chaque créature, nous comprenons très-bien comment
« Dieu, pour qui il n'y a ni temps ni espace, et qui voit le
« but final de toute chose, permet le mal et la souffrance
« comme des phases nécessaires par où les créatures doi-
« vent passer pour arriver à un état de bonheur que la
« créature ne voit pas, et dont par conséquent elle ne jouit
« pas, en tant que créature, mais que Dieu voit, et dont
« par conséquent la créature jouit en lui virtuellement,
« parce qu'elle en jouira un jour[1]. » Ce passage est très-solidement pensé, et je m'étonne que Pierre Leroux n'ait pas compris le vice de son système; si Dieu avait continuellement attaché l'homme à la terre, si, sans fin, chacun de

---

[1]. *De l'humanité*, tome 1er, p. 233.

nous devait tour à tour redevenir enfant et vieillard ; si les affections que Dieu nous inspire devaient se briser à chaque transformation pour ne se renouer jamais; loin de pouvoir justifier la Providence, on ferait avec raison retentir contre elle une accusation de plus. Depuis des milliers d'années que l'homme existe sur la terre, les lois de son corps ne se sont pas modifiées, sa matière ne présente dans l'avenir aucune épuration possible, et le progrès de l'individu ne serait autre chose que l'imperceptible progrès de l'humanité à chaque âge... D'ailleurs, s'il est vrai de dire que, pendant son séjour sur la terre, l'âme est liée à l'humanité, qui est une forme de la créature intelligente, pourquoi ne pourrait-elle se transformer dans l'avenir et revêtir une matière plus pure, plus spirituelle, plus éthérée? Dans le système de Pierre Leroux, que devient le dogme de la résurrection de la chair, et la croyance de l'Église sur l'agilité, l'impondérabilité, l'incorruptibilité du corps des bienheureux?... Supposez le progrès le plus complet, le plus indéfini sur cette terre, jamais, en ayant égard aux conditions matérielles du corps humain, on ne conçoit la possibilité pour l'homme d'avoir la pleine et libre possession du vrai, du beau, du bien. L'aberration des sens, les maladies, la démence, sont des faits qui, depuis six mille ans, n'ont pas diminué, loin d'avoir disparu. Le progrès humain a des bornes impuissantes à satisfaire les désirs d'une créature intelligente, qui tend de plus en plus à dégager l'esprit de la forme, ou du moins à en revêtir une toute brillante de splendeur et d'immortalité, ce que saint Paul, devançant l'avenir, appelait corps spirituel. Non, Pierre Leroux, nos destins ne sont point bornés à cette terre, atome de la création; pour l'âme arrivée aux termes élevés de l'initiation, il n'y aura, à vrai dire, ni temps, ni espace ; il y aura l'entière possession de la vie, de l'être, de la puissance, de l'intelligence et de l'amour, autant qu'elle peut être permise à des créatures qui doivent se rappocher indéfiniment de Dieu sans l'atteindre jamais.

Si telles sont nos magnifiques destinées, si, après des épreuves plus ou moins laborieuses, suivant le mérite ou le démérite, l'âme doit parvenir au bonheur et avoir le souvenir des états par où elle aura passé, il est clair que la question de l'origine du mal n'en est plus une, ainsi que nous l'avons dit ailleurs [1]. « La loi générale de l'épreuve et
« de l'initiation éclaire d'un jour nouveau les sombres re-
« plis du moi humain et les vicissitudes de la vie terrestre.
« Le mal apparaît seulement comme une anomalie passa-
« gère destinée à produire dans l'ordre universel de la
« création, le bien absolu et la félicité éternelle. »

Selon le père de l'école phalanstérienne [2], l'âme est immortelle, mais elle ne peut vivre sans un corps, et son immortalité embrasse le passé non moins que l'avenir. Toute la transmigration des âmes est là ; et, pour être assuré qu'elle est la vérité, il suffit de remarquer qu'elle est dans les vœux secrets, qu'elle est conforme aux intérêts de l'humanité. « En effet, dit Fourier, où est le vieillard qui ne
« voulût être sûr de renaître et de rapporter dans une autre
« vie l'expérience qu'il a acquise dans celle-ci ? Prétendre
« que ce désir doit rester sans réalisation, c'est admettre que
« Dieu puisse nous tromper. Il faut donc reconnaître que
« nous avons déjà vécu avant d'être ce que nous sommes et
« que plusieurs autres vies nous attendent, les unes renfer-
« mées dans le monde ou intra-mondaines, les autres dans

---

1. Dans le rêve d'Antonio, imprimé avec les autres poëmes de l'auteur sous le titre de *Poëmes lyriques et dramatiques* (1844).
2. *Théorie de l'unité universelle*, t. II, p. 304-348.

« une sphère supérieure ou extra-mondaines, avec un corps
« plus subtil et des sens plus délicats. Toutes ces vies,
« au nombre de huit cent dix, sont distribuées entre cinq
« périodes d'inégale étendue et embrassent une durée de
« quatre-vingt-un mille ans. De ces quatre-vingt-un mille ans,
« nous en passerons vingt-sept mille sur notre planète et
« cinquante-quatre mille dans l'atmosphère. Au bout de ce
« temps, toutes les âmes particulières perdant le sentiment de
« leur existence propre, se confondront avec l'âme de notre
« planète, car les astres sont animés comme les hommes. Le
« corps de notre planète sera détruit, et leur âme passera
« dans un globe entièrement neuf, dans une comète de nou-
« velle formation pour s'élever de là, par un nombre infini de
« transformations successives, aux degrés les plus sublimes
« de la hiérarchie des mondes. » Ainsi à la métempsycose
humaine vient se joindre ce que Fourier appelle la métempsycose sidérale, mais avec l'humanité collective. Pour revenir à la première, qui nous intéresse le plus directement,
voici en quoi elle consiste. La vie qui nous attend, au
sortir de ce monde, est à notre existence actuelle ce que
la veille est au sommeil, ou ce que notre existence actuelle
est à notre vie antérieure. Notre âme ayant pour corps un
simple fluide appelé arome, planera dans les airs comme
l'aigle, traversera les rochers ou l'épaisseur de la terre, et
jouira constamment de la volupté qu'on éprouve en rêve
lorsqu'on croit s'élever dans l'espace. Nos sens épurés ne
rencontreront plus d'obstacles, et tous les plaisirs que nous
connaissons aujourd'hui, nous seront rendus plus vifs et
plus durables.

« Il y a, dans notre vie présente, certains états, tels que
« l'extase et le somnambulisme magnétique, qui nous don-
« nent une faible idée de notre existence future; mais si

« nous la pouvions connaître tout entière, nous n'y résiste-
« rions pas : nous aurions hâte de sortir d'un monde où
« nous sommes si malheureux et si mal gouvernés, le genre
« humain deviendrait une hécatombe [1].

« L'âme entre dans le corps à l'époque de la dentition :
« jusque-là l'enfant est animé par la grande âme de la terre.
« Les âmes spéciales étaient avant la vie, elles sont après la
« vie ; et, au sortir du corps, pour ne point s'isoler des sen-
« sations matérielles, elles s'unissent à un corps éthéré, qui
« pénètre les solides les plus compactes, ou se transfusent
« dans un corps humain sur notre globe. Le désir de la mé-
« tempsycose avec souvenir de la vie présente est la preuve
« de ce fait ; car Dieu, distribuant les attractions en dose pro-
« portionnelle aux destinées, serait un distributeur inepte,
« injuste, cruel, s'il ne réalisait pas le désir que tout homme
« éprouve, à son déclin, d'une renaissance en corps et en
« lumières acquises précédemment. Il est fâcheux que le
« souvenir d'outre-tombe nous manque, ce serait une excel-
« lente preuve de la transmigration des âmes. »

L'imagination de Fourier ne laisse pas que de déterminer avec une précision mathématique les allées et venues d'un monde à l'autre. Au décès de cette planète, sa grande âme, et par suite les nôtres, puisqu'elles en sont des émanations, passeront sur une autre planète neuve, où elles continueront leurs évolutions, de planètes en étoiles, d'étoiles en soleils, centres d'invisibles univers. Dans ses sublimes visions, Fourier a vu une échelle d'âmes de divers degrés, auxquels on s'élève successivement après la mort.

Fourier attribue le mal à une organisation sociale vicieuse ; selon lui, Dieu, infiniment bon et puissant, n'a pu faire le mal. Le mal dans l'humanité provient d'un mau-

---

1. *Dictionnaire des sciences philosophiques,* v° Fourier.

vais usage de nos penchants. Ces penchants sont tous bons et utiles, mais il faut savoir les diriger, et surtout organiser des milieux qui s'harmonisent avec leur développement régulier. Quand l'homme aura atteint la période d'harmonie, le mal disparaîtra. L'existence du mal n'a pu être empêchée au commencement, parce que l'homme est doué de liberté. Si l'homme n'était pas libre, il serait dans la classe des animaux avec un instinct infaillible, à la vérité, mais sans progrès et sans perfection. Fourier pousse si loin la rigueur de ses conséquences, qu'il prévoit aussi dans l'avenir la transformation de la terre; le globe ayant été providentiellement préparé pour l'homme, celui-ci doit être doué de forces suffisantes pour écarter tout obstacle à sa domination par les progrès successifs de la culture unitaire. Le régime harmonien amènera aussi la diminution et même la cessation des maladies. Et quant à la mort, la ferme croyance dans la métempsycose en aplanira les approches et atténuera peu à peu les terreurs de cet inconnu si redouté de nos jours [1]. Ainsi, le mal physique comme le mal moral est passager et doit s'évanouir. Alors les desseins de Dieu sur sa création sont dignes de sa puissance et de sa bonté, et la question du mal ne peut remonter jusqu'à lui.

Toute la doctrine de Fourier est en abrégé contenue dans ces lignes. Là est la clef de l'homme et du système; la question du mal l'a embarrassé comme bien d'autres, il l'a hardiment résolue; il a rêvé le paradis sur la terre, et a placé ici-bas ce qu'en effet nous réaliserons un jour, mais ailleurs.

Fourier admet que tous les penchants sont bons, parce

[1]. Ne resterait-il pas toujours pour ceux qui s'aiment le regret de se quitter, et c'est là ce qui fait la cruauté de la mort.

qu'ils nous viennent de Dieu; il n'a pas remarqué qu'en supposant, comme il le fait, le dogme de la préexistence, des penchants vicieux ont pu prendre racine dans l'individu par l'exercice de la liberté et à la suite de vies plus ou moins longues; qu'ainsi la réalité de penchants mauvais pourrait parfaitement s'accorder avec la bonté de Dieu qui a voulu respecter le libre arbitre de l'homme.

Fourier part, en suivant son système, d'un principe inexact quand, attribuant nos penchants actuels à Dieu, il en conclut qu'ils sont bons; il n'a pas suffisamment distingué ce qui est originel et divin de ce qui a été contracté par une foule d'existences antérieures, puisqu'il les admet.

Fourier est donc ici en évidente contradiction avec son système sur la vie future.

Remarquons un point tout à fait arbitraire de la cosmogonie de Fourier. L'homme, quels que soient sa grandeur et son génie, ne peut s'avancer dans l'échelle des êtres qu'avec l'humanité; il doit attendre le décès de la planète pour aller habiter d'autres terres et d'autres cieux.

Sa théorie de l'avenir terrestre par progression ascendante et par progression descendante est entièrement contraire à la loi du progrès.

Les phases de l'humanité sont ainsi réparties :

Première phase : Éden. — Sauvagerie. — Patriarcat. — Barbarie. — Civilisation.	5,000 ans.
Deuxième phase : Garantisme. — Association simple. — Association composée. Nous y entrons à peine, elle doit durer.	36,000
Apogée. — Harmonie.	9,000
Troisième phase : Déclin. — Mercantilisme. — Monopole.	27,000
Quatrième phase : Caducité. — Féodalité industrielle.	4,000
Totaux.	81,000 ans.

Nous n'avons pas besoin d'indiquer combien de pareilles déterminations sont chimériques. Le blâme que nous énonçons est plus sérieux et plus grave. Que devient, dans la doctrine de Fourier, la loi du progrès indéfini? Peut-on admettre que les efforts de l'humanité n'aboutissent, en dernière analyse, qu'à revenir aux malheurs de l'enfance par les malheurs de la vieillesse? Ici, nous le proclamons hautement et avec la plus complète certitude, Fourier se laisse égarer par une fausse analogie. Il a étendu au règne de l'esprit immortel et incorruptible les lois du règne matériel où tout naît, vieillit et meurt. L'esprit a une enfance, mais il n'a point de vieillesse; tant que l'humanité dominera sur la terre, elle s'avancera toujours conquérante, toujours de plus en plus digne du Dieu qui la guide et vers lequel elle tend. Le globe de la terre pourra mourir, qu'importe? l'humanité ne mourra pas, et ses derniers jours d'habitation terrestre seront l'apogée de sa grandeur d'ici-bas, qu'elle développera perpétuellement et indéfiniment dans un avenir immortel.

En ce qui touche la vie individuelle, nous n'avons pas dissimulé notre répugnance pour un système de métempsycose terrestre nécessairement destructif du souvenir. Nous avons expliqué comment, dans notre système, le corps spirituel nous donnera la mémoire de toutes nos existences, de toutes nos transformations.

Fourier admet bien un corps aromal, mais il veut que la vie aromale et la vie terrestre soient alternatives; qu'après avoir obtenu une somme immense de félicité, nous retombions par une constante vicissitude dans les douleurs et les imperfections de l'existence mondaine. Il est non-seulement en opposition flagrante avec la loi du progrès, mais encore avec la tradition générale sur la résurrection de la chair qui vient à la suite des épreuves, et non pour les alterner[1]. Ces courtes observations suffiront pour démontrer la grande supériorité de notre système sur la cosmogonie fouriériste. Il y a un côté utile, toutefois, dans la doctrine de Fourier. Il en résulte une solidarité de tous les instants entre les hommes : chacun ne peut plus penser à son bonheur individuel, car tous ont un égal intérêt au sort de l'humanité et à l'amélioration de son avenir, puisqu'en définitive chacun aura travaillé pour lui et jouira à son tour des progrès de la civilisation. Mais ce point de vue est trop borné. Dans notre système, chaque individu aussi est intéressé au progrès ; car en concourant au perfectionnement de l'humanité, il se perfectionne lui-même. Nous allons plus loin encore. La solidarité humaine n'est qu'une partie de la vérité. Tous tant que nous sommes, êtres doués d'intelligence et de raison, à quelque degré de l'échelle que nous soyons placés, quelle que soit la splendeur de notre séjour, membres de l'humanité terrestre ou de toute autre humanité, nous sommes unis par une chaîne immense, nous marchons tous à un but commun, vers le divin type qui nous attire, et le spectacle de la création proclame partout la solidarité universelle.

Nous avons réuni exprès Pierre Leroux et Charles Fourier dans le même chapitre, parce que nous pouvons les

---

1. C'est encore une fausse analogie qui a trompé Fourier. Selon lui, la vie mondaine est le sommeil du corps aromal, la vie transmondaine est son réveil. Or, sur cette terre, il y a alternative de la veille et du sommeil. Cette alternative doit se retrouver aussi dans la vie aromale et dans la vie terrestre. Comment Fourier n'a-t-il pas vu que le sommeil est une loi purement matérielle, nécessaire à la réparation des forces, et que l'analogie n'existait pas? Le corps aromal n'a pas besoin de repos, puisqu'il est impondérable, incorruptible et immortel.

combattre tous deux par les mêmes observations, tout en rendant hommage au principe palingénésique qui leur est commun.

Pourquoi Pierre Leroux n'a-t-il admis qu'une métempsycose terrestre? c'est qu'il se fait une fausse idée de la vie et qu'il la restreint contre toute logique à notre humanité. Pierre Leroux n'admet pas même le corps aromal terrestre, le périsprit astral qui nous permet de continuer nos vies extra-mondaines, avant que nous nous soyons réincarnés sur la terre ou ailleurs, et il nie un intervalle de station et de repos intellectuel pour l'âme qui rentre tout uniment à sa mort dans une simple virtualité. Son idéal est la lettre d'Apollonius de Tyane (consolation à Valérius)[1], lettre toute panthéistique et dont une saine philosophie doit énergiquement répudier le sens.

Charles Fourier va plus loin; il concède et décrit le corps aromal et spirituel, mais seulement astral, c'est-à-dire puisé dans les éléments astraux de la planète que nous habitons. Aussi Fourier admet-il une vie extra-mondaine succédant et alternant à la vie mondaine; mais tous deux, ils ne s'élèvent pas plus haut que l'humanité terrestre, avant le décès de l'âme de la terre; ils n'ont pas eu la connaissance complète des révélations, ils n'ont été initiés qu'à demi; ils ont méconnu le *Rouah*, c'est-à-dire la force plastique de l'âme, le corps virtuel, quintessentiel, formé du fluide divin ou universel, ce que l'Hébreu appelle admirablement L'ESPRIT DES VIES, des existences successives de l'homme, des transmigrations et des pérégrinations de l'âme après qu'elle a quitté son enveloppe terrestre. C'est ce

---

1. *Apollonius de Tyane*, trad. par M. Chassang, p. 415. 1 vol., Paris, Didier et Cie.

défaut de conception qui rapetisse toutes les idées sur la vie future émises par ces deux auteurs. L'homme, nous le répétons, n'est pas seulement citoyen de la terre, il est citoyen de l'univers, bien plus, il est fils de Dieu et doit pouvoir, par ses mérites, s'élever au royaume de son père, même de prime-saut, quoique rarement et par des œuvres hors ligne; mais toujours est-il qu'on peut aspirer à sortir de la terre et encore de son tourbillon infime en suivant le droit chemin.

CHAPITRE VII

AUTEURS DIVERS

La Codre. — De Brotonne. — Young. — Pelletan et Jouffroy. — Divers. — Muston. — Chateaubriand. — Madame de Gasparin. — Callet. — Carle. — Esquiros. — P. Larroque. — Genoude. — Dorient.

A côté des grands penseurs qui ont consacré leurs méditations, leurs veilles à la solution des graves questions ou à la démonstration des consolantes croyances qui soutiennent l'humanité, il convient de placer les opinions des publicistes, poëtes ou philosophes, qui, sans faire du problème de la vie future l'objet spécial de leurs études, l'ont cependant éclairé de lumières d'autant plus sûres qu'elles sont plus impartiales et plus inattendues. Nous allons leur faire quelques emprunts.

M. de la Codre a déjà publié, sous le voile de l'anonyme, trois ouvrages importants : *De l'immortalité, les Esquisses du ciel* et *le Ciel*, où nous avons, au milieu d'un grand nombre de pages fortement pensées, remarqué les passages suivants :

« Rachel pleure ses fils, et ne veut pas être consolée, parce qu'ils ne sont plus. Oui, c'est l'image du néant qui oppresse jusque-là notre âme; c'est elle qui produit les profonds et irrémédiables désespoirs. Le voyageur, en apercevant dans sa pensée la patrie vers laquelle il revient, ou la région que va chercher son ardente curiosité, reprend hardiment sa route, et ne se laisse point abattre. La mère qui sait que, dans quelques années, elle retrouvera ses fils, verse encore des larmes; cependant, une rayonnante espérance apparaît quelquefois devant elle. Mais s'ils ne sont plus! ô douleur, ô effroyable et insupportable avenir! Ces dispositions du cœur humain, ce besoin de voir se continuer l'existence de nous-mêmes et de ceux qui nous sont chers, expliquent le pouvoir des croyances fortement acceptées, des espérances, des perspectives clairement déterminées; par ces croyances, par ces perspectives, la réalité dans notre esprit a remplacé le néant.

« Les ombres de Virgile regrettent la terre, parce que, aux champs Élysées, elles se trouvent dans un état moins réel que celui dont la mort terrestre les a privées; parce que la vie, dans ce lieu paisible que la poésie appelle un peu inconsidérément séjour de la félicité, n'est plus qu'un simulacre, et que c'est la vie effective, la vie pleine et entière, que l'homme veut conserver et accroître.

« Les doctrines panthéistes qui, après la séparation de l'âme et du corps, nous rejettent dans le vague courant de la matière; le mysticisme qui absorbe les âmes dans le sein de Dieu, obtiennent peu de faveur dans les populations. A peine peuvent-elles exalter quelques pensées souffrantes qui, en les adoptant, sentent néanmoins un indéfinissable malaise que trahissent leur sécheresse ou leurs gémissements. La théorie qui continue la vie, en augmentant son intensité jusqu'au perfectionnement le plus élevé que la créature puisse atteindre, la doctrine qui s'allie à la résurrection, répond essentiellement aux vœux de nos cœurs; c'est par cette raison, c'est parce qu'elle est, nous le pensons, en accord avec la volonté du Très-Haut, que cette théorie bien comprise, concertée avec les autres croyances que nous devons respecter, aurait, sur tous les esprits, la puissance bienfaisante dont j'ai essayé de faire entrevoir les effets.

« Ne craignez pas, d'ailleurs, que ces espérances précises méritent le reproche qu'on a justement adressé au mysticisme; ne craignez pas qu'elles arrêtent le mouvement de la vie terrestre, qu'elles produisent, dans l'humanité, une apathie funeste, en lui inspirant une trop ferme confiance.

« La théorie qui veut mettre en lumière de telles espérances, ne conteste pas, n'amoindrit pas les avantages attachés à la possession des biens de ce monde; elle permet, elle ordonne même de les souhaiter. Elle le permet, parce que l'ambition, contenue dans de justes bornes, ne peut que servir au perfectionnement de l'homme en le portant à développer ses formes; elle l'ordonne, parce que la générosité peut mettre au service de nos semblables ces talents ou ces trésors que le travail nous a fait acquérir. Et, d'ailleurs, ces talents, cette sagesse, le souvenir de ces actions généreuses formeront les éléments de notre bonheur céleste; ils sont des conquêtes que nous devons faire pendant la vie présente, puisque l'existence d'en haut est seulement la continuation de la première. Les efforts que je tente, fussent-ils suivis plus tard d'un plein succès; le voile qui couvre l'avenir ultra-terrestre, fût-il un jour complétement levé, les hommes, alors, plus heureux ici-bas, ne seraient pas moins laborieux, pas moins zélés pour le perfectionnement de toutes choses, et notamment pour l'accroissement de leurs propres facultés, pour l'accomplissement, toujours continué, des actions que conseillent la bienfaisance et l'amour du prochain; ce zèle désirable serait même augmenté, puisqu'il serait plus notoire dans cette opinion que l'homme, dispensé du travail par la position que ses pères lui ont faite, aurait encore besoin d'agrandir son intelligence, le cercle de ses idées et de son savoir, afin de prendre rang, dès son arrivée dans une autre patrie, parmi les savants et les sages.

— Mais, dit-on, il ne suffit pas que des combinaisons de la pensée soient en accord avec les vœux de nos cœurs, ni même avec ceux de notre intelligence, pour qu'on doive les considérer comme étant la représentation de ce qui est dans le monde extérieur.

« Que cela ne suffise pas absolument, et sans plus ample informé, je l'accorde. Toutefois, pour les hommes qui croient que l'intelligence suprême ne fait rien en vain ; que Dieu est sage, tout-puissant et bon ; que, dans sa création, toutes les réalités sont harmonisées de manière à former un ensemble, dont les diverses parties correspondent exactement les unes aux autres, de telle sorte qu'en voyant l'une d'elles, on puisse juger ce qu'est celle qu'on ne voit pas, ces accords que j'ai signalés établissent au moins une forte présomption en faveur du système qui explique et complète ces corrélations.

« La Providence nous a permis d'interroger ses œuvres pour découvrir les mystères qui sont cachés à notre première vue ; elle nous a imparti à tous la mission, le devoir de perfectionner sans cesse, par cette contemplation, les pensées dont le germe existe dans nos âmes. Les titres de cette mission sont les aptitudes, les facultés que nous avons reçues de sa munificence. Copernic, Galilée, Newton, Herschell, ont dévoilé plusieurs des puissances et des harmonies de la nature ; pourquoi chacun de nous ne tâcherait-il pas de marcher, suivant la mesure de ses forces, sur les traces de ces grands hommes ?

> Les cieux pour les mortels sont un livre entr'ouvert,
> Ligne à ligne, à leurs yeux, par la nature offert.

« Si, pour qualifier cette théorie, le mot progrès vous semble trop ambitieux, nommons tout à la fois la doctrine et mes aperçus : Théorie de la continuation ; continuation des travaux de l'esprit humain ; continuation de la vie humaine dans les autres régions de l'univers. Et, si vous voulez vous représenter effectivement l'idée que je conçois de cette continuation graduelle et des convenances qui l'harmonisent avec les lois providentielles, relisez la quinzième page des Recueillements poétiques de M. de Lamartine. Les vœux que le grand écrivain prête à la pensée de la jeune fille pauvre et souffrante, ne peuvent être que des rêves ici-bas; mais, suivant la théorie, la vie continuée dans un autre séjour les verra se réaliser plus splendides encore que ne les a décrits le poëte. Quelle douce et puissante consolation! et cette consolation précise, saisissable, réellement souhaitée, est offerte à toutes les indigences. »

La même consolante et fortifiante doctrine se retrouve, non présentée d'une manière systématique, mais déjà claire et distincte, dans un remarquable ouvrage publié en 1845[1], et dont voici quelques extraits :

« Ce qu'il ne nous est pas défendu de supposer, et ce qui concilierait mieux nos espérances avec les notions accessibles d'un avenir d'ailleurs insaisissable, c'est le passage successif et rémunérateur à d'autres états supérieurs, au sein desquels la limite matérielle atténuée laisserait à l'esprit un essor plus libre vers l'infini qui l'attire[2]. »

Ailleurs nous lisons encore :

« L'accès à des mondes plus purs peut être réservé à l'homme comme but offert à la tendance qui l'emporte vers le beau et le bien, et comme prix de sa lutte pénible et persévérante contre les grossières limites dont son âme est obscurcie[3]. » — « La matière ou la forme sera moins pesante proportionnellement aux progrès que nous aurons faits dans la lutte contre l'organisme, à mesure que nous aurons pénétré dans la science et la moralité. Si la récompense ou l'état futur dont nous devinons les splendeurs est en raison de notre tendance vers tout ce qui est grand et beau, la conduite de chaque individu sur la terre a sa récompense déterminée d'avance d'après la nature et l'étendue même de ses efforts... Plus nous aurons combattu dans les premières épreuves, plus sera haut le rang qui nous est réservé, plus nous

---

1. *Civilisation primitive,* par M. de Brotonne. — 2. *Ibid.*, p. 60. — 3. *Ibid.*, p. 89.

aurons franchi de degrés dans l'échelle immense que nous avons à parcourir[1]. »

Quoique les espérances de M. de Brotonne ne soient pas encore à l'état de système et de loi comme dans notre philosophie, il est évident que la pensée est la même et qu'il y a identité de croyance et d'inspiration. Cela ne doit pas étonner. Quand une idée est mûre pour l'humanité, elle germe à la fois dans la tête de plusieurs hommes par une volonté providentielle, et c'est là ce qui constitue son autorité et son droit de bourgeoisie dans les masses. Si le genre humain n'était pas préparé à recevoir une vérité nouvelle, elle l'aveuglerait ; il la repousserait parce qu'elle ne serait pas éclose à son temps. Les systèmes de Pythagore et d'Origène, malgré leurs erreurs et le défaut de conception de la loi d'épreuve et d'initiation ; les croyances de la théologie de l'Inde, de l'Église catholique, ont été le crépuscule et l'aurore du jour qui devait briller, la semence de l'arbre qui devait croître et ombrager l'humanité, les premières arches du pont immense qui allait réunir les mondes, le premier bégaiement de la pensée qui ferait de l'univers un seul tout, une seule patrie au sein de Dieu. N'est-ce pas ce que semble avoir prévu Herder, un des philosophes les plus célèbres de l'Allemagne, lorsqu'il dit :
« J'ai assez de confiance en la bonté divine pour croire
« que la punition infligée à la créature coupable d'un
« crime est un bienfait de père, une combinaison qui la
« conduit vers son bien à elle, mais par un sentier plus
« aride que celui que Dieu lui aurait fait suivre, si elle
« n'avait pas commis de faute[2]. »

---

1. *Civilis. primit.*, p. 126. — 2. *Histoire de la poésie des Hébreux*, trad. de madame de Carlowitz, p. 129.

M. de Brotone écarte également avec beaucoup de sagesse les solutions incomplètes ou les questions impossibles : « La question de l'origine du mal, dit-il, est oiseuse
« par rapport à nous, et on est peu fondé à le reprocher à
« l'auteur des choses ou à le chercher dans son essence.
« Notre monde borné est un ouvrage fini, en d'autres
« termes, imparfait, et ne peut être autre sans cesser d'être.
« La perfection ou le progrès dans les voies de l'infini
« doit être une conquête ; c'est au but seulement, autant
« qu'il nous est donné de l'atteindre, qu'il y aurait lieu
« de prononcer sur toute chose, et alors même l'objet de
« l'examen n'existerait plus [1]. »

Dans mon poëme philosophique de Falkir, lorsque celui-ci fait remonter jusqu'à Dieu l'origine du mal, la voix du ciel lui répond :

J'ai créé l'univers ; tu n'as vu que la terre.
Tu n'as vécu qu'un temps et j'ai l'éternité.

Déjà au siècle dernier, le poëte anglais, Young, rencontrant ces problèmes, s'élève à de sublimes aperçus sur la vie des mondes :

« Tous les êtres nous parlent de Dieu, dit-il ; mais si l'œil attentif découvre sa trace dans les petits objets, dans les grands Dieu saisit l'âme et s'en empare d'abord. En un instant elle est éclairée, ravie, remplie ; sa curiosité s'enflamme, elle veut tout connaître ; les êtres se multiplient ; elle découvre l'univers, une foule d'habitants nouveaux et des nations d'esprits de natures différentes [2].

« Dieu n'est pas dans les cieux un souverain solitaire. Je découvre la cour nombreuse qui l'environne. Je vois une foule

---

1. *Civilisation primitive*, par M. de Brotonne, p. 104.
2. Young, t. 1er, p. 163. Édition de Londres.

d'esprits rangés par ordre autour de son trône. Leurs fonctions sont variées comme leurs espèces. La pourpre et l'azur, les perles et l'or éclatent dans leurs vêtements divers, et nuancent les couleurs immortelles de leur parure [1].

« Si je me trompe en multipliant les mondes, mon erreur est sublime. Elle est appuyée sur une vérité : elle a pour base l'idée de la grandeur de Dieu [2]. »

« Oui, chacun de ces astres est un temple où Dieu reçoit l'hommage qui lui est dû. J'ai vu fumer leurs autels; j'ai vu leur encens s'élever vers son trône; j'ai entendu les sphères retentir des concerts de sa louange. Il n'est rien de profane dans l'univers : la nature entière est un lieu consacré [3].

« L'âme est faite pour voyager dans les cieux. C'est là, qu'échappée de sa prison, et dégagée des liens de la terre, elle peut respirer librement, s'étendre, donner carrière à toutes ses facultés, et saisir sa vraie grandeur, sans craindre d'être déçue par l'illusion. Au milieu de ces astres elle se reconnaît dans son séjour; elle s'y sent plus forte et plus vivante, et reporte dans les lieux de son exil des sentiments dignes de son illustre patrie [4]. »

Suivant M. Pelletan, l'homme ira toujours de soleil en soleil, montant toujours comme sur l'échelle de Jacob, la hiérarchie de l'existence; passant toujours, selon son mérite et selon son progrès, de l'homme à l'ange, de l'ange à l'archange. Ainsi, progrès nécessaire et continu, plus ou moins rapide seulement suivant les mérites; voilà bien ce que M. Pelletan promet à tous les hommes dans la vie future.

Un philosophe dont l'opinion mérite d'être comptée en ces matières, M. Jouffroy, hésite entre ces deux hypothèses :

1. Young, p. 187. — 2. Ibid., p. 202. — 3. Ibid., p. 207. — 4. Ibid., p. 220.

ou bien l'homme, au sortir de la vie terrestre, trouvera, dans celle qui succède immédiatement, la satisfaction paisible de tous les besoins de sa nature morale ; ou bien il arrivera à ce bonheur peu à peu, mais infailliblement, en passant par plusieurs vies successives. Voici comment il s'exprime sur notre avenir immortel :

« Cette autre vie sera-t-elle une ou multiple ? Sera-t-elle une succession de vies dans lesquelles l'obstacle ira en diminuant, ou bien serons-nous plongés en sortant de cette vie, dans une vie sans obstacle ? On peut choisir entre ces deux hypothèses. Mais arrivée à un certain point, l'âme ne peut déchoir.

« A chaque progrès, l'âme a une vue plus nette, plus distincte de Dieu ; elle s'approche de la céleste attraction qui l'entraîne sûrement au bien, sans toutefois la nécessiter. Plus l'âme connaît Dieu, plus elle l'aime ; elle s'élève toujours à lui par un choix volontaire, par un libre mouvement, sans que la déchéance soit possible. Mais, dans cette ascension progressive, l'âme n'atteint jamais l'absolu, ses moments varient du moins au plus, le temps ne cesse pas pour elle ; il y a entre le fini et l'infini assez de distance pour que les siècles des siècles ne puissent parvenir à la combler. »

Nous pourrions multiplier les autorités, elles sont innombrables. Disons seulement pour finir qu'il n'y a aucune parité à établir entre la persistance dans le bien, qui est la fin de la créature morale et libre, et la persistance dans le mal qui est l'opposé de cette même fin. Ainsi de ce que l'on admet que d'autres épreuves sont accordées au coupable pour son redressement et sa punition, que sa liberté est toujours méritante et qu'il peut remonter dans l'échelle des êtres par son repentir et l'expiation saintement subie, ce n'est pas une raison pour affirmer que l'homme vertueux, parvenu à une vie heureuse, soit encore assujetti à d'autres épreuves, qu'il puisse rétrograder, que sa récompense n'ait aucune stabilité, qu'il soit exposé, en un mot, à rentrer dans le mal dont il s'est affranchi au prix de constants et pénibles efforts.

Nous pouvons donc renvoyer à bon droit à M. Th. Henri Martin [1] le reproche d'inconséquence qu'il adresse aux adversaires de son opinion. Le système étroit, puisqu'il borne l'épreuve à un point du temps, à un coin de l'univers, dont M. Th. Henri Martin s'est constitué le zélé défenseur, a des inconvénients plus graves. Supposons, en effet, un homme qui soit emporté par la mort au milieu d'une mauvaise action, si aucune autre épreuve ne lui est accordée, il est irrévocablement saisi par la justice de Dieu, il est mort dans le mal, il y reste éternellement. C'est bien là ce que soutient M. Henri Martin; mais alors il y a donc pour certaines créatures un mal indélébile et absolu, il y a un châtiment sans terme possible, sans autre but que la justice implacable et la vengeance. Citons à ce propos un philosophe moderne, M. Franck, de l'Institut, qui, malgré — ou plutôt guidé par sa circonspection habituelle — a écrit le beau passage suivant :

« Ramener l'âme à la santé, la purifier de ses souillures, la
« relever de ses chutes, la revêtir d'une nouvelle force pour
« marcher d'un pas plus ferme dans les voies où elle a failli, et
« pour atteindre plus heureusement la perfection morale qu'elle
« avait dédaigné de poursuivre, n'est-ce pas là la seule efficacité
« qu'on puisse concevoir dans la peine, quand l'être qui l'in-
« flige a, pour agir sur l'âme, la puissance et l'intelligence infi-
« nies? La justice de Dieu s'accorde nécessairement avec sa

---

1. *La vie future.* Ne pas confondre avec l'illustre auteur de l'*Histoire de France*, qui est au contraire un disciple de Jean Reynaud, comme nous le verrons.

« sagesse et sa miséricorde, c'est-à-dire avec la raison et l'a-
« mour considérés dans leur essence éternelle; il ne faut donc
« point se représenter l'autre vie pleine de supplices arbitraires,
« et qui paraîtraient avoir pour but moins l'expiation que la ven-
« geance. »

Un ministre protestant, M. Muston, digne interprète de l'Évangile, ne craint pas de dire de son côté :

« On se représente généralement l'état des âmes dans la vie à venir comme un état passif et immuable. Le jugement de Dieu, qui décide de cette éternité stationnaire, devient, d'après cette théorie, analogue à celui d'un tribunal qui, sur les pièces d'un procès, condamne ou absout les parties, puis ne s'occupe plus de leur sort.

« Ainsi nos âmes immortelles, pendant la courte durée de leur vie terrestre, auraient eu devant elles une perspective de perfectibilité et de corruptibilité qui serait fermée à la mort, sans qu'en face de la vie éternelle elles puissent se retrouver perfectibles ou incorruptibles ?

« Cette manière de voir ne me paraît d'accord ni avec l'Évangile ni avec la philosophie.

« L'Évangile nous appelle à être parfaits comme Dieu est parfait, ce qui ne peut avoir lieu sur cette terre; et la philosophie nous apprend que le principe d'un être ne saurait cesser d'agir, sans que cet être fût détruit, ce qui ne pourrait avoir lieu que par le néant.

« En outre, les peines éternelles, considérées comme un état invariable et sans issue, seraient une nullité dans la vie universelle, puisque devant durer toujours, elles n'aboutiraient à rien, et seraient par conséquent des souffrances complétement inutiles. La logique nous force à reconnaître que des peines infinies ne sont point en rapport avec des fautes finies.

« Quel est le père qui livrerait ses enfants à des souffrances sans terme, ayant le pouvoir de les en affranchir? Si la malédiction nous révolte dans l'homme, que serait-ce en Dieu? »

Cette contradiction choque vivement aussi Georges Sand, qui, dans un de ses derniers romans, *Mademoiselle La Quintinie*, en parlant des institutions grossières de l'enfance soumise à ses pédagogues, s'écrie :

« Ces institutions choquent, sur beaucoup de points, non-seulement la raison, mais le cœur et la conscience des hommes. Pour ne citer qu'un des articles de foi de l'Église, nous demanderons si l'esprit de Dieu est en elle lorsqu'elle nous commande de croire à l'existence du diable et aux peines éternelles de l'enfer. Cette croyance à la nécessité d'un rival et d'un ennemi de Dieu, éternellement vivant, éternellement mauvais, éternellement puissant, possesseur et roi absolu d'un incommensurable abîme, où toutes les âmes coupables de l'univers doivent, revêtues de leurs corps, subir éternellement des supplices sans nom, sans que Dieu veuille ou puisse faire grâce, cette croyance inqualifiable est-elle obligatoire? »

C'est le point de vue opposé, la notion de la fausse béatitude et d'un paradis de *far niente* éternel qui blesse et contrarie Chateaubriand :

« Il y a donc des passions chez nos puissances célestes, dit M. de Chateaubriand; et ces passions ont cet avantage sur les passions des dieux du paganisme, qu'elles n'entraînent jamais après elles une idée du désordre et du mal. C'est une chose miraculeuse, sans doute, qu'en peignant la colère ou la tristesse du ciel chrétien, on ne puisse détruire dans l'imagination du lecteur le sentiment de la tranquillité et de la joie, tant il y a de justice et de sainteté dans le dieu présenté par notre religion [1].

[1]. *Génie du christianisme*. Édition de 1829, II⁰ vol., p. 174.

« Il n'y a pas jusqu'au faible avantage de la différence des sexes et de la forme visible que nos divinités ne partagent avec celles de la Grèce, puisque nous avons des saints et des vierges, et que les anges, dans l'Écriture, empruntent souvent la forme humaine [1].

« Chez les Grecs, le ciel finissait au sommet de l'Olympe, et leurs dieux ne s'élevaient pas plus haut que les vapeurs de la terre. Le merveilleux chrétien, d'accord avec la raison, les sciences et l'expansion de notre âme, s'enfonce, de monde en monde, d'univers en univers, dans des espaces où l'imagination effrayée frissonne et recule. En vain les télescopes fouillent tous les coins du ciel ; en vain ils poursuivent la comète au delà de notre système, la comète enfin leur échappe ; mais elle n'échappe pas à l'archange qui la roule à son pôle inconnu, et qui, au siècle marqué, la ramène par des voies mystérieuses dans le foyer du soleil.

« Le poëte chrétien est seul initié au secret de ces merveilles de globes en globes, de soleils en soleils, avec les séraphins, les trônes, les ardeurs qui gouvernent le monde. L'imagination redescend enfin sur la terre, comme un fleuve qui, par une cascade magnifique, épanche ses flots d'or à l'aspect d'un couchant radieux [2].

« Nous n'avons pas d'enfer chrétien traité d'une manière irréprochable. Ni le Dante, ni le Tasse, ni Milton, ne sont parfaits dans la peinture des lieux de douleurs. Cependant quelques morceaux échappés à ces grands maîtres, prouvent que, si toutes les parties du tableau avaient été retouchées avec le même soin, nous posséderions des enfers aussi poétiques que ceux d'Homère ou de Virgile [3].

« On avouera que le purgatoire offre aux poëtes chrétiens un genre de merveilleux inconnu à l'antiquité. Il n'y a peut-être rien de plus favorable aux muses, que ce lieu de purification,

---

1. *Génie du christianisme*, p. 176. — 2. *Ibid.*, p. 192. — 3. *Ibid.*, p. 215.

placé sur les confins de la douleur et de la joie, où viennent se réunir les sentiments confus du bonheur et de l'infortune. La gradation des souffrances en raison des fautes passées, ces âmes plus ou moins heureuses, plus ou moins brillantes, selon qu'elles approchent de la double éternité des plaisirs et des peines, pourraient fournir des sujets touchants au pinceau. Le purgatoire surpasse en poésie le ciel et l'enfer, en ce qu'il présente un avenir qui manque aux deux premiers [1].

« Le trait qui distingue essentiellement le paradis de l'Élysée, c'est que, dans le premier, les âmes saintes habitent le ciel avec Dieu et les anges, et que, dans le dernier, les ombres heureuses sont séparées de l'Olympe. Nous avons fait voir, dans plusieurs endroits de cet ouvrage, la différence qui existe entre la félicité des élus et celle des mânes de l'Élysée : autre est de danser et de faire des festins, autre de connaître la nature des choses, de voir les révolutions des globes, enfin d'être comme associé à l'omniscience, sinon à la toute-puissance de Dieu. Il est pourtant extraordinaire qu'avec tant d'avantages les poëtes chrétiens aient échoué dans la peinture du ciel. Les uns ont échoué par timidité.....

« Il est dans la nature de l'homme de ne sympathiser qu'avec les choses qui ont du rapport avec lui, et qui le saisissent par un certain côté, tel, par exemple, que le malheur. Le ciel, où règne une félicité sans bornes, est trop au-dessus de la condition humaine, pour que l'âme soit fort touchée du bonheur des élus; on ne s'intéresse guère à des êtres parfaitement heureux.

« Pour éviter la froideur qui résulte de l'éternelle et toujours semblable félicité des justes, on pourrait essayer d'établir, dans le ciel, une espérance, une attente quelconque de plus de bonheur, ou d'une époque inconnue dans la révolution des êtres. On pourrait rappeler davantage les choses humaines, soit en tirant des comparaisons, soit en donnant des affections et même

---

1. *Génie du christianisme*, p. 225.

des passions aux élus. L'Écriture nous parle des espérances et des saintes tristesses du ciel [1].

L'auteur des *Horizons célestes* exprime et développe à son tour la même pensée :

« Qu'on ait peur du jugement dernier, dit madame de Gasparin, cela se comprend; qu'on ait peur du paradis, cela ne se conçoit pas. Et cependant, lorsqu'on y regarde de près, rien de plus justifié qu'un tel effroi.

« Il y a deux paradis : celui de Dieu, et celui des hommes.

« L'un, parfait en beauté, devrait exercer sur nous une attraction irrésistible; mais on ne le connaît guère; peu de gens prennent la peine d'en aller chercher le reflet aux pages de la Bible. L'autre, que les hommes ont fait aussi bien qu'ils l'ont pu, étonne plus qu'il ne réjouit. C'est de celui-là que les meilleures âmes se donnent frayeur.

« Il n'a rien de nettement accusé; et ce vague me pénètre de crainte.

« Regardez le ciel de Dante....

« De la lumière, oui, une belle intensité de lumière... Il y a de l'extase dans l'air qu'on y respire.... Mais des cercles, toujours des cercles!... Un carrousel à remplir les cieux, lancé par la main qui jeta les mondes dans l'éther...

« Ne rêvez pas une autre félicité; chanter trois paroles que les siècles redisent aux siècles; resplendir, tournoyer, perdu dans l'ivresse des clartés et du tourbillon, voilà vos joies.

« Dans la sphère transcendante, les âmes immobiles, rangées, j'allais dire piquées sur les gradins de l'amphithéâtre, siégent noyées dans la lumière; au centre, Dieu; trois cercles de dimensions égales : le Père, le Fils et le Saint-Esprit.

« Que sentez-vous? moi je sens de l'épouvante.

« Se perdre dans l'océan de la vie, ou s'anéantir, ce m'est tout

---

1. *Génie du christianisme*, p. 226.

un. S'absorber dans l'unité, ou pâlir jusqu'à l'anéantissement, ce m'est tout un.

« Rester impassible, l'ensemble de mes facultés dans une seule; l'adoration, identique chez tous; cela est si contraire à ce que j'ai connu, si opposé à ce que Dieu met en moi, que mon être entier s'en trouve révolté, attristé, je subis pourtant ce ciel-là. »

Après avoir exhalé ces plaintes contre le paradis imaginé par les hommes, le sage, le poëte, le croyant se réveille et s'écrie :

« Béni soit mon Dieu, il a compris l'esprit autrement. Son paradis, j'en connais les bords; et de ces bords émergent tant de clartés ardentes, que mon cœur brûle en moi. Son paradis, je m'y retrouve, perfectionné, sanctifié, avec mon âme, avec mes affections, avec mes souvenirs. Son paradis, oh! qu'il est plus simple et plus splendide, à la fois plus grand et plus voisin de moi. La vie dans le définitif, l'individualité dans l'harmonie! C'est mon pays, ce n'est pas une terre étrangère; c'est la maison de mon père, ce n'est pas le temple d'une divinité indifférente. Je n'y vois pas errer des fantômes uniformes, j'y rencontre mes frères, mes bien-aimés. Ah! voilà le bonheur qu'il me fallait. Je veux émigrer vers cette contrée; l'apercevoir de loin me donne du courage; là, je me reposerai, comme on se repose dans le logis du père, en le servant; aller dans votre ciel me donne le frisson; y voir aller mes proches m'accable de tristesse; ce n'est un bonheur ni pour eux ni pour moi; je ne parviens pas à me consoler. « La superstition, hôte des âmes crédules comme des esprits timorés, crée aussi son paradis; elle y transporte volontiers les passions de la terre. Le ciel légendaire a ses côtés burlesques; il a ses profondeurs effrayantes; il a des joies d'un éclat blafard... » Imaginations désolantes, désolées, non, vous n'êtes pas le ciel de mon Dieu.... « Que sont les déchirements de la séparation, au prix des joies mensongères de son paradis?

Mieux vaut regretter toujours que d'être ainsi consolé. » L'amerment des larmes, quand c'est un racheté qu'on pleure, la voilà presque tout entière ; perdu pour moi, le fût-il dans la sérénité des cieux, je pleurerai. Si vous voulez relever mon âme, dites-moi qu'il vit, que c'est bien lui, que je le reverrai ; que je l'aimerai d'un amour entièrement soumis à Dieu, tirant de lui toutes ses flammes (aucun autre ne me satisferait) ; dites-moi que mon individualité ne meurt pas, ni ma mémoire ; dites-moi que la mort c'est la vie, que ce n'est pas la catalepsie, que ce n'est pas l'anéantissement ; alors mon front se tourne vers les cieux alors mes jointures se raffermissent ; alors je poursuivrai mon pèlerinage. Mais annihilé, mais réduit à l'état de zéro flamboyant, si vous me dites cela, je reste foudroyé. »

« Debout, frère chéri, donnons-nous la main, c'est vers le ciel que nous marchons. Otez-moi l'éternité des affections, donnez-moi des enfants, une femme, un père à aimer, avec la condition que c'est pour le temps ; prouvez-moi que le cercueil se ferme sur nos tendresses, comme il se ferme sur nos corps, à cette différence près que la terre me rendra le corps, et ne me rendra pas les tendresses, je vous déclare que je les aimerai en égoïste, en matérialiste, rien de plus. Oui, il y a des familles là-haut, unies d'un lien indissoluble, aimant d'un plus solide amour que ne le connut jamais la terre. »

Vient ensuite la grande et difficile question de la résurrection du corps. Écoutez la réponse :

« Il y a des gens qui font bon marché du corps ; je ne suis pas de ceux-là.

« Résignation facile tant qu'il s'agit de nous-mêmes ; douleur amère, quand il s'agit d'un être chéri.

« Vous nous appelez matérialistes. — La chair ! murmurent vos lèvres dédaigneuses. Ces restes, que suit notre cœur, vous les rendez à la poussière sans regret ; point de place pour eux dans votre ciel où vont errant des ombres impalpables. « Qu'annonce Jésus? la résurrection des corps ; les Sadducéens rient, et viennent proposer à Jésus un problème moqueur. » « Qu'annoncent les apôtres? la résurrection du corps. »

« Reprendre un corps, son corps dans l'éternité ! Fi ! l'idée est basse, elle révolte. « Mais ce que l'homme ne pouvait imaginer, Dieu l'a fait. » Parmi cette cendre, ô vertu des compassions de mon Dieu ! un germe, visible pour lui seul, renferme la vitalité que je croyais à jamais éteinte. »

Après ces pages émouvantes, ces paroles brûlantes de l'auteur des *Horizons célestes*, on nous permettra de citer encore un beau livre, *l'Enfer*, par M. Callet.

« Ce n'est pas, quoi qu'on en dise, l'éternité qui épouvante ; il est absolument impossible de s'en faire une claire idée. Il n'y a qu'à reculer un peu devant lui les bornes du temps, pour que son imagination et sa raison s'y perdent, et qu'il tombe en proie aux mêmes transes que s'il voyait l'éternité véritable. La somme de terreur dont un homme est capable, ne saurait dépasser la somme très-bornée de ses facultés intellectuelles et de sa sensibilité. Pourquoi aller plus loin? N'est-ce pas assez d'annoncer aux méchants des châtiments proportionnés à leurs fautes, et d'une durée inconnue ou même incalculable ici-bas? Ce que l'éternité renferme de plus est inintelligible. Au delà de ces limites la menace devient impuissante ; l'âme est rassasiée de justice, rassasiée de terreur, épuisée de souffrance; elle s'abat, elle tombe, elle s'anéantit, elle adore, elle demande grâce ; elle est incapable de comprendre autre chose que la pitié ; elle est sourde, elle est insensible à tout le reste. Le pardon est pour nous la fin de la justice, et si, sur ces derniers sommets où l'imagination peut atteindre, et où le péché se traîne en gémissant, si, au lieu du pardon, vous nous montrez la haine encore flamboyante, c'en est fait; la frayeur est au comble; elle ne peut plus croître ; mais la raison se trouble, toute idée de justice, toute idée de bonté s'évanouit ; on est tombé croyant, on se relève athée ; si cet enfer existe, on ne comprend plus rien en l'autre monde que les blasphèmes des damnés.

« Mais s'il existe, cet enfer, à quoi bon le purgatoire? Est-ce que les protestants n'ont pas sagement fait de l'abolir? Pour qui peut croire à cet enfer, qu'est-ce que cent ans, mille ans, mille siècles de purgatoire? cela finit et l'enfer ne finit pas. On ne compte donc plus les siècles et les milliards de siècles de pénitence; on les oublie. A la vue de cet enfer sinistre, où la miséricorde est inconnue, la souffrance inutile, la justice une énigme, le purgatoire devient presque un paradis; on voudrait être sûr d'y aller; les châtiments qu'on y subit, tout longs qu'ils soient, tout rigoureux qu'ils soient, on ne les redoute plus; on les convoitise. De sorte que la punition la plus terrible que l'on puisse concevoir demeure sans effet sur les âmes perverties par l'image d'une punition sans raison ni justice apparentes. Ces pauvres âmes effarées, ahuries, stupéfiées, sont entraînées sans le vouloir à offenser Dieu de deux manières : premièrement, en craignant sa vengeance; secondement, en ne craignant pas sa justice. L'idée des châtiments inefficaces et des douleurs sans fruit, toute monstrueuse, toute haineuse, toute fausse qu'elle soit, à en juger humainement, rend inutile l'idée des châtiments puissants et des salutaires douleurs, toute belle, toute claire, toute naturelle et toute divine qu'elle soit.

« Dieu est justice et miséricorde tout ensemble, et indivisiblement. Il y a toujours un fonds de miséricorde dans les actes de sa justice, et un fonds de justice dans les actes où n'apparaît que sa miséricorde.

« On ne peut dire, sans l'offenser, qu'il soit, à l'égard des uns, miséricordieux sans justice, et, à l'égard des autres, juste sans miséricorde. Cela n'est vrai ni dans le temps, ni hors du temps. Dieu est juste envers les élus, lorsqu'il les couronne, car si leur salut était gratuit, et l'effet d'une complaisance particulière, une faveur, non une récompense, la punition des pécheurs serait inique. Il y a donc dans la gloire des bienheureux autant de justice que de miséricorde.

Mais si Dieu est juste en l'autre monde envers les élus, pourquoi ne serait-il pas, en l'autre monde, miséricordieux envers les pécheurs?

« Vous me montrez sa miséricorde dans le ciel; moi, j'y aperçois encore sa justice.

« Vous me montrez sa justice dans l'enfer; moi, j'y cherche sa miséricorde; elle y sera, et déjà elle y est.

« Quelle condamnation de votre enfer, que cette nécessité logique, invincible, où l'on y est d'offenser Dieu et de le maudire! Cela est-il possible! Est-ce que Dieu veut qu'on l'outrage pendant l'éternité? Ne veut-il pas, au contraire, être adoré et béni de toutes les créatures? Les saints l'adorent dans la joie, et les morts qu'il châtie l'adorent dans la souffrance, car ils savent que leur souffrance finira.

« J'en prends à témoin l'Évangile, tout imprégné des flammes de l'amour divin et de l'amour du prochain, et de la tiède rosée du miséricordieux pardon. »

M. Henri Carle, à son tour, qui a composé, comme on sait, l'*Alliance religieuse universelle*, émet dans un de ses ouvrages les plus récents, la *Crise des croyances*, des pensées sur la vie future, dignes d'être reproduites et conservées dans cette mosaïque d'écrivains favorables à la pluralité des existences :

« Le résultat des efforts de l'homme et de l'humanité, c'est le progrès, c'est l'évolution de chacun de nous vers un état de développement supérieur. Aussi, l'existence de l'homme n'est-elle pas conçue comme bornée à la vie actuelle. L'être humain continue à se transfigurer de vie en vie après la manifestation présente.

« La vie à venir est en essence de même nature que la vie actuelle; là encore l'homme se tourne vers le bien ou vers le mal, là encore il mérite ou il démérite.

« Toutefois, il est permis de le pressentir en vertu même de l'idée de progrès qui apporte à nos contemporains une grande lumière, le bien éclate de plus en plus, le mal s'efface peu à peu et le triomphe de la loi éternelle devient de plus en plus complet.

« L'harmonie toujours inaltérable dans le monde fatal de la nature se constitue dans le monde moral par l'accord des volontés, et c'est ainsi que s'accomplira ce vœu sublime : que tous ne fassent qu'un, que tous soient consommés dans l'unité.

« Ainsi, nous affirmons :

« 1º L'existence de Dieu, auteur de toutes choses, principe de l'harmonie universelle, père commun de tous les humains, source première de tout amour et de tout bien.

« 2º Les grands aspects de la vie en nous, la raison unie au sentiment développé par la culture suivant sa pureté native, guide suprême, étoile qui éclaire notre marche à travers les abîmes ; l'amour digne de ce nom, l'amour s'adressant au bien que la raison nous révèle, aiguillon divin de notre activité ; la volonté, levier irrésistible qui triomphe de tous les obstacles semés sur notre route, et réalise avec une puissance souveraine le but sacré de nos bons désirs.

« 3º Le caractère éminent de la personne humaine par rapport aux êtres inférieurs, la liberté avec la responsabilité qu'elle implique, attribut le plus auguste de notre nature, degré le plus élevé de notre dignité, car elle nous associe à l'œuvre divine ; grâce à elle, chacun de nous contribue au perfectionnement de la nature primitive des êtres ; matière première destinée à d'innombrables transformations, chacun de nous devient le collaborateur de Dieu même, artiste élu pour l'accomplissement du plan providentiel.

« 4º La loi de solidarité qui nous relie à tous nos semblables, en vertu de l'égalité de nature et de l'unité morale qui existent dans tout le genre humain, sans distinction de castes, de races ni de tribus ; solidarité qui étend à tous les mêmes relations de justice et d'amour, qu'ils soient nés sous les pôles ou sous les tropiques, qu'ils se distinguent par une couleur d'ébène ou par un teint de lait ; solidarité qui se rattache à une loi plus générale encore, en vertu de laquelle la vie est, pour chaque être du monde, une communion incessante avec la nature entière et le principe suprême de tout ce qui est. D'où découle cette conséquence que l'association est le mode prédestiné et par excellence de la vie de l'humanité.

« 5° Le progrès et l'immortalité de l'être humain, son ascension dans la vie et de vie en vie, d'un degré inférieur d'existence à un degré supérieur, de la grossièreté à la culture et à l'élégance, de l'indigence à la richesse, de l'ignorance à la science, du vice à la vertu, de la vie de la brute à la vie de la vraie civilisation, où se déploient toutes les magnificences et toutes les délicatesses de notre nature perfectionnée, des ténèbres à la lumière, et, pour tout dire d'un mot, de l'égoïsme à l'amour, victoire suprême et dernière qui transfigure l'homme à l'image de Dieu.

« Aimez et faites ce que vous voudrez, a dit une voix pleine de sagesse (parce qu'alors vous ne ferez jamais mal). Cette parole contient toute profondeur : Aimez ! C'est le mot de la grande énigme. Il explique tous les mystères de notre destinée, toutes nos tristesses et toutes nos joies. Car il s'agit ici de cet amour désintéressé, semblable à celui de Dieu même qui donne avec abandon, sans s'épuiser et sans se lasser jamais, parce que plus il s'épanche et plus il surabonde, amour qui ne connaît ni la défaillance ni le découragement, parce qu'il n'attend d'autre satisfaction que sa générosité même.

« Lorsque Platon se demande pourquoi Dieu a fait le monde, il ne trouve qu'une réponse : parce que Dieu est bon. Ainsi, tout vient de la bonté, de l'amour, et la sagesse la plus haute consiste à développer de plus en plus dans l'humanité un esprit d'amour éclairé par la raison. Oui ! nos vœux les meilleurs peuvent être exprimés en un seul cri : Plus de lumière et plus d'amour ! »

Nous n'avons pas, on le pense bien, l'intention d'épuiser la liste des écrivains modernes qui défendent ou partagent nos croyances. Nous ne saurions même les nommer tous ici.

Mais on nous permettra de citer de préférence ceux dont le public accueille le plus volontiers les travaux et consacre en quelque sorte les doctrines. Ainsi M. Alphonse Esquiros, dans son travail ayant pour titre *la Vie future au point de vue socialiste*, et imprimé à la suite des *Confessions d'un curé de village*, a écrit de beaux passages, trop longs à reproduire, sur le corps aromal et sur le corps virtuel de l'âme. Nous résumerons seulement ce qu'il dit touchant les conditions de l'immortalité, et on verra qu'il adopte, lui aussi, la pluralité des existences.

« Aux yeux des Juifs, dit-il, les hommes se partageaient effectivement en circoncis et en incirconcis. Les uns jouissaient de toutes les faveurs du vrai Dieu ; les autres en étaient exclus par naissance. L'Église ne tarda point à remplacer ce privilége par un autre non moins imaginaire, je veux parler de l'idée que les docteurs se font de la prédestination. Selon cette doctrine, qui a ouvert la voie à toutes les aristocraties, les uns naissent assurés contre la damnation éternelle, les autres y sont, au contraire, promis dès le ventre de leur mère. Les impénétrables desseins de Dieu ont fixé, antérieurement à la naissance, le sort de ces deux classes d'hommes, les élus et les réprouvés.

Cette vue théologique sur la division des peines et des récompenses éternelles ne saurait nous satisfaire. Chacun de nous est l'auteur et, pour ainsi dire, l'ouvrier de ses destinées futures. Tout vice, toute dégradation est une souffrance. Le mal n'est, en effet, qu'une privation et cette privation augmente à mesure que la souveraine beauté et le souverain bien s'éloignent de l'intelligence et du cœur. Il n'est donc pas besoin de recourir à une intervention directe et merveilleuse de la divinité pour séparer le sort des justes du sort des méchants. Une loi de gravitation naturelle détermine le mouvement de l'âme vers les récompenses ou les châtiments dans ce monde-ci comme dans l'autre. Une sorte de nécessité enchaîne l'homme à ses œuvres ; il y a dans ces œuvres accomplies bonnes ou mauvaises quelque chose d'impérissable qui s'incorpore à la vie future. Voilà dans quel sens chacun de nous prépare ou empêche en lui-même le règne de Dieu.

« Il y a des âmes qui sortent du corps mortel sans s'être jamais connues, d'autres qui se sont niées elles-mêmes avec passion, d'autres enfin qui ont contracté dans le commerce avec la matière une espèce d'engourdissement; elles ne sauraient participer à la résurrection dans une mesure égale avec les âmes des croyants et des philosophes. La vie future ne sera, sous ce rapport, qu'une suite d'inégalités éternelles, dont l'organisme plus ou moins parfait marquera toujours la limite.

« L'enfer et le paradis se retrouvent, avec des variations, dans les croyances religieuses de tous les peuples qui habitent le monde. Chaque race a empreint son imagination sur le symbolisme de nos destinées futures. A part les inventions, à part le merveilleux des figures et des rêves, à part la mythologie de l'avenir, cette idée d'un état heureux ou malheureux succédant à la vie présente et continuant, sous forme de peine ou de récompense, la condition de l'existence actuelle, est une idée irrécusable. Les caractères de notre immortalité se calquent sur les traits de notre conscience. Chacune de nos actions porte en elle-même ses conséquences pour le présent et pour l'avenir. Il existe donc un enfer et un paradis philosophiques. Nous entendons par là un système naturel qui lie étroitement les effets aux causes, en-deçà et au delà du temps. L'ignorance, l'inquiétude, le remords, la souffrance physique et intellectuelle sont les résultats inévitables du mal, comme la lumière, la paix intérieure, la satisfaction du cœur, le bien-être sont les fruits du bien. Quiconque se replie dans son égoïsme, borne, pour cette existence-ci et pour les autres, les limites de sa nature morale, et amasse autour de lui des ténèbres qui le suivront douloureusement dans ses destinées ultérieures. Mourir est un acte grave. Le caractère des maladies qui précèdent généralement cette terminaison fatale est de renouveler l'intelligence. Qui de nous ne se souvient d'avoir revêtu, dans une de ces défaillances de la nature, une lucidité d'esprit particulière aux malades, et qui s'obscurcit peu à peu avec la convalescence ?

« L'homme qui meurt frappé dans une circonstance héroïque supplée à cette préparation lente du dernier soupir, en poussant, si l'on ose ainsi dire, son âme vers l'immortalité par l'exaltation féconde de ses sentiments généreux et par le désintéressement de la vie.

« L'expiation, sous diverses formes qui varient de contrées en contrées, tel est le dogme inaltérable sur lequel les croyances religieuses ont établi l'idée des punitions et des épreuves après la mort. La douleur absorbe le mal. De là, chez tous les peuples anciens et modernes, l'idée plus ou moins nette d'une rédemption. Les êtres se rachètent eux-mêmes de leurs fautes ou en sont rachetés à l'aide du sacrifice. Ce qu'il y a de vrai dans les mystères de l'enfer et du purgatoire, c'est l'accomplissement de cette loi naturelle, la purification par la souffrance. La mort est une de ces épreuves par lesquelles l'être se régénère en sortant de la vie ; elle est la contre-partie de la naissance, qui, elle aussi, fait sentir à l'enfant, dans le sein de la mère, tous les tourments et les angoisses d'une initiation douloureuse. Nous faisons en mourant les couches de la vie future.

« C'est une question à se faire, si les talents, les bonnes et les mauvaises inclinations que l'homme apporte à la naissance ne seraient pas la suite des lumières acquises, des qualités et des vices recueillis dans une ou plusieurs existences précédentes. Y a-t-il une vie antérieure dont les éléments ont préparé les conditions de la vie qui s'accomplit en ce moment pour chacun de nous? Les anciens le pensaient ainsi. Les dispositions innées, si différentes chez les enfants, les ont fait croire à des traces laissées par les existences antérieures dans le germe impérissable de l'homme. Dès les premiers jours où l'intelligence des enfants commence à paraître, elle dessine en effet chez eux, en traits confus, un sentiment général des choses qui ressemble à une réminiscence. D'après ce système, nul ne serait étranger aux éléments qu'il apporte en venant dans ce monde.

« L'idée des peines et des récompenses se rencontre, comme on voit, dans cette doctrine de palingénésie humaine. Les êtres ignorants ou dégradés qui n'ont pas su faire éclore leur âme, rentrent dans le sein d'une femme pour y revêtir un nouveau corps et une nouvelle existence terrestre. Cette réincarnation se fait en vertu d'une grande loi d'équilibre qui ramène tous les êtres au châtiment ou à la rémunération exacte de leurs œuvres.

« La renaissance dans l'humanité ne constitue toutefois qu'un premier cercle d'épreuves. Quand, après une ou plusieurs incarnations, l'homme a, pour ainsi dire, atteint le degré de perfection nécessaire pour un changement, il passe à une autre vie et recommence alors, dans une autre sphère, une existence qui nous est cachée, mais que nous pouvons néanmoins croire rattachée à celle-ci par les liens d'une solidarité intime. Qu'on nous permette une comparaison vulgaire : il en est de ces âmes grosses de changements, selon l'expression de l'Apôtre, comme de ces têtards qui nagent dans nos marais, et que la nature a prédestinés pour une transformation ; il est nécessaire que ces animaux aient acquis, sous l'action de la lumière et du soleil, un certain degré de maturité pour qu'ils se convertissent en grenouilles. Otez-leur telles conditions extérieures, tel degré d'avancement organique, et ce changement auquel ils sont promis n'aura pas lieu. Il leur faudra mourir et renaître sous leur première forme. De même ne peuvent passer à une existence supérieure, les morts qui n'apportent point les éléments nécessaires à cette autre vie.

« La limite du progrès que l'homme doit avoir atteinte pour commencer un autre cercle d'épreuves, dans une autre sphère, nous est présentement inconnue ; cette limite, la science et la philosophie arriveront, sans doute, plus tard à la déterminer.

« Ceux-là seuls renaissent dans la chair terrestre, qui n'ont point élevé le principe immortel de leur nature à un degré de perfection suffisante pour renaître dans la gloire.

« Occupons-nous maintenant de ces derniers, de ceux qui ayant accompli dans une ou dans plusieurs existences successives un premier ordre d'épreuves, se trouvent appelés à une vie différente de la nôtre. Quel est le théâtre de cette vie inconnue, qui suppose une nouvelle combinaison de la matière et de l'esprit ?

« C'est une idée très-ancienne, dont on retrouve l'origine dans les traditions des Celtes, nos ancêtres, que les morts, délivrés de leur enveloppe grossière, continuent d'habiter les régions élevées de notre globe, qu'ils assistent sous une forme invisible à nos luttes, à nos épreuves, qu'ils aident même de leur concours et de leur influence voilée les progrès du genre humain. Ils demeureront ainsi enveloppés dans la vie générale du globe jusqu'à la consommation dernière, c'est-à-dire jusqu'à l'événement prédit qui doit changer les conditions de notre planète et transformer toute la nature. Leur présence au milieu de nous ressemble à celle des dieux homériques ; mêlés à nos révolutions, ils jouissent des événements et des résultats qu'ils ont préparés. La part d'action qu'ils prennent au mouvement de l'histoire n'est peut-être pas médiocre. Si la différence des organismes met entre eux et nos sens une distance matérielle, elle n'empêche point la communion des âmes.

« L'idée d'un purgatoire philosophique me semble inhérente aux conditions mêmes de notre nature finie, qui aura toujours besoin de se purifier dans la souffrance. Les morts puisent les motifs de leur joie ou de leur tristesse, soit dans les rapports nouveaux qu'ils ont contractés, soit dans les liens qu'ils conservent avec leur existence ancienne et avec le monde que nous habitons. Spectateurs, acteurs même dans ce grand drame d'idées et d'actions qui se déroule à travers les siècles, ils participent à la vie éternelle de l'humanité.

« Cette présence des trépassés, leur influence sur les destinées de notre globe, auquel ils demeurent attachés par d'indissolubles liens, tout établit entre eux et nous une intimité de rapports. Tous les peuples de la terre ont cru au pouvoir qu'exercent les morts sur les vivants. Bannie de la froide raison, cette idée se réfugie dans le sentiment, dans l'instinct, dans les mœurs populaires. Les Orientaux ne craignent que les morts de connaissance, ceux auxquels ils supposent des liens de nation ou de parenté. Les âmes qui ont eu pendant la vie des inclinations nuisibles, continuent selon eux à faire du mal après la mort. Le culte et les cérémonies religieuses en usage chez presque tous les peuples, témoignent, en outre, de cette croyance qu'on soulage les trépassés et qu'on vient en aide à la purification des âmes par la prière. L'Église entretenait, par une communion spirituelle, des rapports occultes et mystiques avec les âmes éprouvées dans l'autre monde et avec les saints du paradis. Ce qu'il y a de certain dans toutes ces pratiques, c'est la solidarité des âmes et des corps. L'humanité est un grand tout qui ne laisse détacher toutes ses parties qu'à la condition de les rejoindre et de les régénérer sans cesse. Ce que j'affirme, c'est l'union perpétuelle de l'âme à des corps organiques; ces corps se succèdent, s'engendrant les uns des autres, en s'appropriant aux formes constitutives des mondes que parcourt la perpétuité du moi dans ses existences successives. Le principe de la vie, étendu à diverses phases ou évolutions de renaissance, ne constitue toujours pour le Créateur qu'un seul et même état continué. Pour Dieu, la durée d'un être ne se borne point, en effet, à cet intervalle de temps compris entre la naissance et la mort; il embrasse tous les segments d'existence dont la succession forme, à travers les interruptions et les reprises, la véritable unité de la vie. Les âmes, au sortir de notre globe, doivent-elles revêtir de sphère en sphère une existence qui nous est voilée, mais dont les éléments organiques iraient toujours s'appropriant aux caractères des différents mondes? La raison ici n'ose rien décider. N'oublions pas seulement que l'âme emporte toujours d'une existence à l'autre un germe matériel, et qu'elle se refait, pour ainsi dire, elle-même plusieurs fois, dans cette interminable ascension de la vie à travers les mondes, où elle recueille de ciel en ciel une perfection de plus en plus liée aux éléments éternels de notre personnalité croissante.

« On voit, par ce que nous venons de dire, combien est gratuite l'hypothèse d'une félicité parfaite, succédant à la mort du juste.

« C'est vainement que le chrétien s'élance de toute son âme au delà du temps, comme au delà d'une limite qui le sépare du bien infini; il aura beau faire, cette limite, il ne l'effacera pas d'un bond. Dieu mesure son intervention et son assistance à l'ensemble des états que l'homme doit parcourir dans une indéfiniment longue série d'existences. Le principe de la vie, quoique toujours persistant, va de modification en modification. L'être s'approche de plus en plus de la divinité, sans y disparaître jamais, défendu qu'il est contre l'absorption par un organisme qui se développe toujours, mais qui n'en conserve pas moins les caractères inaltérables de sa personnalité. Un bonheur qui ne croîtrait pas avec les éléments de notre sensibilité entière, ne serait bientôt plus un bonheur; un progrès dont nous perdrions le sentiment, ne serait plus un progrès.

« Ce qui a manqué aux religions anciennes, c'est l'idée du progrès; de là, chez les peuples de l'Inde, la croyance à une métempsycose aveugle ; de là, chez les chrétiens d'Occident, le sentiment de l'immobilité dans le bonheur. Il existe, selon nous, des cercles d'épreuves dont les âmes sortiront successivement par la mort, et qui constituent les degrés d'une perfection toujours nouvelle. Le progrès est partout; le terme nulle part. Il est dans la nature de certaines âmes d'aspirer au repos absolu. Fatigués du monde qui les repousse et les meurtrit dans leur sensibilité délicate, les mystiques ont une tendance à ensevelir toute la nature en Dieu.

« La raison ne peut admettre ce bienheureux anéantissement, cette disparition des êtres créés dans le sein du Créateur, ce *Nirvana* qui est, suivant les idées indiennes, le terme de la félicité.

Les vues de M. Alphonse Esquiros sont, comme on le voit, intéressantes et remarquables, et méritaient à ce titre d'être rapportées ici.

Un philosophe plus autorisé encore, M. Patrice Larroque, qui a déjà publié l'*Examen critique des dogmes chrétiens* (2 vol. in-8°), et la *Rénovation religieuse* (1 vol. in-8°), doit aussi nous apporter le résultat de ses consciencieuses et libres méditations. Nous avons, dans un autre écrit, énergiquement repoussé ses conclusions rationalistes, et nous l'avons blâmé de nier l'éducation de l'humanité terrestre par Dieu au moyen d'une révélation progressive et certaine [1], comme d'avoir révoqué en doute le mouvement providentiel de l'histoire qui a consisté à tout préparer en vue de la venue du Messie, et depuis cette venue à tourner les regards des penseurs et des hommes plus avancés vers le règne futur et l'avènement de l'esprit. Mais ces réserves faites, et nous y persistons, nous n'avons que des éloges à donner à ce qu'on va lire contre le dogme de l'éternité des peines.

« Cette proposition, Dieu peut justement punir le péché tant qu'il n'est pas expié, est incontestable. Mais, à la faveur de ce principe, on essaye de faire passer, comme si cela devait aller de soi, une autre proposition qui contient l'idée la plus fausse, à savoir que le péché mortel demeure inexpiable pendant toute l'éternité. La raison qu'on en donne, c'est que le péché éteint pour toujours la charité sans laquelle la justice de Dieu ne saurait être fléchie. On suppose dès lors que l'âme humaine peut être réduite à un état où il lui soit à jamais impossible d'aimer Dieu. Or, cette supposition n'est pas soutenable. Que l'homme éloigne sa pensée de Dieu tant que dure l'entraînement de la passion, cela se voit et se conçoit; mais que l'homme qui applique actuellement sa pensée à l'idée de Dieu, c'est-à-dire à l'idée de l'être infiniment bon, puisse ne pas l'aimer! que l'homme qui a péché et parce qu'il a péché, ne puisse pas, lorsque le vertige de la passion a cessé, lorsqu'il sent l'aiguillon poignant de la peine que lui a méritée sa faute, lorsque par là même son intelligence est plus vivement que jamais ramenée à Dieu, plus clairement que jamais illuminée de l'idée du bien, qu'il ne puisse pas aimer Dieu, et qu'il ne le puisse pas

---

1. Dans le *Précurseur religieux*, p. 155 et suiv., et dans *Saint Jean-Baptiste*.

même pendant une éternité de souffrances! cela non-seulement ne se comprend pas, mais est monstrueux. Quelle idée vous faites-vous donc de la justice divine? Elle ne saurait être fléchie, dites-vous. Mais d'abord qui vous parle de la fléchir? C'est là une expression qui n'appartient qu'à votre langue. Pour nous, la justice divine doit être nécessairement et parfaitement satisfaite, que nous le voulions ou non, que nous le demandions ou non. Mais, parce qu'elle doit être nécessairement et parfaitement satisfaite, cela implique-t-il qu'elle ne le sera jamais? C'est le contraire qui est évident. Parce qu'elle exige que le péché soit expié cela implique-t-il qu'elle ne fasse jamais cesser l'expiation du pécheur, qu'elle ne se lasse pas de le voir, pendant toute une éternité, se débattant en vain dans les tortures de la souffrance, en un mot, qu'elle ne puisse jamais se satisfaire?

« On vient d'entendre la théologie préparant, dans les séminaires, ses jeunes lévites à exercer le ministère sacré au milieu d'un siècle qu'ils ne connaissent pas et où ils marchent à tâtons. La voici maintenant essayant de se présenter sous des formes moins sèches et de s'accommoder au goût plus délicat des gens du monde. Avec un peu d'attention, il sera facile de reconnaître que c'est toujours la même théologie; car le linge fin et la soie qui l'enveloppent mollement, déguisent mal ses allures propres et ses mouvements anguleux.

« Dans la grande peine du péché, dit Bossuet, celle qui lui est
« seule proportionnée, c'est la mort éternelle, et cette peine du
« péché est enfermée dans le péché même. Car le péché n'étant
« autre chose que la séparation volontaire de l'homme qui se re-
« tire de Dieu, il s'ensuit de là que Dieu se retire aussi de l'homme
« et s'en retire pour jamais, l'homme n'ayant rien par où il
« puisse s'y rejoindre de lui-même; de sorte que, par ce seul
« coup que se donne le pécheur, il demeure éternellement séparé
« de Dieu, et Dieu forcé par conséquent à se retirer de lui, jus-
« qu'à ce que, par un retour de sa pure miséricorde, il lui plaise
« de revenir à son infidèle créature. Ce qui n'arrivant que par
« une pure bonté que Dieu ne doit point au pécheur, il s'ensuit

« qu'il ne lui doit autre chose qu'une éternelle séparation et sous-
« traction de sa bonté, de sa grâce et de sa présence ; mais dès
« là son malheur est aussi immense qu'il est éternel[1]. »

« La plus longue vie humaine, comparée à l'éternité, pouvant justement être appelée un instant, ce raisonnement filandreux, disons le mot, ce sophisme si peu digne d'un écrivain de cet ordre, peut se traduire ainsi : «Dans un instant d'égarement et au milieu
« des étourdissements de sa vie actuelle, l'homme sort du droit
« chemin ; donc il n'y pourra jamais rentrer, même quand, après
« le réveil, la peine le forcera à reconnaître son égarement. »
Ou mieux encore : « Une créature faible, ignorante et exposée à
« toutes les sollicitations de la passion, oublie momentanément
« son Créateur ; donc celui-ci, dont la science est infinie, la force
« souveraine et la bienfaisance inépuisable, doit non-seulement
« l'abandonner pour toujours, mais lui infliger d'éternels sup-
« plices. » On a remarqué que Bossuet mêlait à cette théorie impitoyable les mots de miséricorde et la bonté de l'Être tout-puissant.

« Ouvrez, dit à son tour l'abbé de Genoude, les deux grands
« livres du monde, la nature et la Bible, vous y voyez la justice
« divine écrite partout en lettres de sang ; et sans cela, les hom-
« mes n'y auraient jamais cru ; ils se seraient dit ce qu'on entend
« même encore aujourd'hui, au milieu d'un monde sillonné par
« la foudre : Dieu ne saurait punir d'un supplice éternel l'offense
« d'un moment ; comme si Dieu n'était pas infini, comme s'il y
« avait rien en Dieu qui ne fût Dieu, sa puissance comme sa jus-
« tice, sa justice comme son amour !... Qu'importent des années,
« des siècles de souffrances ? Il y a des volontés qui braveront
« des supplices temporaires plutôt que de fléchir. Dieu sera
« vaincu par l'homme... L'enfer n'est-il pas seul en proportion
« avec le choix monstrueux qui renferme implicitement la haine
« ou le mépris de Dieu ? Dieu ne se doit-il pas à lui-même de
« punir éternellement une volonté qui demeurerait éternellement

---

[1]. *Élévations à Dieu sur tous les mystères*, VIe semaine, 14e élévation, t. X. Paris, 1743.

« son ennemie? Dieu juge l'homme non d'après la durée de sa
« faute, mais d'après la disposition de son cœur. Les peines sont
« éternelles, parce que le pécheur a une volonté éternelle dans
« le plaisir du péché. Dieu lui aurait donné des millions d'an-
« nées qu'il ne serait pas sorti de son péché, il aurait, dit saint
« Augustin, souhaité de vivre éternellement dans son crime...
« L'homme est si grand qu'il ne faut rien moins que des peines
« infinies pour punir le mauvais usage de sa liberté [1]. »

« Ainsi, pour que les hommes crussent à la justice divine, il fallait qu'elle fût écrite en lettres de sang! Le mauvais usage de la liberté humaine demandait des peines éternelles, soit parce que Dieu est infini, soit parce que l'homme est grand! Il y a des volontés qui eussent bravé des supplices temporaires plutôt que de fléchir, et Dieu eût été vaincu! Dieu se doit de punir éternellement le pécheur dont la volonté est éternelle dans le plaisir du péché!

« Ramenée à sa dernière expression, cette argumentation ne présente plus que des affirmations gratuites et inintelligibles. Est-ce chose compréhensible, par exemple, que la volonté humaine, parce qu'elle s'écarte momentanément de l'ordre, puisse être éternelle dans le plaisir du péché? Une semblable théorie, pour être empruntée à saint Augustin, n'en a pas plus de sens et ne s'en prête pas davantage à une discussion sérieuse.

« J'arrive à ces étranges raisonnements : Dieu est infini, donc l'offense qui lui est faite doit être punie d'un supplice éternel. L'homme est grand; donc il faut des peines infinies pour punir le mauvais usage qu'il fait de sa liberté. Il y a des volontés qui braveraient des supplices temporaires, et alors Dieu serait vaincu; il se doit donc de punir éternellement. Mais qui donc a jamais prétendu que l'homme arriverait à sa fin, au bonheur, tant que sa volonté rebelle refuserait de se soumettre à l'ordre? La peine ne continue-t-elle pas de durer tant que dure l'égarement de la volonté humaine? Comment donc ose-t-on dire que Dieu serait

---

1. *Nouvelle exposition du dogme catholique*, ch. XII. Paris, 1842.

vaincu parce que les supplices auraient une fin ? Mais, encore une fois, ces supplices ne finissent qu'après que la volonté humaine a expié ses fautes, qu'après qu'elle a cessé de braver Dieu, pour nous servir un instant de la langue des théologiens ; car il faut remarquer les expressions qui reviennent constamment dans leurs discours : *offense faite à Dieu, braver Dieu, Dieu vaincu par l'homme, haine ou mépris de Dieu, Dieu se doit à lui-même de punir, volonté ennemie de Dieu.* Ces expressions mêmes et d'autres semblables disent assez qu'ils se représentent Dieu comme blessé directement et personnellement par le pécheur, comme irrité contre lui et comme vengeant par les supplices qu'il lui inflige les offenses qu'il en a reçues. Ils ne voient pas que les fautes de l'homme ne peuvent pas plus troubler l'inaltérable sérénité de la cause souveraine, que nos bonnes actions ne peuvent ajouter à sa félicité infinie. Lorsque la créature intelligente et libre s'éloigne de l'ordre qu'elle conçoit comme obligatoire pour elle, alors elle se livre elle-même à la peine qui naît du désordre, elle se condamne aux souffrances de l'expiation que la justice de Dieu inflige tôt ou tard au mal moral, aussi nécessairement qu'elle attache le bonheur à l'observation de l'ordre, à la pratique du bien. Mais quel peut être le but de l'expiation, j'entends un but digne de l'être infiniment sage et bon ? Ce ne peut pas être de faire souffrir : cette souffrance n'est évidemment qu'un moyen, et non sa propre fin à elle-même. Dès lors, l'expiation ne peut plus avoir d'autre but raisonnable que de ramener à l'ordre l'être intelligent qui s'en est écarté librement. Considérée de ce point de vue, la peine que, dans nos jours d'irréflexion ou d'affaissement moral, nous sommes tentés de maudire, s'ennoblit à nos yeux, quand elle est subie avec résignation ; elle nous apparaît alors comme un moyen d'épuration et de réhabilitation, comme un instrument tout à la fois de justice, de sainteté et de bonté ; elle ne sert, dans la main de Dieu, qu'à nous amener, par des voies qu'il tient à nous d'abréger, vers ce vrai bonheur qui est notre fin, et dont nous ne jouirons que lorsque nous l'aurons mérité. Il suit de là que des peines qui n'auraient pas de terme seraient un horrible non-sens. C'est ici surtout, dans l'idée qu'elle se fait du but de l'expiation, que s'égare la théologie chrétienne. Elle oublie toujours que Dieu y est parfaitement désintéressé, qu'il punit le péché pour le bien du pécheur, qu'il se propose par le châtiment de purifier l'âme humaine de ses souillures et de la rendre digne du bonheur qu'il lui destine, et qu'ainsi, lors même qu'il châtie justement, il ne cesse pas d'être le Dieu infiniment bon. Si donc vous êtes croyants, vous ne sauriez rien faire de mieux que d'imiter ces théologiens tout d'une pièce, qui restant fidèles à leur principe, n'éprouvent aucune répugnance à regarder les éternelles tortures infligées par un Dieu bon à un nombre infini de ses créatures, comme un assaisonnement des plaisirs de quelques béats. C'est ce qu'enseigne saint Thomas d'Aquin, transportant ainsi dans la félicité céleste un sentiment des plus terrestres [1]. Qui ne reconnaît là, en effet, ce sybarisme de quelques privilégiés de la fortune, qui savourent leur bien-être personnel d'autant plus voluptueusement qu'il contraste davantage avec les souffrances des autres hommes, et qui, trouvant dans le contraste même une sorte de condiment pour leurs propres jouissances, se gardent de travailler à atténuer le mal général et font au contraire tout pour le perpétuer? L'enseignement du Docteur angélique sur ce point est atroce; mais encore un coup, il est logique. Un autre théologien, développant cet enseignement, ajoute que les bienheureux jouiront des supplices de leurs parents mêmes [2]. Ainsi, celui qui est admis en paradis, voit parfaitement

---

1. « Ut beatitudo sanctorum eis magis complaceat et de ea uberiores gratias Deo agant, datur eis ut pœnam impiorum perfecto videant... Beati qui erunt in gloria, nullam compassionem ad damnatos habebunt. Sancti de pœnis impiorum gaudebunt, considerando in eis divinæ justitiæ ordinem et suam liberationem de qua gaudebunt. » (*Summa theologica*, supplementum ad tertiam partem, quæst. XCXIV, art. 1, 2 et 3, tome II. Paris, 1617.)

2. « Beati cœlites non tantum non cognatorum sed nec parentum sempiternis suppliciis ad ullam miserationem fatentur, tunc lætabuntur justi cum viderint vindictam ; manus suas lavabunt in sanguine pecca-

les indicibles et éternels tourments qu'endurent ailleurs son père ou sa fille, ou son frère ou son épouse, et non-seulement il n'y compatit point, mais il en jouit! Et Dieu veut qu'il en soit ainsi pour que ses élus trouvent leur félicité plus exquise! Quand on lit d'aussi horribles impiétés, on est tenté de se dire que, si l'enfer pouvait exister, ce serait pour ceux qui les ont écrites ou enseignées. Les insensés! ils ont plus besoin de pardon que ceux qu'ils damnent si lestement. »

Après ces autorités rationalistes on nous permettra de citer un catholique orthodoxe, M. d'Orient, qui a précédé M. de Mirville lui-même, et qui, comme lui, a écrit quatre volumes pour prouver que le magnétisme est dû *exclusivement* au démon, rangeant toute intervention des esprits de l'antiquité et de nos jours dans les manifestations sataniques. Mais avant ces quatre volumes regrettables, il en avait écrit un, *Destinées de l'âme*, où il soutient avec énergie la *préexistence*, et encore la *pluralité des existences*. C'est une trop bonne fortune pour que nous la dédaignions, d'autant plus qu'il se sert d'arguments très-puissants et invincibles. M. d'Orient est plus juste et plus conséquent qu'une multitude de théologiens, qui veulent nous damner pour une seule faute; lui n'admet l'enfer et le jugement qu'après une évolution indéfinie d'épreuves; seulement l'arrêt des épreuves est arbitraire chez lui, comme il l'est pour tous ceux qui méconnaissent la grande loi de Dieu. Nous en extrairons 1° un passage qui explique le péché originel par la préexistence; 2° un autre que nous recommandons spécialement à nos lecteurs, sur saint Augustin et sa doctrine touchant les enfants morts en bas âge (nous attachons à cette discussion

torum. » (Drexelius, *De æterno damnatorum carcere et rogo*, épître dédicatoire au nonce apostolique Carafa. Munich, 1630.)

une importance révélatrice et capitale); 3° un fragment sur *la distribution providentielle des âmes*, où nous sommes loin d'approuver tout, mais dont nous reconnaissons la sublime vérité quant aux principes et à l'ensemble. Cela dit, commençons nos citations.

« Sans parler de l'inégalité si considérable des rangs et des fortunes qui frappe de tous côtés les regards, ni rappeler tant de malheureux qui manquent absolument de pain, quand l'abondance et les délices entourent les favoris du siècle, combien d'autres inégalités de toutes sortes entre les fils infortunés d'Adam! Les uns doués de tous les avantages de l'esprit et du corps; les autres privés dès leur naissance des dons les plus nécessaires de la nature, ceux-ci et muets et sourds, ceux-là aveugles ou bossus, ou bancals ou estropiés, défigurés de toutes les manières; crétins, goitreux, imbéciles, apportant avec l'existence les germes de mille affreuses maladies; toute cette immense variété, enfin, des dons naturels que saint Augustin s'est plu à signaler comme de purs effets de la volonté de Dieu, dont la raison devait être cherchée dans la même cause que l'inégale dispensation de ses grâces[1]. Combien de personnes ne voyons-nous pas qui ne peuvent avancer ni réussir en rien, que Dieu semble avoir prises pour but à ses coups les plus douloureux et les plus rudes, et qui sont constamment dans l'infortune et la peine, sans qu'on puisse en découvrir la cause! Pourquoi tant d'enfants qui naissent dans la maladie et la souffrance, et qui souvent ne jettent qu'un cri jusqu'à l'heure prématurée de leur mort? Saint Augustin en était étonné lui-même; lui, le docteur de la prédestination gratuite, c'est-à-dire des inégalités et des priviléges, il ne concevait pas, sous un Dieu juste, ces peines imposées à l'enfance; et on a vu[2] que c'était là le principal motif qui lui faisait rejeter l'opinion que les âmes fussent créées

---

1. *De corruptione et gratia*, cap. VII, n. 19; *Contra Julian. Pelag.*, lib. IV, cap. III, n. 16.
2. A la fin de l'introduction, page 39.

exprès pour chaque corps. Car, dit le saint docteur, « sous un
« Dieu souverainement équitable et bon, personne ne peut souf-
« frir qu'il l'ait mérité [1]. »

« Le péché originel d'Adam, par lequel on voudrait expliquer
tous les maux et tous les désordres qui se succèdent sur la terre,
ne peut avoir ici d'application, car le péché originel est le même
pour tous, et il s'agit ici d'inégalités. Or, quelle cause plus juste et
plus raisonnable assigner à ces inégalités, que l'inégalité même
des expiations qui sont dues par chacune des âmes pour des
péchés antérieurs; en d'autres termes, que la diversité des mérites
ou des démérites qu'elles ont acquis dans une première existence.
Car rien, dans cet univers, ouvrage d'une infinie sagesse, n'arrive
par un pur jeu de hasard : rien, sous un Dieu juste, ne se fait
sans une souveraine justice : comme tout bien recevra sa récompense, tout mal doit avoir son châtiment; et celui qui a dit qu'un
verre d'eau froide donné en son nom ne perdra point son légitime
salaire, a dit aussi au prévaricateur : « Tu ne sortiras point de là
que tu n'aies payé jusqu'à la dernière obole. » C'est cette variété
des dons de la nature et cette diversité d'états, dans les êtres
intelligents et libres dont se compose l'universalité du monde,
qui avait porté l'illustre Origène à conclure, afin que la justice de
Dieu, dit-il, parût en tout, « qu'il n'y a point d'autres raisons à
« donner de son existence, que la diversité des chutes de ces
« êtres, qui ne sont pas séparés en la même sorte de l'unité en
« laquelle il avaient tous originairement été créés. »

« Le sort si différent de ces enfants qui meurent sans avoir
reçu le baptême, et de ceux qui, au contraire, ne quittent la vie
qu'avec la régénération de ce sacrement, a été la grande difficulté
qui a constamment arrêté les hommes de foi qui ont cherché à
concilier, avec la justice de Dieu, les grâces de préférence et
d'élection et les prédestinations gratuites, et la pierre éternelle

---

1. « Sub Deo summe justo et summe bono, nemo miser, nisi me-
reatur, esse potest. »

d'achoppement où sont venus se briser tour à tour les systèmes des semi-pélagiens et des molinistes, qui, à douze siècles d'intervalle, ont vainement essayé d'en trouver et d'en expliquer l'accord. Ici, dit saint Augustin[1], échouent et viennent se perdre toutes les forces de l'argumentation humaine. Car s'il n'y a pas eu, avant la vie actuelle, une autre vie où les enfants que la privation du baptême fait tomber en la puissance du démon ont pu pécher, la raison, étonnée d'un si rigoureux sort, sera toujours en droit de demander : où est la justice de Dieu de punir, par d'éternels supplices, ceux qui n'ont fait d'eux-mêmes aucun mal ? Si la race entière du genre humain, à cause du péché d'Adam, déplaisait à sa parfaite pureté, qu'il la détruisît, à la bonne heure ; mais que ses vengeances ne poursuivent point, pour la transgression d'un autre, des innocents. Ou bien faut-il dire avec l'impie Luther, ce qui est la plus sanglante critique qu'on puisse faire de la doctrine des prédestinations gratuites[2] : « Que si nous trouvons bon que Dieu couronne des indignes, il « ne faut pas trouver moins bon qu'il damne des innocents. »

« Ils ne sont pas innocents, répond saint Augustin, ces enfants qui meurent sans la grâce du baptême, puisqu'ils tiennent de leur origine le péché d'Adam[3]. C'est ce qu'il écrivait au prêtre Sixte, élevé plus tard à la suprême dignité de l'Église, en lui expliquant, contre l'hérésie de Pélage, sa doctrine sur la prédestination et la grâce. Dans la lettre où il discutait les opinions différentes répandues dans son temps sur l'origine des âmes, cette damnation des enfants qui mouraient sans le sacrement du baptême ne lui paraissait pas juste, si c'étaient des âmes toutes neuves créées exprès pour

---

1. « Nempe totas vires argumentationis humanæ in parvulis perdunt. » (Epist. Sex., 199, alias 105, cap. VII, n. 31.)

2. Voyez le *Deuxième avertissement* de Bossuet sur les lettres du ministre Jurieu, art. IV.

3. « Neque enim damnantur qui non peccaverunt, quandoquidem illud ex uno in omnes pertransiit, in quo ante propria in singulis quibusque peccata, omnes communiter peccaverunt. » (Epist. Sex., 199, cap. VI, n. 27.)

chaque corps. Avait-il oublié alors la justice du péché originel? Point du tout, puisque c'est à cause de ce péché même qu'il comprenait que ces enfants, en qui le baptême ne l'avait point effacé, devaient être inévitablement réprouvés, tenant très-fermement, comme au fondement de la foi, à la doctrine constante de l'Église, que même les enfants récemment nés ne peuvent être délivrés que par le sacrement du Christ de la damnation éternelle à laquelle nous sommes tous, dans notre naissance, universellement condamnés[1]. Et toutefois, malgré cette croyance si ferme, il demande, il ne cesse de demander dans toute cette lettre, qui n'a point d'autre but, qu'on lui montre quelle est la juste cause d'un si grand mal que Dieu fait souffrir à ces enfants[2]? Il trouvait donc que le péché d'Adam, qu'il appelle le péché d'un autre[3], si chaque âme est créée distincte et isolée de celle du premier homme, n'était pas une cause suffisante de damnation pour ces enfants qui n'avaient fait par eux-mêmes aucun péché, et dont les âmes se trouvaient comme fatalement attachées, par la volonté du créateur, à des corps qu'elles ne s'étaient pas elles-mêmes choisis, et d'où son omniscience savait bien qu'elles sortiraient, encore qu'elles n'y apportassent aucun obstacle, sans la grâce du baptême qui les eût sauvées; et puisqu'on ne peut pas dire que Dieu punisse personne qui soit innocent, et que, d'un autre côté, il n'est pas permis de nier que les âmes qui sortent de l'épreuve de la vie, même celles des petits enfants, sans le sacrement du Christ, ne soient damnées, il demandait aux doctes méditations de saint Jérôme de lui apprendre comment on pouvait défendre l'opinion que toutes les âmes ne fussent point tirées, comme par géné-

---

1. « Non adversari robustissimæ ac fondatissimæ fidei, qua Christi Ecclesia nec parvulos homines recentissime natos a damnatione credit, nisi per gratiam nominis Christi, quam in suis sacramentis commandavit posse liberari. » (Epist. ad S. Hieron. 166, alias 28, in finem.

2. « Tantum ergo malorum, quæ fiunt in parvulis, causa justa dicatur. » (Ibid., cap. VI, n. 16.)

3. « Qua justitia Creatoris ita peccato obligantur alieno. » (Ibid., cap. IV, n. 10.)

ration, ainsi qu'il le supposait lui-même, de la seule âme que Dieu a formée en Adam, mais qu'elles fussent successivement créées pour chaque corps, comme celle d'Adam l'avait été pour le sien. « Et qu'on ne me dise pas, poursuivait-il, que cette opinion
« est appuyée sur ce qui est écrit dans Zacharie, que c'est Dieu
« qui a mis l'esprit de l'homme en lui, et dans le psaume, qu'il a
« formé le cœur de chacun des humains : c'est quelque chose de
« très-fort et d'invincible qu'il me faut pour que je puisse croire
« que Dieu damne aucune âme qui n'ait réellement péché[1]. »

« Il est donc certain, par le témoignage même de saint Augustin, que si toutes les âmes sont créées séparément, si elles ne proviennent pas de la seule âme d'Adam, elles ne peuvent être responsables de la faute que le premier homme a commise, ni punies avec justice pour un péché qui, en ce cas, leur est étranger à elles-mêmes. Et cependant il est de foi, et c'est le fondement sur lequel le saint évêque a établi toute sa doctrine de la grâce, que les enfants qui meurent sans être lavés dans l'eau régénératrice du baptême, exclus pour toujours du royaume des cieux, sont voués à une damnation éternelle. Or, puisque Dieu ne peut damner personne qui n'ait péché, la conséquence est sûre, dit saint Augustin[2], c'est qu'ils ont commis quelque faute. Et ainsi nous sont acquises, par son propre aveu, deux vérités importantes : la première, c'est que tous les enfants qui naissent ont péché ; la seconde, c'est que, si leurs âmes ne sont pas tirées de la seule âme d'Adam, ce péché en vertu duquel ils sont damnés justement, lorsqu'ils meurent sans la rémission du baptême, ne peut être le péché d'Adam, dont la punition sur ces âmes serait injuste et tout à fait indigne de Dieu qui les a appelées à naître.

« Si le péché qui les fait damner justement n'est pas le péché d'Adam, il reste à dire que les âmes ont péché personnellement

---

1. « Aliquid fortissimum atque invictissimum requirendum est, quod nos non cogat Deum credere ullarum animarum sine culpa aliqua damnatarum. » (Epist. ad S. Hieron. 166, cap. VIII, n. 26.)

2. « Non autem damnari possent, si peccatum utique non haberent. » (De Peccator. meritis et remiss., lib. III, cap. IV, n. 7.)

dans une vie antérieure. C'est ce que nous soutenons. Mais le Docteur de la grâce raisonne différemment. Puisqu'ils sont damnés, dit-il, et partant coupables, Dieu ne pouvant damner injustement qui que ce soit [1], et que d'ailleurs il est impossible de montrer en ces jeunes enfants aucune faute qu'ils aient pu commettre avant qu'ils fussent parvenus à l'âge de raison, il faut reconnaître, selon lui, qu'ils ont contracté, par leur naissance même, le péché originel d'Adam, et que c'est ce péché du premier homme qui a rendu damnable toute sa race. C'est-à-dire qu'il prétend prouver par la punition, admise comme article de foi, la transmission de ce péché à tous les descendants d'Adam ; mais qu'il n'a nullement prouvé, par la certitude démontrée de cette transmission, laquelle il avoue qui ne se peut comprendre, la justice de la punition même qu'il lui attribue.

« En effet, pour expliquer cette transmission, qui rendrait juste à son sentiment la damnation des enfants qui n'ont fait par eux-mêmes aucun péché, il veut qu'on croie que toutes les âmes comme il s'exprime, ont été un seul homme dans Adam [2], et qu'elles ont toutes été tirées de la substance viciée de son âme, comme des branches qui sortent et se produisent d'une même et mauvaise souche, le péché se trouvant transmis dans les enfants par le vice de leur naissance de la même manière, pour ainsi parler, que la séve est transmise du tronc dans toutes les pousses de la ramification d'un arbre. Il pensait établir ainsi une sorte de solidarité entre elles, qui justifiât et fît comprendre à la raison humaine les voies de la justice rigoureuse de Dieu, à l'égard des enfants en qui la grâce que communique le baptême n'a pas effacé ce péché. Mais comment il se pourrait faire que les intelligences, créées libres, naquissent ainsi comme par bouture les unes des autres, de même que la branche, qui n'a pas de volonté propre, naît par une loi toute mécanique de l'accroissement et de la re-

---

1. « Nec divino judicio injuste posse aliquem damnari. » (*De Peccator. merit. et remiss.*, lib. III, cap. IV, n° 7.)

2. « Omnes illæ unus homo fuerunt. » (*Ibid.*, lib. I, cap. X, n. 11.)

production de la tige, comment, en un mot, on peut assimiler dans leur génération des choses qui sont aussi distinctes et aussi éloignées l'une de l'autre, comme le dit Euler, que le ciel l'est de la terre, c'est ce qu'il faudrait d'abord qu'on eût nettement expliqué et prouvé, c'est ce qu'il faudrait qu'on eût rendu clair et intelligible à la raison. Et, enfin, en supposant que la rigueur du châtiment que la justice de Dieu réserve, à ce qu'on croit, aux enfants, même les plus jeunes, qui meurent sans la grâce du baptême, fût fondée et pleinement justifiée dans cette opinion du docte évêque d'Hippone sur l'origine des âmes, admise comme vraie et incontestable (bien qu'elle ne le soit nullement), elle ne le serait plus, elle ne serait plus juste, au propre jugement de ce grand évêque, dans l'opinion de saint Jérôme, qui est fort différente de la sienne : dans cette opinion, qui est aujourd'hui toutefois la plus suivie, le péché d'Adam, selon saint Augustin, n'est plus qu'un péché étranger et la faute d'un autre.

« C'était ce que les pélagiens croyaient dans toutes les hypothèses possibles. « Nous n'accorderons jamais, disaient-ils[1], que « Dieu, qui remet au coupable ses propres péchés, lui impute « les péchés d'un autre. »

« Le Docteur de la grâce, expliquant cette expression, dont il s'était d'abord servi lui-même, leur répond, d'après l'idée que nous venons de voir qu'il s'était formée de la transmission du péché d'Adam à toute sa race : « qu'on ne peut pas appeler ce péché un « péché étranger, comme s'il n'appartenait pas du tout aux en-« fants qui naissent, puisque tous ont en effet péché dans Adam, « lorsqu'ils étaient encore tous en lui et dans sa nature, par la « puissance qu'il avait en lui naturellement de les engendrer ; « mais qu'on l'appelle étranger, parce que ceux-ci ne jouissaient « pas encore de leur vie propre, et que la seule vie des premiers « hommes contenait alors tout ce qui devait être dans sa descen-

---

[1]. « Nulla, inquiunt, ratione conceditur, ut Deus, qui propria peccata remittit, imputet aliena. » (*De Peccator. merit. et remiss.*, lib. III, cap. VIII, n. 15.)

« dance future. » Et ensuite : « Dieu remet les péchés, mais à
« ceux qui sont régénérés dans l'Esprit-Saint, non à ceux qui
« sont engendrés dans la chair, et il impute, non plus déjà les
« péchés d'un autre, mais les propres péchés. Il était le péché
« d'un autre, ce péché d'Adam, quand ceux qui l'ont contracté
« dans leur origine n'étaient pas nés encore : mais maintenant il
« est devenu, par la génération charnelle, le péché propre de
« tous ceux à qui il n'a pas été remis par la régénération spiri-
« tuelle. »

« L'embarras de ces explications fait assez voir la difficulté où les hommes les plus savants et les plus pieux ont été de tout temps d'accorder, avec la justice et la clémence de Dieu, la réprobation éternelle à laquelle on a cru que les enfants qui mouraient sans la rémission du baptême étaient voués. Nous avons des sentiments différents et des pensées plus hautes de celui qui est la source de toute bonté et de toute perfection véritable : nous ne pouvons croire qu'il ait une charité plus tendre pour les contempteurs de nos villes, qui font baptiser leurs enfants, que pour de malheureuses créatures dont tout le crime serait de naître à quelques mille lieues de ces églises qu'ici on profane; et j'avoue qu'en entendant les récits de ce merveilleux zèle qui va chercher, pour le baptiser, jusque dans les entrailles de la mère morte, l'enfant près d'expirer, je n'ai pu m'empêcher d'admirer que l'homme, cette imparfaite créature, ait voulu, ait cru avoir plus de miséricorde que le Créateur même, comme si ce Dieu si puissant et si juste faisait dépendre la vie éternelle d'un coup de dé ! »

M. d'Orient en conclut que ceux qui sont morts non baptisés renaissent à la vie sous une autre forme pour recevoir la grâce et le salut du baptême, et ayant obtenu la régénération pouvoir travailler sûrement, dans ces autres existences, à mériter la vie éternelle.

« Tout s'enchaîne et se tient dans cette doctrine, d'ailleurs si fondée en raison, la prescience de Dieu et son accord avec la libre volonté de l'homme. Cette énigme jusqu'ici indéchiffrable, n'a plus de difficulté, si l'on veut entendre que, connaissant avant sa naissance, par ses œuvres antécédentes, ce qu'il y a dans le cœur de l'homme [1], Dieu l'appelle à la vie et l'en retire dans toutes les circonstances qui conviennent le mieux à l'accomplissement de ses desseins. Contemplée de cette hauteur, la scène mouvante du monde se développe sublime et vaste, à l'aide de l'intelligence, sans obscurité et sans mystère, dans toutes les phases diverses de ses révolutions, depuis les premiers temps de l'histoire jusqu'à nos jours : sa variété n'apparaît plus, aux regards soudainement éclairés, que comme un vivant et merveilleux tableau, dont Dieu détermine à sa volonté tous les traits, c'est-à-dire les personnages et les actes, en plaçant au poste précis qu'il sait convenir chacun des êtres intelligents et libres dont il en compose l'admirable spectacle et qui, par leur valeur propre et la diversité éprouvée de leurs caractères, qu'il connaît parfaitement, sont dans ses mains toutes-puissantes.

« On comprend comment Dieu est ainsi le maître de tous les événements généraux du monde, dont la connaissance qu'il a des âmes par leur vie antérieure, et la puissance qui est en lui de disposer de toutes et de chacune en la manière qu'il lui plaît, lui permettent de prévoir dans son infinie science et d'ordonner selon ses desseins toute la suite, à peu près aussi aisément que le talent d'un ouvrier ingénieux et adroit conçoit et dispose, à l'aide de la variété des couleurs, la vive représentation d'une mosaïque, d'un tableau, d'une pièce quelconque de marqueterie : on comprend toutes ses prévisions de l'avenir et comment Daniel a pu prédire si exactement la grandeur et les conquêtes d'Alexandre et Isaïe appeler Cyrus par son nom [2], bien des siècles avant que ces conquérants fussent venus troubler et effrayer la terre de leur

---

1. « Intellexisti cogitationes meas de longe. Semitam meam et funiculum meum investigasti; et omnes vias meas prævidisti. » (Ps. CXXXVIII, v. 3-4.)

2. Isaïe, ch. XLIV, v. 28 ; ch. XLV, v. 1.

gloire ; et comment il est dit que Dieu, pour faire éclater sa puissance parmi les nations, et y répandre la renommée de son nom, a endurci le cœur rebelle et suscité la volonté opiniâtre de Pharaon[1] : car il suffisait à l'Éternel, pour produire ces effets divers, de rappeler à l'existence certaines âmes qu'il savait naturellement propres à la fin qu'il se proposait d'atteindre. C'est ce qui est expressément marqué dans ce passage de l'apôtre saint Jude, où il semblerait, à le prendre dans le sens qui s'offre directement à l'esprit, qu'un décret de réprobation éternelle de certaines âmes est positivement indiqué : « qu'il s'est introduit dans « l'Église des hommes impies qui avaient été autrefois désignés « pour ce jugement, » ou dont il avait été décrit qu'ils se l'attireraient.

« Ainsi tombe et disparaît la plus grande difficulté de la doctrine de la grâce, qui était d'expliquer comment il se pouvait faire que Dieu fît miséricorde aux uns et qu'il endurcît les autres, sans qu'il y eût en lui ni justice ni acception de personne, ne faisant miséricorde, dit saint Augustin, que par une grâce qui n'était pas méritée, et n'endurcissant que par un jugement toujours équitable ; puisqu'il est clair dans cette théorie que ce n'est pas (comme Origène l'avait compris et l'avait dit avant nous) sans que des mérites aient précédé que les uns sont formés pour des vases d'honneur, et les autres, au contraire, pour des vases d'ignominie et de colère. Et cette dure parole qu'avait prononcée sur Judas l'évêque d'Hippone, et qui a tant scandalisé la plupart des théologiens catholiques, quoiqu'elle ne soit que la confirmation de ce qu'on vient de citer de saint Jude, que ce perfide avait été prédestiné pour verser le sang du Sauveur, paraîtra très-juste et très-certaine en ce sens, que Dieu avait fait renaître cette âme déjà perdue, ce démon comme Jésus-Christ l'appelle[2], précisé-

---

1. « Idcirco autem posui te, ut ostendam in te fortitudinem meam et narretur nomen meum in omni terra. » (Exod., ch. IX, v. 16.)
2. « Nonne ego vos duodecim elegi, et ex vobis unus diabolus est. » (Saint Jean, ch. VI, v. 71.)

ment pour l'exécution de cet odieux attentat. « Le Seigneur, dit « Salomon [1], a tout fait pour lui, et le méchant même pour le « jour mauvais. »

« Ce choix providentiel des âmes qui reposent entre les mains et dans la puissance de Dieu, nous explique encore comment il arrive que l'intelligence et les autres dons naturels sont ordinairement en rapport avec la condition dans laquelle chaque personne est née.

« Les mystères les plus sublimes de la religion, les faits les plus merveilleux qui se rapportent aux destinées de nos âmes, ont donc leur explication naturelle dans cette doctrine bien comprise de la métempsycose, quelque étrange et extraordinaire qu'elle ait pu paraître dans le premier coup d'œil. Et quelle preuve plus éclatante peut-on demander, quelle raison plus forte et plus convaincante qu'un tel accord, dans une matière où toute démonstration positive sera toujours humainement impossible ? Une doctrine qui répond si exactement à tous les faits, qui explique sans difficulté tous les phénomènes de notre existence en ce monde, ne peut être que nécessairement vraie. »

On conçoit très-bien que nous ne nous expliquions pas ici sur cette théorie, en ce qui concerne surtout la naissance prédestinée de *Judas*. Nous n'en retenons que ce seul grand fait, la distribution providentielle des âmes et la certitude de la préexistence.

---

1. « Universa propter semetipsum operatus est Dominus, impium quoque ad diem malum. » (Prov., ch. XVI, v. 4.)

CHAPITRE VIII

**JEAN REYNAUD. — HENRI MARTIN
FLAMMARION**

Nous avons eu déjà l'occasion de parler du grand philosophe Jean Reynaud et de citer quelques extraits de ses articles sur *Zoroastre* et sur *Origène*. Nous allons dans ce chapitre faire connaître, par d'autres citations, son principal ouvrage, *Terre et ciel*, dont la première édition a paru en 1850, c'est-à-dire bien longtemps après ses travaux dans la *Revue encyclopédique* et dans l'*Encyclopédie nouvelle*, dont ils sont le couronnement et la confirmation.

Voici l'ordre que nous suivrons dans notre résumé :

D'abord les passages relatifs à la pluralité des mondes et au rang de la terre dans l'univers ;

Puis les aperçus magnifiques de l'auteur sur la pluralité des vies et sur les conditions de l'immortalité.

« Il faut de toute nécessité, dit-il, changer l'idée que les chrétiens ont eue de l'univers.

« Les chrétiens n'ont rien su de l'univers sidéral : dans toute la création matérielle ils n'ont connu, et encore bien imparfaitement, que la terre, et c'est sur cette ignorance que repose l'erreur fondamentale que nous leur reprochons. De ce qui était le centre unique de leurs connaissances, ils ont fait tardivement le centre unique de l'univers, et ils ont cru, sur l'autorité de leur vue mal habile, qu'il n'existait qu'un seul monde, parce qu'ils n'en voyaient qu'un. « S'il existait plusieurs mondes, dit saint Thomas (quest. 67), « ils viendraient tous nécessairement à ce centre où nous « sommes. » De ce seul point dérivait tout le reste de leur système. Il est simple, et nous le retraçons ici en deux mots : d'abord la terre; au-dessus de la terre, la voûte du firmament enrichie à sa surface de ces points brillants qui font l'ornement de la nuit et de l'ornière dans laquelle le soleil se meut, chargée dans sa partie supérieure de l'océan céleste, source antique du déluge; par delà des eaux, aux bornes du monde, l'empyrée, région des nuages et de la lumière, séjour des bienheureux et des anges; au-dessous du sol, dans les cavités souterraines, l'enfer et le purgatoire. Les Pères assimilaient cette construction de Dieu dans le sein du vide au tabernacle élevé par Moïse au milieu du désert; un savant moderne, avec malignité d'expression, mais avec une incontestable justesse, l'a comparée à une maison dont le rez-de-chaussée est occupé par les vivants, les caves par les fourneaux des démons, et le premier étage par les illuminations du paradis. Ne voyons-nous pas, dans le symbole de Nicée, le Christ, crucifié sur la terre, descendre après sa mort dans les enfers, repasser par la terre, et monter enfin tout glorieux dans le ciel.

« Mais les astronomes ont ruiné de fond en comble ce fabuleux édifice; ils ont brisé la voûte grossière du firmament, chassé les eaux chimériques qu'on lui faisait porter, et dispersé sa parure d'étoiles dans les profondeurs insondables de l'espace. La terre a été dépossédée de cette position centrale qu'elle avait usurpée.

« L'infirmité de notre vue s'est dissipée comme par enchantement, et nous avons tout à coup aperçu, en levant les yeux vers le ciel, un spectacle magnifique au milieu duquel nos pères avaient vécu sans en avoir connaissance.

« Il y a, pensons-y, un pas sérieux qu'il est de toute nécessité que la religion franchisse, il faut que le genre humain demeure étouffé sous l'accablante conviction de son obscurité, ou qu'il s'assure que la création est un tout que rien ne borne; nous n'avons plus qu'un moyen de nous mettre au centre de l'univers, c'est de faire l'univers une immensité sans surface et notre dignité, chassée de l'abri matériel que l'ignorance lui avait permis de s'échafauder sur la terre, n'a plus de refuge que dans l'infini, où elle retrouve Dieu.

« Gardons-nous donc de croire que ces séparations secondaires, et qui ne comptent même pas devant la grandeur de nos âmes pour l'épaisseur d'un seuil, soient des abîmes que rien ne puisse franchir, et prenons confiance dans ce que l'unité du créateur annonce à tous les vivants d'une voix assez haute : savoir, que tous ces mondes ne sont qu'un seul monde, et ce monde c'est le ciel ; son incorruptibilité, c'est l'inaltérable symétrie de ses changements ; sa fixité, c'est l'ensemble infini de ses mouvements ; son immatérialité, c'est son éternité et son immensité. Et cette terre que nous foulons sous nos pieds, où nous venons tour à tour accomplir notre tâche en compagnie du genre humain, sur laquelle nous apparaissons sans nous souvenir d'où nous sortons, de laquelle nous disparaissons sans apprendre où nous allons, où nous vivons sans pouvoir dire avec certitude qui nous sommes ; cette terre roule dans le ciel, est un des éléments du ciel, et nous constitue en résidence dans le ciel. Donnons à la religion cette belle parole de Képler, dans ses Harmonies : « *Hoc enim cœlum est, in quo vivimus, et movemur, et sumus, nos et omnia mundana corpora.* »

C'est ainsi que Jean Reynaud considère la *pluralité des mondes* comme une vérité de raison ; il peut ensuite s'étendre magnifiquement en faveur de la *pluralité des existences*.

« Nous sommes encore plus faibles que méchants, et Dieu, en nous faisant germer dans le néant par sa fécondité toute-puissante, n'a pas mis en nous la funeste vertu de pouvoir bien faire contre nous-mêmes. Le bien est le seul principe dont notre nature ne se lasse pas, et tôt ou tard le mal, avec les conséquences de toutes sortes qu'il engendre, la fatigue et la rebute. Nous ne brillons d'abord que comme une simple étincelle, pour arriver progressivement à concentrer dans les capacités de notre personne toutes les grandeurs de l'univers; nés périssables dans notre origine, admirables dans notre fin, dignes de compassion et de tolérance dans nos débuts, alors que nous savons encore nous empêcher d'hésiter, de chanceler, de succomber. Seulement, il faut enfin trouver moyen de quitter ces vies troublées. Ce serait peu de chose, en effet, d'apercevoir qu'aucune de nos chutes ne nous perd définitivement, si nous nous sentions condamnés à rester indéfiniment dans des existences aussi misérables que celles-ci. Reprendre éternellement carrière sur terre avec les mêmes chances contraires et dans la même incertitude de soi-même, n'est pas une destinée à faire envie; et à se voir emprisonner dans ce cercle fatal, la désolation serait permise, même aux sages. Il faut donc en finir avec ces naissances de basse condition, entachées de péchés quant au passé, compromettantes quant à l'avenir, et prendre pied, s'il se peut, dans des régions meilleures.

« Quelles magnifiques clartés la connaissance de nos existences antérieures ne répandrait-elle pas sur l'ordre actuel de la terre! Mais non-seulement notre mémoire est impuissante à l'égard des temps qui ont précédé notre naissance; elle n'embrasse même pas sans exception tous ceux qui l'ont suivie: elle nous fait défaut en une multitude d'endroits importants de notre vie; elle ne conserve absolument rien de cette première période que nous avons passée dans le sein maternel; elle ne maintient qu'une trace presque insensible de l'éducation de nos jeunes années, et nous pourrions ignorer que nous avons été enfants, s'il ne se trouvait auprès de nous des témoins qui nous ont vus autrefois, et qui nous font savoir ce que nous étions alors. Nous sommes donc enveloppés de tous côtés par notre ignorance comme par une atmosphère de nuit, et nous ne distinguons pas plus la lumière au delà de notre berceau qu'au delà de notre tombe. Il semble que l'on puisse nous comparer, relativement à la mémoire, dans notre emportement à travers le ciel, à ces fusées que, dans l'obscurité du soir, nous voyons parfois s'élancer à travers les airs, traînant après elle une longue lueur, sillage indicateur de l'orbite qu'elles suivent : elles montent, et de nouvelles lueurs se dessinent, mais en même temps les précédentes lueurs s'effacent, et il n'y a jamais dans la lumière qu'une portion bornée de leur chemin. Ainsi est la mémoire, traînée lumineuse laissée par nous sur notre route : nous mourons, et tout s'obscurcit; nous renaissons, et la lueur, comme une étoile dans la brume, commence à se montrer; nous vivons, et elle se développe, s'agrandit, reprend sa première étendue, puis tout à coup elle s'efface de nouveau et reparaît encore; d'éclipse en éclipse, nous poursuivons notre route, et cette route, découpée par ces obscurcissements périodiques, est une route continue dont les éléments, disjoints seulement en apparence, demeurent partout enchaînés l'un à l'autre par une solidarité profonde; toujours nous nous succédons à nous-mêmes, toujours nous portons en nous-mêmes le principe de ce que nous serons plus tard, toujours nous montons. Interrogez-nous sur notre passé, nous vous répondrons, comme la fusée, que nous marchons, mais que la lumière n'éclaire notre trace que dans le voisinage et que le reste du chemin se perd dans la nuit; nous ne savons où nous sommes nés, de même que nous ne savons où nous sommes conduits; mais nous savons que nous venons d'en bas et que nous allons en haut, et il ne nous en faut pas davantage pour nous intéresser à nous-mêmes et nous faire sentir ce que nous sommes. Qui sait, d'ailleurs, si notre âme ne renferme pas, dans le secret inconnu de son essence, de quoi illuminer un jour les espaces successivement traversés par elle depuis sa première heure, comme ces flamboyants mobiles auxquels nous la comparons, et qui, une fois parvenus dans les sommités de leur trajectoire, déployant soudain des feux inattendus, reprennent magnifiquement possession, par de longues cascades de lumière, de la ligne sillonnée par eux, depuis l'humble sol à partir duquel ils sont élevés, jusqu'aux zones sublimes du haut desquelles ils dominent maintenant la terre. Il y a même de puissantes raisons de le penser, puisque la restitution intégrale de nos souvenirs nous paraît, à bon droit, une des conditions principales de notre bonheur futur. Nous ne pouvons jouir pleinement de la vie que nous ne devenions, comme Janus, les rois du temps, et que nous sachions concentrer en nous, avec le sentiment du présent, ceux de l'avenir et du passé. Donc, si la vie parfaite nous est un jour donnée, la mémoire parfaite nous sera donnée en même temps. Et maintenant représentons-nous, si nous le pouvons, les trésors infinis d'un esprit enrichi par les souvenirs d'une innombrable série d'existences, entièrement différentes les unes des autres, et cependant admirablement liées toutes ensemble par une continuelle dépendance! A cette merveilleuse guirlande de métempsycoses traversant l'univers avec un fleuron dans chaque monde, ajoutons encore, si cette perspective nous semble digne de notre ambition, la perception lucide de l'influence particulière de notre vie sur les changements ultérieurs de chacun des mondes que nous aurons successivement habités; agrandissons notre vie tout en l'immortalisant, et marions noblement notre histoire avec l'histoire du ciel; rassemblons avec confiance, puisque la bonté toute-puissante du Créateur nous y engage, tous les matériaux nécessaires au bonheur, et nous en construirons l'existence que l'avenir réserve aux âmes vertueuses; plongeons donc dans le passé par notre foi, en attendant des illuminations meilleures, comme nous plongeons par elle dans l'avenir; bannissons de la terre l'idée du désordre en ouvrant les portes du temps au delà de la naissance, comme nous avons banni l'idée de l'injustice en ouvrant d'autres portes au delà du tombeau; allongeons-nous en toutes directions dans la durée, et malgré l'obscurité qui pèse sur nos deux horizons, élevons sans crainte notre existence terrestre au-dessus de l'existence imparfaite de ces élus du Christ, qui ont dépouillé l'espérance, et dont la mémoire n'est plus qu'un point dans l'abîme de l'éternité; glorifions le Créateur en nous glorifiant nous-mêmes, ministres de Dieu sur la terre, et rappelons-nous avec un saint orgueil, en contemplant les divins caractères de notre vie humaine, que nous sommes ici-bas les jeunes frères des anges.

« Si nous voulons du sérieux, cherchons quel sens on peut

trouver dans cette comparaison que saint Paul établit entre le corps et une plante qui, semée en terre, se manifeste d'une certaine façon, et qui, une fois hors de terre, devient tout autre; acceptons cette plante pour symbole de l'âme; d'abord elle demeure en terre et ne connaît point le soleil, et durant cette première existence elle se montre à nos yeux revêtue d'une forme particulière et accomplissant certaines actions; mais, cédant à la lumière qui l'attire, et désertant son premier habitat, voici qu'elle se déploie dans un autre séjour, et en même temps, voici que sa forme change, et que de nouveaux organes se produisent, qui lui permettent de continuer sa vie dans ce monde nouveau; d'abord humble et timide, et comme perdue dans les ombrages du gazon, c'est un bourgeon à peine ouvert; mais bientôt elle s'élève, et à mesure qu'elle s'élève, sa tige devient plus forte, sa respiration plus large, son feuillage plus capable d'endurer les rayons du soleil : les conditions de son existence varient, mais son corps varie en même temps; et, soit qu'elle végète dans l'ombre, soit qu'elle s'installe pour un temps dans la demi-lumière des zones inférieures, soit qu'ayant acquis toute sa liberté, elle commence à grandir en plein soleil, toujours habile à se créer les organes qu'il lui faut, elle se maintient dans un état constant d'harmonie avec les circonstances qui se déclarent successivement autour d'elle. A chacune des phases de sa vie, nous la voyons se manifester à nos yeux par un corps nouveau. Et ce corps, prenons-y garde, car nous touchons ici sur le fond même de la question, ce corps est nouveau, non par un simple changement dans son plan ou dans ses proportions, mais nouveau par le renouvellement complet de sa substance, vraiment et essentiellement nouveau. Admirons avec l'évangéliste[1] cette plante qui, toute chargée de fleurs et de rameaux, étale sa beauté au sein de la création, et donne abri sous son ombrage aux oiseaux fatigués; non-seulement il n'y a plus rien dans sa figure qui nous rappelle ce grain de sénevé, son premier corps, qui jadis pom-

---

1. Luc, XXVI.

pait obscurément les sucs de la terre, mais il n'y a pas en elle un seul atome qui ait jamais appartenu à ce faible embryon : l'ancienne substance, livrée au vent et dispersée dans la campagne, a fait place à une substance nouvelle provenue d'autres lieux, et disposée, sous une forme nouvelle, pour des fonctions nouvelles dans un autre habitat. La substance, la forme, les fonctions, l'habitat, tout est donc nouveau, et rien de ce que nos sens peuvent saisir ne reste fixe. Mais dans ce renouvellement général, il y a cependant une chose qui ne change point ; et cette chose qui ne change point, tandis que tout change autour d'elle, cette chose qui persévère et maintient l'unité de la plante à travers toutes les vicissitudes de son existence, c'est le principe même de la plante, c'est-à-dire cette force invisible qui, toujours vivante sous l'enveloppe changeante, sait toujours distraire de la masse flottante de l'univers les matériaux qu'il lui faut pour continuer sa vie et s'en construire les organes divers dont nous la voyons successivement se servir. Ainsi est l'âme, qui, passant d'un séjour à un autre séjour, et laissant son premier corps pour un corps nouveau, sans cesse variable, dans sa demeure et dans son apparence, poursuit, sous les rayons du Créateur, de transmigration en transmigration et de métamorphose en métamorphose, le cours palingénésiaque de sa destinée éternelle.

« Naître, ce n'est donc pas commencer, c'est changer de figure. Nous voyons, à la vérité, des corps qui n'existaient point auparavant se former sous nos yeux, et finalement, leur engendrement terminé, se placer parmi nous, sous une forme ou sous une autre, au rang où leur destinée les appelle; mais rien dans ces jeux de la matière ne nous autorise à conclure que la force qui entretient ces corps, qui leur préexistait puisqu'elle les a causés, ne préexistait pas de longue date, et n'en avait pas déjà, dans d'autres temps et d'autres régions, construit et entretenu beaucoup d'autres; il est même évident que si le ciel renferme une infinité d'astres analogues au nôtre, sur lesquels les âmes, poursuivant leur chemin vers Dieu, viennent successivement prendre pied, nous ne pouvons, sans une témérité que rien ne justifie, séparer notre

19.

monde, comme un anneau exceptionnel, de la chaîne de tous les autres, l'ériger en matrice de l'univers, et proclamer que toute âme que nous y voyons naître éclôt dans le ciel pour la première fois. Il y a une probabilité infinie, — puisque rien ne démontre le contraire, et puisque nous avons, dans la série des existences que nous avons sous les yeux depuis les animaux les plus grossiers jusqu'aux génies humains les plus sublimes, un aperçu de tous les degrés possibles d'existence, et comme un abrégé de la totalité de l'univers, — il y a, dis-je, une probabilité que l'analogie la plus parfaite unit notre sphère aux sphères les plus élevées du ciel, et que ces résurrections que nous savons se produire dans les autres régions de l'univers, se produisent aussi dans celle-ci ; joignons donc la métempsycose à l'Évangile, et plaçons Pythagore à côté de Jésus.

« Nulle part la production des corps n'est instantanée. Quelles que soient, en effet, les innombrables différences que présentent les mondes sous le rapport des premières manifestations de l'âme à son arrivée, il y a néanmoins ceci de constant, qu'il faut toujours à l'âme un certain temps pour rassembler les matériaux dont elle a besoin, et en construire les organes qui doivent la servir. Si l'on voulait supposer, ce qui est sans doute peu croyable, qu'il existe des mondes où les âmes viennent s'incarner dans des corps préparés à l'avance et accomplis, comme cette statue de Pygmalion dans laquelle, selon la fable, descendit l'âme d'une jeune fille, il est évident qu'il faudrait encore un certain laps de temps pour que l'âme, après avoir pénétré ce corps, pût se familiariser avec lui et achever d'en prendre possession parfaite. Donc la résurrection, même dans cette hypothèse extrême, ne serait encore que progressive. Donc la loi de non-instantanéité est, ainsi que nous l'avons dit, une loi universelle et qui régit la naissance dans tous les lieux du ciel.

« Poussant notre étude plus loin, cherchons maintenant ce que l'observation de ce qui a lieu sur la terre nous permet de concevoir de plus général sur la manière dont la réincarnation s'opère. Et d'abord imaginons un nuage de figure et d'apparence variable, situé dans un milieu et des conditions spéciales; c'est dans ce nuage que l'âme, quittant son état de vacuité, vient prendre place : au premier instant, elle est comme étourdie et plongée dans le sommeil, et déjà cependant elle est active; sous son influence, le nuage se façonne, s'accroît, devient un corps, et à mesure que ce corps qui doit la servir s'organise, l'âme se réveille, secoue son ignorance, s'habitue à cette nature étrangère qui l'entoure, et s'enhardit enfin à se lancer tout expérimentée dans le séjour inconnu où sa destinée l'a conduite. Voilà, en résumé, ce que les enfants nous montrent. »

Jean Reynaud s'élève encore plus haut lorsqu'il démontre que la charité, cette seule vertu théologale conservée et cultivée dans le ciel des chrétiens, ébranle complétement les portes de ce paradis imaginaire, en face des supplices éternels de l'enfer.

« La charité est la seule vertu à laquelle les chrétiens aient donné accès dans leur ciel; mais elle en rompt les portes et demeure en suspens entre le paradis et l'enfer, sans trouver satisfaction nulle part. D'un côté, Dieu l'attire; de l'autre, les gémissements de la créature malheureuse l'attirent également, et elle n'a de calme ni dans l'enfer, dont elle essayerait vainement d'apaiser les douleurs, ni dans le paradis où l'inquiétude la poursuit. Cette vertu, en effet, n'est pas un amour tellement absolu du Créateur, que la créature n'y ait place. On ne peut aimer véritablement Dieu, si on ne l'aime dans ce qu'il a créé, de même que l'on ne peut aimer véritablement la créature si on ne l'aime en celui qui lui a donné l'existence. La charité est une double force qui, nous attachant directement à la création, nous attache à Dieu par son œuvre; et qui, nous attachant directement à Dieu, nous attache à la création par son auteur; elle est le ciment de l'univers. Comment donc pourrions-nous apercevoir la souffrance d'une partie de la création sans être instinctivement sollicités à y porter remède ; et comment notre amour pour le Créateur ne serait-il pas troublé par le sentiment de l'éternité de ce mal et de notre impuissance? La charité, au lieu de jouir de sa plénitude et de sa sérénité au sein du paradis, y est donc au contraire à demi étouffée sous les empêchements qui la gênent; et, loin de devenir la source de la félicité, elle y devient celle de la souffrance. Certes, notre sort sur la terre est plus doux que celui des élus, puisque, malgré toutes les entraves qui nous arrêtent, nous sommes libres, du moins, d'obéir au noble instinct qui nous commande d'aider toute créature dans la peine, libres de croire à l'efficacité de nos efforts, libres d'espérer de la bonté de Dieu la fin de tout mal dont la vue nous afflige. Quel est celui qui, se transportant d'imagination dans cette haute demeure des chrétiens, se figurerait qu'il lui sera possible d'assister au supplice des damnés, de voir dans d'inextricables tortures ses parents, ses amis, les objets de ses affections les plus profondes en cette vie, sans les plaindre, sans désirer de leur tendre une main secourable, sans se déranger de la tranquille perception de sa béatitude; que dis-je? sans éprouver lui-même, par l'effet de son impuissance à l'égard de ces infortunes, le plus affreux supplice? Il me semble voir mes amis désespérés, s'agitant au milieu d'un incendie, et moi, cloué par la paralysie sur un fauteuil, m'écriant vainement, ainsi que dans un rêve, sans pouvoir me lever pour courir à leur aide et les sauver. Ne dites donc pas, ô Christ, que les cris du mauvais riche, implorant dans sa détresse du rafraîchissement, montent jusqu'aux oreilles de Lazare assis dans le sein d'Abraham, et que Lazare entend cette prière sans que sa charité soit émue. Malgré l'imperfection de notre nature, nous deviendrions, en vue de vos élus, trop fiers de nous-mêmes, et nous cesserions d'avoir du respect pour ceux que vous sanctifiez et mettez au-dessus de nos têtes; il nous répugnerait de penser que nous prendrons place un jour à la même table qu'eux, et que nous serons assez profondément altérés par la mort pour pouvoir partager, sans horreur de nous-mêmes, leur égoïsme barbare.

Laissons ces imaginations pour ces temps de mœurs dures, où les plus humains n'avaient nul scrupule, dès que le crime était certain, de se faire spectateurs des tourments infligés aux coupables par la main des bourreaux. Élevons-nous à des pensées meilleures; cessons de croire à l'existence d'un paradis où rien de noble n'éclate, et que nous embellirions en y laissant tomber le reflet de nos vertus; ayons notre humanité assez avant dans le cœur pour renoncer, plutôt que de la perdre, à notre existence elle-même; proposons-nous, quelque heureuse que devienne jamais notre vie, partout où nous verrons une créature en souffrance, de nous efforcer de la ramener vers le bien; partout où nous verrons une créature au-dessous de nous, de nous efforcer de la faire monter jusqu'à nous; et partout où nous en verrons une au-dessus, de nous efforcer de monter à notre tour jusqu'à elle. Appuyés sur la foi, sur l'espérance et sur la charité, élançons-nous avec hardiesse dans l'immortalité.

« Le ciel n'est donc point une demeure, mais un chemin; et le terme de ce chemin mystérieux est précisément ce paradis final que les chrétiens, sans pouvoir le définir, ont vaguement conçu. Et en effet, à la limite de ce perfectionnement vers lequel tout l'univers gravite, n'apercevons-nous pas toutes les créatures, assises face à face devant Dieu, satisfaites dans tous leurs désirs, éclairées dans toutes leurs ignorances, aussi incapables de sentir ni foi ni espérance que celui qui sait tout et qui peut tout, et absorbées sans distraction dans l'amour plein de béatitude qui les unit au Créateur et à la création tout entière? Mais la jouissance effective de ce paradis ne peut être attribuée qu'à celui qui demeure dans le ciel et n'y chemine pas; et qui, couvrant l'éternité, d'une main touche à l'origine des choses, et de l'autre à leur fin. Ainsi l'asile du repos absolu n'est point une réalité, mais une limite, et le jugement dernier n'est point dans le temps, mais hors le temps. De là l'erreur des chrétiens qui, égarés par leur téméraire précipitation vers la consommation finale, se sont vus réduits à combler, avec la monstrueuse invention de l'enfer, les lacunes que leur imprudence avait causées dans le ciel. »

Jean Reynaud, comme on le voit, est un des plus grands précurseurs de l'avénement spirituel et de la foi nouvelle. Donnons, en terminant, la synthèse remarquable et lucide qu'il a lui-même faite de ses opinions en théodicée; mais avant, et pour qu'on en comprenne bien toute la portée, il nous faut expliquer ce que le philosophe a dit de la question du souvenir dans l'immortalité. Il croit nos âmes ainsi faites, que les impressions les plus légères qui leur ont été imprimées durant leurs existences successives, aussi bien que les plus fortes, y demeurent et s'y retrouvent dans leur corps spirituel et plastique, désigné par Moïse et par le Zohar sous le nom de Rouah, l'Esprit des vies (*Spiritus vitarum*).

Notre histoire, en conclut Jean Reynaud, n'est donc pas seulement dans le livre de vie dont parle l'Apocalypse, placé entre les mains des anges et de Dieu, elle est dans notre propre substance, c'est-à-dire dans la partie quintessenciée de notre être, et cette partie est comme le *livret* que nous emportons avec nous, d'étage en étage, à travers les mondes. Seulement nous ne pouvons y lire qu'après des développements suffisants sur lesquels Jean Reynaud va s'expliquer tout à l'heure. Mais comment cette sauvegarde du souvenir sera-t-elle possible? L'auteur la fait très-bien concevoir par des exemples tirés de notre expérience purement terrestre. Citons-le à ce sujet :

« C'est sur quoi, dit-il, notre propre expérience nous vient en confirmation. Y a-t-il dans les organes, au moyen desquels nous sommes aujourd'hui en communication avec l'univers, je ne dis pas simplement une seule molécule, mais une seule forme qui ait appartenu aux organes dont nous nous servions dans notre enfance? Depuis lors, combien de corps notre faculté vitale n'a-t-elle pas ramassés, usés, dissipés? Et cependant, malgré toutes ces mutations, notre âme ne conserve-t-elle pas la mémoire? Que de choses auxquelles je n'avais pas pensé depuis des années, que j'avais laissées tomber complétement de mon souvenir, et qui tout à coup, à l'occasion des lieux et des personnes, ou par un effort d'attention, se réveillent et reparaissent en moi! N'y a-t-il pas là un indice de ce qui est susceptible de se produire plus tard dans des proportions sublimes? Nonobstant ces interruptions apparentes qui nous font tant d'effet, et que le vulgaire nomme en tremblant la mort, notre vie, considérée non dans le terre-à-terre d'un jour auquel les préjugés de notre éducation la réduisent, mais dans sa ligne infinie, est au fond aussi continue dans tout son développement; que dans la courte période qui s'offre à nous à découvert, entre le berceau et la tombe. Les accidents, quels qu'ils soient, qui affectent notre vêtement corporel, ne sont jamais que secondaires. Nous ne cessons, dans le courant de notre vie, de changer d'habits de jour en jour, mais pièce à pièce, tandis qu'à la fin, nous changeons tout à la fois et loin des yeux de ceux qui nous entourent; voilà toute la différence, et c'est une chose que, du haut de ces stations élevées, l'âme ne doit plus guère regarder que comme une des singularités de son bas âge : étrangère désormais à de telles misères, elle en contemple le souvenir et reprend en souriant son vol dans l'immortalité. »

Mais à quelles conditions l'âme reprend-elle le souvenir de tout son passé? Notre philosophe distingue deux périodes : celle qui, comme le disaient les druides, s'accomplit dans le monde des voyages et des épreuves dont la terre fait partie (*cycl ir abred*), et celle qui, délivrée enfin des misères et des vicissitudes de la vie, poursuit ses destinées dans le cercle du bonheur toujours croissant et progressif (*cycl y gwinfid*). Dans la première, il y a éclipse de mémoire *à chaque passage dans un milieu nouveau*, quoiqu'il y en ait reprise plus ou moins complète et parfaite pendant chaque intervalle de repos; dans la deuxième, quels que puissent être les déplacements et les transfigurations de la personne, le souvenir se conserve et dure plein et entier. C'est cette théorie que nous avons entièrement adoptée (comme on le verra plus loin) dans tous nos ouvrages et qui forme la base du système de Jean Reynaud; c'est elle qui sert de fondement à ses croyances qu'il résume ainsi :

« La théodicée que j'ai essayé d'esquisser sous le titre de *Terre et Ciel*, est bien simple; et, pour achever de l'éclaircir, il me suffira d'en faire la synthèse. La voici en deux mots : En réfléchissant sur le spectacle de l'univers, tel qu'il se présente à nous du point de vue des temps modernes, il me semble que notre esprit se trouve naturellement conduit à se représenter qu'il existe, dans les capacités de l'étendue, une première série de mondes plus ou moins analogues à la terre, dans lesquels les âmes, au début de la carrière sans bornes qui s'ouvre devant elles, encore débiles et n'adhérant pas à Dieu assez fortement, se trouvent exposées au régime de la tentation, y succombent ou en triomphent, se perfectionnent peu à peu, d'un monde à l'autre, au milieu d'épreuves toujours proportionnées au degré de faiblesse et de culpabilité, et parviennent finalement, après des labeurs plus ou moins prolongés, à mériter d'être admises dans les mondes de la haute série. Là se produit la délivrance définitive de tout mal; l'amour du bien règne désormais avec une telle puissance que nul ne démérite plus, et que tous, au contraire, animés du désir de s'élever, et secondés dans leurs efforts par la grâce incessante de Dieu et le concours des sociétés bienheureuses au sein desquelles ils vivent dans toutes les splendeurs de la nature, déploient dans ce but l'activité de toutes leurs vertus, et se rapprochent par un progrès continu, plus ou moins rapide selon l'énergie de chacun, du type infini de la perfection. »

On le voit, ces conceptions sont à la fois pleines de grandeur et de vérité. Jean Reynaud a eu beaucoup d'adhérents parmi les penseurs distingués de notre époque. Nous n'en mentionnerons que quelques-uns : Ronzier Joly, qui a écrit un bel ouvrage (*Horizons du ciel*); Pelletan qui a développé quelques parties de la philosophie de Reynaud, dans sa *Profession de foi au dix-neuvième siècle*, et dans ses *Heures de travail;* Henri Martin, qu'il ne faut pas confondre avec son homonyme, auteur d'une *Vie future*, dont nous avons combattu les conclusions, Henri Martin, dont nous parlons ici, l'auteur d'une des meilleures histoires de France qui aient paru de nos jours, a publié dans diverses revues, notamment dans la *Revue de Paris*, des articles très-bien composés sur Jean Reynaud; et dans le tome Ier de son grand ouvrage, il adopte ouvertement sur le druidisme les vues élevées de son ami.

Abordons maintenant, et citons longuement, comme se rattachant plus particulièrement à notre traité, l'intéressant ouvrage de Camille Flammarion, *La pluralité des mondes habités*, dont nous avons déjà parlé dans notre préface.

L'auteur se proclame franchement le disciple de Jean Reynaud, et il le prouve. Cet illustre philosophe avait parfaitement compris la liaison qui existe entre la science astronomique vivante, et son système sur l'origine et la destinée de l'âme; mais il n'avait fait qu'ébaucher, quoique par de magnifiques intuitions, la question de la pluralité des mondes, surtout dans son établissement scientifique. Il fallait la reprendre en entier, en asseoir la vérité sur d'inébranlables fondements; il fallait joindre l'autorité des études spéciales au talent du penseur, pour tirer les conséquences morales des constatations rigoureuses et positives du savant. Flammarion était singulièrement apte à remplir ce double rôle; rédacteur d'un journal scientifique très-estimé, ayant une position officielle dans la science astronomique, il a fait preuve, et nous allons le constater, des autres qualités désirées. Quant à la partie scientifique, elle est d'une incontestable certitude, et nous n'en dirons rien de plus ici. Tous ceux qui s'intéressent à la haute question de nos destinées futures, devront méditer sérieusement l'ouvrage de cet astronome. Nous nous bornerons à donner une idée de quelques aperçus philosophiques d'une haute portée, par lesquels il imprime le cachet moral à son œuvre, et opère la fusion entrevue déjà par de grands esprits entre la science et la métaphysique.

Parlons d'abord d'une très-grave question que nous avons déjà effleurée, mais sur laquelle il ne sera pas indifférent de revenir avec notre auteur : « *Quelle a été la raison de la répulsion de la théologie chrétienne contre Copernic et Galilée?* » Laissons la parole à Camille Flammarion, dans son appendice sur le dogme chrétien.

« Cette raison grave, cette raison cachée, cette raison sourde, c'est celle qui fit mettre Bacon, Copernic, Descartes à l'index, c'est celle qui fit exiler Campanella et qui fit brûler vif Jordano Bruno au champ de Flore, à Rome, pour l'hérésie de la nouvelle science du monde. Cette raison, c'est celle qui avait fait incarcérer le jésuite Fabri, parce que, dans un discours sur la constitution du monde, il avait dit que le mouvement de la terre une fois démontré, l'Église devrait dès lors interpréter, dans un sens figuré, les passages de l'Écriture qui y sont contraires.

« Cette raison, c'est celle qui, trois ans après la mort de Galilée, animait le R. P. Gazrée, recteur du collége de Dijon, lorsqu'il cherchait à détourner Gassendi de la croyance au mouvement de la terre et à la pluralité des mondes, par la lettre que voici :

« Songe, dit-il, moins à ce que tu penses toi-même, qu'à ce que penseront la plupart des autres, qui, entraînés par ton autorité ou par tes raisons, se persuaderont que le globe terrestre se meut parmi les planètes. Ils concluront d'abord que si la terre est, sans aucun doute, une des planètes, *comme elle a ses habitants, il est bien à croire qu'il en existe aussi dans les autres, et qu'il n'en manque pas non plus dans les étoiles fixes, qu'ils y sont même d'une nature supérieure*, et dans la même mesure que les autres astres surpassent la terre en grandeur et en perfection. De là s'élèveront des doutes sur la Genèse, qui dit que la terre a été faite avant les astres, et que ces derniers n'ont été créés que le quatrième jour, pour illuminer la terre et mesurer les saisons et les années. Par suite, *toute l'économie du Verbe incarné et la vérité évangélique seront rendues suspectes*.

« Que dis-je? Il en sera ainsi de toute la foi chrétienne elle-même, qui suppose et enseigne que les astres ont été produits par le Dieu créateur, non pour l'habitation d'autres hommes ou d'autres créatures, mais seulement pour éclairer et féconder la terre de leur lumière. Tu vois donc combien il est dangereux que ces choses soient répandues dans le public, surtout par des hommes vivants, qui, par leur autorité, paraissent en faire foi.

« Ce n'est donc pas sans raison que, dès le temps de Copernic, l'Église s'est toujours opposée à cette erreur ; et que, tout dernièrement encore, non pas quelques cardinaux, comme tu dis, mais le chef suprême de l'Église, par un décret pontifical, l'a condamnée dans Galilée, et a très-saintement (*sanctissime*) défendu de l'enseigner à l'avenir de vive voix et par écrit. »

« Oui, notre philosophie de la pluralité des mondes, que l'on entrevoyait dès l'aurore copernicienne, paraissait inconciliable avec le dogme chrétien; « elle rendait suspecte l'économie du Verbe incarné, » et pas une voix ne s'est élevée en sa faveur, qui n'ait été immédiatement bâillonnée par mesure de prudence. Depuis trois siècles, notre doctrine, assise sur le granit de la science, s'est consolidée, tandis que le jugement de la cour de Rome s'est affaibli par l'âge; les chrétiens peuvent dire aujourd'hui ce que Fontenelle n'osait encore avancer : que les habitants des planètes sont des hommes; et l'on n'est pas hérétique par le seul fait de la croyance au mouvement de la terre; nous avons des amis au collège romain qui observent les continents de Mars, et qui croient à la pluralité des mondes.

« Le temps viendra où tous les esprits instruits et indépendants auront su s'affranchir des préjugés qui pèsent encore sur nos têtes, et confesseront, avec l'accent d'une conviction inébranlable, la doctrine de la pluralité des mondes.

« La difficulté du mystère chrétien a été d'abord exprimée comme il suit : Si l'on admet la pluralité des terres habitées et des humanités, il faut admettre ou que ces humanités sont restées fidèles à la loi de Dieu, et n'ont pas nécessité la descente du Rédempteur, ou qu'elles ont péché comme la nôtre et ont dû être rachetées. Dans le premier cas, ces humanités impeccables, pures et affranchies de la matière, sont par là même affranchies, au nom du dogme, de la loi du travail, et dès lors leur développement paraît impossible; il semble que ce soient des êtres sans objet de perfectionnement, sans force d'activité.

« Dans le second cas, si ces humanités ont péché comme la nôtre, et ont dû être rachetées, le privilége prestigieux de la rédemption perd de sa grandeur, car il se trouve répété pour des millions et des millions de terres semblables à la nôtre; il tombe dans la-loi commune; il fait partie de l'ordre général; sa splendeur sans seconde s'est éclipsée, et avec elle l'éclat divin dont il était enveloppé. »

Mais l'auteur combat ce dernier argument d'une manière solide, et il ajoute :

« C'est donc sans raison aucune que l'on présenterait la terre comme indigne de l'attention divine, à cause de la multitude innombrable des mondes qui voguent au sein de l'espace; la présence universelle et identique de Dieu enveloppe la création comme l'Océan fait d'une éponge, elle la pénètre, elle la remplit; elle est la même en chaque lieu, et son caractère d'infinité lui est inviolablement attaché. La Providence du passereau est infinie comme la Providence de la voie lactée, ni moins attentive, ni moins sage, ni moins puissante : infinie, en un mot, dans le sens unique attaché à ce caractère. »

Quant à l'objection que le christianisme serait compromis par la doctrine de la pluralité des mondes, si nos lecteurs nous ont bien compris et suivi jusqu'ici, ils penseront que ce n'est que le christianisme grossier et enfantin, le pseudo-christianisme qui se trouve atteint, et non le vrai et universel christianisme.

En effet, Dieu intervient partout par ses messies, ses précurseurs, ses prophètes, ses missionnaires, incarnés ou spirituels, dans les mondes supérieurs aussi bien que dans les intermédiaires et les inférieurs ; nous avons dit nos idées sur le plan divin de l'éducation humanitaire : ce plan se reproduit avec une variété infinie et avec les changements nécessaires sur tous les globes; il est partout proportionné à la nécessité des âges et à l'avancement des humanités.

Il n'y a que ceux qui croient follement que la terre est le plus grand des mondes matériels, qui puissent prendre ombrage de cette doctrine véridique de la pluralité des mondes. Flammarion pense et prouve comme Ballanche, et une foule d'autres penseurs, que notre pauvre planète est des plus misérables et des plus infimes.

Il fait ressortir en ces termes, dans la partie philosophique de son livre, la grandeur des conséquences de cette exacte contemplation de l'univers.

« Mettons-nous en face de l'universalité des mondes. Qui nous dit que ces mondes et leurs humanités ne forment pas dans leur ensemble une série, une unité hiérarchique, depuis les mondes où la somme des conditions heureuses d'habitabilité est la plus petite jusqu'à ceux où la nature entière brille à l'apogée de sa splendeur et de sa gloire? Qui nous dit que la grande humanité collective n'est pas formée par une suite non interrompue d'humanités individuelles assises à tous les degrés de l'échelle de la perfection? — Au point de vue de la science, c'est là une déduction qui découle naturellement du spectacle du monde; au point de vue de la raison, on ne saurait refuser que cette manière d'envisager le système général de l'univers ne soit préférable à celle qui se contenterait de considérer la création comme une agglomération confuse de globes peuplés d'êtres divers, sans harmonie, sans unité et sans grandeur.

« Disons plus. Celui qui voit un chaos dans l'œuvre divine ou dans une partie quelconque de cette œuvre, approche de la négation de l'intelligence ordonnatrice; tandis que celui qui voit une unité dans les créations du ciel, comme il en reconnaît une dans la création de la terre, celui-là comprend la nature, expression de la volonté divine.

« Si le monde intellectuel et le monde physique forment une unité absolue; si l'ensemble des humanités sidérales forme une série progressive d'êtres pensants, depuis les intelligences d'en bas, à peine sorties des langes de la matière, jusqu'aux divines puissances qui peuvent contempler Dieu dans sa gloire et comprendre ses œuvres les plus sublimes, tout s'explique et tout s'harmonise; l'humanité terrestre trouve sa place dans les degrés inférieurs de cette vaste hiérarchie, et l'unité du plan divin est établie.

« Entrevu dans cette lumière, notre séjour terrestre est dépouillé de cette enveloppe disparate qui nous empêchait jusqu'ici de reconnaître sa place au sein de l'œuvre divine; nous le voyons à nu et nous comprenons son rôle; étant loin du soleil de la perfection, il est plus obscur que d'autres; c'est un lieu de travail où l'on vient perdre un peu de son ignorance originaire et s'élever un peu vers la connaissance; le travail étant la loi de vie, il faut que, dans cet univers où l'activité est la fonction des êtres, on naisse en état de simplicité et d'ignorance; il faut qu'en des mondes peu avancés on commence par les œuvres élémentaires; il faut qu'en des mondes plus élevés on arrive avec une somme de connaissances acquises; il faut enfin que le bonheur, auquel nous aspirons tous, soit le prix de notre travail et le fruit de notre ardeur. S'il y a « plusieurs demeures dans la maison de notre Père, » ce ne sont point autant de lits de repos, mais bien des séjours où les facultés de l'âme s'exercent dans toute leur activité et dans une énergie d'autant plus développée; ce sont des régions dont l'opulence s'accroît à mesure, et où l'on apprend à mieux connaître la nature des choses, à mieux comprendre Dieu dans sa puissance, à mieux l'adorer dans sa gloire et dans sa splendeur. »

Cette page étincelante, où la justesse de la pensée s'allie à la beauté de l'expression, donne une idée suffisante du talent de l'auteur.

Voici, dans le même ordre d'idées, d'autres vues qui ne le cèdent en rien aux premières.

« Nous ne pouvons nous empêcher d'exprimer ici combien il est doux de voir l'univers tel que nous le voyons maintenant, dans sa beauté réelle, dans sa grandeur, dans son objet et dans sa destinée. Les nuages qui l'obscurcissaient se sont dissipés, nos yeux ont été purifiés des causes qui rendaient notre vision confuse, et nous contemplons dans sa clarté naturelle l'œuvre sublime de la création. Or cette révélation de la science porte en soi les caractères de la vérité. Elle comble les aspirations innées de notre âme et elle satisfait les affections de notre cœur; c'est là un privilége qui n'appartient qu'à la vérité seule. Lorsque nous l'avons une fois conçue, cette idée de la création, rien ne peut nous en détacher, rien ne peut lui enlever notre sympathie, qu'elle s'est conquise dès le premier instant; nous sentons qu'elle touche à nos destinées suprêmes, à nos intérêts les plus chers, à toutes les fonctions de notre être ; nous sentons en elle la loi sacrée qui nous domine tous, non d'une domination onéreuse à laquelle on voudrait se soustraire, mais d'une domination bienfaisante qui assure notre liberté ; nouveau privilége qui ne saurait encore appartenir qu'à la vérité seule. Par cette loi, les attributs inviolables de la Divinité sont sauvegardés en même temps que les intérêts des êtres créés, et le monde, œuvre divine, resplendit sous son double aspect dans toute sa grandeur.

« Oui, notre doctrine porte en soi tous les caractères de la vérité naturelle ; de plus elle nous captive par sa beauté, elle est pleine d'onction, pleine de ravissements. Lorsque nous la contemplons, et lorsque nous nous laissons pénétrer par les idées qu'elle inspire, nous éprouvons ce bonheur que verse toujours en nous la contemplation de la nature, et nous sentons instinctivement en elle l'élément de la vie de notre âme. C'est une doctrine sainte qui donne à toute créature son rang véritable et qui en même temps ennoblit tous les êtres devant notre foi. C'est une doctrine ineffable qui transfigure l'univers et qui donne à notre esprit un nouveau sens par lequel il se met en communication avec tous les enfants de la nature. Elle est bien l'expression la plus belle et la plus grandiose de l'œuvre divine. »

Nous n'avons pas besoin d'insister ici : le vrai et le beau sont compris et sentis de tous.

Qu'on lise maintenant le résumé des conséquences morales que Flammarion tire de son complet et irréfutable travail :

« Les terres qui se balancent dans l'espace ont été considérées par nous comme des stations du ciel et comme les régions futures de notre immortalité. C'est là la maison céleste de plusieurs demeures, et là où nous entrevoyons le lieu où sont parvenus nos pères, nous reconnaissons celui que nous habiterons un jour.

« Toute croyance pour être vraie doit s'accorder avec les faits de la nature. Le spectacle du monde nous enseigne que l'immortalité de demain est celle d'aujourd'hui et celle d'hier, que l'éternité future n'est autre que l'éternité présente ; c'est là notre foi : notre paradis, c'est l'infini des mondes [1].

« La destinée morale des êtres nous a paru de la sorte intimement liée à l'ordre physique du monde, car le système du monde physique est comme la base et la charpente du système du monde moral. Ce sont deux ordres de créations nécessairement solidaires. Nous devons voir tous les êtres qui composent l'univers reliés entre eux par la loi d'unité et de solidarité, tant matérielle que spirituelle, qui est une des premières lois de la nature. Nous devons savoir que rien ne nous est étranger dans le monde, et que nous ne sommes étrangers à aucune créature, car une parenté universelle nous réunit tous.

« A l'infini de nos aspirations l'astronomie donne l'infini de l'univers, et nous pouvons dès aujourd'hui contempler le ciel où nos destinées nous attendent.

« Voilà l'humanité collective. Les êtres inconnus qui habitent tous ces mondes de l'espace, ce sont des hommes partageant une destinée semblable à la nôtre. Et ces hommes ne nous sont point étrangers : nous les avons connus ou nous devons les connaître un jour. Ils sont de notre immense famille humaine ; ils appartiennent à notre humanité.

« O mages de l'éternelle vérité, apôtres du sacrifice, pères de la sagesse, toi, Socrate, qui pris la ciguë, toi son élève, ô Platon, — vous, Phidias et Praxitèle, sculpteurs de la beauté, — — vous, disciples de l'Évangile, Jean, Paul, Augustin, — vous, apôtres de la science, Galilée, Kepler, Newton, Descartes, Pascal, — et vous, Raphaël et Michel-Ange, dont les conceptions resteront toujours nos modèles, — et vous, chantres divins, Hésiode, Dante, Milton, Racine, Pergolèse, Mozart, Beethoven, seriez-vous donc immobilisés dans un paradis imaginaire ? Auriez-vous

---

[1]. Cette thèse a été développée dans un discours de l'auteur sur les destinées de l'astronomie. Paris, 1863, réimprimé dans l'*Annuaire du Cosmos*.

changé de nature ? ne seriez-vous plus les hommes que nous avons connus et admirés, et dormiriez-vous maintenant, véritables momies, éternellement assis à votre place dernière ? Non, l'immortalité ne serait qu'une ombre sans l'activité, et nous aimerions autant la tombe que le *Nirvana* rêvé par les bouddhistes. *C'est la vie éternelle que nous voulons, et non la mort éternelle.*

« La vie éternelle, vous l'avez conquise, âmes illustres, non par les travaux d'une seule existence, mais par ceux de plusieurs vies se continuant l'une l'autre ; vous l'avez conquise, non comme un champ de repos où l'on va dormir après la bataille, mais comme une terre promise dans laquelle vous êtes entrés et où vous accomplissez maintenant les œuvres d'une existence glorieuse. Vous développez maintenant *ces facultés brillantes dont la terre n'a connu que le germe, et qui demandèrent pour éclore d'autres soleils plus féconds que le nôtre ;* vous donnez cours aux aspirations sublimes que l'on avait à peine devinées sur cette terre où nul objet n'était vraiment digne de les attirer, où nulle force n'était capable de les soutenir ; vous poursuivez enfin dans *l'activité incessante de votre esprit* le but le plus cher à chacun de vous. C'est là où vous êtes, là dans ce ciel calme qui nous domine, au milieu de ces lumières inaltérables qui constellent l'éther. Nous vous contemplons d'ici, dans ces demeures lointaines, et nous sentons avec amour que ces mondes silencieux ne nous sont point étrangers, comme nous le pensions jadis. Plus heureux que nous, qui sommes encore ballottés sur les flots de l'incertitude, vous avez levé les voiles de l'univers ; peut-être apercevez-vous de là-haut notre petit soleil, et distinguez-vous la petite tache qui se nomme la terre et que vous reconnaissez pour votre ancienne demeure. Peut-être mettez-vous en action les forces de la pensée et en connaissez-vous les lois, et peut-être entendez-vous de votre séjour la prière admirative de ceux qui vous vénèrent !

« Quoi qu'il en soit, et malgré l'obscurité qui nous enveloppe encore, lorsque nous tentons de visiter en esprit ce monde mystérieux, nous devons, disciples fidèles de la philosophie naturelle, nous efforcer de comprendre dans sa simplicité et dans sa grandeur l'enseignement toujours unanime de la nature. Pluralité des mondes, pluralité des existences : voilà deux termes qui se complètent et qui s'illuminent l'un l'autre. »

Tel est, bien brièvement, l'exposé de la doctrine de Flammarion, dans son œuvre remarquable, après laquelle *la question de la pluralité des mondes est irrévocablement résolue.*

CHAPITRE IX

SPIRITISME

Cette nouvelle doctrine ne date, en France, que de 1853 à 1855, pour l'époque de ses développements matériels, de 1857 pour ses développements spirituels et philosophiques.

Nous n'en parlerons ici, nous l'avons dit dans notre préface, qu'au point de vue purement rationnel, en laissant de côté le problème suivant qui aurait bien son intérêt : *Le spiritisme serait-il l'avénement spirituel prédit et attendu, ou tout au moins en serait-il la préparation?* Nous pourrons reprendre cette question dans un ouvrage spécial.

Pour connaître ce que le spiritisme renferme de sérieux et d'important au point de vue de la raison et de la philosophie, c'est à Allan Kardec qu'il faut s'adresser, car c'est lui qui s'en est fait le principal représentant. Frappé des phénomènes dont il était témoin, cet ancien professeur vit dans leur manifestation une révélation nouvelle et voulut en étudier les principes par une observation assidue et raisonnée. C'est à la suite de ces études qu'il publia le *Livre des esprits,* celui *des Médiums* et plusieurs autres traités.

Nous allons donc le citer succinctement en ce qui concerne la pluralité des existences de l'âme.

« Le dogme de la réincarnation, disent certaines personnes, n'est point nouveau : il est ressuscité de Pythagore. Nous n'avons jamais dit que la doctrine spirite fût d'invention moderne; le spiritisme étant une loi de nature a dû exister dès l'origine des temps, et nous nous sommes toujours efforcé de prouver qu'on en retrouve les traces dans la plus haute antiquité. Pythagore, comme on le sait, n'est pas l'auteur du système de la métempsycose; il l'a puisée chez les philosophes indiens et chez les Égyptiens, où elle existait de temps immémorial. L'idée de la transmigration des âmes était donc une croyance vulgaire, admise par les hommes les plus éminents. Par quelle voie leur est-elle venue? est-ce par révélation ou par intuition? nous ne le savons pas; mais, quoi qu'il en soit, une idée ne traverse pas les âges et n'est pas acceptée par les intelligences d'élite, sans avoir un côté sérieux. L'antiquité de cette doctrine serait donc plutôt une preuve qu'une objection. Toutefois, comme on le sait également, il y a, entre la métempsycose des anciens et la doctrine moderne de la réincarnation, cette grande différence que les Esprits rejettent de la manière la plus absolue la transmigration de l'homme dans les animaux et réciproquement.

« Les Esprits, en enseignant le dogme de la pluralité des existences corporelles, renouvellent donc une doctrine qui a pris naissance dans les premiers âges du monde, et qui s'est conservée jusqu'à nos jours dans la pensée intime de beaucoup de personnes; seulement ils la présentent sous un point de vue plus rationnel, plus conforme aux lois progressives de la nature et plus en harmonie avec la sagesse du Créateur, en la dépouillant de tous les accessoires de la superstition. Une circonstance digne de remarque, c'est que ce n'est pas dans nos seuls livres qu'ils l'ont enseignée dans ces derniers temps; dès avant leur publication, de nombreuses communications de même nature ont été obtenues en diverses contrées et se sont considérablement multipliées depuis.

« Examinons la chose sous un autre point de vue, et abstraction faite de toute intervention des Esprits, mettons ceux-ci de côté pour un instant; supposons que cette théorie ne soit pas un fait, supposons même qu'il n'ait jamais été question d'Esprits, plaçons-nous donc momentanément sur un terrain neutre, admettons au même degré de probabilité l'une et l'autre hypothèse, savoir : la pluralité et l'unité des existences corporelles, et voyons de quel côté nous portera la raison et notre propre intérêt.

« Certaines personnes repoussent l'idée de la réincarnation par ce seul motif qu'elle ne leur convient pas, disant qu'elles ont bien assez d'une existence et qu'elles n'en voudraient pas rencontrer une pareille; nous en connaissons que la seule pensée de reparaître sur la terre fait bondir de fureur.

« Nous avons entendu faire ce raisonnement : Dieu, qui est souverainement bon, ne peut imposer à l'homme de recommencer une série de misères et de tribulations. Trouverait-on, par hasard, qu'il y a plus de bonté à condamner l'homme à une souffrance perpétuelle pour quelques moments d'erreur, plutôt qu'à lui donner les moyens de réparer ses fautes? La pensée que notre sort est à jamais fixé par quelques années d'épreuve, alors même qu'il n'a pas toujours dépendu de nous d'atteindre à la perfection sur la terre, a quelque chose de navrant, tandis que l'idée contraire est éminemment consolante : elle nous laisse l'espérance. Ainsi, sans nous prononcer pour ou contre la pluralité des existences, sans admettre une hypothèse plutôt que l'autre, nous disons que, si nous avions le choix, il n'est personne qui préférât un jugement sans appel.

« S'il n'y a pas de réincarnation, il n'y a qu'une existence corporelle, cela est évident; si notre existence corporelle actuelle est la seule, l'âme de chaque homme est créée à sa naissance. En admettant, selon la croyance vulgaire, que l'âme prend naissance avec le corps, ou, ce qui revient au même, qu'antérieurement à son incarnation elle n'a que des facultés négatives, nous posons les questions suivantes :

« 1° Pourquoi l'âme montre-t-elle des aptitudes si diverses et indépendantes des idées acquises par l'éducation ?

« 2° D'où vient l'aptitude extra-normale de certains enfants en bas âge pour tel art ou telle science, tandis que d'autres restent inférieurs ou médiocres toute leur vie ?

« 3° D'où viennent, chez les uns, les idées innées ou intuitives qui n'existent pas chez d'autres ?

« 4° D'où viennent, chez certains enfants, ces instincts précoces de vices ou de vertus, ces sentiments innés de dignité ou de bassesse qui contrastent avec le milieu dans lequel ils sont nés ?

« 5° Pourquoi certains hommes, abstraction faite de l'éducation, sont-ils plus avancés les uns que les autres ?

« 6° Pourquoi y a-t-il des sauvages et des hommes civilisés ? Si vous prenez un enfant hottentot à la mamelle, et si vous l'élevez dans nos lycées les plus renommés, en ferez-vous jamais un Laplace ou un Newton ?

« Nous demandons quelle est la philosophie ou la théosophie qui peut résoudre ces problèmes ? Ou les âmes à leur naissance sont égales, ou elles sont inégales, cela n'est pas douteux. Si elles sont égales, pourquoi ces aptitudes si diverses ? Dira-t-on que cela dépend de l'organisme ? Mais alors c'est la doctrine la plus monstrueuse et la plus immorale. L'homme n'est plus qu'une machine, le jouet de la matière, il n'a plus la responsabilité de ses actes ; il peut tout rejeter sur ses imperfections physiques. Si elles sont inégales, c'est que Dieu les a créées ainsi ; mais alors pourquoi ? Cette partialité est-elle conforme à la justice et à l'égal amour qu'il porte à toutes ses créatures ?

« Admettons, au contraire, une succession d'existences antérieures progressives, et tout est expliqué. Les hommes apportent en naissant l'intuition de ce qu'ils ont acquis ; ils sont plus ou moins avancés, selon le nombre d'existences qu'ils ont parcourues. Dieu, dans sa justice, n'a pu créer des âmes plus ou moins parfaites ; mais, avec la pluralité des existences, l'inégalité que nous voyons n'a plus rien de contraire à l'équité la plus rigoureuse; c'est que nous ne voyons que le présent et non le passé. Ce raisonnement repose-t-il sur un système, une supposition gratuite? Non; nous partons d'un fait patent, incontestable, l'inégalité des aptitudes et du développement intellectuel et moral, et nous trouvons ce fait inexplicable par toutes les théories qui ont cours; tandis que l'explication en est simple, naturelle, logique, par une autre théorie. Est-il rationnel de préférer celle qui n'explique pas à celle qui explique !

« A l'égard de la sixième question, on dira sans doute que le Hottentot est d'une race inférieure : alors nous demanderons si le Hottentot est un homme ou non. Si c'est un homme, pourquoi Dieu l'a-t-il, lui et sa race, déshérité des priviléges accordés à la race caucasique? Si ce n'est pas un homme, pourquoi chercher à le faire chrétien? La doctrine spirite est plus large que tout cela; pour elle, il n'y a pas plusieurs espèces d'hommes, il n'y a que des hommes dont l'esprit est plus ou moins arriéré, mais susceptible de progresser : cela n'est-il pas plus conforme à la justice de Dieu?

« Nous venons de voir l'âme dans son passé et dans son présent ; si nous la considérons dans son avenir, nous trouvons les mêmes difficultés.

« 1° Si notre existence actuelle doit seule décider de notre sort à venir, quelle est, dans la vie future, la position respective du sauvage et de l'homme civilisé? Sont-ils au même niveau, ou sont-ils distancés dans la somme du bonheur éternel?

« 2° L'homme qui a travaillé toute sa vie à s'améliorer est-il au même rang que celui qui est resté inférieur, non par sa faute, mais parce qu'il n'a eu ni le temps, ni la possibilité de s'améliorer?

« 3° L'homme qui fait mal, parce qu'il n'a pu s'éclairer, est-il passible d'un état de choses qui n'a pas dépendu de lui?

« 4° On travaille à éclairer les hommes, à les moraliser, à les civiliser; mais pour un que l'on éclaire, il y en a des millions qui meurent chaque jour avant que la lumière soit parvenue jusqu'à eux; quel est le sort de ceux-ci? Sont-ils traités comme des réprouvés? Dans le cas contraire, qu'ont-ils fait pour mériter d'être sur le même rang que les autres?

« 5° Quel est le sort des enfants qui meurent en bas âge avant d'avoir pu faire ni bien ni mal? S'ils sont parmi les élus, pourquoi cette faveur sans avoir rien fait pour la mériter? Par quel privilége sont-ils affranchis des tribulations de la vie?

« Y a-t-il une doctrine qui puisse résoudre ces questions? admettez des existences consécutives, et tout est expliqué conformément à la justice de Dieu. Ce que l'on n'a pu faire dans une existence, on le fait dans une autre; c'est ainsi que personne n'échappe à la loi du progrès, que chacun sera récompensé selon son mérite réel, et que nul n'est exclu de la félicité suprême à laquelle il peut prétendre, quels que soient les obstacles qu'il ait rencontrés sur sa route.

« Reconnaissons donc, en résumé, que la doctrine de la pluralité des existences explique seule ce qui, sans elle, est inexplicable; qu'elle est éminemment consolante et conforme à la justice la plus rigoureuse, et qu'elle est pour l'homme l'ancre de salut que Dieu lui a donnée dans sa miséricorde. »

On remarque dans ces paroles un raisonnement fort et serré bien propre au soutien de la thèse; c'était à coup sûr le meilleur moyen de la présenter au public, qui, généralement, aime assez qu'on raisonne pour lui, et qu'on lui présente les questions sous tous les revers comme sous les faces séduisantes, afin de ne se voir contraint à aucun travail.

Après cet écrivain en renom du spiritisme moderne, il ne nous restera plus qu'à glaner. On a vu les dernières discussions par lesquelles Allan Kardec établit que le sort des enfants morts en bas âge ne peut s'expliquer que par l'hypothèse des réincarnations. La question mérite qu'on s'y arrête, la doctrine de saint Augustin et de l'Église catholique, développée dans le livre d'Allan Kardec étant insuffisante, nous citerons un autre écrivain du spiritisme, Chapelot. Voici ce qu'il dit en parlant de Dieu :

« Sans la pluralité des vies, Dieu serait-il juste ?— Non; car il accorderait le bonheur éternel à une âme dont un séjour de deux heures seulement sur la terre n'aurait pu lui permettre de faire ni bien ni mal. Vous dites que Dieu a ses secrets; mais aussi vous admettez bien qu'il est logique? Et il ne le serait pas; car, pour jouir du bonheur éternel, il faut l'avoir mérité, et pour être puni des flammes éternelles de l'enfer, il faut également avoir mérité cette punition.

« Dieu créa les âmes; puis il donna à chacune une enveloppe mortelle, qui est le corps, et leur dit : Maintenant, allez ! et retenez bien ceci : Celles d'entre vous qui enfreindront mes lois seront punies, et celles qui s'y conformeront seront récompensées. — C'est bien ainsi que vous l'entendez, n'est-ce pas? Et c'est bien ainsi que les spirites le comprennent. Mais ce qu'ils n'avaient pu comprendre avant le spiritisme, c'est la création d'une âme pour une existence de dix minutes, par exemple. Pourquoi ce court passage sur la terre? Si cette âme était destinée d'avance à jouir du bonheur éternel, on chercherait en vain l'utilité de son infiniment courte apparition sur la terre. La doctrine de la réincarnation, ou pluralité des existences, explique cela ; mais, si on ne l'admet pas, on se demande alors quel était le but du Créateur. Et c'est là justement où venaient se briser la raison et se confondre les idées. Nous ne trouvions rien pour justifier Dieu. Or, comme nous ne pouvions suspecter Dieu d'injustice, nous avions trouvé le mot mystère, et dans ce mot nous enfouissions tout ce que nous ne comprenions pas, comme dans les administrations on enfouit dans des dossiers appelés Divers tout ce qu'on ne peut classer raisonnablement ailleurs. Je demande pardon à mes lecteurs de cette comparaison matérielle, mais ! . . . .

« Ensuite, serait-il bon ?—Non; car il infligerait à ses créatures des peines éternelles pour des fautes commises dans leur existence terrestre, et par cela seul que ces fautes n'auraient pas été confessées avant le passage de la vie corporelle à la vie spirituelle. Non, encore ; car un homme qui se serait souillé de tous les vices, s'il se repentait avant de mourir, serait sauvé de l'enfer ; tandis qu'un autre qui aurait été bon, charitable envers tout le monde, en aimant Dieu par-dessus tout, mais aurait pratiqué une autre religion que la religion catholique, serait perdu sans retour, par cela seul qu'il aurait été hors l'Église ; car : « Hors l'Église, point de salut ! » Croyez-vous qu'il ne soit pas plus logique et surtout plus conforme à la bonté et à la justice de Dieu d'admettre que, au lieu de punir éternellement une âme d'une faute qu'elle aura commise dans son existence terrestre, le voile des ténèbres qui lui couvrait les yeux se déchirera tôt ou tard, et qu'alors la vérité lui apparaissant avec son cortége de vives lumières, elle demandera la faveur d'une incarnation nouvelle, avec le désir de mieux se conduire dans cette nouvelle existence, afin de faire un pas vers Dieu ? N'est-il pas terrible de penser que, mort en péché mortel, il n'y ait plus moyen de se tirer de là ?

« Comment ! j'étais sur la terre un malheureux sans instruction ; élevé par des parents qui riaient quand on leur parlait de Dieu ; qui me disaient qu'il n'y avait que les sots qui croyaient en Dieu, et qui m'auraient peut-être maltraité si j'eusse dit le contraire ; qui m'empêchaient de sortir, dans la crainte que d'autres ne me fissent croire à ce qu'ils appelaient des niaiseries, des sottises, des absurdités ; qui ne m'avaient point envoyé à l'école pour avoir la certitude que je ne lirais rien qui pût me faire croire en Dieu ; qui, en un mot, avaient fait de moi pis qu'un animal ; n'est-il pas terrible de penser, disais-je, qu'à cause de tout cela je serai puni éternellement ? Peut-être qu'en présence de toutes ces considérations vous m'accorderez la faveur des circonstances atténuantes ; et que vous me ferez la grâce d'une place au purgatoire. Mais le purgatoire est bien éloigné du bonheur !...

« Et pour arriver au bonheur éternel, qu'est-ce qu'il faut que je fasse ? — Exigera-t-on de moi un repentir ? Mais quel repentir puis-je avoir, puisque je n'ai commis aucune faute par le fait de ma volonté ? Ce n'est pas un repentir que je pourrai avoir, mais bien un immense regret d'être tombé entre les mains de parents qui auraient seuls causé mon malheur [1].

« J'avais un frère qui, s'il fût resté aussi longtemps que moi sur la terre, aurait subi inévitablement le même sort; mais il eut le bonheur insigne de mourir deux heures après sa naissance, et après avoir reçu le baptême. — Ce frère, je le vois en paradis, jouissant des félicités éternelles; tandis que moi, je suis, non pas en enfer, mais bien dans un lieu transitoire, qui est à l'enfer ce qu'une maison de correction est à une prison. Si Dieu, je le répète, ne m'accorde pas la faveur d'une nouvelle existence, comment sortirai-je de là ? Eh bien, messieurs, vous qui critiquez le spiritisme et accueillez de railleries les partisans de la doctrine de la réincarnation, tâchez donc de répondre à ces questions d'une manière conforme à la justice et à la bonté de Dieu !... En admettant la pluralité des existences, oui ; en la rejetant, jamais !...

Ce sont là de vrais et bons arguments, en ne les considérant, comme nous nous en sommes fait une loi, qu'au point de vue purement philosophique et rationnel. Nous allons résumer, d'après un autre auteur, les motifs qui plaident, selon lui, pour la pluralité des existences [2].

« Il y a dans la doctrine de la réincarnation une économie morale qui n'échappera pas à l'intelligence humaine.

« Il est évident qu'une vie ne suffit pas à l'accomplissement des desseins de Dieu, lorsque, conformément à ses lois, un esprit s'est incarné.

---

1. Le spiritisme dit : Les parents seront punis, et l'Esprit dont ils ont eu si peu de soin recommencera une autre existence. Pour plus de développements, voyez le *Livre des Esprits*.
2. Le docteur Grand, *Lettre d'un catholique sur le spiritisme*.

« La corporéité manifestant bien mieux les actes de vertu, et ces actes étant nécessaires à l'amélioration de l'esprit, celui-ci doit rarement trouver dans une seule existence corporelle toutes les circonstances nécessaires à son élévation au-dessus de l'humanité.

« Étant admis que la justice de Dieu ne peut s'allier avec des peines éternelles, et l'expiation devant être proportionnelle aux manquements, la raison doit conclure à la nécessité :

« 1° D'une période de temps, pendant laquelle l'âme examine ses pensées, forme ses résolutions pour l'avenir;

« 2° D'une existence nouvelle en harmonie avec l'avancement actuel de cette âme.

« Je ne parle pas des supplices quelquefois terribles infligés à certains esprits après leur mort.

« Ils répondent, d'une part, à l'énormité de la faute, d'autre part à la justice de Dieu.

« Quant à de nouvelles épreuves, on comprend leur nécessité par une comparaison vulgaire, mais saisissante de vérité.

« Après une année d'étude, qu'arrive-t-il au jeune collégien ? s'il a progressé, s'il a été laborieux, s'il a profité du temps, il passe dans une classe supérieure; s'il est resté immobile dans son ignorance, il redouble sa classe. Supposons des fautes graves, il est ignominieusement expulsé. Il peut errer de collége en collége, être déclaré indigne d'appartenir à l'Université, et passer de la maison d'éducation dans la maison de correction.

« Telle est l'image fidèle du sort des esprits.

« Toute existence mal remplie exige une nouvelle existence, et rien ne satisfait plus complètement la raison; si l'on veut creuser plus profondément la doctrine, on verra combien, en présence de ces idées, la justice de Dieu paraît plus parfaite et plus conforme aux grandes vérités qui dominent notre intelligence dans l'ensemble comme dans les détails. Il y a quelque chose de si clair et de si saisissant, qu'au premier aspect l'esprit en est comme illuminé.

« Et les reproches murmurés contre la Providence, et les

malédictions contre la douleur, et le scandale du vice heureux en face de la vertu qui souffre, et la mort prématurée de l'enfant, et, dans une même famille, les plus ravissantes qualités donnant, pour ainsi dire, la main à une perversité précoce, et l'idiotisme, et les infirmités qui datent du berceau, et les diversités infinies des conditions humaines, soit chez les individus, soit chez les peuples; problèmes irrésolus jusqu'à ce jour, énigmes qui ont fait douter non-seulement de la bonté, mais presque de l'existence de Dieu; tout cela s'éclaire à la fois, un pur rayon de lumière s'étend sur l'horizon de la philosophie nouvelle, et dans ce cadre immense se groupent harmonieusement toutes les conditions de l'existence humaine. Les difficultés s'aplanissent, les problèmes se résolvent, et des mystères impénétrables s'éclaircissent par ce seul mot : *réincarnation.*

« Je lis dans ton cœur, cher chrétien : Voici pour le coup une véritable hérésie !..

« Pas plus, ô mon fils ! que la négation de l'éternité des peines; aucun dogme pratique n'est en opposition formelle avec cette doctrine.

« Qu'est-ce que la vie humaine ? Le temps que l'esprit reste uni à un corps. Le christianisme, un jour marqué par Dieu, enseignera que la vie de l'homme est multiple. Cela n'ajoute ni ne change rien à vos devoirs. La morale chrétienne reste debout; les préceptes sont les mêmes, le souvenir de la mission de Jésus plane toujours sur l'humanité.

« La religion n'a rien à redouter de cet enseignement, et le jour n'est pas loin où ses ministres, ouvrant les yeux à la lumière, reconnaîtront dans la doctrine nouvelle les secours que, du fond de leurs basiliques, ils demandent au ciel. Ils croient que la société va périr; elle va être sauvée.

« Les catholiques peuvent faire une remarque. C'est que la doctrine de la réincarnation explique très-rationnellement certains dogmes demeurés jusqu'à ce jour à l'état de mystère. Tel est, par exemple, celui du péché originel. Quels efforts d'imagination, quels sophismes laborieux pour le mettre d'accord avec la bonté et la justice de Dieu ! Eh quoi ! l'humanité tout entière condamnée et maudite pour la faute d'un seul homme ! Certes, ce dogme est gênant pour la théologie ; il ne l'est pas pour le spiritisme.

« Au moment désigné par les décrets de Dieu, des Esprits furent envoyés sur cette terre, et furent soumis à une loi. S'ils eussent obéi, ce monde eût été le séjour du bonheur, car les hommes ne peuvent être heureux qu'en pratiquant la loi de Dieu ; ils désobéirent, ils méconnurent cette loi ; au lieu de servir Dieu, ils ne servirent que leurs passions ; ils se plongèrent dans la vie matérielle, et subirent les conséquences de la violation de la loi. La terre devint ainsi le séjour d'Esprits inférieurs, soumis, par conséquent, à de rudes épreuves qui sont à la fois des expiations pour le passé et un moyen d'avancement pour l'avenir ; d'où l'on peut conclure que nul n'a le droit d'accuser la justice de Dieu. Condamnés à souffrir, nous expions des fautes commises par nous en des existences antérieures, et non la faute commise par Adam. Nous sommes ainsi responsables de nos propres actions et non de celles des autres, selon un principe d'éternelle justice, la seule que personne ne puisse méconnaître. Nous apportons en naissant le germe de nos propres vices, de ceux auxquels nous nous sommes livrés dans une autre existence ; voilà le péché originel. De cette manière on le comprend, il est logique, rationnel. Quand l'Église l'enseignera de cette manière, elle fermera la bouche à ceux qui en glosent.

« Et l'Immaculée conception ? Ce dogme qui a été l'objet de tant de railleries et qui a divisé le clergé, pour l'expliquer est-il besoin d'avoir recours à tant de raisonnements qui aboutissent à cette conclusion. C'est un mystère qu'il faut croire, mais que l'on ne peut comprendre ? Nullement ; il n'y avait qu'une seule chose à dire : Dieu a voulu que le Christ, la pureté même, naquît d'un être pur ; il a choisi Marie qui n'apportait pas en cette vie les souillures d'une autre existence ; c'est-à-dire qu'elle n'était pas entachée du péché originel, non parce que Dieu l'avait faite par exception irresponsable de la faute d'Adam, mais parce que sa vie précédente avait été sanctifiée par la vertu. Expliqué ainsi, ce dogme eût été compris par tout le monde, et personne n'eût osé le tourner en ridicule. »

Nous donnons notre adhésion entière à ces explications, parce qu'elles sont à la fois conformes à la raison de l'homme comme à toutes les traditions religieuses, et nous applaudissons de cœur à toutes les tentatives modernes qui ont pour but de prouver ce grand fait des destinées psychiques, *la pluralité des existences.*

On trouve dans l'école spirite les principaux points qui constituent cette grande vérité : la préexistence pour le passé, un corps spirituel pour maintenir l'identité et le souvenir dans l'intervalle des vies, enfin la nécessité de nouvelles épreuves pour l'avancement ou le redressement des âmes, à la suite desquelles on aura par le périsprit virtuel une parfaite et entière mémoire de toutes les vies qui ont été successivement parcourues.

LIVRE QUATRIÈME

FORMES DE LA VIE FUTURE

CHAPITRE I

NOTRE OPINION SUR L'IMMORTALITÉ

Origine de l'âme. — Préexistence. — Réincarnation. — Exposé des principes. — Fausse béatitude. — Rejet de l'enfer éternel. — Vérité sur la vie future. — Solution de la question du mal. — Bonté de Dieu. — Saint Jérôme. — Moralité de notre doctrine. — Conditions des existences futures. — Profession de foi.

Nous avons, aux précédents livres, fidèlement rapporté ce qu'ont pensé les anciens et les modernes sur la question soulevée et résolue par la philosophie nouvelle.

Il nous reste à faire connaître notre avis, que nous avons exprimé dans quinze ouvrages philosophiques, depuis 1838 jusqu'à nos jours, sans avoir jamais changé sur les principes essentiels.

Nous n'avons donc rien de mieux à faire qu'à choisir divers fragments de nos œuvres et à les rapporter par ordre de matières, d'autant plus que ces ouvrages sont tous épuisés, et qu'il serait impossible de les réunir aujourd'hui.

Nous traiterons d'abord de la question de l'origine, c'est-à-dire de la préexistence, en la déduisant des inégalités intellectuelles et morales; puis de l'état inférieur de la terre, de notre corps souvent maladif et infirme, de la condition de fortune accordée à chacun, nous dirons ensuite un mot du péché originel et de la seule manière rationnelle dont il faut l'entendre.

Passant enfin à la question de la destinée, nous montrerons que l'opinion de l'enfer absolu et de la béatitude oisive doit être écartée; puis nous établirons la pluralité des existences comme moyen, Dieu comme but éternellement proposé à nos aspirations et obtenu déjà dans une plénitude suffisante par ceux qui sont parvenus à son royaume, grâce à leurs mérites et à leurs épreuves courageusement surmontées.

« Le problème de notre origine nous est caché, et ce n'est que par l'observation des faits de l'existence actuelle que nous pouvons essayer de le résoudre, en déduisant le passé du présent.

« Trois hypothèses ont été émises à ce sujet :

» 1° Avant de venir sur cette terre, l'âme préexistait dans un monde quelconque. La vie terrestre n'est qu'un point dans celle de l'individu; elle est liée à un ensemble de vies diverses qui se retrouvent en deçà et au delà.

« 2° L'âme ne commence d'être que lorsque l'enfant a été conçu dans le sein de sa mère.

« 3° L'âme ne se manifeste qu'à cet instant; mais l'essence en préexistait dans le premier couple.

« J'écarte de suite cette troisième hypothèse, qui rentre évidemment dans la seconde, la vie morale ne datant que du jour où l'essence se manifeste.

« Les deux premières hypothèses sont aussi anciennes que le monde. Si l'antiquité était pour quelque chose dans la solution de la question, on ne saurait à laquelle il convient de donner la préférence.

« Notre tâche consistera à rechercher si les phénomènes révélés par l'observation de l'âme, indiquent en elle une vie antérieure, ou sont suffisamment expliqués par les faits de l'existence actuelle.

« Le double fait de l'inégalité des intelligences et de l'inégalité de la moralité, est admis par le sentiment général. Tous les jours on entend dire que tel ou tel enfant a des dispositions spéciales, que tel autre en a moins et d'autre part ne dit-on pas aussi, en parlant d'enfants en bas âge dont l'éducation est à peine commencée, qu'ils ont des penchants vicieux? N'est-on pas quelquefois témoin, à ce sujet, d'inexplicables prodiges? Là ce sont des jeunes filles encore impubères, passant tour à tour de leur poupée à leur violon, atteignant l'habileté consommée des grands maîtres à un âge où beaucoup ne distingueraient pas une note de toute autre. J'ai nommé Thérésa et Maria Milanollo[1]. Parlerai-je des deux pâtres calculateurs, Henri Mondeux et Vito Mangiamèle; de l'écolier de Saint-Poelten, de Colborn, de Jédédiah Buxton? Ce sont là des faits remarquables, mais combien d'autres qui, pour n'être pas aussi saillants, n'en sont pas moins très-positifs! Interrogeons les instituteurs et les mères de famille. Pas un d'entre eux n'hésiterait à affirmer l'inégalité des intelligences. Aussi quand Jacotot proclama le principe contraire, il souleva la plus vive opposition. Helvétius autrefois n'avait pas été plus heureux, quoique cependant l'égalité native fût la conséquence nécessaire du sensualisme qui alors dominait tout[2].

« Sur cette terre, on ne peut nier sérieusement l'inégalité intellectuelle et morale. Les philosophes qui ont soutenu l'égalité des intelligences n'y croyaient pas sincèrement, et n'émettaient ce paradoxe que comme un mode d'encouragement pour tous, et comme préliminaires étranges d'un plan nouveau d'enseignement.

« Il est vrai de dire cependant qu'il est impossible de con-

1. Dès l'âge de neuf ans, Thérésa enthousiasmait toutes les capitales de l'Europe. Baillot disait d'elle : on croirait qu'elle a joué du violon avant de naître. — 2. *Dieu, l'homme, etc.*, ch. VIII, 1847.

cevoir deux hommes dans une position tellement identique que l'on puisse conclure de l'un à l'autre ; si donc de légères différences se faisaient seulement remarquer, elles pourraient être attribuées à la variété des milieux dans lesquels ils auraient été placés ; mais il en est autrement. Il y a des intelligences si faibles, si bornées, que même en les soumettant aux meilleures conditions d'éducation, il est impossible de les faire arriver au niveau d'autres intelligences qui sont restées sans culture. D'un autre côté, on rencontre quelquefois des hommes tellement supérieurs qu'on les salue du nom de génie. Il faudrait donc soutenir qu'un idiot à qui on a pu à peine enseigner les choses les plus communes, serait devenu aussi grand que Newton ou Leibnitz placé dans les mêmes conditions. Cette conséquence paraît si absurde, elle révolte tellement le bon sens, que nous n'hésitons pas à proclamer l'inégalité des intelligences sur cette terre comme une vérité admise par la conscience du genre humain. Le principe contraire n'a été qu'un paradoxe auquel n'a pas même cru d'une manière absolue celui qui l'a émis.

« Expliquons bien notre pensée, qui pourrait être mal comprise. Nul n'a contesté ni pu contester que les intelligences fussent inégales sur la terre. Jacotot, dont le nom n'est pas indigne de figurer dans cet écrit, reconnaissait cette inégalité comme un fait, mais il l'attribuait à la différence des milieux de l'existence actuelle. Il y a dans l'erreur de Jacotot le germe d'une grande vérité. L'erreur vient de ce que ce philosophe croit expliquer suffisamment la variété quelquefois énorme des intelligences, par les seuls faits antérieurs de l'existence terrestre actuelle qui sont impuissants à en rendre compte. Mais en même temps il exprime une très-belle et très-juste idée quand il admet au point de départ l'égalité des facultés et une puissance intellectuelle identique. Ainsi que nous l'avons démontré, l'inégalité d'essence ne peut se tirer ni de l'âme avant sa manifestation, ni de Dieu souverainement équitable. Cette idée est même contradictoire avec la notion des êtres. Puisque l'âme avant ses manifestations est une simple essence, il faudrait dire qu'il y a autant d'essences d'une espèce différente que d'individus, ce qui est insoutenable.

« Or, la distance immense qui sépare les idiots des hommes de génie indique clairement que les âmes n'arrivent pas sur cette terre avec le même degré de puissance et au même point d'initiation. La différence d'éducation et la variété des milieux sont des motifs impuissants à en rendre compte. Pour soutenir l'égalité des âmes au commencement de leur existence actuelle, il faudrait, je le répète, soutenir qu'un crétin à qui, malgré une position sociale brillante, on n'a pu enseigner les plus vulgaires éléments des sciences, aurait pu, se trouvant dans les mêmes milieux que Napoléon, concevoir et exécuter des œuvres aussi grandioses. Cette opinion est repoussée par la conscience même de l'humanité.

« S'il était possible de distinguer et de réunir des âmes qui sont à leur venue sur la terre au même degré de développement, on ferait de curieuses observations, en les soumettant à peu près à la même éducation et aux mêmes influences. A la vérité, les progrès varieraient, car, quoi qu'on fasse, les milieux ne peuvent être complétement identiques ; mais la différence de l'une à l'autre serait peu sensible, et ne constituerait jamais les notables distinctions qui séparent les individus pris au hasard et assemblés par les événements terrestres auxquels préside toujours la Providence divine. Le rôle de la Providence consiste surtout dans une distribution des âmes, de telle façon que le progrès soit toujours assuré, et que l'humanité marche d'un pas certain à la conquête de ses destinées.

« L'inégalité des âmes qui arrivent dans notre globe ne provient pas, nous l'avons établi, d'une inégalité d'essence ni d'une volonté particulière de Dieu, elle ne peut trouver sa raison que dans une série plus ou moins longue d'existences antérieures.

« Ainsi les dispositions de l'âme, qui sont l'effet des manifestations précédentes, forment le point de départ de l'existence actuelle.

« En venant occuper un corps humain, l'âme imprime à la matière une manière d'être correspondante au degré d'initiation qu'elle a antérieurement conquis. Gall a démontré en effet, par l'invention de la science phrénologique, qu'une disposition cérébrale particulière répond à chaque penchant, à chaque faculté de l'intelligence. On a pu critiquer ce résultat dans ses applications, dans ses détails, tandis que les travaux de Gall considérés en principe et dans leur ensemble sont inattaquables ; peut-être ce savant a-t-il commis quelques erreurs de pratique qui seront ou qui ont été rectifiées par ses successeurs ; mais un système vrai en lui-même ne saurait être détruit par de fausses désignations qui résultent d'une observation incomplète à l'enfance d'une science. Si cet état du cerveau est indépendant de l'âme, on conçoit que la volonté peut se trouver dans certains cas irrésistiblement dominée. La liberté serait quelquefois anéantie, toujours amoindrie. L'assassin (ici je ne parle pas de celui qui aurait commis un meurtre sous l'influence d'une vive passion) présente constamment le développement cérébral indiqué par les phrénologues. En suivant l'opinion ordinaire, qui consiste à dire : que nous naissons pour la première fois sur la terre, et que nous serons jugés sur cette seule épreuve, ne voit-on pas que d'insurmontables difficultés s'élèvent contre la justice divine et la justice humaine. Quoi ! l'enfer (ainsi qu'on le dit) s'ouvrira pour un homme qui a été maîtrisé par son penchant, qui n'a pas été libre, ou, si l'on veut, qui a eu une demi-liberté. Que signifient nos cours d'assises et nos échafauds ? La condamnation de cet homme est un assassinat juridique ; le juge serait le seul assassin. Pour prouver au meurtrier qu'il a eu tort, qu'il était libre, vous le tuez ; belle logique ! Plaignez-le plutôt, et enchaînez-le comme une bête féroce. Cruauté et injustice de Dieu ; barbarie de la société : voilà les conséquences auxquelles on arrive nécessairement ; et ces conséquences sont évidemment fausses, il est impossible que la justice humaine et la justice divine n'aboutissent qu'à une perpétuelle iniquité. A cette question insoluble, que répondent les théologiens ? Dieu demandera à chacun selon qu'il lui a été accordé. C'est-à-dire, que si le penchant a été irrésistible, il n'y a pas crime punissable ; c'est reculer la difficulté sans la résoudre ; c'est renverser toutes les lois de la société humaine. En effet, qu'un meurtrier se présente avec un effrayant concours de proéminences cérébrales, on ne pourra le condamner, le crime dans ce cas est indifférent en soi ; il y a nécessité ; la liberté disparaît. D'un autre côté, supposons un homme dont le cerveau est admirablement conformé, qui possède au plus haut degré toutes les bosses de la bienveillance, du sens moral, de la religiosité, quel mérite peut-il avoir à bien faire? Fait-on un mérite à l'agneau de sa douceur? Non, pas plus qu'on ne dirait : le tigre est criminel. Après les découvertes phrénologiques, pour qu'il y ait encore place au mérite ou au démérite il faudrait que chaque penchant se trouvât contre-balancé par un penchant contraire ; qu'ainsi, par exemple, le développement de l'organe de la bienveillance pût annihiler le développement de la bosse du meurtre. L'expérience dément ce résultat : presque toujours la tête des scélérats présente à la science phrénologique un affreux assemblage de mauvaises passions et de brutalité. L'inégalité morale, comme l'inégalité intellectuelle, ne peut donc s'expliquer que par une succession d'existences antérieures [1]. »

Jusqu'à présent nous avons considéré l'âme actuelle dans son intelligence et dans sa moralité. Jetons un regard sur l'extériorité qui lui est liée. Où l'âme va-t-elle présentement éclater? Dans le monde de la terre ; mais si elle y vient neuve et sans fautes antérieures qui lui fassent mériter ce séjour, ne peut-elle pas se plaindre à bon droit à Dieu qui lui a réservé une si rude épreuve? Pourquoi cette épreuve n'aurait-elle pas eu lieu sur un autre globe de la création? Est-ce que la terre où domine encore le mal serait le meilleur des mondes? Ensuite, quels organes obtient-elle pour s'y manifester et y exercer sa vie? Ils sont lourds et gros-

---

[1]. *Destinée de l'homme*, p. 21 et suiv. 1846.

siers, sujets aux maladies; il faut se vêtir, se nourrir; la locomotion y est pénible. S'il y a des hommes dont le corps est à peu près bien organisé, il y en a d'autres qui le sont détestablement; il y a des infirmes, des sourds-muets, des culs-de-jatte, des aveugles-nés, des idiots, des crétins, des fous. Pourquoi cette répartition de maux affreux, si rien ne la justifie, ni pour l'expiation, ni pour l'épreuve, qui ne peut être si aisée aux uns et si difficile aux autres, sans une choquante injustice? Et les conditions du sort ne sont-elles pas aussi disparates et iniques : l'un naît dans l'opulence, l'autre dans l'extrême pauvreté; pourquoi?

On a cherché à répondre par le dogme du péché originel, très-juste et très-profond avec la préexistence, mais incompréhensible radicalement sans elle. Voici comment, dans nos *Fragments philosophiques*, nous nous expliquons en résumant les opinions de *Jean Reynaud*.

« Le péché du père, s'écrie Pélage, n'a pu rendre coupables ses enfants ; voilà le vrai, car c'est le cri divin de la conscience. Donc les enfants naissent innocents ; voilà l'écart. Pour être innocents du péché de leur père, il ne s'ensuit pas que les enfants le soient de celui qu'ils ont pu commettre par eux-mêmes dans les temps antérieurs à leur apparition sur la terre. Or, Jean Reynaud fait voir qu'en naissant l'âme de quelques-uns est déjà visiblement déformée. Donc l'homme a déjà vécu, et dans cette vie précédente il s'est dépravé. Décider autrement serait attribuer à Dieu l'initiative de tous les mauvais penchants qui éclatent dans l'homme dès l'heure où il prend pied sur cette terre. Dès lors on aperçoit du même coup et pourquoi nul n'est ici-bas exempt de misères, et pourquoi ces misères sont diversement réparties.

« Fussions-nous véritablement sous le coup de la déchéance de notre premier père, que nous y trouvant tous nécessairement au même titre, les effets en seraient les mêmes pour tous, en sorte que l'hypothèse de la chute primitive, donnât-elle l'explication des misères en général, ne suffirait pas pourtant pour rendre compte de leur distribution. Mais si, au contraire, notre culpabilité est personnelle, elle est naturellement différente pour chacun, et par suite, les principes qui lui correspondent ne peuvent manquer de différer aussi. Ce n'est point parce que nous sommes les enfants d'Adam que nous nous trouvons dépravés et misérables comme lui, c'est parce que nous étions dépravés comme lui et dignes par conséquent d'être misérables comme lui, que nous sommes devenus ses enfants. Mais si, tout coupables que nous sommes en naissant, la justice de Dieu ne nous applique pour châtiment que la terre, quelque coupables que nous soyons en mourant, elle ne saurait nous infliger l'enfer; car notre culpabilité, étant du même ordre au départ qu'à l'arrivée, ne peut nous mériter à la deuxième porte des peines absolument différentes de celles qui nous attendaient à la première. Ainsi, la vérité de la préexistence fournit un témoignage invincible contre la folie de l'enfer éternel. Jean Reynaud insiste comme nous sur l'état perpétuellement relatif du péché, qui peut toujours être expié par le repentir.

« L'ordre de la terre restant lié dans toutes les directions à celui de l'univers, le problème, qui, lorsqu'on prétendait l'attaquer sans s'élever à une contemplation plus haute que celle de ce petit coin du monde, n'avait de solution que par l'injustice pour une partie et par la fatalité pour l'autre, s'explique, et dans toute son étendue à la fois, d'une manière conforme à la liberté de l'homme et à la justice de Dieu. Il est aisé de voir, en effet, que comme la terre doit être embrassée de telle manière par le reste de la création que le tout ensemble ne fasse qu'un, si l'on se met à la considérer tout à fait isolément, on doit nécessairement tomber dans l'impossibilité de découvrir ses lois. Aussi remarque-t-on que tout est subverti et bouleversé par suite de la fausseté de ce point de vue : ce qui est ordre devient désordre; ce qui est justice, injustice ; ce qui est liberté, fatalité ; et, dans leur trouble, les esprits remontant du genre humain convaincu d'iniquité à la

Providence condamnable aussi en apparence sur le même chef, tout se trouve atteint, comme je le disais tout à l'heure, et les lois et la religion. Mais, au contraire, moyennant le respect des liaisons de la terre avec l'univers, tout se calme en même temps que tout se régularise. En quelque condition de naissance qu'il se voie placé, infirme, difforme, pauvre, esclave, abandonné, dénué de toute faculté brillante, travaillé par tous les mauvais instincts et tous les vices, l'homme comprend dès lors qu'il n'est point victime d'une infortune imméritée et cesse de faire injure à Dieu comme à lui-même en s'exaspérant contre sa destinée [1]. Le spectacle des destinées meilleures, loin d'entretenir dans son cœur une source de jalousie et de haine, y nourrit au contraire l'émulation et l'espérance [2].

« Il est certain que le récit biblique de la faute d'Adam est un mythe, c'est-à-dire une vérité cachée sous une histoire emblématique. Les noms mêmes donnés par Moïse aux deux arbres du Paradis : arbre de la science du bien et du mal, arbre de vie, l'indiquent suffisamment. Les Pères de l'Église les plus orthodoxes ont avoué que le récit biblique ne pouvait être entendu à la lettre. Saint Augustin pense, comme Origène, que dans ce chapitre de la Genèse il faut s'attacher plutôt à l'esprit qu'au texte, et un écrivain catholique de nos jours a écrit : « L'abus
« que l'on a fait en théologie du système des mythes, ne doit
« pas proscrire de sages exégèses en l'absence desquelles la foi
« reste souvent étroite et stérile. De ce que l'on a fait de la chute
« de l'homme un progrès, et que l'on a appellé l'arbre de la
« science du bien et du mal le premier arbre de la liberté, ce
« n'est pas une raison pour prendre le fruit de cet arbre pour
« une pomme de l'espèce des reinettes ou des apis, et l'enve-
« loppe charnelle dont le péché recouvrit Adam pour une culotte

---

1. Lisez l'*Essai sur les mystères*, p. 58, 1849, et le *Simple discours à tous les hommes et surtout à ceux qui souffrent*, p. 108 et 109 de *Dieu, l'homme*, etc.

2. *Nouveaux fragments philosophiques*, 1849.

« de peau[1]. » Le dogme du péché originel peut, à mon avis, avoir un très-raisonnable sens. Dans l'hypothèse de la préexistence, infiniment probable pour tous les esprits qui ne bornent pas leur vue au présent, il est vrai de dire que chaque enfant qui vient sur la terre apporte une faute originelle, qui lui fait mériter ce séjour. N'y a-t-il pas, en effet, une singulière étroitesse de vue à croire que nous, qui vivons en 1847, nous sommes venus précisément à ce point des temps, tombés des nues tout à coup avec des facultés, des penchants dont quelques-uns sont innés, sans antécédents et sans enchaînement, et cependant nous nous sentons immortels. Mais quelle inconséquence de nier le passé en affirmant l'avenir!... Sans doute nous avons commencé, puisque nous ne sommes pas Dieu, puisque nous ne sommes pas des parties de Dieu; mais combien n'y a-t-il pas à parier que nous n'en sommes pas à notre première existence? Il faudrait donc, à chaque naissance, qu'il y eût création d'une âme nouvelle, tandis que j'ai expliqué que, par une loi harmonique, l'âme va dans le monde qu'elle a gagné revêtir le corps qui correspond à son état[2]. Remarquons qu'après la vie terrestre, si nous avons démérité, ou si nous n'avons fait que peu de progrès, nous irons dans des mondes inférieurs et les liens matériels comprimeront encore le souvenir, et que là aussi nous serons dupes de la même illusion, croyant vivre pour la première fois. Le souvenir n'existe que dans les mondes supérieurs, où les chaînes matérielles sont de plus en plus légères; si bien que sans les traditions sur le péché originel et sur la dégradation de notre nature, dont la révélation est divine, nous n'aurions eu que très-difficilement une idée de la préexistence. Au temps du Christ, il n'était pas encore utile que la société humaine comprît la grande vérité, que l'avenir ne discutera même pas, s'étonnant de l'avoir possédée si tard, à savoir que l'humanité n'est qu'une peuplade de l'univers. Nous avons longtemps été et nous sommes

---

1. *Introduction à la théologie de l'histoire*, par Charles Stofels, p. 29.
2. *Exposé d'un nouveau système*, etc., p. 137.

encore de misérables sauvages confinés dans une île inconnue; nous ne serons vraiment grands que lorsque nous nous serons reliés aux sociétés les plus avancées du ciel; que lorsque nous serons dignes d'entrer dans la magnifique unité de la création. Le temps approche, puisque les hommes commencent à avoir une idée confuse de l'enchaînement des mondes. Quand le progrès sur ce point sera sérieux et que l'humanité aura marché, il n'est pas impossible de supposer que certains hommes auront une conscience certaine, quoique obscure, de leurs vies antérieures. Dans les moments où l'esprit se dégage le plus possible des entraves de la chair et vole vers l'infini sur les ailes de la pensée, il m'est arrivé d'avoir comme un souvenir vague de pays, d'êtres, de choses dont rien ici-bas n'approche. Oh! si cela n'est pas une illusion, mon Dieu, soutenez ma faiblesse; que je remonte vers le pur foyer de votre amour; ici, je suis trop loin de vous, tout me pèse et me glace; si vous m'abandonniez, dans quel abîme ne tomberais-je pas! Pitié, Seigneur, j'espère encore, car je vous aime, et j'aime mes frères, que je voudrais entraîner vers vous avec moi [1].

« Nous avons prouvé la préexistence par l'inégalité des intelligences et de la moralité des individus d'ici-bas. En admettant même la réalité des observations phrénologiques en général, tout s'expliquerait par ce principe qui peut être établi : l'âme fait son corps au moyen de sa force plastique. C'est ce que les Latins exprimaient énergiquement par ces mots : *Corpus cordis opus.*

« La préexistence prouvée, la doctrine des réincarnations en ressort tout entière; en effet, le passé entraîne l'avenir, et si nous sommes venus ici-bas pour nous perfectionner, et après de plus ou moins longues vies antérieures, comme le perfectionnement n'est pas complet pour la plupart des hommes, comme au point de départ ils ont encore des vices et des imperfections, il n'y aurait aucun motif rationnel pour vouloir faire de notre misérable planète un séjour d'épreuves définitives; ceux qui l'ont

---

[1]. *Dieu, l'homme, etc.*, ch. XIII. 1847.

pensé ont fait preuve d'un jugement faux et étroit. Cependant, il faut reconnaître cet axiome : Il n'est pas normal que l'âme vive deux vies terrestres. Le système de Pierre Leroux, sur une métempsycose purement terrestre, est condamné par tous les bons esprits. Non, le retour ici-bas n'est pas normal, et cependant il a lieu fréquemment : c'est que l'homme transgresse la loi de Dieu, loi d'attraction et d'amour, d'ascension lumineuse et de progrès indéfinis. Ainsi, ce qui est anormal est devenu une trop constante réalité par la faute des habitants de la terre, qui s'éloignaient toujours de plus en plus de leur souverain bien, Dieu; qui côtoyaient les abîmes du matérialisme et de l'impiété, et dont quelques-uns s'y perdaient. C'est pour cela que le maître a permis la philosophie actuelle, qui a pour but d'abréger les épreuves et de rendre plus courts, par ses enseignements, nos passages dans le monde terrestre ou dans les globes du même degré; ce que l'admirable théologie des druides appelait *le cercle des voyages*.

« Mais il n'y a pas que les druides qui aient eu ces pensées véridiques sur les réincarnations; les anciens juifs eux-mêmes adoptaient ces idées qui leur étaient familières. Les monuments anciens de la cabale traditionnelle en font foi, puisqu'ils parlent des transmigrations de l'âme.

« Il y a mieux que ces documents, dont l'âge pourrait être à la rigueur contesté; il y a les opinions vivantes dont les Évangiles font mention, et que Jésus, le divin Messie, n'a jamais contredites. On lui demande, en effet, si un aveugle de naissance était puni pour ses fautes antérieures, il élude la réponse.

« En tous cas, cette seule question prouve que les juifs croyaient à la préexistence. De même, lorsqu'on l'interroge si Jean-Baptiste ne serait pas Élie, dit-il que c'est impossible? Nullement, il répond que si on veut bien l'entendre, c'est là cet Élie qui doit venir; de quelque façon qu'on interprète ces paroles, tout au moins Jésus reconnaissait la possibilité du retour d'Élie. Il y a dans l'Évangile de saint Jean tout un passage de controverse entre Nicodème et le Christ, qui suppose évidemment que ces questions étaient agitées parmi les docteurs d'Israël. De même que la préexistence explique l'épreuve terrestre et les faits de cette vie, incompréhensibles sans elle, de même les réincarnations et les existences postérieures des âmes expliquent l'ordre général de l'univers, le plan de la création, la justice et la miséricorde de Dieu ; et une fois qu'on a admis le premier dogme, on est conduit, par une irrésistible logique, à reconnaître la vérité du second [1]. »

Nous allons rapporter un chapitre tout entier de *Dieu, l'homme, l'humanité et ses progrès*, parce qu'il tranche au vif les questions de ce traité, et que nous affirmons de nouveau notre opinion complète et formelle sur la préexistence et les réincarnations.

« Posons d'abord les principes :

« L'infini était complet en lui-même. Par la création, il n'a rien ajouté à son être. S'il a créé, ce n'est pas pour sa gloire ; il n'avait pas besoin de nous. Son amour a voulu se répandre, il a voulu appeler d'autres êtres à partager, dans des degrés différents, les splendeurs de l'être et le bonheur de la vie.

« Dieu voulant produire des intelligences distinctes de lui, a dû les créer libres, pour qu'elles fussent des personnes, pour qu'elles eussent leur propre virtualité [2]. La liberté est donc l'attribut essentiel et distinctif de l'âme : Dieu ne pourrait le lui enlever sans l'anéantir, sans l'absorber dans son sein.

« Dieu est indépendant ; il ne tient l'être que de lui-même. Lui seul pouvait le communiquer aux créatures.

« Mais quel degré de l'univers chacune occuperait-elle ? Qui fixerait leur rang ? l'arbitraire de la volonté divine ? Dieu ne fait rien arbitrairement. Quel eût été le motif déterminant de tel ou

---

1. *Philosophie de la révélation*, p. 85. 1845.
2. Voyez le *Traité de l'origine du mal*, nos 11, 12 et 13, p. 22 et 23 ; de l'*Exposé d'un nouveau système*, etc.

tel degré? Les âmes n'étaient qu'à l'état de pure essence non manifestée. Ne fallait-il pas d'ailleurs tenir compte de la liberté qui constituait la personne de chaque entité? Quelle que fût la place de la créature, elle pouvait en déchoir; ne valait-il pas mieux respecter son libre arbitre, et la laisser se faire elle-même sa qualité et son rang? Dieu seul, être éternel et absolu, tenait tout de lui-même. La créature, être relatif et fini, tiendrait tout de son mérite et du choix de sa volonté.

« L'infini ne pouvait se reproduire sans s'anéantir. Il ne pouvait communiquer sans la détruire sa suprême perfection. De là nécessité de limites et d'imperfection pour les créatures. L'imperfection, combinée avec la liberté, a été la cause du mal moral, c'est-à-dire de la désobéissance à la loi divine. Le mal peut être défini: la privation du bien, d'autant plus profonde et plus grave que la créature s'éloigne plus de son Dieu, source unique de tout bien.

« Dieu est immuable, parce qu'il est tout parfait; parce que rien ne peut être ôté ou ajouté à son être. Qui dit un temps, ou moment, dit quelque chose qui tout à l'heure n'était pas, et qui bientôt ne sera plus. Il n'y a point de moments en Dieu, parce que l'idée de changement est incompatible avec l'absolue perfection. Pour la créature, au contraire, qui est essentiellement imparfaite et bornée, un instant peut lui donner ce qu'elle n'avait pas, lui enlever ce qu'elle avait. Progrès ou déchéance, voilà les perpétuels possibles de la créature. Elle ne peut se fixer nulle part sans identifier par là même ses moments, sans devenir Dieu, sans rentrer dans l'absolu. La mobilité pour elle est aussi nécessaire que l'immanence pour Dieu. L'immobilité pour elle c'est l'anéantissement.

« Dieu a créé les diverses entités pour leur bonheur, pour les rapprocher de lui. Il ne les abandonne pas seules à leur dangereuse liberté; il les attire sans cesse à lui. A chaque besoin des créatures, Dieu répond par un nouveau secours. Ici, l'absolu est modifié, l'immuable se mobilise sans rien perdre de son éternelle immanence. C'est par sa faculté médiatrice que Dieu intervient dans le temps et fortifie la liberté par la grâce, sans détruire pour cela le mérite. Le mérite, pour la créature, consiste à s'accorder avec la grâce par une volontaire correspondance, à suivre le mouvement d'ascension que Dieu lui imprime. Le progrès est donc la loi de la créature, où sa tendance naturelle le pousse; mais la liberté mal dirigée s'oppose souvent au progrès.

« Ainsi, Dieu nous a créés pour nous rendre heureux.

« La liberté ne pourrait être détruite dans la créature intelligente, sans que la personnalité disparût.

« Dieu a fait du mérite de sa créature la condition de son bonheur.

« La mobilité est nécessaire à la créature; l'absolu, pour elle, c'est la mort.

« La loi de la créature est le progrès, par l'impulsion de la grâce.

« Toute explication de la vie future qui blessera un de ces principes, ne sera pas la vérité.

« Je ne m'occupe pas de l'hypothèse des matérialistes, que personne ne soutient plus aujourd'hui.

« Je ne parlerai que des systèmes qui ont reconnu l'immortalité de l'âme.

« Et d'abord, je repousse sans hésiter la doctrine panthéistique de l'Inde, et les idées pythagoriciennes de l'absorption en Dieu, considérée comme le plus haut degré de bonheur. Cette hypothèse, en constituant la créature dans l'absolu, ne tend à rien moins qu'à l'anéantir. Je repousse, par la même raison, ce que certains théologiens définissent la béatitude. Ils semblent supposer qu'il arrivera un temps pour l'âme où sa volonté sera nécessitée au bien, où elle contemplera Dieu face à face. Saint Paul ne s'est pas toujours assez gardé de cet abime. Or, entre la béatitude conçue ainsi et la doctrine indienne de l'absorption en Dieu, il n'y a pas de différence marquée. Nul autre que Dieu ne peut contempler Dieu face à face. Que nous arrivions à mieux comprendre la nature divine dans ses rapports avec nous, et en tant qu'elle est accessible aux créatures, cela est certain; mais que nous pénétrions tous les secrets de son être, qu'il n'ait pas plus de mystères à nos yeux qu'aux siens, cela est impossible.

« Comment saisirions-nous l'immanence, l'éternité, l'immensité, nous qui sommes mobiles, finis, bornés? Le temps peut-il contenir l'éternité? l'espace peut-il contenir l'immensité? le changement peut-il contenir l'immanence? De même, qu'est-ce que la liberté, si elle est nécessitée au bien? La personne disparaît, Dieu seul reste, il absorbe tout en lui. Alors à quoi bon la création et la distinction réelle des êtres?

« La même erreur a été suivie par quelques-uns en ce qui touche le châtiment.

« Supposer que la créature éprouvera un supplice éternellement durable, avec la même intensité, c'est encore rêver l'absolu pour elle. Or, est-il besoin de redire encore que nous ne pouvons fixer aucun temps, bon ou mauvais, et qu'il n'est pas un seul de nos moments identique à l'autre. L'erreur ici est bien plus grave que dans la supposition de la béatitude. Elle a son point de départ dans le panthéisme, et vient aboutir au dualisme. Voici comment : Si, à un certain temps, un royaume du mal se trouve définitivement constitué aussi immuable, aussi éternel que le royaume du bien, le mal n'est plus seulement négatif et transitoire, il a une existence absolue; et, s'il en est ainsi, il doit avoir un principe, car il faut, pour toute réalité, remonter à un premier auteur. Qui ne voit que c'est la plus épouvantable hérésie, bien plus dangereuse que celle de Manès, puisque la théologie de Zoroastre, et, d'après elle, la secte manichéenne, enseignaient le triomphe définitif du bien. Supposer aussi, comme on l'a fait, que les damnés seront privés de liberté, n'est-ce pas détruire la personnalité, en anéantissant l'attribut distinctif de la créature?

« Le dogme des peines éternelles, entendu en ce sens que des souffrances, toujours identiques, toujours persistantes, seront infligées aux condamnés, que leur liberté n'aura plus d'exercice et ne sera plus méritante, est repoussé à la fois par toutes les facultés, par toutes les puissances de l'homme.

« Par sa volonté, puisque ce dogme en nie dans l'avenir la libre manifestation.

« Par son intelligence, puisque ce dogme attribuerait à l'homme un état absolu, permanent, contraire à l'idée de changement perpétuellement vrai pour toute créature.

« Mais de toutes nos facultés, celle qui s'élève le plus énergiquement contre ce dogme abominable et simple, c'est le sentiment.

« Dieu nous aura tirés du néant, il nous aura doués d'une funeste liberté, nous aura fait traverser des tentations sans nombre, et des épreuves multipliées, et, après une courte vie qui n'est qu'un point dans le temps, il nous fermera à jamais la porte du repentir et de la réhabilitation; il fixera notre mobile succession, et nous donnera aussi, à nous, êtres bornés, notre absolu, notre domaine immuable, le domaine du mal et de la douleur. Il nous brûlera dans les flammes de son éternel auto-da-fé, inexorable feu qui calcinera sans purifier, supplice atroce qui torturera sans régénérer.

« Et à ses élus, à ses bien-aimés, que donnera-t-il? Oh! que les damnés ne leur envient rien! Il les séparera éternellement aussi de leurs amis, de leurs parents, de leurs frères. Qu'auraient-ils à désirer? Ne seront-ils pas des habitants de la cité éternelle? Ne nageront-ils pas dans un inépuisable océan de joie! Quelle joie? D'un côté la lumière, de l'autre les ténèbres; ici les louanges ineffables, là les malédictions; ici encore les plus suaves délices, là-bas les pleurs et les grincements de dents. Étrange tableau! et à tout cela point de changement, l'absolu pour le bonheur comme pour la souffrance. Entre les deux mondes, l'abîme de l'infini et de l'éternité. Mais, s'il en est ainsi, Seigneur, où prendrez-vous des élus pour votre paradis? Certes, le mal est grand sur cette terre; l'égoïsme y germe partout, et cependant je vois autour de moi la sympathie et la charité. Au milieu d'une fête, où tout resplendit aux regards, où l'orchestre jette sa bondissante harmonie, où les sens s'enivrent à la fois des mets les plus exquis, du son des voix, du charme de la beauté et du parfum des fleurs, qu'éclate tout à coup dans le moment de la plus folle joie un cri d'horreur et de désespoir, qu'un spectacle affreux apparaisse, que là tout près une maison en feu menace d'engloutir des malheureux qui implorent du secours, soudain la fête se tait, les cœurs se serrent, les plus généreux s'élancent pour disputer la proie à l'incendie; et, soyons-en sûrs, en quittant le bal, il y aura des femmes qui laisseront tomber un de leurs diamants dans la main de ceux qui n'ont plus d'asile.

« Voilà ce que nous faisons encore sur la terre, et ce mouvement est bon en nous, il ne nous égare pas. Que ferez-vous donc à vos élus pour les changer ainsi, pour exalter leur égoïsme jusqu'à la barbarie? Oh! s'il en est ainsi, plutôt que de haïr ceux que j'aime, plutôt que de rester insensible à vos souffrances, ô ma femme, ô mes parents, ô mes amis; j'aimerais mieux partager votre sort, et je dirais à Dieu : Gardez, gardez, Seigneur, pour d'autres dont je n'envie pas le cœur, les joies éternelles de votre paradis; je veux être avec le malheur et la souffrance; je ne veux pas acheter vos faveurs au prix de mes sentiments, de mon amour, de ma vie. Ces affections que vous m'avez données, je ne puis m'en détacher. Ces êtres si chers que vous avez mis sur mon passage, je ne puis goûter la joie où ils seraient absents; le plus grand mal pour moi serait de ne plus aimer.

« Le croirait-on, pourtant? il y a eu des hommes qui ont enseigné que les élus verraient augmenter leur bonheur par le spectacle du supplice des réprouvés, et n'auraient pour eux aucune compassion [1]. Impitoyables théologiens! vous l'avez pensé, vous l'avez écrit, et votre plume ne s'est pas brisée d'horreur entre vos doigts, quand vous composiez ces pages, qui vous déshonoreraient si on les imputait à votre cœur, et s'il n'était pas plus vrai de les attribuer à l'égarement de votre foi!

1. *Somme théologique* de saint Thomas, part. IIIe : « Les élus en jouiront, en ce sens, qu'ils se sentiront exempts de tortures, et que, d'un autre côté, toute compassion sera morte en eux, parce qu'ils admireront la justice divine. » C'est aussi l'opinion de saint Bernard. (*Traité de l'amour de Dieu*, ch. XIV, n° 40.)

« Ah ! sachez-le, vous attachant à la lettre des menaces sorties de la bouche du Christ, vous ne compreniez pas l'esprit du christianisme, de cette religion sublime dont le plus grand précepte est la charité. Vous leur avez pardonné, Seigneur, vous avez oublié leurs blasphèmes pour ne voir que leurs éclatants services et leurs éminentes vertus. Qu'est-ce que l'erreur devant la sainteté ou le martyre? Dans quels égarements ne pouvons-nous pas tomber? O Dieu de bonté, Dieu d'amour, Dieu de miséricorde, comment avait-on pu vous méconnaître ainsi? Comment avait-on pu placer en votre sein la barbarie et la cruauté? Tel que vous vous révélez à moi, Seigneur, je vous bénis et je vous aime! Puisse le cri de ma reconnaissance et de mon amour couvrir tous les blasphèmes des impies que des doctrines insensées ont pu seules éloigner de vous!!!...

« Le même dogme est repoussé également par nos deux facultés médiatrices.

« Par notre sensibilité : il n'y a pas en nous deux sensations identiques. La douleur, toujours intense au même degré, nous paraît aussi impossible qu'atroce.

« Par notre raison qui, nous révélant la distance de l'éternité au temps, du fini à l'infini, nous apprend que l'immuable et l'absolu ne peuvent être constitués en nous, ni pour la souffrance ni pour la joie ; qui, nous faisant connaître Dieu comme la source unique du bien, du vrai, du beau, s'oppose à ce que nous le considérions sous l'idée de vengeur sans nécessité.

« Voilà pour l'homme. Que sera-ce pour Dieu?

« Si la plupart des hommes sont destinés à l'absolu des supplices, comment sa volonté nous a-t-elle tirés du néant, qui, lui, du moins, ne souffre pas? Dieu a-t-il souhaité, horrible pensée, se donner dans l'éternité le spectacle de nos tortures?

« Si les damnés ne peuvent mériter et remonter à la lumière, comment l'intelligence divine n'a-t-elle pas compris l'inutilité d'une peine sans expiation, d'une souffrance sans purification? Comment la suprême sagesse a-t-elle fait une œuvre à ce point défectueuse, que le mal ne peut s'y réparer, et conquiert, bien loin de s'effacer, peu à peu, une existence aussi positive, aussi immanente que le bien.

« Comment nous a-t-il aimés, s'il nous a soumis à des épreuves dont le grand nombre ne triompherait jamais? Pour ceux-ci, la création n'est pas une œuvre d'amour, elle est une œuvre de colère.

« Enfin, nous avons reconnu en Dieu l'existence d'une faculté médiatrice et vivante, par laquelle il a des rapports avec sa création, par laquelle il conçoit le temps et l'espace et sort de son absolu pour agir dans le relatif. Dieu intervient par les miracles dans le monde physique, par la grâce dans le monde de la volonté, par la révélation dans le monde de l'intelligence. La combinaison de ces moyens constitue la Providence, c'est-à-dire le gouvernement divin des innombrables sociétés que le créateur a placées sur les astres dont il a fait leur domaine. Dieu, agissant ainsi dans le temps par rapport à ses créatures, le péché n'a jamais rien d'immuable, n'a jamais de valeur infinie à ses yeux, puisqu'il peut être effacé par l'expiation et le repentir.

« Chimérique absolu de la béatitude, absolu plus chimérique encore de la damnation, disparaissez donc à jamais et ne souillez plus de votre imposture la théologie de l'avenir [1].

« Je rejette aussi sans hésiter la métempsycose enseignée dans l'Inde et dans l'école de Pythagore. L'animal n'a pas une véritable liberté; or, sans liberté, la personnalité s'évanouit. Pour l'animal, il n'y a ni mérite ni démérite; le passage de l'âme dans des corps de bêtes serait donc une expiation sans but [2].

« Je rejette de la même manière tout système de métempsycose terrestre, qui lierait éternellement l'âme à des corps humains,

---

1. Consultez aussi sur cette question nos traités *De l'origine du mal*, nos 14, 15, 16; *De la destinée de l'homme*, 92, 93, 94, 95, 96, 97, 98, 99, 100; l'*Essai sur Origène*, p, 101, 102, 103 de l'*Exposé d'un nouveau système*, etc.

2. Lisez la réfutation de ce système dans l'*Essai sur le dogme de la métempsycose*, nos 5 et 6, p. 111, 112 et 114 de l'*Exposé d'un nouveau système*, etc.

22

sans cesse renouvelés. Car, dans ce système aussi la personnalité disparaît avec l'absence du souvenir. Le sentiment de l'identité s'efface, puisqu'il y aurait à chaque fois anéantissement de l'être ancien et formation d'un être nouveau, l'essence, quoique identique, n'ayant pas conscience de cette identité. D'un autre côté, cette hypothèse n'ouvre pas un champ assez indéfini aux châtiments et aux récompenses. Enfin, toutes nos affections sont détruites par la mort, dès que nous ne devons jamais reconnaître ceux que nous avons aimés [1].

« Nous avons détruit, il faut édifier. Nous avons nié l'erreur, affirmons la vérité.

« L'être fini, par opposition avec l'être infini, est perpétuellement soumis au changement. L'instant actuel résulte de celui qui précède, et l'instant qui suivra se déduira du présent. Ainsi, la vie terrestre, si on adopte l'hypothèse de la préexistence, a sa raison d'être dans l'existence précédente, et la vie future sera la conséquence de l'existence actuelle. Or, sous le rapport de la morale et de la sanction, les états de l'âme, en quittant une terre quelconque, peuvent être de trois sortes. Le bien a triomphé, le mal a prévalu, ou enfin le bien et le mal se sont tenus pour ainsi dire en balance égale. Si le bien a vaincu, l'âme reçoit une récompense proportionnelle à ses mérites. Sa volonté devient plus forte et plus indépendante des influences matérielles, son intelligence s'agrandit, son amour trouve plus de satisfactions; ses rapports avec le monde physique sont meilleurs, soit que la matière pèse moins sur elle, soit que cet organisme lui-même acquière des sens nouveaux ou mieux perfectionnés [2]. « A chaque progrès, l'âme a une vue plus nette, plus distincte de Dieu ; elle

---

1. Ce système formulé par Pierre Leroux dans son livre de *l'Humanité* a été combattu dans le traité *De la destinée de l'homme*, n⁰ˢ 65 à 78, p. 35 à 42, 86, 87 et 168 de l'*Exposé d'un nouveau système*, etc.

2. Consultez notre traité *De la nature et de la destination des astres*. Nous y exposons nos idées sur la vie future et la progression des mondes, p. 145 et suiv. de l'*Exposé d'un nouveau système*, etc.

s'approche de la céleste attraction qui l'entraîne sûrement au bien, sans toutefois la nécessiter. Plus l'âme connaît Dieu, plus elle l'aime; elle s'élève toujours à lui par un choix volontaire, par un libre mouvement, sans que la déchéance soit possible. Mais, dans cette ascension progressive, l'âme n'atteint jamais l'absolu; ses mouvements varient du moins au plus, le temps ne cesse pas pour elle; il y a entre le fini et l'infini assez de distance pour que les siècles des siècles ne puissent parvenir à la combler. En se dégageant peu à peu des liens matériels qui obscurcissent l'esprit, l'âme retrouve son passé par le souvenir complet de ses modifications, et ce n'est pas la moindre de ses joies de se rappeler ses épreuves, ses triomphes, ses chutes, dont elle s'est relevée, et les influences qu'elle a eues sur les destinées des mondes qu'elle a successivement parcourus. Quel bonheur de reconnaître dans la vie future ceux qu'on a tant aimés, avec lesquels on a marché dans les diverses stations du ciel, de ne plus se quitter désormais, de s'avancer ensemble et de concert avec Dieu, unis de volonté, d'intelligence et d'amour. Le mérite est constant, la liberté est maintenue, l'identité persiste, le progrès est assuré, la créature conserve la mobilité et la vie n'est pas absorbée en Dieu dans une trompeuse béatitude.

« Si le mal a prévalu, le changement a lieu en sens inverse. L'âme est amoindrie dans toutes ses puissances, punie dans toutes ses facultés. Soumise à des liens matériels plus lourds, à des milieux moins harmoniques avec son organisme, elle voit en même temps s'obscurcir les lumières de sa raison. Sa volonté est plus faible et plus fragile, aisément dominée par les influences du dehors; son intelligence est le plus souvent en proie à l'erreur; son sentiment, oubliant de plus en plus l'unité, laisse diminuer peu à peu la charité et la sympathie, et se renferme dans son égoïsme. L'âme, en allant habiter ce monde inférieur, y porte la marque non équivoque de sa dégradation; elle y revêt une nature déchue, elle prend place dans une espèce corrompue; dans ce monde, elle perd le souvenir, si déjà elle l'avait conquis, et cependant elle doit encore avoir le sentiment vague et obscur de sa déchéance. Peut-être, dans cette malheureuse société, les traditions et les cosmogonies de tous les peuples contiendront-elles une trace confuse du péché d'origine qui souille chaque nouveau venu? Peut-être auront-elles un mythe pour exprimer la corruption de toute âme et de toute chair? Mais, perdus au milieu du ciel, ayant laissé échapper de leurs mains le fil conducteur qui unissait leurs vies successives, ces tristes habitants se croiront tombés pour la première fois des nues à ce point précis du temps et de l'espace, et placeront le dogme de la déchéance sur le globe, qui est leur domaine, et à l'origine de leur histoire. Venus dans des milieux hostiles à leur organisation physique, ils s'imagineront qu'avant la faute de leur premier père, leurs corps devaient être immortels, et qu'un éternel printemps aurait régné sur leur globe. Les habitants de ce monde déshérité, si Dieu ne les prenait en pitié et ne les soutenait par sa grâce, seraient impuissants à faire le bien, parce que leur volonté est trop enchaînée aux plaisirs des sens; il est possible que cette société, trop éloignée de Dieu dont elle reçoit l'influence sans la sentir, commence par adorer tout, hormis le Créateur, déifiant le monde, les astres, la matière ou la bête, multipliant les dieux pour ne par en manquer. Dieu ne l'abandonnera pas. Il lui révélera d'abord, sous le mythe obscur dont nous avons parlé, le péché de son origine, la dégradation de sa nature; afin de la prémunir contre les tentations et les dangers, plus tard il fera retentir à ses oreilles des promesses d'immortalité. Il choisira spécialement un peuple dont il sera l'instituteur; puis un jour, au milieu de ce peuple, éclatera un miracle d'amour, la parole de Dieu se sera faite vivante parmi eux, et ce ne sera pas trop d'un grand et admirable sacrifice pour régénérer le globe déchu. Peu à peu ce globe se relèvera, et les signes de cette réhabilitation seront certains quand la société qui l'habite aura pris conscience de la place qu'elle occupe dans l'universelle harmonie; aura dégagé l'esprit de la lettre, compris le sens des mythes religieux, et possédera une théologie assez vaste pour reposer sa pensée.

« Si je viens de tracer l'histoire de la terre, hélas! ne devons-nous pas frémir? Notre rang est bien inférieur. Notre planète a peu d'éclat dans la splendeur des mondes; tout nous démontre que notre nature est dégradée, et ce n'est pas en vain que les traditions de tous les peuples nous crient cette désolante vérité. Que d'efforts ne devons-nous pas faire! Combien ne devons-nous pas veiller sur les déterminations de notre volonté! La douleur, le mal moral, nous enveloppent de toutes parts. Si nous tombons, où irons-nous? Déjà si malheureux sur cette terre, tristes au moindre chagrin, accablés de la plus légère douleur, comment supporterons-nous des destins plus durs? Que ne nous faudra-t-il pas souffrir avant de remonter? Il y a des châtiments proportionnés à toutes les fautes, et dont l'intensité dépasse peut-être notre imagination; nous voudrions en vain le nier. Je ne chercherais pas à effrayer les autres, si je ne craignais rien moi-même. J'affirme hardiment, il est vrai, que cet enfer n'est pas éternel, que notre liberté y a toujours prise, ou ne peut descendre si bas qu'il n'y ait plus d'accès au repentir. J'affirme qu'il est impossible, même à Dieu, de constituer pour l'homme l'absolu des tourments. Mais, quoique tout espoir ne soit pas ôté aux coupables, ne songeons pas sans effroi à notre fragilité d'ici-bas. Si le bien nous est actuellement si difficile, imaginons-nous quels incroyables efforts nécessitera notre réhabilitation dans les mondes inférieurs. La liberté entraîne le pouvoir d'un péché perpétuel; notre pensée ne doit-elle pas frémir de cette redoutable possibilité?

« J'aime mieux écarter cette idée et croire que là où le péché abondera, la grâce sera surabondante, et que, dans cette indéfinie évolution des siècles, le mal finira par disparaître de la création. Toutefois, même en ne supposant pour quelques-uns qu'une réhabilitation partielle où le péché régnerait encore, les tourments des coupables ne seraient point éternels et infinis; il y aurait, comme sur la terre, qui est aussi le séjour de l'expiation, alternative de misère et de bonheur imparfait; et peut-être, pour ces âmes, l'existence vaudrait toujours mieux que le néant. Cela seul suffirait pour justifier leur création; car, si elles n'étaient pas plus heureuses, c'est à leur propre faute qu'elles devraient l'imputer. Jetons un voile sur ces sombres tableaux. J'espère, ô mon Dieu, qu'un temps viendra où tous les êtres produits par votre amour quitteront les sentiers du mal et marcheront à votre lumière; où toutes les sociétés qui peuplent vos mondes, réunies dans leur commune ascension par une solidarité universelle, graviteront vers vous de perfections en perfections; où enfin la création tout entière ne sera qu'un concert de reconnaissance et de bénédictions.

« Si le bien et le mal se sont également partagé la vie d'une âme, elle va dans un monde à peine supérieur à celui qu'elle quitte; mais partout la liberté existe, partout le mal est relatif et transitoire, partout il y a espoir de réhabilitation.

« Nous sommes maintenant en mesure de résoudre la question du mal dans l'humanité.

« Presque toutes les philosophies se sont accordées à reconnaître son caractère négatif et transitoire. Pourquoi le mal est-il négatif? Par une raison très-simple : le bien a une existence positive, parce qu'il a un premier auteur immobile et absolu. Le mal, au contraire, c'est la borne, l'imperfection, la négation, la mutilation de l'être complet. Pourquoi le mal est-il transitoire? Parce qu'il n'est que dans la créature, et que celle-ci est essentiellement changeante et mobile. Ainsi, suivant que tel ou tel monde est un paradis, un purgatoire, un enfer, le mal s'efface ou s'équilibre avec le bien, ou prédomine tout à fait. Le mal, qui naît de l'imperfection et de la liberté des créatures, n'est pas un seul instant à l'état absolu, l'éternité ne lui appartient pas. Il est évident, dès lors, que Dieu ne pouvait l'empêcher, puisqu'il ne pouvait communiquer sa perfection dans toute sa plénitude, puisque le libre arbitre était nécessaire à la personnalité des intelligences. Il resterait seulement le reproche d'avoir créé et d'avoir produit indirectement le crime et la douleur. Mais ce reproche tombe encore, si nous considérons que dans les siècles des siècles la liberté méritante des créatures peut faire disparaître le mal en les élevant progressivement vers Dieu, source ineffable du bien, dans une unité d'action, d'intelligence et d'amour. Il est vrai de dire que, même dans les mondes supérieurs, l'imperfection demeurera toujours, puisque Dieu seul est parfait; mais l'imperfection y sera si voisine de l'être, le dernier de leurs habitants possédera un bien si grand par rapport à nous, qu'à cette hauteur le mal n'aura déjà plus de nom dans le langage. Plus on creuse les profondeurs de cette question, plus on voit que le dogme de l'enfer absolu est une épouvantable erreur. L'athée ne connaît pas Dieu, du moins il ne l'insulte pas. Les partisans de l'éternité absolue des peines sont de tous les hommes les plus blasphémateurs et les plus impies. Heureusement cette erreur est logiquement impossible, et l'humanité, qui aime Dieu et s'y confie, n'admettra jamais une doctrine qui fait de Dieu le plus exécrable des tyrans[1]. »

« Dieu a créé une multitude innombrable et que nous ne pouvons nommer, de familles d'êtres intelligents, humains. Parmi ces êtres, il y en a d'inférieurs à l'homme terrestre, il y en a de supérieurs. Nous leur sommes agrégés tour à tour selon nos mérites et nos démérites. Et comme les mérites sont indéfinis, il n'est aucun monde, même des plus heureux, qui nous soit fermé; mais nous y arrivons progressivement à mesure que nous nous en montrons dignes.

« Nous pouvons, d'autre part, descendre dans des mondes inférieurs. Les êtres malheureux qui les habitent, loin d'être de purs esprits, suivant la fausse idée que le christianisme se fait des démons, ont une matière encore plus empêchée que la nôtre, encore plus grossière, des corps encore moins harmoniques avec les milieux. Il est aussi impossible à de pareils êtres d'intervenir sur la terre qu'à nous autres hommes dans les mondes supérieurs de la création.

« Mais de ce que Dieu a créé uniquement pour le bonheur des créatures, il suit qu'il n'a donné la vie qu'à celles qui, tôt ou

---

1. *Dieu, l'homme*, ch. IX, 1847.

tard, doivent être heureuses. Parmi tous les possibles, il a choisi et n'a appelé à l'existence que ceux pour qui l'existence vaudrait mieux que le néant. Par là tombent toutes les objections dirigées contre la Providence sur la question du mal ; par là se réfutent également Épicure et Bayle ; par là se réfute aussi Manès. Le mal est passager et transitoire ; il doit disparaître un jour. Le bien seul doit régner. Le mal n'a aucune existence positive, car il n'a pas un premier auteur. C'est la liberté seule des créatures qui l'a produit. Et, d'un autre côté, Dieu a doué les êtres intelligents de liberté pour qu'ils fussent des personnes, pour qu'ils pussent mériter leur bonheur.

« L'essentiel est que le mal n'ait qu'un caractère négatif, et qu'il doive s'évanouir ; car, si nous concevons le monde comme une série de vies successives pour chaque créature, nous comprenons très-bien comment Dieu, pour qui il n'y a ni temps ni espace, et qui voit le but final de toute chose, permet le mal et la souffrance comme des phases nécessaires par où les créatures doivent passer pour arriver à un état de bonheur.

« Il n'y a pas un seul damné, dans le sens propre du mot ; s'il y en avait un seul, il faudrait dire que Dieu est criminel envers lui, car il n'aurait pas dû le créer.

« Voilà donc où nous serions conduits, ô Dieu d'amour ! Comment avez-vous pu souffrir que des hommes abusassent de votre nom, outrageassent à ce point votre divine majesté, qu'ils donnassent de vous des idées si peu conformes à votre être inénarrable ? J'adore, sans la comprendre, votre souveraine volonté. Vous avez commandé à votre serviteur ; il a obéi. Vous lui avez dit : Lève-toi, écrase le mensonge en faisant briller la vérité ; et il s'est levé, et il a crié aux théologiens du passé : Imposteurs aveugles, retirez-vous ! vous insultez mon Seigneur et mon Dieu vous voudriez nous le faire haïr. Ah ! Seigneur, si mon talent répondait à l'ardeur de ma foi et à l'éblouissement que votre amour a produit en mon cœur, je voudrais briser si bien pièce à pièce ces systèmes menteurs, qu'ils rentrassent dans le néant d'où ils n'auraient jamais dû sortir. Dieu, c'est le bien ; et le mal, œuvre des créatures, disparaîtra à jamais, puisqu'il n'a qu'une existence précaire et transitoire. Ah! je me fie à votre sagesse éternelle : si vous avez laissé le mal pénétrer dans votre œuvre par la liberté, c'est que vous voyez à la fois le passé, le présent et l'avenir de toutes les créatures, et que la perfection de la fin suffit pour justifier à vos yeux les états intermédiaires par lesquels elles ont dû passer. J'ai foi en vous et j'espère.

« Il n'y a pas lieu, dans notre théologie, d'agiter les questions ordinaires de la prédestination et de la réprobation. La prédestination est le décret éternel que Dieu a fait de sauver quelques-uns et de les rendre éternellement heureux. Cette prédestination est absolument gratuite; il n'y a rien en l'homme qui la prévienne; elle ne dépend d'aucun mérite de l'homme, puisque, au contraire, tous les mérites de l'homme ne sont que des effets de la prédestination. Il en résulte que Dieu aurait pu prédestiner tous les hommes. Cependant, et comme contre-partie de la prédestination, la théologie admet la réprobation, c'est-à-dire le décret éternel que Dieu a fait de damner quelques-uns et de les priver du souverain bonheur. Saint Thomas a poussé l'aveuglement jusqu'à soutenir qu'il n'y a dans le réprouvé aucun mérite de sa réprobation. Il est juste de dire que plusieurs théologiens, parmi lesquels il faut compter saint Augustin, saint Prosper et saint Fulgence, se sont élevés contre cette atroce et inexorable opinion. Toujours est-il que, même en supposant que les réprouvés méritassent leur sort, Dieu ne devait pas les créer. Parmi tous les possibles, Dieu, qui voyait et savait tout, devait choisir ceux qui, plus tôt ou plus tard, arriveraient au bonheur par leur liberté aidée de sa grâce, et ne point tirer du néant tous ceux qui, par un péché perpétuel, devaient mériter des peines éternelles. Nous avons vu déjà que cette objection est insoluble [1].

« En vérité, Dieu, tel que plusieurs théologiens nous le dépeignent, serait le plus cruel de tous les êtres. J'admire, dans le plus profond étonnement, comment l'âme si pleine de mansué-

---

1. *Exposé d'un nouveau système*, Origine du mal, n° 15, p. 85.

tude des femmes a pu garder la foi et n'être pas révoltée par le dogme impie de la réprobation ; je ne peux me l'expliquer qu'en songeant à l'adresse incomparable de certains endurcis qui, comprenant bien, pour la plupart, ce que leurs dogmes ont d'odieux, cherchent à détourner les fidèles de les approfondir, par des exercices de piété et de charité, et surtout par le développement extraordinaire donné au culte de Marie. Ce culte d'amour, si propice aux instincts des femmes pieuses, sert de prétexte et de voile aux dogmes abominables de l'enfer et de la damnation. Les atrocités que le pseudochristianisme a commises, les tortures, les bûchers de l'inquisition, la Saint-Barthélemy, le jésuitisme, les fidèles n'y songent même pas, ils ne voient que Marie, la mère de Dieu, et devant cette rayonnante et angélique figure, que nous honorons nous-même infiniment, disparaissent tous ces dogmes, qui vus de près, révolteraient le sens droit de l'humanité [1].

« J'ai prouvé que le dogme de l'enfer éternel est repoussé à la fois par toutes les facultés, par toutes les puissances de l'homme [2].

« Dire qu'après la vie de la terre il n'y aura plus ni mérite ni démérite, est une gratuite absurdité; c'est vouloir borner l'épreuve à un point du temps et de l'espace ; c'est arracher à l'homme sa personnalité. Ici l'erreur de la théologie vulgaire est capitale et n'a pas besoin de plus ample réfutation. L'âme, dans tous les siècles des siècles, est et restera libre. L'erreur si grossière et si impardonnable de la théologie, puisqu'elle touche à la nature des êtres, provient d'une erreur analogue sur le rang de la terre dans l'univers [3].

« D'après Moïse et toutes les cosmogonies, les astres ont été

1. *Nouveaux fragments philosophiques*, 1849.
2. *Dieu, l'homme, l'humanité et ses progrès*, p. 115 et suiv. Voir aussi l'*Essai sur Origène et le rêve d'Antonio*, 2ᵉ éd., p. 31 et suiv., à la note.
3. On a comparé l'univers des chrétiens à une maison dont le rez-de-chaussée est habité par les vivants, les caves par les démons et par l'enfer, et le premier étage par les bienheureux du paradis. Voir, sur la fausseté de ces idées et sur l'importance des découvertes astrono-

faits pour la terre; en dehors de la terre, il n'y a rien que Dieu et les anges doués d'une nature immatérielle. Donc, après la vie de la terre, tout est fini pour le mérite et la liberté. Mais depuis Copernic et Galilée, depuis que nous savons qu'il existe un nombre infini de mondes, n'y a-t-il pas une singulière étroitesse de vues à vouloir borner nos épreuves à la terre, et à nous refuser dans l'avenir tout moyen de réparation.

« La théologie, par son dogme de l'enfer éternel, a donc commis un crime de lèse-humanité. Nous avons vu précédemment qu'elle blasphème contre Dieu, et que nous pouvions, à juste titre, l'accuser d'impiété et de sacrilége.

« Le dogme de l'enfer éternel est tellement un dogme de circonstance, maintenu par l'Église catholique à cause de son utilité, que saint Jérôme, si rigoureux d'ailleurs et célèbre par sa guerre contre Origène et ses partisans, l'avoue lui-même dans un de ses écrits. Citons textuellement : « Quæ omnia replicant asseverare
« cupientes ; post cruciatus atque tormenta, futura refrigeria.
« Quæ nunc abscondenda sunt ab his quibus timor utilis est ; ut
« dum supplicia reformidant, peccare desistant. Sicut diaboli et
« omnium impiorum qui dixerunt in corde suo : Non est Deus, cre-
« dimus æterna tormenta, sic peccatorum atque impiorum et tamen
« christianorum, quorum opera in igne probanda sunt atque pur-
« ganda, moderatam arbitramur et mixtam clementiæ sententiam
« judicis. » (*Commentarius in Isaiam, cap. ultimum, ad finem.*)
« Tels sont les motifs sur lesquels s'appuient ceux qui veulent
« faire entendre qu'après les supplices et les tourments, il y aura
« le pardon et le repos. *C'est ce qu'il faut cacher maintenant à*
« *ceux à qui la crainte est utile, afin que redoutant les supplices,*
« *ils s'abstiennent de pécher.* Nous croyons bien que le diable et
« les impies qui ont dit en leur cœur : Il n'y a point de Dieu,
« seront éternellement punis. Mais les autres pécheurs et impies

---

miques, ce que nous avons écrit, *Nature et destination des astres*, p. 126 à 159 de l'*Exposé d'un nouveau système*, p. 83 et suiv. de l'*Essai sur les mystères*.

« qui n'auront pas cessé d'être chrétiens, nous pensons que leurs
« œuvres seront éprouvées et purifiées par le feu, et que Dieu se
« laissera fléchir et usera de clémence à leur égard. » Ainsi, saint
Jérôme ne maintenait pas l'inflexible dogme de l'éternité des
peines ; seulement il en faisait un dogme de police et de discipline, afin d'effrayer les pécheurs. L'Église catholique l'a conservé avec une affreuse rigueur, en le tempérant néanmoins par
le dogme du purgatoire qui contient en germe la foi de l'avenir.
Entre le dogme du purgatoire et celui des vies successives il n'y
a qu'un pas, et c'est notre siècle qui a mission de le faire.

« La croyance à l'enfer a produit la croyance aux démons et à
leur intervention exclusive dans ce monde, ce qui a été cause
de superstitions nombreuses et de funestes erreurs.

« Il n'y aura donc point de châtiment pour les coupables ? Ceux
qui me font cette objection interprètent mal ma philosophie.
J'ai écrit ces lignes significatives : « Il y a des châtiments pro-
« portionnés à toutes les fautes, et dont l'intensité dépasse peut-
« être notre imagination ; nous voudrions en vain les nier. Quoi-
« que tout espoir ne soit pas ôté aux coupables, ne songeons pas
« sans effroi à notre fragilité d'ici-bas. Si le bien nous est actuel-
« lement si difficile, imaginons-nous quels incroyables efforts né-
« cessitera notre réhabilitation dans des mondes inférieurs[1]. »

« Notre doctrine est même plus morale que celle du christianisme. Un moment de repentir à la mort ne suffit pas pour expier
une vie de crimes, de même qu'un instant de faiblesse ou d'erreur ne suffit pas pour perdre irrévocablement. Dieu pèse dans
une balance équitable nos bonnes et nos mauvaises actions, et si
le bien l'emporte sur le mal, que le mal ou le bien ait été fait
au commencement de notre vie ou à la fin, l'homme est récompensé ; si le mal, au contraire, l'emporte sur le bien, il est puni.
Que ceux qui parmi les chrétiens prennent encore les mots à la
lettre cessent donc de s'abuser, et de se flatter du fol espoir qu'une
heure de repentir et l'absolution d'un prêtre suffiront pour effacer

---

1. *Dieu, l'homme*, etc., p. 125 et 126.

toutes les fautes, quels que soient leur nombre et leur énormité. Quelle serait la justice éternelle, s'il en était ainsi? Pense-t-on qu'une bulle de canonisation suffise pour entrer dans le royaume de la paix, et que certains hypocrites, sur la sainteté desquels on s'est parfois étrangement trompé, n'expient pas dans les tourments leurs scélératesses et leurs crimes! En vain auront-ils montré dans l'autre vie leurs passe-ports; en vain auront-ils excipé de leur zèle pour la religion.

« Quoi donc! s'écrie Charles Bonnet, était-ce bien une doctrine qui ne respire que douceur, miséricorde, charité, qui ordonnait ces horreurs? Était-ce bien une doctrine si pure, si sainte, qui prescrivait ces crimes? Était-ce bien la parole du prince de la paix qui armait des frères contre des frères, et qui leur enseignait l'art infernal de raffiner tous les genres de supplices? Était-ce bien la tolérance elle-même qui aiguisait les poignards, préparait les tortures, dressait les échafauds, allumait les bûchers? »

« L'illuminé Swedenborg nous peint l'étonnement d'âmes pieuses qui cherchent dans la vie future tel ou tel saint et le trouvent en enfer [1]. Quant aux victimes de l'inquisition et du fanatisme, Vanini, Giordano Bruno, Jean Huss, Savonarole et tant d'autres, elles sont depuis longtemps arrivées au port éternel. Rien ne hâte tant l'avancement des âmes que les bûchers et les échafauds; c'est pour cela que Dieu les a permis. Je mets sur la même ligne les martyrs de l'inquisition et les martyrs du christianisme [2].

« Il y a dans la vie terrestre bien des circonstances en opposition flagrante avec l'organisation de l'homme. De là les maladies, de là les besoins de se vêtir et de se mettre à l'abri; le corps ne peut subsister sans une alimentation journalière et la terre ne nous donne rien qui ne soit arrosé de nos sueurs et de nos larmes. La locomotion, la nourriture, le logement et le vête-

---

1. *Merveilles du ciel et de l'enfer*, t. II de la traduction française, p. 129 et 130. — 2. *Nouveaux fragments philosophiques*, 1849.

ment constituent le nécessaire de la vie. Le reste n'est que du superflu [1]. Otez la nourriture, la difficulté de locomotion, le logement et le vêtement, il n'y a plus de pauvres. Il est donc très-aisé de se figurer ce que peut être le progrès dans les mondes futurs, en supposant la matière de moins en moins pesante, de moins en moins sensible aux influences extérieures, exigeant une nourriture de moins en moins grossière; d'un autre côté, un globe où les saisons seraient plus égales et les climats moins hostiles à la santé de ses habitants, où le sol donnerait ses fruits à un moindre travail, où les milieux ambiants suffiraient à l'alimentation jusqu'à ce que nous soyons arrivés au moment de ce que les chrétiens appellent la résurrection, où notre corps deviendra impondérable, incorruptible et immortel. Les degrés de ces améliorations peuvent varier indéfiniment.

« Les facultés de l'âme subiraient un développement parallèle; car les sens étant les instruments de l'âme, elle devient d'autant plus parfaite qu'ils sont plus parfaits, la satisfaction des besoins ferait disparaître les causes de lutte et d'égoïsme, la diminution du travail laisserait une carrière plus libre aux progrès de l'intelligence et de la moralité. En quittant cette vie, l'homme arrive à une station correspondante à son degré d'initiation; il va, comme le dit la cosmogonie indienne, au monde de ses œuvres, il prend la condition qu'il a méritée et revêt la forme corporelle la plus harmonique avec l'état de son âme; il porte dans une autre existence non-seulement son âme, mais encore l'essence de son corps, qui lui est indissolublement unie. Rien ne change en lui que la forme. Mais cette forme, jusqu'à ce qu'elle soit plus épurée, comprime le souvenir sans abolir l'identité.

« Quelle est la loi de ces renaissances et de ces transformations? Ceci est un des mystères de la Providence qu'on ne sau-

1. L'amour du luxe et du superflu est un signe de la grandeur humaine. Il prouve que la satisfaction des besoins physiques ne suffit pas à l'homme. Il lui faut un raffinement de jouissance, une abondance de bien-être. C'est un indice que la terre est un lieu de passage, et que nos destinées ne sont pas enchaînées ici-bas.

rait vouloir pénétrer sans folie. On peut seulement essayer d'en avoir une conception vague, la seule qui sur cette terre soit permise à l'esprit humain. Lorsque l'âme quitte son corps terrestre, ou lorsque pour venir ici-bas elle a quitté son corps antérieur, elle se trouve dans un état quelconque de mérite et de démérite, sous le double point de vue de l'intelligence et de la moralité. Cet état sert de point de départ nouveau pour la vie future ; l'âme non-seulement va au monde de ses œuvres, mais encore dans ce monde elle se réunit au corps avec lequel elle a le plus d'affinités. Dans l'ordre physique, la loi d'attraction universelle meut tous les corps, tous les êtres matériels; pourquoi cette loi n'aurait-elle pas un équivalent dans l'ordre moral? Cet équivalent, nous l'appellerons *loi d'harmonie*. C'est en vertu de cette loi que l'âme va précisément animer la forme matérielle qui correspond au degré de son avancement et à l'état de ses penchants, et cette forme elle la pénètre et la plastique en vertu de sa force virtuelle.

« Ainsi l'âme qui arrive sur notre globe et revêt la forme humaine a dans son passé une double raison, d'abord de son existence terrestre, ensuite de sa naissance dans telle parenté, dans telle position, et de son union avec tel corps plutôt que tel autre; quant aux enfants qui meurent au berceau ou en très-bas âge, il faut penser que n'ayant pas mérité de prime abord le passage à un monde supérieur, ils n'ont pas non plus mérité les souffrances de la terre pendant une vie complète et après un temps plus ou moins court de douleur et d'enveloppement, ils sont affranchis par la mort du degré terrestre de l'initiation [1]. »

On peut ajouter à ces lignes écrites en 1846, et on a ajouté, mais en 1858 seulement (*Livre des esprits*), que la mort de ces enfants en bas âge, outre la véridique raison que nous avons donnée, peut encore servir d'épreuves à leurs parents, ce qui est un motif secondaire sur lequel

---

1. *Exposé d'un nouveau système*, p. 148 et suiv., 1846.

plane toujours le motif primaire et supérieur rapporté plus haut.

Voilà sur une foule d'opuscules et de traités philosophiques ce que nous avons cru devoir citer; mais ceux qui voudront recourir à ces volumes, tous épuisés, et qui, les rencontrant par hasard, prendront la peine de les lire, en retireront beaucoup d'arguments que nous avons négligés [1].

Quelqu'un me disait : « Vos intentions sont bonnes, mais
« vous n'auriez pas dû être si affirmatif dans la négation
« de l'enfer absolu; avec de simples doutes, si cet enfer
« existe, vous n'auriez pas été hérétique. »

J'ai répondu résolûment : « S'il existe, mon choix est
« fait, je veux être avec le malheur et la souffrance pour
« les partager et les consoler, car Dieu alors ne serait plus
« notre père. »

Oui, telle est mon ardente et indomptable foi.

Donnons à notre tour le résumé de notre théorie. On a vu que nous divisions l'univers en trois cercles. Les cercles des mondes inférieurs, des mondes intermédiaires, des mondes supérieurs.

---

1. En voici la liste : — Exposé d'un nouveau système ; — Destinée de l'Homme ; — Origine du mal ; — Essai sur Origène ; — Dogme de la métempsycose ; — Cosmogonie de Fourier ; — Nature et destination des astres ; — Dieu, l'Homme, l'Humanité et ses progrès (1847), traité divisé en cinq livres. — Esquisse de la philosophie de Ballanche ; — Essai sur les Mystères ; — Fragments philosophiques ; — Philosophie de la Révélation ; — Mathématiques de l'infini ; — Rêve d'Antonio (1re édit., 1839-1844, 2e édit., 1851) ; — Essai sur le Druidisme ; — Nouveaux fragments philosophiques ; — Principes supérieurs de la Morale (couronné par l'Institut, 2 vol. in-8°, 1859). — Examen des Questions pendantes en philosophie religieuse ; — Saint Jean-Baptiste ; — Le Précurseur religieux ; — Biographie de Jobard.

Parmi les poëmes nous ne mentionnerons que *Falkir ou les Mystères du siècle*, comme ayant trait aux questions soulevées ici.

Dans les mondes primitifs, d'*inchoation*, l'âme s'essaye à la vie et à l'acquisition des facultés qu'elle développera plus tard dans les mondes d'épreuves.

Au premier cercle, l'âme criminelle va expier ses méfaits dans les mondes les plus infimes et les plus ténébreux[1], soumise aux épreuves les plus pénibles, aux expiations les plus dures.

L'âme simplement coupable lave ses souillures et ses vices dans un monde où le mal domine encore, et où l'affranchissement de la chair et de la matière nécessite de laborieux efforts. C'est le cercle nommé, improprement peut-être (nous le verrons tout à l'heure), *cercle des voyages* par la théologie druidique, et que nous aimons mieux appeler *monde des épreuves et des expiations*.

Voilà l'Esprit guéri de ses vices et de ses crimes, mais il peut rester imparfait et ne pas mériter de prime abord d'être l'ouvrier et le serviteur de Dieu. Il peut lui manquer l'intelligence de ce qu'il faut faire, et le courage indomptable nécessaire à ses fonctions de fils de Dieu. Donc, il peut et doit passer par des mondes intermédiaires, où il s'instruit dans la connaissance du Seigneur, et fortifie sa moralité. Ce sont les mondes de la *préparation*, d'où déjà on ne peut déchoir, et voilà pourquoi nous distinguons ce second cercle du premier où, tant que l'âme est soumise à des épreuves, elle peut tomber plus bas, tout en conservant les énergies acquises. C'est aussi en cela que nous sommes plus complets que les druides et Jean Reynaud.

Enfin il y a les *mondes supérieurs*, dans lesquels il y a

---

1. Même dans ceux que les druides nomment *l'abîme*, le Zohar, *les ténèbres d'Édom*, et les chrétiens *l'enfer*, mais on peut toujours en sortir. Dieu y conduit l'âme pécheresse et l'en retire quand l'expiation est terminée, disent les psaumes.

encore progrès incessant, hiérarchie selon les mérites entre les divers bienheureux, mais là *encore* on n'est pas inoccupé, l'activité croît au contraire à proportion de l'élévation; on y voyage *encore*, soit dans le cercle de *préparation* pour y enseigner ses habitants, soit même dans les cercles de l'*expiation et des épreuves*, pour y remplir, au service du Père céleste et sous sa protection, des missions d'amour et de dévouement. Voilà pourquoi nous avons rejeté la dénomination de *cercle des voyages* pour le premier, les voyages étant partout la loi de l'activité des Esprits.

L'identité du moi se conserve toujours, quoique dans les mondes infimes et matériels (et on se rappelle que notre terre est dans cette catégorie), la nécessité de l'épreuve entraîne la privation temporaire du souvenir, qui ne se retrouve, et encore qu'obscurément, qu'entre l'intervalle de chaque réincarnation.

Dans les mondes les moins imparfaits du *cercle des épreuves*, il n'est pas impossible que la loi du *Léthé* soit abolie en partie, et qu'une mémoire, quoique plus ou moins effacée des précédentes existences, soit accordée aux âmes.

Dans les mondes de *préparation*, au contraire, le souvenir des vies passées est le moyen le plus salutaire d'instruction et d'affermissement dans le bien.

Et dans les mondes heureux, il se retrouve tout entier, par le corps spirituel de l'âme, entièrement éthéré, et qui a pénétré les enveloppes diverses habitées par cette même âme.

L'identité persiste donc malgré les corps différents qu'elle a puisés dans chacun de ses séjours et a informés de sa force plastique, et malgré les noms des personnages tour à tour représentés, ainsi que l'exprimaient déjà symboliquement les *mystères*.

Les druides pensaient que le cercle de *Ceugant* n'appartenait qu'à Dieu ; sans doute ils avaient raison en ce sens que Dieu est à jamais incommunicable dans toute sa plénitude aux hommes, mais il n'y a point de limite dans leur développement progressif et ils peuvent s'approcher dans tous les siècles des siècles, et de plus en plus, du divin aimant. Ils peuvent croître à chaque minute en science, en amour, en beauté, et pénétrer toujours plus avant. Nous l'avons dit, *il y a entre le fini que nous sommes et l'infini qui est Dieu, assez de distance pour que l'éternité des éternités ne puisse parvenir à la combler*. Ainsi, et dans ce sens, les mondes divins eux-mêmes nous sont accessibles.

Nous rectifions donc en plusieurs points les druides et même Jean Reynaud. Il en est ainsi dans la nature. La terre est l'emblème du ciel, et de même que chaque jour un voile nouveau est écarté aux yeux des bienheureux, qui cachait la splendeur suprême, de même la science philosophique fait à chaque instant ici-bas de plus grandes conquêtes. D'autres penseurs iront plus loin que nous et nous rectifieront à leur tour.

Il nous reste un dernier point à expliquer :

L'âme peut même, *au cercle des épreuves*, à force de mérites, de vertus, d'héroïsme gravir à la fois tous les échelons et s'élever immédiatement au *cercle* suprême, sans pouvoir ensuite ni déchoir ni rétrograder.

Si elle a commis de grands crimes au contraire, elle ne peut tomber si bas qu'elle ne puisse se relever par l'expiation et le repentir.

C'est que le bien est la fin dernière de l'âme, et que le mal, contraire à sa destination, n'a été produit que par son libre arbitre, et peut se réparer avec lui.

Telles sont nos croyances intimes.

CHAPITRE II

RÉPONSES AUX OBJECTIONS

La première objection que l'on adresse à notre système est celle que faisait déjà dans son *Théophraste*, Énée de Gaza, philosophe chrétien du quatrième et cinquième siècle de notre ère. Elle est tirée de l'absence de souvenir et on la formule ainsi : « Puisque vous enseignez, nous dit-on, « que la vie humaine est une expiation de fautes anté- « rieures, cette expiation, pour être profitable à l'âme cou- « pable, devrait exister avec le souvenir des péchés pour « lesquels on vient ici-bas : celui-là n'est pas puni, en effet, « qui ne sait pas pourquoi il est puni. »

Nous avons déjà répondu dans le cours de ce travail, par la nature trop grossière de nos corps et la trop grande matérialité de notre globe ; allons plus loin et creusons plus profondément la question. Le séjour terrestre est moins une expiation pour les âmes qui ont déjà expié dans le monde spirituel qu'une épreuve nouvelle, ainsi que le dit si carrément Dupont de Nemours, ce prodigieux écrivain qui, au dix-huitième siècle, a devancé toutes les croyances modernes. Or, s'il en est ainsi, ne voit-on pas que le souvenir des vies antérieures, si toutefois il était possible autrement que par révélation avec nos corps pesants, gênerait extraordinairement les épreuves en leur enlevant la plupart de leurs difficultés et partant de leurs mérites, ainsi que de leur spontanéité? Nous vivons dans un monde où le libre arbitre est tout-puissant, loi inviolable de l'avancement et de l'initiation progressive des hommes. Si les existences passées étaient connues, l'âme saurait la signification et la portée des épreuves qui lui sont réservées ici-bas; indolente et paresseuse, elle se roidirait quelquefois contre les desseins de la Providence et serait paralysée par le désespoir de les surmonter, ou bien, mieux trempée et plus virile, elle les accepterait et les accomplirait à coup sûr. Eh bien! il ne faut ni l'une ni l'autre de ces positions. Il convient que l'effort soit libre, volontaire, à l'abri des influences du passé; le champ du combat doit être neuf en apparence pour que l'athlète puisse y montrer et y exercer sa vertu. L'expérience qu'il a précédemment acquise, les énergies qu'il a su conquérir lui servent pour la lutte nouvelle, mais d'une manière latente et sans qu'il s'en doute, car l'âme imparfaite vient dans ses réincarnations pour développer ses qualités manifestées déjà antérieurement, pour dépouiller les vices et les défauts qui s'opposent à la loi ascensionnelle. Qu'arriverait-il si tous les hommes se souvenaient de leurs vies antérieures? l'ordre de la terre en serait bouleversé ou du moins il n'est pas présentement fait dans ces conditions. *Le Léthé* comme le libre arbitre sont les lois du monde actuel.

Soit, nous dira-t-on, mais alors que devient l'identité?

L'identité, pour être momentanément voilée, n'en subsiste pas moins; elle se retrouve avec le corps aromal terrestre (Nephesch) pour tout ce qui s'est passé sur cette terre; avec le corps virtuel, l'esprit des vies, des existences comme le nomment la Genèse et le Zohar (Rouah) pour tout ce qui s'est accompli ailleurs.

Nous avons même clairement expliqué à propos de Pierre Leroux et de Fourier quelle était la cause de leurs théories erronées, nous n'y reviendrons pas.

Le souvenir noyé dans la matière pour le temps et le besoin de l'épreuve se retrouve plus tard avec d'autant plus de vivacité et de pureté que les mérites de l'âme sont plus grands et qu'elle a plus avancé.

Même pour les missionnaires venus des sphères supérieures, le souvenir est étouffé, il ne peut que leur être révélé, rarement complet, le plus souvent en partie, selon les nécessités de leurs missions. Nous avons dit à propos de Saint-Martin que nous ne pouvions compliquer démesurément notre travail, par nos doctrines à ce sujet, qui trouveront mieux leur place dans un autre traité.

Nous trouvons sur notre chemin d'autres objections, une entre autres qui nous a été faite très-anciennement par saint Jérôme dans sa quarante-unième lettre à Pammaque, citons le texte : « Post multa secula, idipsum fore Gabrielem « quod diabolum, Paulum quod Caipham, virgines quod « prostibulas ; » après beaucoup de siècles Gabriel, sera donc réuni (si votre opinion est véritable) avec le diable, Paul avec Caïphe et les vierges avec les prostituées. Nous allons encore renforcer cette objection, qu'une seule observation fera ensuite écrouler, par ce que nous avons exposé nous-même à la page 127 et suiv. de notre traité *Examen des questions pendantes en philosophie religieuse*. Nous y raisonnons ainsi en pesant et discutant cet argument :

« Plaçons-nous pour un instant dans l'hypothèse favorite des spiritualistes modernes, et supposons comme eux plusieurs épreuves succédant à la vie terrestre. Le libre arbitre existe dans toutes les existences de leur aveu ; or, le libre arbitre entraîne la possibilité d'un péché perpétuel,

en d'autres termes, puisque pour certains hommes la présente épreuve a été mal prise, on doit de toute nécessité nous accorder qu'elle pourra l'être encore dans les vies successives de l'âme. Donc il faut de toute nécessité encore admettre qu'à l'égard de quelques-uns que nous avouerons, si l'on veut, être en très-petit nombre, la réparation qui leur sera possible sera insuffisante, et qu'ils vivront toujours plus ou moins éloignés de Dieu, à moins que ces philosophes n'aient recours à une grâce venue d'en haut pour incliner les volontés coupables au bien; mai comment useraient-ils d'un pareil moyen, eux qui ne veulent pas reconnaître, même pour la vie présente, l'intervention spéciale et particulière de Dieu ? On voit donc que les raisonnements de la philosophie, poussés à leurs dernières conséquences, viennent précisément aboutir à des résultats identiques qu'elle méconnaît chez elle, et critique à tort dans le christianisme. Cela est, il me semble, décisif, et tend à établir l'union entre la raison et la révélation, puisque loin d'y trouver l'opposition tant de fois signalée, nous sommes obligés d'en confesser la concordance. Plusieurs théologiens ont même donné la raison philosophique de la perpétuité de la peine du dam. Drexelius, dans son traité *De Æternitate*, dit en propres termes : « Scelerati in locis in-
« fernis semper peccant, ideo semper puniuntur. » La persistance de la peine tient donc, selon lui, de la persistance du péché. Il est permis aux chrétiens d'adopter cette interprétation qui n'est aucunement censurée. N'y aurait-il pas, au contraire, dans l'opinion de quelques philosophes qui nient après l'épreuve terrestre l'existence de peines quelconques pour les criminels sans repentir, et qui soutiennent d'une certaine façon le progrès certain et l'ascension bienheureuse de tous les hommes; n'y aurait-il pas, disons-

nous, dans cette opinion, une contradiction avec la raison ? Quoi ! n'y a-t-il pas quelque chose de révoltant à placer côte à côte, dans le même avancement, les bourreaux et les victimes, les oppresseurs et les opprimés, les tyrans cruels et leurs malheureux sujets, les grands inquisiteurs et les innocents livrés au bûcher; Laïs et Phryné avec Lucrèce, une vierge pudique avec une vile prostituée? C'est en ce sens que me répondait une des gloires les plus pures de l'Église française, une des plus grandes lumières du christianisme à notre époque. Par une de mes lettres, je lui exposais mes propres doutes; il m'écrit ce qui suit :

« Vous posez dans votre lettre de très-redoutables et très-
« profondes questions. Elles indiquent un homme de cœur
« qui cherche à creuser. Croyez énormément à la beauté,
« à la bonté infinie de Dieu. Voilà le côté clair du dogme.
« L'autre côté est tout enveloppé d'obscurités ; pourtant,
« considérez ceci : Gilles de Retz, au quinzième siècle, a
« volé aux paysans des environs de son repaire, jusqu'à
« cent vingt-cinq enfants et les a fait mourir en de cruels sup-
« plices pendant des orgies sodomiques, et afin d'honorer
« Satan. Or, je vous dis que j'espère ne jamais rencontrer
« Gilles de Retz. Mais, d'ailleurs, ayez confiance, cher
« Monsieur, Dieu est amour, voilà qui est certain. »

Nous répondons par un simple mot à cet échafaudage de raisons. Nous disons avec le vénérable ecclésiastique qui nous a honoré de cette réponse : non, comme vous, nous espérons bien ne jamais rencontrer Gilles de Retz, mais nous rencontrerons peut-être le héros d'autres incarnations méritantes et pénibles, que ce coupable aura subies, dans lesquelles il se sera racheté et le premier rachat sera l'effacement de son nom exécrable que nul ne saura au royaume des cieux. Motif nouveau et tout-puissant, si nous ne nous trompons, pour faire admettre la vérité des réincarnations.

« Si tous doivent arriver, à quoi bon réformer sa vie ? à quoi bon s'inquiéter ? »

Vous me demandez à quoi bon ? Est-ce qu'un seul instant où vous ne jouissez pas de la vie des cieux, un seul retard dans l'entrée de la maison du père de famille, ne doit pas éveiller en vous-mêmes les regrets les plus amers ? Et puis, tous doivent arriver, dites-vous, cela est vrai. La carrière est ouverte à tous, l'épreuve n'est en aucun temps fermée; quelle que soit l'expiation due au crime ou à la faute, le repentir est toujours possible, le retour au bien toujours praticable; mais il faut le vouloir, il faut que le libre arbitre du coupable et de l'égaré corresponde au mouvement divin qui le prévient et l'attire ; il faut au moins faire un pas vers Dieu pour qu'il en fasse mille vers vous. Si vous croupissez éternellement dans votre fange adonné à vos mauvais penchants, à vos passions charnelles, jamais, entendez-le bien, vous ne remonterez, jamais vous ne vous élèverez ; l'état perpétuellement dégradé d'un esprit entraîne de toute nécessité son perpétuel stationnement; voilà la vraie doctrine philosophique, qui ne ferme jamais l'accès au mieux, il est vrai, mais à la condition du libre vouloir. Donc, loin d'émousser les efforts de la volonté libératrice, le spiritualisme bien compris lui donne une impulsion d'autant plus salutaire qu'elle n'est plus comprimée par le désespoir. Allan Kardec, qui jouit à bon droit d'une éminente autorité parmi les spirites, a dit à la vérité quelque part : qu'une âme, pendant l'indéfinie évolution des siècles, trouvait toujours une épreuve bien prise pour la sauver. Nous nous associons pleinement à cette consolante pensée, mais nous répétons à tous : « Encore faut-il le vouloir ! »

Passons à la quatrième difficulté : le progrès indéfini ne répond pas suffisamment aux aspirations de nos âmes.

Bien avant nos doctrines, une philosophie haute et divine enseignait déjà que le fini ne pouvait jamais atteindre l'infini, mais seulement y tendre progressivement; que la mobilité était le perpétuel attribut de la créature, que l'essence de Dieu était incommunicable. Notre philosophie, par sa théorie de la vie future, est venue confirmer cette assertion depuis longtemps aperçue et formulée, seulement elle l'a fixée et expliquée d'une manière incontestable et à l'abri de toute contradiction.

Lorsqu'elle a dépassé le cercle des voyages et des épreuves, l'âme qui entre dans le cercle du bonheur a une pleine possession de la lumière, de la vérité, de la vie, elle est au service du Père des pères. Cette possession, même aux derniers degrés, est déjà un ineffable bonheur, incompréhensible ici-bas. Voilà le but et le terme. Maintenant, même arrivé à ce point d'où il ne saurait déchoir, l'esprit ne demeure pas immobile et dans un état absolu; il avance toujours de plus en plus vers un surcroît progressif, qui, au lieu d'être une peine, est une immense joie, au lieu d'être un découragement, est un mobile de plus; tout ce qui s'ajoute à la félicité complète de l'âme s'y ajoute continûment et persévéremment; les mérites s'accroissent indéfiniment avec les services; l'amour s'étend d'une façon incommensurable et y produit des prodiges de dévouement dont nous ne pouvons nous faire une idée sur la terre. Insistons encore :

L'homme, nous dit-on, même si vous lui concédez une éternité de progrès, ne parviendra, dans aucun instant donné, à la réalisation pleine et entière de l'idéal auquel il aspire avec tout son cœur. La contradiction irrémédiable entre ses vœux qui poursuivent l'infini, et sa perfection toujours capable d'accroissement, est un mal inhérent à sa nature même : jamais il ne deviendra parfait, jamais complétement heureux. Plus nous marchons vers notre terme, plus ce terme s'éloigne et nous évite. Notre âme est un gouffre qui s'agrandit de tout ce qu'on y jette pour le combler; plus on accorde à nos désirs, moins on les remplit, jamais pour eux ce n'est assez. Toutes nos conquêtes ne font que reculer les limites de nos espoirs insatiables; chaque progrès acquis nous en découvre un plus grand qui fuit sans cesse devant nos regards. La foi de la personnalité de Dieu et l'amour de Dieu peuvent seuls résoudre le grand problème de la vie et satisfaire les désirs immenses de notre cœur. L'immortalité même ne nous suffit pas, car les bornes du fini s'opposent et s'opposeront à jamais à ce que nous restions en possession de notre idéal. Oui, mais nous en approchons tous les jours davantage, si nous sommes attachés au vrai, si nous avons aimé le beau, et surtout pratiqué le bien. A travers nos longs pèlerinages à la poursuite de cet absolu qui nous fuit et recule à chaque instant devant nous, nous pouvons du moins puiser le bonheur suprême dans l'amour de Dieu, de cette personnalité qui rassemble toutes les perfections portées à leur plus haute puissance. Si nous donnons à Dieu notre intelligence, notre volonté, notre cœur, il nous donne en retour ce qu'il possède : il se communique à nous, autant que possible, tout entier, il ne retient à lui que ce qui anéantirait notre personnalité dans la sienne et serait incompatible avec notre qualité d'êtres finis, car tout se partage entre ceux qui s'aiment. Nous pourrons donc jouir en Dieu de la plénitude du bien et nous l'assimiler en quelque manière. Arriver à sa ressemblance, voilà le but constant sur lequel nos regards doivent être éternellement fixés; mais si nous désirons nous unir à lui, il ne faut pas désirer nous y confondre, car ce serait nous perdre. Or, l'amour ne peut légitimement aspirer à s'anéantir lui-même. L'amour implique nécessairement deux termes pour exister : la personne qui aime et celle qui est aimée. Désirer l'union, la communauté la plus parfaite entre elles, c'est la sagesse et le droit de l'amour. Rêver l'identification, c'est folie; et trop souvent les mystiques ont glissé sur cette pente; mais une psychologie sévère doit nous y retenir et signaler l'écueil, et c'est précisément pour maintenir intacte notre personnalité, pour ne pas la voir disparaitre en Dieu, qu'il convient de se rattacher philosophiquement à cette belle doctrine de la *pluralité des existences* qui sauve l'identité des âmes et maintient leur responsabilité de tous les actes de leurs vies successives, comme elle les couronne de toutes leurs œuvres.

Croirait-on que des gens qui se disent de notre école philosophique et partager les idées nouvelles se soient montrés opposés à la pluralité des existences? Mais ils sont d'une inconséquence, d'un illogisme tellement évidents, qu'il nous suffira de peu de mots pour les réduire à merci.

Leur grand cheval de bataille est qu'on peut parfaitement expier, au monde spirituel, toutes les fautes commises ici-bas. Ils excipent de cette belle pensée de Saint-Martin, qu'il faut régler ses comptes avant de se remettre en route. C'est vrai, mais il faut se remettre en route, selon lui *et avoir des chevaux pour un nouveau relais*, à savoir, s'incarner dans un corps pour subir une autre épreuve.

Admettons, en effet, que l'âme, au sortir de cette vie, puisse payer ce qu'elle doit dans le monde des esprits. La voilà, imparfaite et coupable qu'elle était, relevée de ses fautes et de ses manquements, c'est-à-dire remise au même état qu'avant sa venue ici-bas. Mais pourra-t-elle continuer sa route et s'élever vers Dieu, son suprême but ? Ne restera-t-elle pas éternellement stationnaire, lavée, si l'on veut, de ses souillures de l'existence passée, mais sans mérites nouveaux, et sans raison suffisante d'avancement quelconque? Cela est logiquement certain, et il faudrait être aveugle pour nier cette conséquence indubitable. Donc, il faut de toute nécessité que, par des œuvres nouvelles de sa vie postérieure, elle se rende digne de l'élévation à un rang progressif et supérieur. Nos adversaires ne se tiennent pas pour battus et persistent dans leurs faux raisonnements. C'est vrai, avouent-ils, mais dans le monde purement spirituel, on peut faire des œuvres louables et méritantes; nous ne le nions pas, cependant examinons. Il est évident que Dieu a non-seulement des humanités spirituelles à élaborer, mais qu'il a surtout des humanités matérielles à former et quelquefois à redresser. Si la pluralité des existences n'était pas vraie pour les âmes pécheresses, il suivrait de là que la Providence ne pourrait employer à ce dernier office que des âmes neuves; voit-on les inconvénients, disons le mot, l'absurdité d'une pareille supposition ? Des âmes neuves, lorsqu'il faudrait des âmes exercées par leurs précédents labeurs, endurés dans les mondes de même degré, inférieurs ou supérieurs, et dont l'expérience acquise se retrouverait, quoique latente, dans les nouveaux actes exigés d'elles. Puis, quelle injustice ! Ce serait ceux qui, par leurs fautes passées, mériteraient de traverser les plus douloureuses épreuves qui en seraient affranchis. Tout est donc subverti et bouleversé par la fausseté de ce point de vue : et la distribution providentielle des âmes et l'équité qui doit y présider.

Y songe-t-on bien, d'ailleurs ! Si les âmes ne doivent

pas se réincarner et faire oublier leurs noms criminels, ainsi que nous l'avons dit, par ceux de leurs existences postérieures, Néron restera Néron, Laïs restera Laïs, Gilles de Retz restera Gilles de Retz. De là une répulsion parmi les habitants des mondes radieux d'appeler frères ces êtres entachés d'infamie. En vain Néron aura-t-il fait au monde des esprits les œuvres les plus difficiles et les plus louables, dès qu'il n'aura pas changé de nom, dès qu'une ou plusieurs appellations nouvelles n'auront pas passé sur sa personne, jusqu'à effacer la trace de son nom exécrable, il ne peut parvenir au cercle du bonheur, et logiquement nos adversaires, qui nient cependant l'éternité des châtiments, sont obligés de l'admettre pour certains coupables. Ils rentrent donc dans l'opinion grossière de l'enfer qu'ils avaient précisément pour but d'écarter.

De deux choses l'une, ou nos adversaires reconnaissent la préexistence, ou ils ne la reconnaissent pas; s'ils la reconnaissent, tout est dit, car le passé dit assez ce qu'est l'avenir, surtout quand le changement d'état, pris à l'arrivée et ensuite au départ, est presque insignifiant ou même quand il y a détérioration, et ils font preuve d'une souveraine inconséquence à ne pas admettre la réincarnation postérieure, lorsqu'ils ont avoué la réincarnation ici-bas. Ou ils nient la préexistence, et alors ils n'expliquent ni les inégalités intellectuelles et morales, ni les maux de notre planète, et perdent tout l'avantage qu'ils croyaient avoir à rejeter la damnation éternelle; en résumé, il n'y a que deux partis à prendre : ou retourner aux doctrines enfantines de l'enfer et du paradis absolus, ou confesser résolûment la pluralité des existences, tout au moins pour le plus grand nombre des âmes imparfaites ou souillées qui sortent de la vie terrestre.

Allons plus avant, et prouvons à ceux qui seraient tentés de nier la préexistence, pour se mettre en accord logique avec la négation des réincarnations, qu'ils sont complétement dans l'erreur.

Il faut naturellement qu'ils admettent que les hommes sont tous au même grade intellectuel et moral, puisque les âmes qui viennent s'incarner ici-bas sont neuves et vierges de tout développement antérieur. Or, il y aurait encore à expliquer dans ce système pourquoi les hommes sont à un degré si différent et soumis à des épreuves si diverses. Si le progrès, au sortir de ce monde, devait s'accomplir dans le monde spirituel seulement, pourquoi tous sur la terre n'auraient-ils pas le même avancement, car il résulterait du contraire que les uns arriveraient dans le monde spirituel plus perfectionnés que les autres, et que partout, soit à la venue comme au départ, on pourrait accuser la justice de Dieu.

CHAPITRE III

CONCLUSION

Bossuet, dans le *Discours sur l'histoire universelle*, a conçu en partie le plan providentiel de l'éducation de l'humanité, mais il ne s'est attaché, et encore que sur un peuple, à la venue du Messie, et n'a pas poursuivi cette philosophie de l'histoire pour tous les développements successifs du Verbe divin parmi nous. C'est cette lacune que nous avons cherché et chercherons dans d'autres ouvrages à combler. La révélation de Dieu par une éternelle condescendance, ainsi que le dit le grand Ballanche, s'approprie à l'état des esprits et se manifeste à chaque période, embryonnaire, enfantine, pubère et mûre, selon les âges.

Dieu montrant de loin aux hommes le Messie libérateur, dirigeant les événements, les chutes et les grandeurs des empires, la raison philosophique des sages, ou inspirée des prophètes pour préparer sa venue, voilà ce qui remplit, ce qui résume l'histoire de la race humaine pendant les premiers siècles de son existence.

Dieu envoyant au temps marqué le Messie promis, le constituant chef de la grande famille de ses enfants, voilà l'avénement prodigieux qui a ouvert l'enfance de l'humanité.

Dieu, tout en laissant développer la doctrine enfantine dans le sens où elle a été enseignée par quelques-uns, et préparant soit par des envoyés, soit par des incarnés plus avancés, les enseignements pubères *de l'esprit*, voilà l'histoire de l'humanité telle qu'elle s'est déroulée jusqu'à nos jours et telle qu'elle continuera à le faire jusqu'à la maturité parfaite et à la consommation finale, ayant toujours en vue les progrès futurs d'un âge supérieur, et la transfiguration glorieuse des habitants de la terre, fin dernière de notre humble planète.

Nous l'avons vu, pendant que la gentilité enseignait le polythéisme et une métempsycose grossière, les mystères apprenaient aux hommes plus spirituels l'unité de Dieu, la pluralité des mondes et la pluralité des vies.

Tandis que Moïse menaçait encore les méchants de châtiments terribles et temporels de la part de Jéhovah irrité et jaloux, que le Christ faisant violence à l'esprit de sa morale d'amour et de pardon, parlait encore du *feu* éternel de l'enfer, une doctrine secrète se répandait oralement chez les Juifs capables de la porter, elle était recueillie par plusieurs chrétiens, notamment par le grand Origène. Qu'annonçait-elle? Encore la pluralité des mondes et la pluralité des existences, vérités pubères que *l'esprit*, lors de son avénement collectif et général, devait apprendre aux hommes.

Pendant le moyen âge, c'est-à-dire pendant le développement outré de la doctrine du Christ, l'idée sommeille et s'éclipse momentanément, mais elle n'est pas étouffée, elle germe toujours à petit bruit et il ne nous serait pas difficile de nommer ceux des élus qui se la sont perpétuellement transmise de siècle en siècle [1]. Enfin, dans l'âge moderne, la *pluralité des mondes* est vulgarisée.

Peu à peu la *pluralité des existences* se dégage de plus en plus claire, précise, lumineuse ; elle brille à notre époque comme un resplendissant soleil. Les temps sont venus. Voilà ce que nous dit l'histoire.

A présent, que nous dit la philosophie ? car si nous n'avons pas fait abstraction de la révélation comme point de vue et comme enchaînement, nous ne nous sommes adressé dans nos citations qu'à la raison seule de l'homme. Voici les propositions qui sont maintenant démontrées :

1° L'enfer absolu et éternel est une erreur, puisqu'il est contraire à la fois à la nature de Dieu et de l'homme.

C'est un blasphème, puisqu'il tend à détrôner Dieu et à mettre à sa place la personnification du mal, nommée *Ahrimann* ou *Satan*.

Avec cette notion téméraire, il faut renoncer à tous les principes. Tout est bouleversé.

Nous avons fait cette preuve d'une façon irrésistible.

2° Sans la croyance aux vies antérieures et à la préexistence rien ne s'explique, ni la venue d'une âme neuve dans ce mauvais monde de la terre, ni les infirmités parfois irrémédiables du corps, ni les maux qui l'affligent, ni la répartition disproportionnée des richesses, ni l'inégalité des intelligences et de la moralité. La justice de Dieu disparaît dans le monstrueux fantôme du hasard. On ne comprend ni ce qu'est l'homme, ni d'où il vient, ni où il va ; le péché originel ne rend pas compte du sort particulier des individus, étant le même pour tous. Il laisse subsister, grossière-

---

[1]. Lisez surtout, pour la partie historique, le chap. III du liv. Ier, le chap. II du liv. II, et les Prolégomènes du liv. III.

ment entendu, toutes les difficultés en y ajoutant une iniquité révoltante[1]. Admettez, au contraire, la préexistence, et le dogme du péché originel brille de tout son éclat en devenant le résultat des fautes personnelles dont l'âme coupable doit se purifier.

3° La préexistence, admise dans le passé, entraîne logiquement la succession des existences dans l'avenir pour toutes les âmes qui ne sont pas arrivées au but et ont encore des souillures à laver, des imperfections à effacer. Pour entrer dans le *cercle du bonheur* et quitter le *cercle des voyages* il faut être pur.

Nous avons combattu l'erreur, affirmé la vérité et nous persistons à croire que nos dogmes de la préexistence et de la pluralité des vies sont véritables.

Ces dogmes sont de plus en parfaite conformité avec l'état présent des connaissances humaines comme avec les besoins réels des sociétés modernes. Nous avons dit, en effet, dans le cours de notre travail, que les découvertes de Galilée en astronomie devaient avoir leur contre-coup dans le monde moral et amener une compréhension plus parfaite de la destinée future, et quant aux besoins réels des sociétés modernes, nous croyons que ce qu'il faut à l'humanité d'aujourd'hui, comme à celle d'hier, comme à celle de demain, c'est une foi vive en Dieu et une certitude inébranlable de ses destinées. Dans le système que nous adoptons, on est tranquille et résigné, la Providence est substituée au destin; l'humanité marche d'un pas assuré, confiante en son céleste guide. L'homme accepte les biens

---

1. Voir notamment sur ce point le chap. IX du liv. III, la dissertation de Ch. d'Orient sur l'opinion de saint Augustin concernant les enfants morts sans baptême. Voir aussi ce que nous disons au chap. Ier, liv. IV.

et les maux comme une dispensation de la volonté divine. Il sait que sa prière est entendue, que ses efforts ne sont pas perdus, qu'une mission, si petite qu'elle puisse être, lui a été confiée sur la terre, que ses travaux doivent concourir à l'ensemble, que toutes ses actions lui sont comptées par un juge souverainement équitable ; il échappe enfin à l'inexorable étreinte de la fatalité antique. La Providence respecte essentiellement la liberté humaine.

Les hommes sont plus portés à croire à un Dieu tel que nous le représentons qu'à un Dieu cruel et barbare damnant sans nécessité plus de la moitié du genre humain. Nos descendants auront de la peine à s'imaginer que des opinions aussi inadmissibles à tous aient eu cours si longtemps sur la Divinité. Et si nos livres n'étaient là pour l'attester, ils n'y croiraient même pas, tant le dogme de l'enfer éternel se trouve éloigné de l'esprit moderne et du mouvement imprimé par Dieu à la révélation actuelle, car Dieu se révèle à l'homme dans tous les temps et dans tous les lieux par sa faculté médiatrice, c'est-à-dire par ses anges et ses missionnaires.

De même, si le dogme de la préexistence était admis, qui ne voit qu'il offrirait à la société une défense formidable contre les utopistes de nos jours? Ce dogme contient, en effet, l'explication du mal en général et du mal en particulier. Nous sommes entrés là-dessus dans d'assez longs développements pour n'y plus revenir. Et d'un autre côté, ce dogme ne ferait pas obstacle aux améliorations progressives, car si nous croyons à l'intervention de Dieu dans la distribution des âmes, ne devons-nous pas aider l'action de la Providence? La Providence se combine avec la liberté de l'homme, et sans le concours de celle-ci elle ne peut rien. Nous avons besoin de correspondre à la grâce, d'accepcr volontairement la révélation ; de même, en ce qui touche la constitution des sociétés, il doit y avoir la part de Dieu et la part de l'homme.

Le problème est donc de baser la société sur la justice, de placer chacun à son rang, de ne rien laisser à l'arbitraire ni au hasard, de reconnaître l'égalité de nature de tous les hommes, et de permettre à chacun de développer son innéité de la manière la plus favorable. Car, si tout individu venant en ce monde est également protégé, s'il a pu librement montrer ce qu'il est, s'il obtient la place où ses dispositions le poussent, il est clair que nul n'aura plus droit de se plaindre, que tous marcheront de concert au même but du perfectionnement et que la charité se combinant avec la justice, l'humanité marchera d'un pas ferme à ses destinées. La justice d'autre part veut être fondée sur la solidarité et sur l'amour ; notre époque a soif de croyances nouvellement modifiées qui soient en plein rapport avec le progrès moderne et où elle puisse retremper sa foi.

Terminons notre ouvrage par la citation de la conclusion finale de *Dieu, l'homme, l'humanité et ses progrès*, traité qui avait un but dogmatiquement identique.

« Trouvant en mon esprit l'idée du monde et de Dieu,
« j'ai cherché leurs rapports, je me suis posé le problème
« de l'origine et de la destinée.

« En vain j'avais fouillé dans tous les livres des sages,
« en vain j'avais interrogé toutes les cosmogonies, une
« obscurité de plus en plus profonde se répandait autour
« de moi.

« Les uns me peignaient Dieu regardant le monde avec
« indifférence, retiré dans la solitude de son éternité, sans
« aucun souci pour l'œuvre de ses mains.

« Les autres avaient fait de Dieu une force mécanique et

« fatale, se manifestant nécessairement dans l'univers,
« contenant dans son éternelle émanation le bien et le mal,
« devenus alors des chimères, de pures illusions de notre
« esprit.

« Ceux-là me représentaient Dieu produisant deux parts
« distinctes de créatures, l'une pour l'absolu de la béati-
« tude, l'autre pour l'absolu des supplices, assez ininteli-
« gent dans son œuvre pour avoir accordé au mal un
« triomphe définitif sans placer la réparation à côté de la
« faute.

« Et j'ai dit aux uns et aux autres : votre Dieu n'est
« point mon Dieu.

« Mon Dieu, c'est celui qui a envoyé son Fils s'incarner
« dans l'humanité pour réaliser l'idéal à nos yeux, celui à
« qui le Christ, dans sa prière suprême, demanda que la
« société fût couronnée dans l'unité, celui qui gouverne les
« individus par sa grâce et les nations par sa providence,
« celui qui nous a tous appelés au bonheur par le mérite
« et la vertu, celui qui a voulu le triomphe final du bien
« et l'harmonie universelle de la création.

« Dieu ineffable, vous avez abaissé vos regards miséricor-
« dieux sur mon néant, vous m'avez inspiré de consolantes
« et bonnes pensées, afin qu'en vous connaissant, j'apprisse
« à vous aimer, et qu'en vous faisant connaître aux autres,
« ils pussent vous aimer comme je vous aime. Ah ! ne laissez
« pas votre ouvrage imparfait et inachevé ; faites, ô mon
« Dieu ! que je communique à mes frères l'ardente charité
« par laquelle mon cœur embrasse le monde, afin que tout
« ce qui pense et qui vit sur la terre et dans le ciel,
« s'unisse à vous d'action, d'intelligence et d'amour ; afin
« que la créature, sans atteindre votre être incommuni-
« cable, sans être absorbée en lui, soit cependant une en

« vous; afin que l'esprit dans sa liberté exécute aussi bien
« vos lois que l'insensible matière; qu'il n'y ait pas dans
« l'univers un seul désir, une seule pensée, un seul senti-
« ment qui n'aboutisse à l'harmonie, afin que votre sainte
« volonté s'accomplisse dans toutes les parties des cieux!

« Et vous, ô Christ, ô Sauveur, ô médiateur, faites que
« la société humaine soit bientôt digne de participer à
« l'unité! »

Tels étaient les vœux raisonnés par lesquels nous ter-
minions notre précédent ouvrage; tels sont ceux que nous
formulons de nouveau en achevant celui-ci. Un jour, nous
n'en doutons pas, tous les hommes de progrès, les uns conduits par la raison ou la science, les autres par la croyance
ou la foi, se rencontreront sur ce terrain pour proclamer la
pluralité des existences et reconnaître ensemble la religion
de l'avenir. L'époque présente nous paraît plus que jamais
propice à la réalisation de ces vœux, et nos espérances
sont autorisées par le mouvement significatif qui s'opère
autour de nous dans les pensées humaines. De nouveaux
horizons viennent de s'ouvrir; le véritable ciel se développe
devant nos regards dans sa grandeur et dans sa majesté :
nos âmes le contemplent et saluent avec amour leur éternelle patrie.

FIN.

TABLE ANALYTIQUE

A

Actions des intelligences supérieures sur notre humanité, page 207.
Activité de la matière et de l'intelligence, 212.
Allan Kardec, cité page 353. Son opinion sur le sort des enfants morts en bas âge, 357.

Antiquité. Opinions sur la vie future, 1 à 4.
Antiquité sacrée, 98 et suiv.
Augustin (Saint). Citations sur Origène, 134; son opinion sur les enfants morts sans baptême, 104, 316 à 322; sur la révélation progressive, 166, 167.

B

Bailly, 53.
Ballanche. Ses idées sur la vie future et sur la progression des âmes, 229 et suiv.; sur le dogme de la faute originelle, 237; préexistence, 238; liberté de l'âme, 242 et suiv.
Balzac (de), cité page 247 à 250.
Bhagavad Gita, 8 à 14.

Bonnet (Charles). Résumé de la *Palingénésie philosophique*, et de la *Contemplation de la nature*, 185 et suiv.; combien nos facultés actuelles sont susceptibles de perfectionnement, 190; progression des âmes dans la vie future, 200 et suiv.

C

Callet. Citations de son livre *l'Enfer*, 296 à 298.
Carle, 298 à 300.
Channing, xiii.
Chapelot, 358.
Chateaubriand. *Génie du Christianisme*, 290 à 292.
Clément d'Alexandrie, 169-238.
Codre (de la), cité page 279 à 283.

Conciles de Chalcédoine et de Constantinople, 157.
Copernic, 170, 172.
Cosmologie chez les philosophes grecs, 5 et suiv.; chez les druides, 78; chrétienne, 109.
Crise des croyances, ouvrage cité, 298.
Cusa (le cardinal de), pluralité des mondes habités enseignée par, — 170.

D

Damiron, xxiv et suiv.
Delormel. Son hypothèse sur les mondes habités, 176; sur les variations de l'écliptique, 178; sur la pluralité des existences tirée de la grande période solaire, 183 et 184.
Destinées de l'âme comprises par l'humanité actuelle, 91.

24.

Destinées de l'âme, ouvrage cité, 314 à 325.
Dieu. Son unité proclamée par les philosophes anciens, 56; sa justice, 68. Différents noms pour le définir, 72. Bonté de Dieu, 394.
Dieu, l'homme, l'humanité et ses progrès, 421.
D'Orient, sur la préexistence et sur la pluralité des existences, 314 à 325.
Drexelius, 407.
Druidisme. Témoignages de l'antiquité, 75 à 78; cosmologie, 78; théologie, 79 et 80; préexistence enseignée par les druides, 81; monuments druidiques, 83 et 84; la métempsycose animale repoussée par eux, 93.
Dupont de Nemours. Sa foi sur la vraie destinée de l'âme, 207; actions des intelligences supérieures sur notre humanité, 207; comment elles peuvent voir nos actions, 209; réfutation sur les paradis et les enfers des diverses religions, 211; activité de la matière et de l'intelligence, 212; la nécessité des réincarnations matérielles, 213; explication des peines et des récompenses futures, 215 et suiv. Son opinion sur la métempsycose animale dans le passé, 225.

E

Égyptiens. Leurs croyances sur la vie future, 22 et 23; sur la métempsycose animale, 86.
Élie attendu par les Juifs, 106.
Enée de Gaza, 404.
Enfer, selon les différents peuples réfutés par Dupont de Nemours, 211; enfer éternel, voy. *Éternité des peines*.
Enfer (l'), de Callet, ouvrage cité, 296.
Esquiros (Alphonse), partisan de la pluralité des existences dans le passé comme dans l'avenir, 300 à 307.
Esquisses du ciel, ouvrage cité, 279.
Éternité des peines, doctrine erronée, 47; combattue par Origène, 137, 145, 149; erreur de cette croyance, 164, 166; Dupont de Nemours, 211, 212 et suiv.; Ballanche, 241; Constant Savy, 254; Muston, 280; Georges Sand, 290; Callet, 296 et suiv.; Patrice Larroque, 308 et suiv.; Jean Reynaud, 335 et suiv.; Camille Flammarion, 348 et suiv.
Évangiles. Passages relatifs à la préexistence, 106 et suiv.
Existences passées; pourquoi nous n'en avons pas le souvenir, 404, 405.

F

Fichte, xi.
Flammarion (Camille), *Pluralité des mondes habités*, préface et chap. VIII, p. 326, 341 et suiv.; sa doctrine philosophique, 347-351, cité 171, 182.
Fourier (Charles). Sa cosmogonie et son système sur la destinée, 270 à 276; critique de sa doctrine, 277 et 278.
Franck (de l'Institut), cité 288.

G

Galilée. Grandeurs de ses découvertes, 170; importance, au point de vue philosophique, de son système d'astronomie, 171 et 172.
Gassendi. Sa correspondance avec le père Gazrée, 343.
Gasparin (madame de). Citation de son livre *les Horizons célestes*, 293 à 296.
Genèse, favorable par son texte, à la pluralité des vies, 102.
Génie du Christianisme, ouvrage cité, 299 à 292.
Génie de Moïse (citation du livre le), 98 et suiv.
Giordano Bruno, 173.
Grecs. Leurs croyances sur la destinée, 23 à 27.
Grégoire de Nysse, 169.
Guizot, xxx.

H

Hégel, x, xii.
Herder, 284.
Hindoux. Leurs croyances aux transmigrations de l'âme, 6; les Védas, 7; le Bhagavad Gita, 8 à 15; leurs erreurs sur la métempsycose animale, 88 et 89.
Horizons célestes, ouvrage cité, 293.
Humboldt (de). Son opinion sur les variations de l'écliptique, 184.

I

Immortalité de l'âme. Voy. *Vie future*.
Indiens. Voy. *Hindous*.
Inégalité intellectuelle des enfants, 355 à 367.
Infériorité de la terre dans la hiérarchie des mondes, 180, 181 et 372.
Isaïe, sur l'éternité des peines, 100.

J

Jacotot, 368.
Jamblique, 43 à 45.
Jean-Baptiste, 105 et 106.
Jean l'Evangéliste, 72; initié aux dogmes de la Kabbale, 129.
Jérémie, 105.
Jérôme (saint), 406.
Jésus-Christ, 87, 107 à 112, 162, 166, 167.
Job (livre de), 103.
Jouffroy. Ses deux hypothèses sur la vie future, 287.
Justice de Dieu expliquant les divers degrés de bonheur sur la terre, 68, 418, 419; argumentations d'Origène sur la —, 141.
Juifs. Leurs croyances sur la préexistence, 105.

K

Kabbale, Voy. *Zohar*.

L

Lactance. Son opinion contre les antipodes, 120 et 162.
Laplace. Mécanique céleste, 183.
Larroque (Patrice), 308.
Leibnitz. Son opinion sur la préexistence des âmes, 185 à 187.
Leroux (Pierre). Exposé de son système, 265; conséquence résultant de l'oubli du passé, 266; réfutations, 267 et suiv.; impossibilité à l'humanité terrestre de devenir parfaite, 269.
Lessing, cité, 232.
Livre des esprits, ouvrage cité 353.

M

Malachie. Sa prophétie, 105.
Martin (Henri), 341.
Martin (Th.-H.), 238.
Métempsycose chez les Hindous, 6; chez les Védas, 7; Perses, 13; Égyptiens, 22. Voir du reste *Pluralité des existences*.
Métempsycose animale dans le passé, 85; enseignée par Leibnitz, 186 et 187; par Dupont de Nemours, 225;

pour l'avenir par Pythagore, 48, 49, 85; par Platon, 32 et 86; par Plotin, 37; combattue par Porphyre, 41; réfutation, 89 à 92.
Michelet, de Berlin, XVIII.
Milton, 180.
Mirville (de), cité, 180.
Moïse, 87; ses idées sur la pluralité des existences, 99.
Moïse Botril, 115.

Muston, ministre protestant, 289.
Mystères. Institutions païennes destinées à préparer le règne de l'esprit, 50; la haute importance qu'on leur donnait, 51; sur la pluralité des mondes et la rotation de la terre, 51 et 52; sur l'unité de Dieu, 56 et 57; sur la pluralité des existences, 58 à 65; sur la préexistence, 66 et suiv.

N

Nécessité des réincarnations matérielles, 213.

Nicodème. Conversation avec Jésus-Christ sur la vie future, 111.

O

Origène. Sa mission parmi les chrétiens analogue à celle des mystères chez les Gentils, du Zohar chez les Juifs, 132; pourquoi elle n'a pas eu de succès immédiat, 133. Son système, 134, 135, 136; libre arbitre des âmes à leur origine, 137, 138; diversité des êtres suivant leurs qualités, 139, 140; distribution providentielle des âmes, 141, 142; leurs châtiments après une vie défectueuse, 143 et suiv.; purification, 148; réhabilitation, 149 et suiv.; vies successives dans les différents astres, 152; progrès des existences, 153 et suiv.; sur quels points a porté, d'après les conciles, la condamnation d'Origène, 157; jugement de sa doctrine, 158, 159; nullité des attaques des conciles sur ses idées par rapport à l'avénement de la vraie religion, 160.
Ovide. Citation de ses métamorphoses, 29.
Ozanam. Analyse sur le Dante, 165.

P

Palingénésie *philosophique*, et *Contemplation de la nature*, ouvrages cités, 185 et suiv.
Paradis. Fausse notion d'une béatitude oisive combattue par Dupont de Nemours, 211, 216; Chateaubriand, 291, 292; madame de Gasparin, 293 et suiv.; — opinion de Patrice Larroque, 313; de Jean Reynaud, 337; de Camille Flammarion, 348 et suiv.; de l'auteur, 381.
Paradis perdu, ouvrage cité, 180.
Paul (saint) sur le péché originel, 163.
Péché originel, ne s'explique que par la préexistence des âmes, 237, 316 et suiv.
Pelletan, 286.
Philolaüs, 238.
Philosophes païens, 30 et suiv.

Phrénologie de Gall expliquée par les existences antérieures, 370.
Platon, 30 et suiv.
Plisson (docteur), 181.
Plotin, 35 et suiv.
Pluralité des mondes habités. Vérité scientifique enseignée dans les mystères, 51 et suiv.; par les druides, 83, dans le Zohar, 119 et suiv., par Nicolas de Cusa, 169; Copernic et Galilée, 170, 171; scientifiquement et philosophiquement établie par Camille Flammarion, 326, 341 à 351; Importance de cette vérité, 172, 326 et suiv.
Pluralité des existences. Vérité morale, conséquence de la précédente, 61 et suiv., 126, 127, 152, 169, 202, 203, 214, 217, 241, 283, 304,

329 et suiv.; — tirée de la grande période solaire, 183 et 184.

Plutarque. Son opinion sur les mystères, 62 et 71.

Porphyre, cité à la fin de l'introduction et pages 41 et 42.

Préexistence. Vies antérieures des âmes, 34, 35, 66 et suiv., 81, 82, 104, 105, 125, 134, 238, 239, 355, 369 et suiv.; prouvée par les différents degrés de l'humanité, 68, 418, 419.

Psaumes, 101.

Pythagore. Ses croyances sur la pluralité des mondes et la rotation de la terre, 52 et suiv.; sur la métempsycose, 49, 86.

Q

Quinet (Edgard). Citations, 171.

R

Réincarnations, 376 et suiv.

Révélation. Éducation divine de l'humanité, essentiellement permanente et progressive, 166 et suiv., 244 et suiv., 416 à 420; primitive sous Moïse, 97, plus avancée sous le Christ, 98, 113, et enfin complète seulement sous l'*Esprit*, 173, 174. Voy. aussi 416, 417.

Reynaud (Jean). Citation de son article sur Zoroastre, 16 et suiv.; sur Origène, 137 à 156; analyse de ses opinions et citation de ses ouvrages, 326 à 341.

Ronzier-Joly, 341.

Rotation de la terre enseignée dans les mystères de l'antiquité, 54; dans le Zohar, 121 et 122.

S

Saint-Martin, cité, 233; sentiment de sa mission, p. 235.

Sand (George), 290.

Savy (Constant). Citation de ses ouvrages contre l'enfer et pour la pluralité des épreuves, 251 à 264.

Schlegel, cité, 235.

Schütz, 98.

Simon-ben-Jochaï, rédacteur du Zohar, 117; sa mort, 118.

Simon (Jules), xx et suiv.

Spinosa, ix.

Spiritisme. Doctrine nouvelle qui admet l'intervention des esprits, la préexistence et la hiérarchie des âmes, 352 et suiv.

Spirituel (corps), 158, 165.

Strauss, xiv, xv et suiv.

Swedenborg, 397.

Synthèse de notre philosophie, 400 et s.

T

Taliésin (le barde), partisan de la métempsycose, 95.

Temples anciens. Leurs constructions figurant les formes progressives des existences futures, 63.

Terre considérée par les druides comme un passage pour les âmes, 78; son rang inférieur dans la hiérarchie des âmes, 180, 181, 372.

Terre et Ciel, ouvrage cité, 326.

Théologie païenne, 1 et suiv.; chez les druides, 79 et 80.

Théophraste, 404.

Timée de Locres, sur l'utilité des mystères, 47.

U

Unité de Dieu, 56.

V

Védas. Citations, 7, 88.

Veiss, xi.

Vie future. La question de l'immortalité de l'âme consiste surtout dans la conscience de son individualité, vii et suiv. (Introduction), distinction des philosophes sur cette question, ix. Spinosa, *ibid.*; Hégel, x; Veisse et Fichte, xi; lettre de Hégel, xii; de Channing, xiii; supériorité de ce dernier sur la question, *ibid.*; Strauss, analyse de ses arguments contre la vie future, xiv et xv; Discussions, xvi; citation d'un fragment de Strauss, xvii; Michelet de Berlin, xviii; réfutation des négateurs de l'immortalité, xix et suiv.; citation de Jules Simon, xx et suiv.; preuves métaphysiques et psychologiques, xxii; preuve morale, xxiii; extrait de Damiron, xxiv et suiv.; matérialisme contemporain, xxvi; preuve ontologique, xxvii; Eugène Pelletan, xxviii et xxix; Guizot, Ronzier Joly, xxx; Porphyre, xxxi et suiv.; opinion de l'antiquité sur la vie future, 1 à 4; de Zoroastre, 16 à 20; des Égyptiens, 22 à 23; des Grecs, 24 et suiv.; Druides, 77. — enseignée dans les mystères aux initiés, 59. Conditions de la vie future, p. 365; opinions de l'auteur sur diverses béatitudes, 391; sur l'enfer éternel, 382 et suiv. Profession de foi, 365 à 404. Réponses aux objections, 404 à 416.

Vie future au point de vue socialiste, ouvrage cité, 301.

Vocation des prophètes. Son explication, 104.

Y

Young, cité, 284.

Z

Zendes (livres), 15.

Zohar. Antiquité de ce monument considéré comme le résumé de la doctrine secrète des Hébreux, et leur tradition orale mise par écrit, 113 et suiv.; le Zohar enseigne la pluralité des mondes et la pluralité des existences, il donne une juste idée des éléments de l'homme, 118 à 132.

Zoroastre. Ses idées sur la vie future, 16 à 20.

FIN DE LA TABLE ANALYTIQUE.

TABLE DES MATIÈRES

Préface..
Introduction. — Exposé de la question.— Spinoza. — Hégel.
— Channing. — Strauss. — Michelet, de Berlin. — Réfutation. — Jules Simon. — Preuves. — Damiron. — Preuve ontologique. — Pelletan. — Autres preuves. — Porphyre.   VII

LIVRE PREMIER
ANTIQUITÉ PROFANE

Chapitre I. — *Théologie païenne.* — L'immortalité selon l'histoire. — Position du problème. — La métempsycose chez les Hindous. — Les Védas. — Le Bhagavad Gita. — Les livres Zends. — Zoroastre. — Les Égyptiens. — Les Grecs. — Les Latins..   1

Chapitre II. — *Philosophie païenne.* — Platon. — Plotin. — Porphyre. — Jamblique...........................   30

Chapitre III. — *Les mystères.* — Timée de Locres. — Pythagore. — Les mystères. — Cosmologie. — Doctrine des mystères sur l'unité de Dieu, — Sur l'immortalité, — Sur la pluralité des vies, — Sur la préexistence............   46

Chapitre IV. — *Druidisme.* — Témoignages. — Cosmologie. — Théologie...................................   75

Chapitre V. — *De la métempsycose animale.* — Pythagore. — Moïse et le Christ. — Le Christianisme. — Réfutation. — Origène. — Les Druides...........................   85

LIVRE DEUXIÈME
ANTIQUITÉ SACRÉE

Chapitre I. — *Théologie Juive et chrétienne.* — Le génie de Moïse. — Isaïe. — Les Psaumes. — La Genèse. — Job. — Vocation des prophètes. — Jean-Baptiste. — Évangiles. — Cosmologie chrétienne. — Le Christ et Nicodème........   97

Chapitre II. — *Le Zohar.* — Son antiquité. — Simon-ben-Jochaï. — Pluralité des mondes. — Rotation de la terre. — Cosmologie. — Psychologie. — Pluralité des épreuves. — Éléments de l'homme. — Science secrète............   113

CHAPITRE III. — *Origène.* — Sa mission. — Son système. — Origine des âmes. — Leur histoire. — Leur diversité. — Distribution. — Châtiments. — Purification. — Réhabilitation. — Vies successives. — Progrès des vies. — Les conciles. — Jugement sur sa doctrine.................... 132

LIVRE TROISIÈME
AUTEURS MODERNES ET CONTEMPORAINS
PROLÉGOMÈNES

Christianisme. — Saint Paul. — Saint Augustin. — Corps spirituel. — Révélation progressive. — Pères de l'Église. — Nicolas De Cusa. — Galilée. — Temps modernes. — Temps contemporains.. 161

CHAPITRE I. — *Delormel*........................... 175
— II. — *Charles Bonnet*...................... 185
— III. — *Dupont de Nemours*................ 205
— IV. — *Ballanche, Lessing, Schlegel, Saint-Martin*.. 229
— V. — *Constant Savy*........................ 251
— VI. — *Fourier.* — *Pierre Leroux*............. 265

CHAPITRE VII. — *Auteurs divers.* — La Codre. — De Brotonne. Young. — Pelletan et Jouffroy. — Divers. — Muston. — Chateaubriand. — Madame de Gasparin. — Callet. — Carle. — Esquiros. — P. Larroque. — Genoude. — D'Orient...... 279

CHAPITRE VIII. — *Jean Reynaud.* — *Henri Martin.* — *Flammarion*... 326
— IX. — *Spiritisme*........................... 352

LIVRE QUATRIÈME
FORMES DE LA VIE FUTURE

CHAPITRE I. — *Notre opinion sur l'immortalité.* — Origine de l'âme. — Préexistence. — Réincarnation. — Exposé des principes. — Fausse béatitude. — Rejet de l'enfer éternel. — Vérité sur la vie future. — Solution de la question du mal. — Bonté de Dieu. — Saint Jérôme. — Moralité de notre doctrine. — Conditions des existences futures. — Profession de foi.. 365
CHAPITRE II. — *Réponses aux objections*............... 404
— III. — *Conclusion*........................ 416
BLE ANALYTIQUE................................... 425

FIN DE LA TABLE DES MATIÈRES.

Paris. — Typ. de P.-A. BOURDIER et Cⁱᵉ, rue des Poitevins, 6.

www.ingramcontent.com/pod-product-compliance
Lightning Source LLC
Chambersburg PA
CBHW071056230426
43666CB00009B/1730